◇ 高等学校保险学专业系列教材

保险经营与管理

刘金章　主　编
李海超　窦宝明　栾　跃　副主编

清 华 大 学 出 版 社
北京交通大学出版社
·北京·

内容简介

《保险经营与管理》是专门研究保险经营活动，合理规划组织及其运行规律的一门科学，是经营管理科学的一个重要组成部分。保险的具体活动是经营活动和管理活动的统一，作为一个整体概念，保险的经营管理是指保险企业为了实现其目标而采取的一系列方法、手段、措施和活动的总称。本书以保险法及其他相关法律为准绳，多视角、全方位地阐述了现代保险经营与管理的基本原理与实务。

本书内容丰富，既有系统的理论介绍，又有具体的实务分析。本书可作为保险专业与相关专业本科教学用书，亦可作为保险从业人员培训及自学进修用书。

图书在版编目（CIP）数据

保险经营与管理／刘金章主编. —北京：北京交通大学出版社：清华大学出版社，2014.12（2017.8 重印）
（高等学校保险学专业系列教材）
ISBN 978-7-5121-2151-5

Ⅰ. ①保…　Ⅱ. ①刘…　Ⅲ. ①保险业-经营管理-高等学校-教材　Ⅳ. ①F840.32

中国版本图书馆 CIP 数据核字（2014）第 272023 号

责任编辑：吴嫦娥　　特邀编辑：林　欣
出版发行：清 华 大 学 出 版 社　　邮编：100084　　电话：010-62776969
　　　　　北京交通大学出版社　　邮编：100044　　电话：010-51686414
印 刷 者：北京交大印刷厂
经　　销：全国新华书店
开　　本：185×260　印张：21　字数：525 千字
版　　次：2015 年 1 月第 1 版　2017 年 8 月第 2 次印刷
书　　号：ISBN 978-7-5121-2151-5/F·1448
印　　数：2 001～4 000 册　定价：39.00 元

本书如有质量问题，请向北京交通大学出版社质监组反映。对您的意见和批评，我们表示欢迎和感谢。
投诉电话：010-51686043，51686008；传真：010-62225406；E-mail：press@bjtu.edu.cn。

总　序

2008年美国金融危机爆发后，迅速在全球蔓延。金融危机对保险业造成的影响与损害，同样是令人触目惊心的。全球保险巨头美国国际集团（AIG）的濒临倒闭和日本大和生命保险的破产等均给保险业的健康发展提供了经验、教训和难得的警示。因此，在编写这套“高等学校保险学专业系列教材”时，编者不得不对有些传统的保险理论和国外一些保险公司的业务“创新经验”进行认真的思考和科学辩证的审视。

同时，中国的保险业经过改革开放30年特别是近10多年来的发展，已步入到一个新阶段，站在了一个新的起跑线上，呈现出一些新的特征（如市场体系初步形成；市场主体快速发展；服务能力逐步提高；监管体系初步建立等），更需要结合中国的实际，进行科学的总结和在理论上的规范与提升。特别是修订后的新保险法①，对我国保险业发展中一些已不适应的法律条款均做出了重要的修订。这些新修订的法条亦需要我们进行诠释与解读。

“高等学校保险学专业系列教材”包括《保险学导论》《财产与责任保险》《人寿与健康保险》《海上货物运输与运输工具保险》《保险经营与管理》《再保险理论与实务》《保险精算》《保险会计》《保险中介理论与实务》《保险营销》等。

这套教材的特点主要表现在以下方面。

（1）立足我国的现状和发展前景，概括介绍国内外一些成熟的理论与做法，坚持“古为今用”、“洋为中用”、“有比较”、“有鉴别”的原则。

（2）力求全面介绍与本专业相关的基础知识、基本理论和基本方法，注重理论与实践的有机结合。拟撰写的系列教材既注重各书之间的有机联系和分工，同时也注意突出各自的个性特点与实用性。

（3）从总体上注意使每部教材能在继承前人研究成果的基础上，力求有所发展、有所完善、有所创新。创新是推动保险理论与实践不断向前发展的真正动力，并指导新的保险理论、学说层出不穷。

鲁迅先生曾说：“在要求天才产生之前，应该先要求可以使天才生长的民

① 2009年2月28日十一届全国人大常委会第七次会议通过了修订后的《中华人民共和国保险法》，国家主席胡锦涛签署第11号主席令，公布了修订后的《保险法》，该法自2009年10月1日起施行。

众。譬如想有乔木，想看好花，一定要先有好土。”

希望这套教材能成为这样的泥土——“零落成泥碾作尘，只有香如故”。这就是保险学系列教材编委在教学、科研工作异常繁忙之余，仍愿挤出时间参与到这一编写队伍中，为金融保险专业的学生和广大金融保险从业者编著此套教材的真正初衷。

刘金章

2015 年 1 月

丛书主编简介

刘金章，男，河北省人，中共党员。毕业于天津财经大学前身天津财经学院金融专业，毕业后留校工作至今。曾任系主任、副校长等职。现任天津财经大学金融、保险学教授，研究生导师，校咨询委员会委员，天津天狮学院经济管理系主任，兼任厦门大学金融研究所特邀研究员、马来西亚赛世学院客座教授、美国俄克拉荷马市荣誉市民、中国市场学会理事、天津市无形资产研究会常务理事、天津市社联委员、天津老教授学会理事等职。

在著作方面，自 1980 年以来先后出版专著 9 部，主编教材 17 部，主编工具书 6 部，参编教材、系列丛书 10 部，发表学术论文百余篇。其论著获国家级及省级奖励 12 项。在金融保险方面的代表作有：《保险学原理综论》（1994 年）、《现代涉外保险综论》（1994 年）、《保险学教程》（第 1 版 1997 年、第 2 版 2003 年）、《金融风险管理综论》（1998 年）、《现代保险辞典》（2003 年），以上 5 部著作均由中国金融出版社出版。《保险学基础》（普通高等教育“十一五”国家级规划教材，2007 年第 2 版，高等教育出版社出版）、《责任保险》（2007 年，西南财经大学出版社出版）、《现代金融实务综论》（2006 年，上海财经大学出版社出版）、《财产与人身保险实务》（2005 年，中国财政经济出版社出版）、《现代金融理论与实务》（2006 年，清华大学出版社、北京交通大学出版社联合出版）、《现代保险知识实用大全》（1998 年，天津科学技术出版社出版）等。

前言

“保险经营与管理”是专门研究保险经营活动合理规划组织及其运行规律的一门科学。“保险经营与管理”同其他经营管理学一样，是经营管理科学的一个重要组成部分。

经营与管理从广义上说是相互联系、相互渗透的关系，两者是密不可分的。保险的具体活动是经营活动和管理活动的统一，作为一个整体概念，保险的经营管理是指保险企业为了实现其目标而采取的一系列方法、手段、措施和活动的总称。

经营管理作为一门科学，据考察是以 1911 年美国的泰勒（F. W. Taylor）发表的《科学管理原理》为标志。泰勒认为，工厂存在的最大问题是由于管理者没有告诉下级他期望干什么，他认为解决这一问题的关键是协调好劳资双方的关系。为了有效地进行经营和管理，管理者必须科学地选择和培养雇员，并和雇员建立友好的合作关系，对于具有管理性质的活动承担责任。经营管理作为一门学科一经形成就显示出强大的生命力，发展至今可以说是日新月异，已经成为当今社会比较流行和热门的学科。

现代保险经营管理，已经开始消化吸收现代管理的理论思想，更强调外部环境对保险管理系统的影响，强调保险经营的社会责任与义务，强调战略制定对于保险管理的重要意义，强调保险经营哲学和经营风格的价值，强调保险创新在保险管理中的作用，强调树立保险行业公共关系形象的必要性。从而保险的视野大大放宽，致力于拓宽经营领域，扩大经营规模，提高服务质量，更注重于全面竞争和国际竞争。

现代保险的经营管理，将计划和战略及其决策问题放在首位，以此统领全局。将资产和负债两个方面的业务视为一个有机的整体加以运筹，从中突出了流动性管理和风险管理。保险公司在同管理部门打交道、同竞争对手相较量、同公众客户做交易时，更加注意沟通策略、竞争策略和公关策略。尤为重要的是，保险公司在管理中，对内部员工也更多地注入了文化上、精神上的力量，更强调人与人关系的和谐、尊重和相互的认同感。高度而精确的数量分析和计算机处理，同高度而深刻的社会分析和人文关系处理相结合，已成为现代保险管理方法的最大特点。另外，商业上的市场营销观念，也已被广泛地应用到保险管理上，并形成一整套独特的保险服务和保险竞争策略。计算机系统对保险业务的全面渗透则是现代保险企业管理同以往传统保险管理的显著区别所在。

《保险经营与管理》教材是笔者主编的《高等学校保险学专业系列教材》中的一部。本教材具有以下特点。

（1）系统性。本教材由浅入深，分量适中，结构合理，全面系统地介绍了经营与管理的基本概念、理论和方法。

（2）科学性。本教材采用定性与定量相结合的方法，准确地阐述了保险经营与管理的有关原理及其内在的依存关系，充分体现出保险经营与管理学科的科学性。

（3）前瞻性。本教材在阐述传统保险经营管理理论和实务的同时，充分考虑21世纪以来保险经营管理环境的新发展，吸纳和反映了保险经营与管理学科前沿的一些信息和内容。

（4）实用性。本教材从我国构建和谐社会的实际出发，在充分借鉴国外保险业界最新经营管理成果的基础上，针对我国保险业务在经营与管理方面还相对滞后的现实，分析了原因，提出了相应的研究对策，使读者在学习运用经营管理理论的同时，借助这些原理能深入思考我国在保险经营与管理中的一些问题。

《保险经营与管理》教材从构思、框架设计、资料收集，到各章撰写、全书总纂、修订等都是在笔者亲自参与下与几位青年教师共同完成的。

《保险经营与管理》教材的具体编写分工为：刘金章（主编，总纂、定稿并撰写前言及第1、3、9章），李海超（副主编，撰写第4、8章），窦宝明（副主编，撰写第7、10章），栾跃（副主编，撰写第2、6章），齐敏（撰写第11、12章），刘晴晴（撰写第13章），陈瑞菊（撰写第5章）。王敬协助主编对个别章节进行了输录，谨表谢意。

教材是课程的载体，是课堂教学的依托，也是最为重要的课程教学资源。为使读者能开阔视野、拓宽思路，本教材在编写中注意参阅和汲取一些前人及同行专家的一些新的研究成果（在参考文献中均有列示），谨在此表示衷心的谢意！

在笔者写完以上文字，即将为书稿画上句号之时，我站在书房窗前，低头凝望着楼下湖边那一簇簇红白相间的桃花、梨花；那一行行刚吐新枝的绿柳……心绪像微波荡漾的湖水，感慨万千，一年的辛劳，总算又可以为保险行业未来的从业者提供一部新的可供学习、参考的专业读物。对于一位已进入耄耋之年的老人来说，此书稿的完成可算是最大的欣慰。在此我要感谢在我身边一直支持、帮助我的助手们，是他们给我以信心，给我以力量。同时，我更要感谢一直支持关心我的吴嫦娥编辑，是她的支持与鼓励，才使我仍能“老骥伏枥自奋蹄”。

刘金章
2015年春
于天津梅江南水岸公馆

目　录

第1章 保险经营与管理概论

保险经营与管理是指保险企业为实现一定的经济目标而进行的筹划、决策，以及决策实施的过程，即以获得一定经济利益和实现特定职能为目的的经济行为。保险企业的经营管理具有较高的风险性，其不同于一般工商企业的经营，有其自身的特殊性。

1.1 保险经营的概念与特征

1.1.1 保险经营的概念

保险经营简单地说，是指对保险企业经营活动所进行的运筹、谋划工作的总称。保险经营一般要经过展业、承保、分保、防损、理赔和保险资金运用等环节的运作过程。

1.1.2 保险经营的特征

虽然现代保险企业正在由单纯的保险产品提供者向综合性的金融产品服务提供商转变，但经营风险管理业务，为企业、家庭与个人提供经济保障，仍是保险企业的核心业务。在核心业务方面，保险经营（Insurance Operation）的特征如下。

（1）保险经营活动实质上是一种提供经济保障的服务活动。不断创新服务，改进服务过程质量，通过服务创造客户价值，是保险企业保持竞争优势的源泉。在经营含有保障型成分的产品方面，保险企业不能离开客户购买保险产品的根本目标：在发生保险事故时，迅速获得理赔服务。

（2）保险经营资产具有负债性。保险经营的资产中，自有资本所占的比重很小，绝大部分来自于投保人按照保险合同向保险企业缴纳的保险费、保险储金，以及保险企业从保险费中提取的各项准备金。保险企业经营资产的很大一部分是其对被保险人未来赔偿或给付的负债。

（3）保险经营成本具有不确定性。首先，保险费率是根据过去的统计资料计算得到的，与未来的情况有偏差；其次，保险事故的发生具有偶然性；最后，就每一保单而言，在保险期限内，保险事故发生的越早则成本越大，如果保险事故在保险期限内未发生，就基本上不存在保险成本。

（4）保险企业的利润计算具有特殊性。保险企业的利润在以当年收入减去当年支出的基础上，还要调整年度的业务准备金，调整数额的大小直接影响企业的利润。从直观的角度看，寿险企业的利润基本上来自于利差益、死差益和费差益，也有一部分来自退保手续费。

（5）保险投资是现代保险企业稳健经营的基石。由于在保险经营中保险费的收缴与赔偿或给付在时间与数量上的不对称，从而形成一笔闲置资金，构成投资的资金来源。现代保险业由于承保利润很低，甚至发生连续的承保亏损，为了保证赔偿或给付，并形成与增加经营利润，必须运用好闲置资金，并要追求比较好的投资业绩。而优秀的投资业绩有利于推行更低的费率，扩大承保业务，增强企业的竞争能力，使保险经营呈现良性发展态势。

（6）保险经营具有分散性和广泛性。保险企业承保的风险范围广，经营种类多，囊括社会生产和生活的各个领域，影响面广泛。

1.2 保险经营的基础与性质

1.2.1 保险经营的基础

保险经营的存在与发展离不开以下五大基础：自然基础、经济基础、技术基础、法律基础和制度基础，如图 1-1 所示。

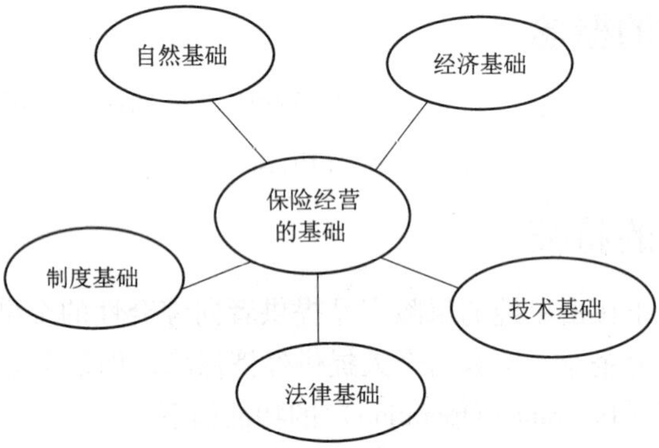

图 1-1 保险经营的基础

1. 自然基础

在人类生存和发展的历史过程中，存在着个各种各样的风险，使人们的目标无法实现。人们可以减少风险但却不能完全消除风险。其根本原因在于，人类社会是地球或宇宙存在的一部分，永远受环境的制约，因而不可能决定整个环境条件的变化。

风险的客观性、普遍性、损害性，以及单一风险发生的不确定性决定了人们只能将风险转嫁出去才能相对地消除风险，营造社会生活和生产的安全环境。保险公司向保户提供经济保障的保险服务，正好满足了人们对于消除风险的安全需要。因此，风险的客观存在是保险产生和发展的自然基础。

2. 经济基础

保险是以众多投保人缴纳保险费形成的保险基金，补偿其中少数投保人受到的经济损失。因此，在全社会的范围内集合大批投保人是发展保险的内在要求，这在分散、封闭的自给自足的经济社会里是无法实现的。只有在生产社会化、商品经济高度发展的条件下，生产者之间形成了普遍的经济关系时，人们才有可能为求得保障这个共同利益而结合起来，由此推动保险的发展。因此，经济发展中出现大量的剩余产品和商品经济迅速发展，都为商业保险的产生和发展提供了强有力的经济基础。

在我国，当今社会的城镇化是推动保险发展的一个重要因素。城镇化是涉及几亿农业人口转入非农产业的社会结构的根本性变迁。目前，我国的城镇化进程正在加快，预计到2020年，我国的城镇化将达到58%～60%，城市人口将达到8亿～9亿。这给城市发展带来了机遇，同时也给保险业发展带来了机遇。

伴随着城市化进程的持续，进入城里的农民脱离了土地保障，必然寻求货币保障。随着农民收入的增加，他们必定寻找新的方式来保障和提高生活水平，避免各种风险。而收入的增加，也使他们有了购买保险的经济基础。这就促使人们对意外险、健康险、寿险需求的增加。国外的经验表明，其寿险的大发展时期均发生在城市化加快的阶段。

城市化的加快，将为农村劳动力的转移提供更为广阔的发展空间。而农村城镇化则为农业的发展提供直接的市场，形成农村经济区域发展中心，从根本上促进农村非农产业的发展和农业劳动力的转移，使农村经济得到有效的发展，这无疑又将成为新一轮农民消费能力增长的动力源泉。从更广的角度看，农民购买力的增加将为保险带来广阔的市场，农村的城镇化将为保险业带来无限商机。

3. 技术基础

单一风险的发生具有不确定性，但总体风险的发生是具有规律性和可测性的。由于存在风险的不确定性，人们才将保险风险转嫁给保险企业；由于有众多的风险转嫁给保险企业，才实现了单个风险的不确定性在集合层次上的可测性。这种不可测性向可测性转化的矛盾运动构成了保险经营的技术基础。很显然，如果没有这种矛盾运动，纵然人们有强烈的风险转嫁愿望，也不会有人愿意接受这种风险，因为接受他人的风险转嫁无异于冒险。因此，离开了这种技术基础，保险就难以存在和发展。

保险经营管理过程中需要进行一系列的管理决策，其中包括如何制定合理的保险费率、如何提取适当的准备金、如何确定自留风险和安排风险，以及最核心的问题——如何保证保险公司资产和负债的平衡，以维持必要的偿付能力。这些问题的解决需要依赖于保险经营的技术基础——保险精算。

精算是指利用数量模型来估计和分析未来的不确定风险产生的影响，特别是财务影响。财务精算就是用数学、统计学、金融学、保险学和人口学等学科的知识与原理，去解决商业中需要精确计算的问题。在寿险精算中，利率和死亡率的测算即生命表的建立成为寿险精算的核心工作。非寿险精算则是以损失发生频率、规模，以及对损失的控制作为其研究重心。

保险精算的基本原理主要是收支相等原则和大数法则。收支相等原则即要求保险期内纯保费收入的现金价值与支出保险金的现金价值相等。大数法则是用来说明大量的随机现象由于偶然性相互抵消所呈现的必然数量规律的一系列定理的统称，如切比雪夫大数法则、贝努利大数法则、普阿松大数法则等。大数法则为保险经营特别是非寿险经营中利用统计资料来估算损失概率提供了理论基础，同时也给承保标的数量提供了理论要求。

4. 法律基础

保险既体现一定的经济关系，又体现一定的法律关系，保险关系的确立、变更和终止都与保险合同密不可分。保险关系的确立，必须以合同生效为条件。在合同生效之前，保险关系不能存在，这时所发生的一切损失，即使属于可保风险所致，保险人也无赔偿责任。

保险关系的变更，如责任范围的扩大与缩小、保险金额的增减、保险期的延长与缩短、保单条件的变化、受益人的更换，都必须在原合同的基础上作出必要的变更。保险关系的终止，无论是由于赔款的支付，还是因违约所致，实质上都是因为保险合同的某一要件的消失而终止。

因此，保险合同是保险经济关系的实现形式。保险合同作为经济合同的一种，受法律的保护和约束。保险之所以能够对社会经济运行起到重要作用，是因为有其法律基础作为保证。保险的法律基础包括民法、经济法、合同法、保险法等，其中最重要的是有关保险的法律、法规，如我国已于2009年10月1日起实行的2009年2月28日修订的保险法，同时还有劳动保险条例、机动车交通事故责任强制保险条例、失业保险条例、财产保险合同条例等。

5. 制度基础

具备了自然基础、经济基础、技术基础、法律基础后，保险的存在还需要制度基础。如果在制度安排上排斥保险机制，则无论保险对社会经济发展有多么重要，它都不可能得到发展。例如，我国在1958年实行“大跃进”“人民公社化运动”以后，在“左”的思想影响下，采取“一大二公”制度，农民面临的灾害事故和生、老、病、残等风险保障都由人民公社包下来。国内保险业务陆续停办，我国保险业遭受了巨大的挫折。

因此，在限制、排斥商品经济，实行高度集中的计划经济体制时期，经济的管理要采用行政手段，所有生产都由国家计划安排，商业上统购包销，财政上统收统支，个人吃企业的大锅饭，企业吃国家的大锅饭，企业的灾害损失由财政补贴，职工的生老病死由企业解决。商业保险失去了存在的制度基础。直到1978年党的十一届三中全会召开以后，中国人民保险公司于1979年恢复营业。此后，在我国由计划经济向市场经济的转化过程中，保险业得到了空前的发展。

1.2.2 保险经营的性质

我国保险学术界在20世纪八九十年代对保险经营的属性曾存在过保险经营是商品经营，还是福利经营的争论。认为保险经营是福利经营者，抛开保险的法律特性和经济内容，试图从保险的社会效应角度阐述保险的性质。他们认为，保险作为一种社会互助制度，能够通过对待业、养老和人身伤亡损失的救助，保障人们的福利。同时主张，社会主义保险不应以盈利为目的，具有福利性，是劳动保险和社会救济事业的补充。

认为保险经营是商品经营者，则以马克思的“对于提供这些服务生产者来说，服务就是商品”① 和“服务本身就有使用价值，由于他们的生产费用，也有交换价值”② 的论述为理论依据，认为：① 在社会主义商品经济条件下，保险作为一种用来交换的劳动产品，同其他商品一样具有使用价值和价值；② 保险商品的使用价值表现为，为社会再生产的顺利进行和人民生活的安定提供经济保障；③ 保险商品的价值就是耗费在经济保障劳务上的人类劳动，由经营这种劳务所需要的社会必要劳动时间决定；④ 保险费作为保险价格使其价

① 《马克思、恩格斯全集》第26卷，第149页。

② 《马克思、恩格斯全集》第26卷，第160页。

值得到货币体现，并随市场供求状况、风险程度和经营好坏而变动。综上所述，可得出以下结论：保险经营是一种商品性经营。保险既然是一种商品经营，就应该通过盈利，增强经济补偿能力，使保险企业成为相对独立的保险商品经营实体。

在我国社会主义市场经济条件下，保险公司作为一个企业，是具备市场经济特征的。

其一，保险公司同其他企业单位一样，是实行自主经营、自负盈亏、自我发展和自我约束的社会主义商品经营者。首先，保险公司要向国家和社会负责，积极完成各项任务指标；其次，保险公司要对本企业负责，充分保障全体职工的基本生活和社会福利，保证企业在竞争中不断发展。保险公司为了更好地履行其义务，取得更大的经济效益（包括社会和企业的效益），就必须把自己摆在市场经济的大环境中，根据商品经济原则，运用价值、价格、成本、利润等经济杠杆核算保险服务中耗费的劳动量，尽可能使自己的个别劳动时间低于社会必要劳动时间，求得劳动耗费的最佳经济效果，使保险公司按照服务—盈利—积累—扩大市场份额，进一步提高服务质量的方向发展。

其二，保险公司的活动也是一种有偿的经济活动，保险人与投保人的交换关系同样经历了劳动和价值的抽象过程。众所周知，如今保险人并不是无偿地为投保人提供经济保障。只有当投保人缴纳一定量的保险费以后，保险人才承担与保费相对应的风险责任。即保险人经营的保险产品既不是用于保险人自己的消费，也不是无偿地提供给别人消费，而是用于交换，换取等量价值。然而，两个物品（在这里是保险人的保险保障和投保人的保费）相交换，事先需进行量的比较。可是，马克思说过，两个不同性质的物品是不便于比较的，要进行比较，就得将两个物品的使用价值抽去，还原为同一劳动产品的属性。然后，再把形成劳动产品的具体劳动形式也抽象掉，最后剩下来的“只是同一的幽灵般的对象性，只是无差别的人类劳动的单纯凝结，即不管以哪种形式进行的人类劳动力耗费的单纯的凝结。这些物现在只是表示，在它们的生产上耗费了人类劳动力，积累了人类劳动这些物，作为它们共有的这个社会实体的结晶，就是价值——商品价值。①”马克思认为，只有找出了物品这种共同的东西，即质上的同一性、量上差别性的东西，不同物品才能进行比较，实行等价交换。不过，以上“抽象”过程是在生产者背后由社会进行的，人们亲身经历了，甚至实践了一辈子，还往往意识不到。就保险关系中的当事人来说，他们想到的和看到的，只是投保人缴了多少保费，保险人就承担多少风险责任，或者保险人能提供多少经济保障，投保人就缴纳多少保费，等等，并未意识到在这种表象的背后，投保人的保费和保险人的保险保障已由社会过程进行了抽象，均已化为相同的人类劳动，均以商品价值的形式而存在并发生交换。

综上所述，不难看出，在我国市场经济条件下，保险人所提供的劳务以商品形式表现出来，不是人心所为，而是由客观经济环境和实现经济条件所决定的。

1.3　保险经营的思想与目标

1.3.1　保险经营的思想

保险经营的思想是指保险企业从事经营活动，解决各种经营问题的指导思想，亦称经营

① 马克思．资本论：第 1 卷．北京，人民出版社，2004：51.

战略思想。

经营思想，一方面与保险企业所处的社会政治制度、经济制度及基本经济规律相联系；另一方面又与社会生产力的发展状况和水平相关联。因此，企业经营思想是由社会制度和生产力水平所制约的经营性质决定的，并且随着社会经济制度的完善而完善，随着社会生产力的发展而发展。我国社会主义市场经济体制下保险企业的经营思想，同样受制于我国保险经营的性质和社会主义初级阶段的生产水平。这就决定了我国保险经营思想只能是从实际出发，努力开展社会主要经济建设和人民生活的安定服务。

我国保险经营思想的内容极其丰富，概括起来主要有以下 3 个方面。

1. 利国利民思想

所谓利国利民思想，就是无论保险经营的形式如何，也无论从事哪一种经营，都要以利于社会主义市场经济体系的建立和完善、有利于社会主义现代化建设、有利于人民生活保障这一根本目的为出发点，并以此作为保险经营活动的行为准则和衡量标准，这是由社会主义保险经营的性质所决定的。贯彻这一经营思想，要求保险企业自觉按客观经济规律办事，严格依法经营，积极主动地贯彻国家政策，接受国家宏观调控和指导；同时树立保户至上的观念，处处为保户着想，如通过生动形象的保险宣传、咨询活动，向保户宣传保险知识，提高保户的保险意识，积极帮助保户设计投保，为保户提供简捷、热情、周到的投保服务，主动、及时、准确、合理地为保户提供赔偿服务，以及防灾防损技术指导等。只有这样，才能使利国利民的经营思想落到实处，才能实现社会主义的保险经营方针。

贯彻利国利民的经营思想，要妥善处理好企业利益与国家利益、企业效益与社会效益的关系。一般情况下，企业利益与国家和社会利益是一致的，因为只有符合国家利益、具有良好的社会效益的经营活动，才能给企业带来良好的经济效益；企业经济效益的提高，又是增加国家的财政收入、扩大保险服务领域的基础。社会主义市场经济体制下的保险企业应该坚持把国家利益、人民利益放在首位，但这并不意味着保险企业可以不重视自身的经济效益，如果保险公司因其他而忽视自身经济效益的提高，就会失去利国利民经营的物质基础。因此，商业保险公司同其他任何企业一样，都应该坚持以经济效益为中心。当然，在贯彻利国利民思想时，要兼顾国家利益与企业利益、企业经济效益和社会效益，正确处理局部利益与整体利益的关系。

2. 实事求是思想

所谓实事求是的经营思想，就是在每一个时期，处理各种保险经营的问题都要从国情和实际出发，并充分利用各种有利条件实现保险经营的目标。实事求是是马克思主义的基本原则之一，是中国社会主义经济建设实践的指导原则，也是保险经营思想的基础。

我国是社会主义国家，有其自身和潜在的优越性。其根本表现是能够允许社会生产力以旧社会所没有的速度迅速发展，使人民不断增长的物质文化生活需要能够逐步得到满足。但是，社会主义是一个新生的制度，尚处于初级阶段，还不成熟、不完善，生产关系和上层建筑中还存在着不适应生产力发展的方面和环节，有待深化改革，逐步完善。同时，我国的生产力水平不仅低下，而且发展很不平衡。加之人口多，人均资源和财富少，人们的生活水平较低，因此人们的风险观念和保险意识十分薄弱。此外，我国保险事业的发展时间不长，财力、物力不够，人员素质较低，经营经验缺乏，等等。因此，保险经营的规模和发展速度，要充分考虑这种国情，一切从实际出发，以利于减少盲目性，保证保险企业经营稳定地向前发展。

实事求是的经营思想，并不是要坐等客观条件的改变，不去争取实际可能达到的速度，而是要从实际出发，按客观经济规律办事，采取正确的政策，充分利用一切可以利用的条件，特别是充分调动人的积极性和主动性，努力扩大服务范围，大力发展社会所急需的各项保险业务，争取一个符合实际的发展速度。

落实实事求是的经营思想，必须深入实际进行认真、周密的调查研究。如果离开调查研究，尽管把实事求是念上千万遍，也做不到实事求是。所以，保险经营决策者要用 90% 以上的时间研究情况、调查问题，用不到 10% 的时间制定政策。根据对实际情况的科学分析而作出的决策才是正确的决策。如果只是开会听汇报，甚至凭灵感、想当然地制定方针、政策，只能把事情搞坏。

3. 现代经营思想

保险是用来交换的经济保障劳务，是一种特殊形态的商品。保险商品与一般商品一样，是人类劳动的产物，是使用价值和价值的统一体。因此，保险经营已不再是古代社会的共济会，不能把思想仅仅局限在保险的互助性质上。

所谓现代经营思想，就是把保险作为一种商品经营的思想，即按照商品经营的客观经济规律来经营保险商品。它要求保险经营者应具有以下经营观念。

（1）市场观念。市场观念是指保险经营者应具有强烈的市场意识，以市场为导向，按照保险市场的需求来安排保险经营活动。市场观念是现代经营思想的重要内容。社会主义市场经济体制下的保险企业是相对独立的商品经营者，离开了保险市场，经营也就无从谈起。保险商品只有为市场和保户所接受，保险商品的价值才能实现。强化保险经营的市场观念，要求企业牢固树立为保户服务的思想，真正按照市场需求和保户需要来优化保险资源配置和安排保险经营活动，并且利用企业自身的防灾防损技术优势和经营特长，引导和指导社会消费，实现保险供求的结合与动态平衡。

（2）效益观念。效益观念是指保险经营者应具有以经济效益为中心，兼顾社会效益的观念。在保险经营中，不但要重视工作效率，更重要的是要重视企业的经济效益。保险经营过程的起点是投入，终点是产出。注重经济效益，就是要看投入与产出的比例关系。投入少，产出多，效益就好。否则，投入多，产出少，效益就差。注重经济效益和社会效益，这是保险经营的性质所决定的，也是保险经营的基本目标。因此，保险经营者在经营过程中应严格经济核算，厉行节约，增收节支，以最小的投入获得最大的产出。

（3）信息观念。信息观念是指保险经营者应具有对各种信息进行收集、整理、存储、分析、利用的意识。信息是企业的重要资源，是企业开展经营活动的基本依据。在现代信息社会中，如果没有必要的经济技术信息，就无法作出正确的决策，无法在竞争中取胜。及时掌握大量而准确的信息，是提高企业经营决策的科学性、有效性的前提，也是防止或减少经营风险的必要条件。为此，保险经营企业应设立专门的信息机构，组织力量认真收集、整理和分析与保险经营有关的市场信息，以及科技发展、社会经济、人口变化等各种信息，为企业经营提供可靠依据。

（4）竞争观念。竞争观念是指保险经营者应具有强烈的竞争意识，即在市场竞争中求生存、求发展的观念。竞争是商品经济的一般规律，无论社会制度如何，只要存在商品生产与商品交换，就必然有竞争。显然，社会主义的保险商品市场，同样不能避免或排除竞争。

竞争是企业之间实力的较量，是企业之间在人才、技术、商品质量和价格、经营管理和对外适应能力等方面的比较与竞争。因此，要求保险经营者善于发现、选拔和合理使用人才，注重智力投资或智力开发；同时要抓住良机，努力开发新险种，扩大保险服务范围，提高服务质量，增强自身经济实力和竞争能力。

那种一味地降低费率的恶性竞争，是违背市场经济规律的，对企业本身和保险消费者都是不负责任的。

在现代商品经济和市场竞争日益激烈的时代，保险经营者要有清醒的头脑，认清本企业所面临的竞争形势，形成本企业的品牌特色，在竞争中永立不败之地。竞争，不仅仅是国内保险企业之间的竞争，而且包括参与保险市场上的竞争。因此，保险经营者要敢于参与国际保险经营大循环，从中了解世界，兼收各方所长，提高我国保险企业的综合素质和经营水平。

（5）法制观念。法制观念是指保险经营者应具有强烈的法律意识，在保险业务经营中，自觉遵守国家的法律、法规。保险经营活动是一种重要的经济活动，它涉及社会生活的各方面、各阶层，连接着千家万户。保险经营的稳定不仅影响保险公司本身的存亡，也影响广大投保人、被保险人的切身利益。为了保障保险业的稳健经营、健康发展，国家制定了一系列相关的法律、法规，用来约束保险企业的经营行为。保险企业在业务经营过程中，必须严格遵守国家的法律、法规，使其行为规范化，在法制的轨道上，健康有序地从事经营活动。同时，保险经营通过合同的方式来建立保险人与投保人、被保险人的保险关系，这种经营本身就带有极强的法律特征。因此，作为保险经营者，只有严格守法、依法办事，才能正确处理保险经纪关系，调动一切积极因素，保证保险经营不断发展。

1.3.2 保险经营的目标

保险经营的目标是指保险企业在充分利用现有经营条件的基础上，经过努力所要达到的经营目的和标准。社会主义市场经济体制下保险企业的经营目标是通过保险服务，保障社会再生产的持续进行和人民经济生活的安定，满足人民日益增长的物质和文化的社会需要。这是社会主义市场经济体制下保险企业的总目标，是保险经营活动的最终目标和行为标准。经营目标是保险企业经营决策的前提和企业经营的指南，它是根据经营思想和社会主义经济发展需要，以及保险企业的客观经营条件决定的。

1. 确定保险经营目标的意义

确定保险经营目标不仅有利于保险企业经营决策，有利于明确经营方向，调动各方面的积极性，而且也有利于妥善处理保险企业的公共关系。

（1）确定保险经营目标，有利于保险经营决策。经营决策是关系保险企业总体发展和重要活动的决策，是人们根据客观规律和实际情况，对企业的总体发展和各项重要经营活动的经营目标、方针和策略所作出的正确抉择，是一个发现问题、寻求各种解决办法并选出最优方案的过程。决策正确就能保证企业朝着正确的方向前进，增强保险企业的活力并提高其对环境的适应能力，取得良好的经济效益和社会效益；反之，如果决策失误，就会给企业带来巨大的损失。而经营目标正是关系企业生存与发展的经营决策的出发点和归宿。决策是出自对经营中所出现问题的解决，即起因于对经营目标的顺利完成。同时，决策的最终目的是以最佳方式实现经营目标。因此，科学地确定经营目标，是经营决策的关键环节。确定了经营目标，就指明了经营决策的方向，在一定程度上保证决策的正确性和保险企业发展的正确方向。

（2）明确保险经营目标，有利于调动各方面的积极性。企业经营从经理到职工，都应有一个明确的努力和奋斗目标，以统一全体人员的思想和行为。没有经营目标，就谈不上企业的经营。目标是否明确，直接关系到经营活动的成败和绩效的高低。因而，确定企业经营目标是保证保险企业上下合力，调动一切积极因素，努力实现各项经营计划的关键。此外，经营目标是国家、保户、企业和职工各方面利益和要求的综合反映。经营目标一经确定，也就意味着确定了国家、保户、企业和职工各方面的利益，并通过保险经营活动逐步实现各方面的利益，满足各方的要求。即通过保险经营活动，国家得到税收和生产建设的安全保障，保户获得优质服务和生活的安定，企业发展壮大，职工得到全面发展和自我实现。也就是说，确定保险经营目标，有助于人们更清楚地发现保险的巨大作用，充分调动社会各界大力支持保险经营活动的积极性。

（3）确定保险经营目标，有利于妥善处理公共关系。公共关系是一种内求团结、外求发展的经营管理工作，即保险企业在自身完善的基础上，运用各种信息传播手段，协调和改善自身的人文环境和舆论气氛，使本组织机构的各项政策、活动和产品符合于相关公众的需求，争取公众对自己的理解、信任、好感与合作，在双方互利中共同发展。其主要任务是树立保险企业的良好形象，建立内外信息交流网络，处理好企业内外的各种公众关系，监测社会环境，分析企业发展前景，等等。良好的公共关系是保险企业生存和发展的重要条件，其重要性早已成为中外企业家的共识。

妥善处理保险企业的公共关系，首先应该寻找和明确公共关系在某一时期所要达到的目标。因此，公共关系工作首先和关键的一项任务是制定目标。只有目标确定，所有工作才能做到以目标为核心。可以说，公共关系工作的过程，实质上是制定公共关系目标，实施公共关系目标，评价公共关系目标的过程。而公共关系目标的制定，是以企业总目标为前提的。公共关系目标作为保险经营总目标的一个有机组成部分，必须与保险经营的总目标相一致。因此，确定了保险经营目标，就确定了保险企业的公共关系目标，并为公共计划实施中的控制和效果的评价提供了明确的标准，从而使公共关系工作能够有序地进行和更富有成效。

同时，良好公共关系的基础，在于优质的保险产品和保险服务，而优质保险产品和服务的产生，在很大程度上是科学制定和落实保险经营目标的结果。经营目标一经确定，就要展开、分解、形成体系，从深度和广度上，从时间和空间上，扩散到保险企业的各个部门及职工，形成一个有机的目标网络系统。每一份目标同各部门、各个职工的责、权、利形成有机的结合，使各部门、各个职工由被动生产者变为主动生产者，严格按照各自的数量和质量目标工作，在质量控制部门的监督、指导下，创造优质保险产品，提供优质保险服务。因此，确定保险经营目标是良好公共关系的基础。

此外，保险经营目标是国家、保户、企业、职工和其他相关公众的共同利益的体现和要求，经营目标一经确定，就意味着上述各类公众将在共同利益下同舟共济。这样，各类公众就会积极主动地配合保险企业的工作，为企业的公共关系部门出谋划策，并提供真实、准确、全面的信息。

2. 保险经营目标的内容

保险经营目标的内容十分丰富，可以根据不同时期、不同角度划分为多种不同的经营目标。

（1）从保险企业发展的角度划分，可分为长远目标、中期目标和近期目标。

长远目标是保险经营所要实现的企业未来发展的预期结果，是经营总目标的粗线蓝图，一般是指10年或10年以上的远景规划目标。其主要内容包括保险企业的发展方向、经营规模和主要指标可能达到的程度，如承保范围、承保率、保险基金积累额度、职工数量和质量等。

中期目标一般是指5年经营活动的预期成果，是长远目标的进一步分解和具体化，是保险经营总目标的次粗线条蓝图。

近期目标一般是指年度或季度、月度目标，是中期目标的分解和具体实施目标，是经营总目标的详细描述。近期目标的实施是中长期目标得以逐步落实的保证。同时，中长期目标又是近期目标组织和实施的依据。

（2）从利益的角度划分，可分为社会贡献目标、企业利益目标和个人利益目标。

社会贡献目标是根据保险企业在国民经济中的地位和作用，为实现国民经济发展战略目标所制定的、具有良好社会效果的经济目标。就保险企业的经营特点而言，保险企业的社会贡献目标内容主要包括：为社会提供优质保险产品和服务，满足日益增长的社会需求，保障整个社会经济生活的安定；提高社会的风险管理意识；利用自身技术优势，指导社会组织和个人进行风险管理，降低风险发生率和风险损失程度；承担和分散风险，提高社会抗御自然灾害的能力，促进整个社会资源的合理配置，促进新技术的应用与推广；积极开拓新险种，支持国家政策的实施，促进国际经济交往的发展，积极为国家提供建设资金和税金，等等。

企业利益目标是保险企业生存和发展所必需的经济目标。企业利益目标直接表现为盈利总额、利润率及利润留成、奖励和福利基金等具体指标。经济利益是保险企业经营活动的直接内在动力。经济目标不仅关系到保险职工工作条件、生活条件的改善和企业发展的后劲，而且关系到保险经营社会贡献目标能否实现的大问题。一个缺少起码的生存和发展所需物力、财力和人力的保险企业，是无法履行其社会责任的。因此，为了更好地满足社会需求，保险企业应把创造尽可能多的利润作为经营目标的重要内容。

个人利益目标是保险企业的干部、职工在经营活动中所追求的物质利益和自我价值实现的目标。个人物质利益是劳动力再生产的需要，是保险企业、干部职工从事保险经营活动的内在动力。马克思指出："人们为之奋斗的一切，都同他们的利益有关。"① 给劳动者以物质利益，是社会主义的基本原则。因此，个人物质利益是保险经营目标的重要内容。在社会主义条件下，劳动者的物质利益是多方面的。劳动者所创造的国民收入，一部分以积累基金的形式用于扩大再生产，其余部分以消费基金的形式给劳动者，其中有的部分是以积累基金形式分配给劳动者的，如国家兴办的科学、文化、教育、保健等公益设施；有的则是以工资、奖励、津贴、集体福利、社会保险、社会救济等直接提供给劳动者。

自我实现是职工从事保险经营活动的另一个非常重要动机。物质利益仅仅是企业职工的基本需要之一。除此之外，还有安全的需要、情感的需要、地位和尊重的需要，直至实现自我价值，发挥自己全部的聪明才智，释放出所有的能量。如果保险企业不能创造环境使职工各种层次的需要得到满足，就会降低职工的积极性和主动性，影响保险总目标的顺利实现。

---

① 马克思，恩格斯．马克思、恩格斯全集：第1卷．北京，人民出版社，1995，187.

如果人们的需要长期得不到满足，保险企业必然面临严重危机。因此，应把创造条件，满足保险职工多种层次的需要，帮助其实现自我价值，作为保险经营目标的重要内容。

当然，个人利益目标的实现是以国家利益和企业利益的实现为前提的，没有社会贡献目标的实现也就没有企业利益，更谈不上个人利益。

总之，保险经营目标的内容十分广泛，凡是影响企业发展的问题，如市场占有与开发、新险种的开发、人才的培养等，都可列为保险经营目标的内容。

3. 制定经营目标的原则

为保证保险企业经营目标的科学性，在制定经营目标时应遵循以下基本原则。

（1）抓主要矛盾原则。在各个不同时期，保险企业所面临的经营问题是不同的，即使在同一时期，企业所需解决的经营问题也有主要和次要之分，因此企业在制定每个时期的经营目标时，要抓主要矛盾，首先制定影响企业营运全局的关键目标。

（2）可行性原则。制定保险经营目标，要全面了解和分析企业内外情况，努力使经营目标同社会需要和企业实力相适应，认真进行可行性研究和测试，提高目标的实现性和可实现的程度。

（3）调节性原则。保险经营的内部条件和外部环境是发展变化的，从一定意义上说，经营目标也可在动态过程中不断形成和完善。因此，经营目标确定以后，还应根据情况变化和要求及时作出调整和修订，以利于目标的正确性和顺利实现。

（4）可考核性原则。保险经营目标要有明确的规定性，使其能够衡量并具有可考核性。这是正确制定目标的关键，也是分解落实目标、监督制定目标的前提和评价目标实施结果的标准。

1.4 保险管理的概念和保险管理现代化

1.4.1 保险管理的概念

保险管理简单地说，就是指通过一定的程序，采取一定的方式方法和手段，对保险的经济活动进行计划、组织、指挥、协调控制的过程。

保险是商品经济发展到一定阶段的产物，是以风险为经营对象，具有科学性、保障性、负债性和广泛性特点的产业，尤其需要管理。管理是保险业发展的基础。通过管理，可以合理组织生产力，不断维护、完善生产关系；合理配置企业资源，不断降低保险经营成本，增加企业盈利，提高企业经济效益和社会效益。

1.4.2 保险管理现代化

保险管理现代化是指保险企业适应现代化社会生产力发展的客观要求，按照经济规律、积极应用现代化科技手段，在管理思想、管理组织、管理方法、管理手段和管理人才方面达到国家先进水平，实行有效管理，创造最佳经济效益。管理现代化是与现代生产力相适应的，并以国际先进水平为衡量标准，是一个动态的概念，不同时期有不同内涵。同时，要从企业总体来考虑，包括管理思想、管理组织、管理手段、管理方法和管理人才等方面的现代化。其中，思想现代化是灵魂，组织现代化是保证，手段和方法现代化是条件，人才现代化是关键。实现保险管理现代化是保险企业当前的艰巨任务，必须从基础工作入手，才有可能保证达到一定水平。

1.5 保险企业经营管理综述

1.5.1 保险企业经营管理的意义与性质

1. 保险企业经营管理的意义

经营与管理是既有区别，又密不可分的两个概念。就一般意义来说，管理是对系统的控制，是人们为了达到预期目标而进行的有组织、有计划的活动。没有管理，人类社会就无法进行正常的生产，生活和工作秩序就建立不起来，人们的社会活动就不可能顺利进行。而经营则是一个历史范畴。广义的经营是指企业达到预期目标活动的总称。经营与管理的区别主要是：管理侧重企业内向的组织活动，而经营侧重企业外向的业务开拓。经营与管理的关系是：经营决定管理，管理促进经营，管理中有经营，经营中有管理，二者互为表里，成为一个统一的整体。因此，人们往往在习惯上把二者的含义统称为“管理”。

社会主义保险企业的经营管理是指在社会主义生产方式下，保险企业要按照现代科学管理的原则、程序和方法，对保险企业的人力、物力、财力和各项经济活动，进行决策、计划、组织、指挥、监督和协调，从而以尽量少的劳动耗费，取得最佳经济效益。

保险企业经营管理的重要意义主要表现在以下方面。

（1）是充分发挥保险企业职能作用的必要条件。社会主义保险企业是在社会再生产过程中，专门从事组织保险基金，对意外灾害事故进行经济补偿（或给付）的经济组织，是国民经济中不可缺少的一个重要组成部分。保险企业要发展，除了组织正常的各项业务活动外，还必须建立一支能掌握保险业务技术的职工队伍，配备相应的物质技术装备，建立信息系统。同时，在企业内部还必须建立各种职能部门和科学的劳动组织形式，而所有这些只有通过科学的管理，才能保证保险企业内部的人、财、物和信息的统筹安排，紧密结合，实现各职能部门、各工作环节的有机配合与分工协作，也只有这样，保险企业的职能作用才能得到充分的发挥。

（2）是提高保险企业经济效益的重要手段。经济效益的提高，主要依靠一个企业合理地组织人、财、物和信息。因此，加强保险企业的管理，是提高保险企业经济效益的重要途径。新中国成立以来，我国企业管理的实践充分证明了这一点。凡是加强了企业管理，按客观规律办事，我国的经济就得到发展；反之就受到挫折。

（3）是不断完善社会主义经济关系的客观要求。在保险企业的各项经济活动中，必然要与国民经济的各部门及广大劳动人民之间发生各种经济关系。就国民经济来说，保险企业与工业、农业、商业、外贸、交通运输、财政、金融等都发生直接或间接的经济关系；就保险企业的内部来说，既有中央与地方、上级与下级的纵向关系，又有公司与公司之间的横向关系，以及企业与企业之间的经济关系。随着我国社会主义经济体制改革的不断发展，这些经济关系也必将不断地发展和变化。因此，按照加强宏观经济控制并把微观经济搞活的要求，按照国家、集体和个人利益正确结合的原则，加强保险企业内部管理，实现明确分工，密切相互协作，乃是不断改善社会主义经济关系的客观要求。

2. 保险企业经营管理的性质

在我国社会主义条件下，保险企业的经营管理与其他企业的经营管理一样，仍然具有二重性，这是因为社会主义保险企业经营管理的全过程，既有按照客观经济规律的要求合理组织经济补偿与给付，逐步实现保险企业管理科学化、现代化的自然属性；又有按照生产资料占有者的意志，维护本阶级经济利益，协调经济关系，完善管理机制的社会属性。

社会主义保险企业的经营管理与资本主义保险企业的经营管理相比，有其共同的一面，即都是客观地反映了社会化大生产的要求，但是由于生产资料所有制的不同，社会主义保险企业的经营管理与资本主义保险企业的经营管理又有本质的不同，即它们必然要反映一定生产关系的要求，体现生产资料占有者的意志。

资本主义社会的企业经营管理，一方面作为对生产使用价值的社会劳动过程的指挥，反映了社会化大生产的一般要求；但另一方面，由于生产资料归资本家所有，作为对资本主义价值增值过程的监督，则体现了资本主义生产关系的剥削实质。所以，资本主义保险企业经营管理的社会属性集中表现为剥削性。

正确认识社会主义保险企业经营管理的二重性，对于指导保险企业的管理实践和发展保险企业的管理科学有着十分重要的意义。

（1）正确认识社会主义保险企业经营管理的二重性，可以帮助人们全面认识社会主义保险企业经营管理和资本主义保险企业管理的不同特点与本质区别。从而可以正确对待资本主义保险企业经营管理的经验和方法，科学地总结我国保险企业在经营管理方面的经验和教训，在批判资本主义企业经营管理理论和小生产管理思想的基础上，建立我国社会主义保险企业经营管理的理论体系。

（2）正确认识社会主义保险企业经营管理的二重性，可以帮助人们正确理解社会主义保险企业经营管理的任务，掌握社会主义保险企业经营管理的内容。从而在合理组织社会化大生产的条件下，在社会主义生产关系的基础上，建立和发展社会主义的保险企业经营管理科学，更好地为实现四个现代化的伟大目标服务。

1.5.2 保险企业经营管理的任务与职能

1. 保险企业经营管理的任务

保险企业的性质决定其经营管理的任务。这个任务是指保险企业经营管理活动中要解决和承担的职责。从总的方面来说，任何企业经营管理的任务都是创造一个良好的工作环境，发动和组织企业全体职工，以最小的低一级的输入，取得最大的高一级的输出，从而完成企业的基本任务，取得最大的经济效益。

具体到社会主义保险企业，其经营管理的任务主要包括以下5方面的内容。

（1）按照社会主义经济规律的客观要求，有计划地组织保险企业的一切经营活动，确定保险企业经营管理的目标，制定保险企业经营管理的方针。经营管理的目标是指企业通过经济活动所要到达的预期结果，它是保险企业一切经营管理活动的依据，贯穿于保险企业经营管理活动的全过程，规定了保险企业经营管理的方向（既是经营管理的出发点，又是经营管理的终点），它既是观察保险企业经营管理活动过程的标准，又是衡量、考核保险企业经济效益和经营成果的准绳（因为经营目标是可以用数量和质量来表示的）。一个企业，只有明确经营管理的目标，才能动员群众、发动群众、组织群众，充分调动群众参加经营管理的积极性，才能上下步调一致顺利地完成企业经营管理的任务。保险企业的经营管理目标必须适应社会主义基本经济规律的要求，要以党的方针政策和有关法律、法规为依据，以顺利完成社会主义保险企业的基本任务为中心，取得最大的社会经济效益。保险企业的经营管理目标要体现一切经济活动目标所具有的综合性、阶段性和可分性的特点，一方面要综合出整个企业经营管理活动的总要求和总方向；另一方面要按照企业管理范围、职能部门和不同管理层次，将总目标分解为各方面、各部门、各环节的具体目标。保险企业经营管理的总目标是各项目标的努力方向，各项具体目标是实现总目标的手段。

保险企业一旦确立了经营管理目标，就要为实现经营管理目标制定经营决策。所谓经营决策，是指一个企业对于面临需要解决的重大问题和需要完成任务而作出的决定。要实现保险企业的经营管理目标，通常都需要从管理决策的多种方案中，作出符合客观经济规律的合理抉择。经营决策在企业的经营管理中具有重要的意义，它存在于企业经营管理的全过程和一切环节，各种管理职能的执行，都必须以正确的决策为前提。正确的经营决策对企业经营管理目标的实现起着重要的保护作用。

（2）根据本国的国情和世界保险市场发展的新动向，研究和制定保险企业的发展规划，加强调查研究，不断完善管理机制，广泛应用先进技术，大力推广先进经验，提高管理效能。管理机制是指经济机体内各个组成部分相互制约、有机结合、灵活运行的过程和方式。保险企业的管理机制，包括社会主义保险企业管理的方针政策、制度和措施，以及管理结构和管理方法等内容。不断完善保险企业的管理机制，是实现保险企业现代化管理的重要目标，也是提高保险企业管理效能的重要途径。没有完善的管理机制，就不可能提高管理效能，完善的管理机制是提高管理效能的重要条件；而管理效能的提高，反过来又会促进管理机制的不断完善，两者的关系是相辅相成的。在保险企业内部实现经济核算，扩大企业经营自主权，合理建立和健全企业内部的管理机构及职能部门，改革计划管理、资金管理、财务管理和人事管理，逐步实现分级核算和分险核算，广泛运用先进技术，改进管理方法，建立和健全各项规章制度，实行行政方法、经济方法和思想方法相结合等，这些都是不断完善保险企业管理机制的重要措施。

（3）认真协调各方面的经济关系，正确处理国家、企业和个人三者之间的利益。保险企业在经营管理活动中，同国家、企事业单位，以及劳动者个人之间的广泛密切关系是十分复杂的。从本质上，经济关系就是生产关系的表现，是物质利益关系的集中反映。在社会主义制度下，保险企业同国家、企事业单位，以及劳动者个人之间的经济关系，虽然没有对抗性的利害冲突，但相互之间有时也会出现一些矛盾。如何正确处理这些矛盾，合理协调保险企业同各方面的经济关系，既是保险企业管理的重要内容，也是保险企业管理不容忽视的管理任务。因此，保险企业必须按照社会主义基本经济规律的要求，根据党的方针、政策，贯彻统筹兼顾和责、权、利相结合的原则，实行经营管理责任制，从国民经济综合平衡的需要出发，运用保险企业管理的职能，正确处理和理顺各方面的经济关系，兼顾各方面的利益，调动各方面的积极性，才能不断提高企业的经济效益，也只有这样，才能达到预期的经营管理目的。

（4）加强全面经营管理，合理利用企业的人力、物力和财力，不断提高劳动效率，降低保险成本，增加企业利润。保险企业是国民经济的一个综合性部门，在保险企业经营管理过程中必须实行内部管理和外部管理相结合的全面经营管理，才能保证保险企业基本任务的顺利完成。内部管理主要是指把保险企业内部的人力、物力和财力运用得当，通过管理特有的职能，达到人尽其才、物尽其用、财尽其效的目的。保险企业的外部管理是指保险企业充分发挥经济补偿的职能，运用控制协调、促进监督的管理职能，促进国民经济有计划按比例地协调发展。

（5）充分调动企业全体职工的积极性，加强对职工进行社会主义、共产主义思想教育，以及文化和科学技术教育，建设一支思想过硬，业务水平较高，又红又专，善于管理现代化企业的业务人员和管理干部，以适应现代化建设的需要。

上述保险企业经营管理的 5 项任务，在相当一个时期内可以说是相对稳定的。但是，在不同时期和不同的发展阶段，很有可能会出现新的变化，增添新的内容。在这种情况下，保险企业只有根据客观情况发展变化的需要，相应地制定不同的具体任务才能适应新形势。

2. 保险企业经营管理的职能

保险企业经营管理的任务是通过它的管理职能来实现的。保险企业经营管理的职能是指保险企业的管理人员在完成其经营管理任务的过程中必须坚持的管理程序和基本职能。一般来说，保险企业经营管理的职能包括计划、组织、指挥、监督和调节 5 个方面。

1）计划职能

计划是根据上级指令和各种信息，对企业经营目标进行预测，从而作出经营决策；然后按照决策的目标，编制长期计划和短期计划，指导和协调企业的各种经济活动，并具体地规定企业经营方针、程序和方案的管理活动。计划职能的主要内容包括确定企业的经营目标和经营方针，编制计划程序，制订计划和编造预算等。计划的程序主要包括以下内容。

（1）搜集有关制定与实现计划目标的各种经济信息资料和文献。

（2）分析研究影响计划的因素，制订企业的发展方案，对实现计划目标的可行性进行科学的预测和可行性论证。

（3）提出有关实现计划目标的措施、方法、手段和多种方案，并从中选择最优的实施方案。一个现代化的企业，如果没有一个完整、准确、切实可行的计划是根本不可能建立正常的工作秩序的。计划的职能是企业其他管理活动的依据，是企业管理诸职能中最重要的职能。

2）组织职能

组织是按照已制订的计划，把企业的劳动力、劳动资料和劳动对象，从分工协作上，从上下左右的关系上，从时间与空间的连接上，合理地组织起来，形成一个有机结合的整体，使企业的人、财、物得到最合理的使用。组织职能是实现计划目标，完成计划的保证。保险企业经营管理的组织职能主要包括以下 3 个方面的内容。

（1）建立一个科学的管理系统。根据保险企业的经营目标进行职责分工，并在分工协作的基础上，从时间和空间的相互连接上，从纵横交错的相互关系上，把各个职能部门和各个工作环节合理地组织起来，形成一个运转灵活、指挥自如的精干的组织机构。

（2）按照民主集中制的原则，确定企业内部结构，根据计划目标的要求，调整劳动组织，划分管理权限；按照每一职能部门的要求，选择配备适当的工作人员，重视智力开发，不拘一格选拔人才，充分发挥人才的潜力。

(3) 建立投资结合、职责分明的经营管理责任制，把具体的任务落实到各个部门和个人，做到分工合理，责任明确，密切配合，相互协作，步调一致。

3) 指挥职能

指挥是领导机构或领导者行使职权而发号施令。它一般是通过下达指示、命令和具体帮助等手段，有效地指导下属机构和所属人员来实现企业计划目标的任务，履行领导者的职责。我国保险企业是一个庞大的经济组织，人员众多，分支机构遍及全国各地，职能部门分工精细，业务经营活动繁杂，与国民经济各部门的联系十分紧密，因此要使保险企业的经营管理活动营运畅通、管理指挥得心应手，就必须有集中统一的指挥。指挥职能是实现企业经营目标，完成计划任务，保证企业各项经营活动正常进行的必要条件。

4) 监督职能

监督是指挥的必要手段。监督的简要含义是指控制、检查和考核下级机构和所属人员完成任务的情况，及时发现问题、解决问题，防止偏差并采取积极的措施纠正指挥上的失误。监督既有预期的管理，又有事后的管理。从时间程序上看，监督可分为事前监督、日常监督和事后监督。为了控制影响计划目标实现的不利因素发生，是事前监督；随时随地进行检查，考核计划目标实施进度的情况是日常监督；检查分析计划目标的执行情况，找出偏差，查明原因，分析责任是事后监督。

监督的目的是考察下级机构和人员是否认真地履行了各自职责，有无偏离企业经营目标和方针或违背政策法律的行为。

监督的标准是国家的方针政策和有关的法律、法规，以及经过审定的企业计划目标和有关的规章制度，对于企业经济效益的考核和经济核算的考核等。

监督的程序：① 确定考核标准；② 按照考核标准的要求检查分析实际情况；③ 通过比较，找差距，分析原因；④ 纠正偏差，提出改进措施。

监督的基本方法是抓计划、抓核算、抓分析、抓检查、抓评比、抓总结。通过检查、评比和总结，奖励先进，鞭策后进，真正做到有奖有罚、奖罚分明。

5) 调节职能

调节亦称协调，是指调节各管理职能之间、上下左右之间、企业内部和外部之间的关系，解决认识上的分歧，使大家协调一致，及时克服经营管理中的不平衡，树立全局观念，以实现企业预期的经营目标。

调节之所以必要，其原因主要是：① 由于计划目标本身不准确，需要修正；② 人们对正确的计划目标在认识上不一致，从而在落实上不统一，需要进行解释和引导，重新落实措施；③ 由于事物发展不平衡，出现了新情况，产生了新问题，需要组织新的平衡。调节的内容包括计划协调、组织协调、思想认识上的协调和经济关系上的协调 4 个方面。调节的种类又可分为垂直协调，是指保险企业内部上下级之间的纵向协调；水平协调，是指保险企业内部各职能部门、业务环节之间的横向协调；对内协调，是指调整企业内部各方面的关系；对外协调，是指调整保险企业与外部条件之间的关系。

上述各项职能虽然各自都具有相对的独立性，但是一个相互联系、有机结合的统一体，通过连续不断地反复循环，共同形成企业的整个管理过程。因此，各级保险企业在运用管理职能进行管理的过程中，必须全面执行，综合使用，不可偏废。

但是，随着时间和条件的变化，保险企业的管理职能，在某一阶段可有所侧重。保险企业经营管理职能的作用能否得到充分的发挥，关键不仅在领导，而且也取决于保险企业广大职工对企业经营管理职能的全面认识和正确掌握，并把它运用于保险企业管理的全过程。

1.5.3　保险企业经营管理的原则与方法

1. 保险企业经营管理的基本原则

企业经营管理应该遵循的基本原则是保证企业实现经营活动的方向性、整体性、科学性、有效性的准绳。我国保险企业经营管理原则来源于我国保险企业管理的实践，决定于我国保险企业经营管理的性质和职能，反映了事物的客观规律和国家方针政策的要求。在全面坚持四项基本原则和加强思想政治工作的前提下，结合我国保险企业经营管理的具体情况和特点，在保险企业经营管理工作中，必须坚持以下 7 项基本原则。

1）政治领导和经济领导统一的原则

政治是经济的集中表现，这是马克思主义关于政治和经济关系的基本观点。因此，在保险企业经营管理过程中，必须坚持政治领导和经济领导统一的原则，在保险企业经营管理过程中贯彻这一原则可以保证保险企业的经济活动坚持社会主义方向，符合社会和广大人民群众的根本利益，高质量、高标准地开展保险企业的经营活动；可以保证企业认真贯彻国家的方针政策，从全局着眼处理各种经济关系（如中央、地方、企业、个人之间的关系）；可以提高保险企业职工的思想政治觉悟，充分发挥每个人的积极性、主动性、创造性，保证企业任务的顺利完成。

2）民主集中制的原则

民主集中制的原则是在企业经营管理中既要加强集中领导，又要依靠群众、发动群众、吸收群众参加管理工作，把二者有机地结合起来。民主和集中是不可分割的。企业管理只有建立在广泛民主的基础上，充分发挥群众的积极性，集思广益，才能达到高度的集中。同样，也只有在集中的领导下，民主才能实现。民主是集中的前提和基础，没有民主就不可能有正确的集中，离开充分发扬民主，集中就难以实现。在保险企业中，贯彻和运用民主集中制原则的具体表现是实行经理负责制，采取统一领导与分级管理相结合，集权与分权相结合的组织结构形式，实行职工代表大会制度。

3）计划管理的原则

随着保险企业经营规模的扩大，一方面，企业内部分工协作的关系越来越密切，形成了若干彼此相互联系又相互制约的部门和环节，各个部门（环节）的经营活动只有遵循共同的经营规律，在企业发展规模和发展速度上，以及在工作进程上保持一个适当的比例关系，整个企业经营活动才能顺利进行；另一方面，保险企业与外部的经济联系越来越密切，在这种情况下，要使保险企业的经营管理活动有节奏地、连续不断地进行，防止脱节和混乱，也必须实行计划管理。

保险企业贯彻计划管理的原则，应注意做到加强调查研究，搞好经济活动中的信息预测和决策；按照客观经济规律的要求，协调好保险企业在各项经济活动中的关系，组织好综合平衡，保证计划工作的准确性和严肃性。

4）责、权、利相结合的原则

责任和权力是相互联系、相互制约的两个方面。授之以权，委之以责。不赋予当事人一定的权力，责任制就会落空，如果只有权力而不建立责任制，就会出现滥用权力的现象。因此，必须坚持责、权相结合的原则，责任到人，权力到人，使其有职、有责、有权；改变有权者不承担责任，承担责任者没有权力的脱节现象。

在有计划的商品经济体制下，必须讲求物质利益原则。保险企业的物质利益，主要体现在3个方面：① 一个保险企业要把利润作为经营好坏的考核标准之一；② 合理安排集体福利；③ 把物质利益作为调动职工积极性的手段之一。为了正确实现个人的物质利益，应当把保险企业的经营成果同职工的物质利益联系起来，经营成果的大小和劳动贡献的多少决定着职工物质利益的多少。要承认差别，实行按劳分配。

责、权、利是相互制约、紧密结合的统一体。不明确经济责任，没有相应的权力，就无法取得良好的经济效果，就无从实现物质利益的原则。正确贯彻物质利益的原则有利于调动职工的积极性，处理好各方面的关系，成为实现责任制和自主权的物质动因。

5）讲求经济效益的原则

所谓经济效益，是指在经济活动中，劳动消耗与所得的符合社会需要的有用成果之间的对比关系，即所得与所费之间的关系。

保险企业讲究经济效益，应从我国社会主义经济制度的实际情况出发，正确地处理好保险企业微观经济效益和国民经济宏观经济效益的关系，正确处理好保险企业自身近期效益和长期效益之间的关系。

保险企业贯彻这一原则时，必须从部门的实际出发，建立在依靠技术进步和改善经营管理的基础上，根据社会生活和社会生产的需要，充分挖掘潜力，节约费用开支。

6）经济核算的原则

经济核算是社会主义制度下有计划管理企业的一种有效方法。经济核算建立在用价值形态比较企业经济活动的消耗和成果、支出和收入的基础上，要求企业收支相抵，并取得盈利。经济核算的根本目的是以最低的劳动消耗取得最佳的经济效益。

经济核算是企业管理的基础，是发挥企业经营管理主动性和积极性的基本条件。因为，实行经济核算就是记账、算账，通过记账、算账和经济活动分析，就能确切知道企业经营活动的情况和经营成果的好坏，就会发现企业管理的成功经验和薄弱环节，为改善企业管理，实现企业管理科学化提供依据。

保险企业贯彻这一原则应做到要有相对独立性，要扩大经营管理自主权，要有独立的资金，要实现全面的计划管理，要有健全的财务制度和以经济责任制为中心的各项管理制度。

7）实行现代化管理的原则

现代化管理是企业管理的又一重要原则。它要解决的是管理技术和管理方法现代化的问题。科学管理是利用现代科学技术和科学方法，按照客观规律的要求进行管理。没有现代化的管理技术和科学方法就没有科学管理。企业管理的现代化主要包括管理思想的现代化、管理方法的现代化、管理技术的电子化、管理人员的知识化和专业化。

上述保险企业经营管理的7项基本原则是相互联系、相互制约的。在实践中，必须综合运用，全面贯彻，根据企业的具体情况，将上述原则和企业的具体实践结合起来，才能达到提高保险企业经营管理水平的目的。

2. 保险企业经营管理的基本方法

管理不但要遵循一定的原则，还要运用适当的管理方法。所谓企业管理方法，就是为了保证企业向预定的方向发展，履行管理职能和实现管理任务的措施、方法和手段的总和。

根据管理方法的不同性质，保险企业管理的基本方法可分为经济方法、行政方法、法律方法、系统工程方法、思想教育方法 5 种。

1）经济方法

经济方法是根据经济规律的要求，运用经济杠杆（价格、成本、工资、利润、利息、税收等）来管理企业的一种方法。它是管理保险企业的一项最基本的重要方法。用经济方法来管理保险企业，不是凭人的主观意志而决定的，而是社会主义经济规律的客观要求。

社会主义经济是有计划的商品经济，因此需要利用与商品经济价值形态有关的各种经济杠杆，即用经济方法来管理经济、管理企业。

经济方法的特点是不具有强制性，它是一种间接的影响方法，利用经济杠杆刺激管理对象，以实现预定的目的；而不是利用行政命令，不是直接规定任务或限制活动范围。

运用经济方法管理企业的好处如下。

① 有利于调动企业和职工的积极性、主动性。由于利用经济杠杆指导企业的经济活动和发展方向，这就必然直接关系企业及职工的物质利益，促使他们从物质利益上关心企业的经营状况，从而为改善企业经营管理提供了一种内在动力。② 有利于企业加强经济核算，提高保险企业自身的经济效益。③ 有利于正确评价管理机构的工作效率。企业管理机构的工作效率不仅表现在本身的职责上，而且更重要的是表现在保证下属机构和人员能否高效率地正常履行职能上。因此，评价企业管理机构的效率时，不仅要看它本身的工作，更要看其下属的工作和经营的成果。

但是，经济方法作为一种强调贯彻物质利益原则的方法，不可避免地具有它的局限性。① 由于经济方法主要是调节人们的经济效益关系，不直接干预和控制人们的经营行为，所以，不能依靠它来解决经济管理中许多需要严格规定或立刻采取措施的问题。特别是经济活动在技术业务方面的问题，不能依靠它来解决。② 不能完全依靠经济方法来调动企业和职工的积极性。人们除了物质方面的需要以外，还有更多的精神和社会方面的需要。在社会主义社会，劳动群众不只是为金钱才努力工作，他们有着崇高的理想和高尚的精神品质，有为国家、为人民多作贡献的自觉行动。因此，经济方法在调动企业和职工的积极性方面不是无限的。③ 由于经济方法是一种强调物质利益的方法，因此过分地依赖就会产生各种自发的自由主义倾向，如封锁技术、滥发奖金等问题将随时可能产生。

2）行政方法

行政方法是指依靠管理机构的权威，通过直接对管理对象下达指示、命令、任务等形式来管理企业的方法。

行政方法的特点是具有强制性、直接性和明确性。它对于管理对象不是提出建议，也不是间接地施加影响，而是直接指挥和控制。

运用行政方法管理企业的意义如下。① 国家利益是掌握在国家政权的阶级利益的体现。为了使经济的发展符合国家利益的要求，就必须进行行政管理。社会主义国家的国家利益和企业利益在根本上是一致的，但有时也会产生矛盾。国家与企业的矛盾，实质上是长远利益与目前利益、整体利益与局部利益之间的矛盾。要解决这些矛盾，在很大程度上是国家要求企业放弃眼前利益和局部利益，而这必须靠国家的行政机关进行统一调节。② 纠正经营过程中出现的某些缺点和错误，需要运用行政方法。例如，某些企业走偏了路子，对经营活动造成了严重的危害，就要由国家运用行政方法进行纠正和整顿。

行政方法的局限性主要表现在以下方面。① 行政方法强调的是工作关系，不重视人的多方面需求，被管理者往往处在被动和受强制的地位，他们的各种愿望和要求往往不能得到满足。在现实的经济活动中，人们都是具有多方面需求和丰富思想感情的人，单纯使用行政方法，会使劳动群众在进行经济活动时，其积极性和创造性受到一定程度的压抑。②行政方法强调管理权力的高度集中，高层决策者拥有管理的全权。由于人们认识的局限性，高层决策者很难及时掌握经济活动变化的各种信息，他们的决策难免会有失误之处。在各种权力高度集中的情况下，下级不能自行根据情况的变化采取相应的措施和行动，所以单纯地依靠行政方法，就会影响经济组织对环境系统（外界变化）的适应性，容易产生经济组织活动的呆板和被动的情况，影响经济管理的效果。

运用行政方法来管理企业，必须从客观实际出发，按照经济规律办事，而不能凭主观意志发号施令。企业需要的行政领导，是建立在调查研究的基础上，按照民主集中制的原则来进行的，同唯意志论的“瞎指挥”有着根本的区别。

3）*法律方法*

法律方法是指把企业管理中比较成熟、比较稳定和带有常规性的经验，由国家以经济法律、法规等形式固定下来，以此作为调整经济关系规范的管理方法。经济管理的法律方法是对社会经济活动实行国家强制性的集中统一管理，维护和发展符合国家根本利益的社会经济关系。

法律方法的特点如下。

（1）权威性。经济法律是由国家权力机关所规定和颁布的，国家的各级经济机关、社会的各个经济组织和每个公民都毫无例外地要遵守。

（2）规范性。法律规范是社会所有有关的组织和个人行为的统一准则，对他们具有同等的约束力。各项法规必须以法律为依据，而法律又必须以宪法为依据。所有的法律和法规之间不允许相互冲突。所有的经济单位在法律面前都是平等的。运用法律方法来管理经济是以保证全国范围内有关经济活动的规范化为特征的。

（3）强制性。各项经济法律和法规的实施，都要受到国家强制力量的保证。任何违犯法律和法规的行为不仅在判决后，就是在教育调解和仲裁后都必须立即纠正，如仍不纠正，就要受到国家力量强制性的纠正。任何组织和个人都不允许对法律和法规的执行进行阻挠与抵制。

（4）稳定性。各项经济法律和法规的制定，都必须严格地按照法律规定的程序和规定进行，必须极其慎重。法律和法规不许随便更改，不能因人因事而异。如果需要进行修改，则必须由立法机构按照法律规定的原则和程序来办理。在新的法律、法规没有颁布施行以前，原有的规范必须得到遵守，法律的严肃性保证了对社会经济活动实行稳定和连续的管理。

运用法律方法管理企业的意义是确保国家有关保险企业的方针、政策、制度和办法的贯彻执行；是处理和解决保险企业同各个方面经济关系的依据；是对一些违法乱纪、侵犯国家和人民利益的经济犯罪活动进行法律制裁的依据。

法律方法和行政方法都带有一定的强制性。但法律方法又具有行政方法不能代替的特殊功能。首先，法律比行政命令、指示、决定更成熟、更稳定和更具有强制性与约束力。在法律面前“人人平等”，无论工作职位高低，凡是利用职权营私舞弊或玩忽职守，给国家、集体或个人造成经济损失并触及法律的，都要受到有关法律的制裁。其次，法律方法明确规定保险企业同各个方面的经济关系，遇到问题有章可循、有法可依，可得到公正、迅速地解决。最后，法律方法从法制上把保险企业广大职工的责、权、利结合起来，把经营成果和物质利益联系起来，从而有利于调动保险企业职工的积极性，有利于加强企业内部的经济核算和改善经营管理。

这里需要指出的是，行政方法、法律方法和经济方法三者之间也是密不可分的。经济方法是按照经济规律的要求办事，行政方法和法律方法同样也是按照经济规律办事。正确的行政手段和正确的法律条文，本身就是客观规律和人民意志的统一，因此三者是紧密联系、相辅相成的。行政方法和法律方法既可以补充经济方法的不足，又制约着经济方法，因此在企业管理工作中，这 3 种方法必须运用得当，正确结合，要以经济方法为主，但也要坚持必要的行政干预和法律约束，把管理目标的一致性、管理原则的普遍性和管理方法的多样性恰当地结合起来，才能保证我国保险企业管理水平的进一步提高。

4）系统工程的方法

系统工程的方法是指以系统为对象，运用系统的观点，以及系统工程的方法和技术，对企业进行分析研究和组织管理的方法。系统工程的方法是根据马克思主义唯物辩证法的思想，在进行经济管理的工作中，把社会主义经济活动看成是一个由许多既有专业分工，又相互联系、互相依存、相互协作的要素（或系统）组成的，处于运动状态中的有机统一体。因此，系统工程的方法是一个立足整体、统筹全局，使整体和局部辩证地统一起来的科学方法。

运用系统工程方法进行社会主义经济的科学管理，是由社会主义经济活动自身的性质决定的。保险企业的体系是一个庞大、复杂、多功能的大系统。大系统下属还有分系统、子系统，既有纵向联系，又有横向联系，从而形成一个多层次、多环节、多功能的结构。因此，要对保险企业进行科学有效的管理，就必须从保险活动的整体出发，把问题摆在系统中来加以分析研究。同时，运用系统工程的方法进行科学的管理，又是全面提高企业经济效益的重要条件。系统管理论非常强调整体和局部关系的观念，认为整体不是各个组成部分的机械相加，而是各个部分的有机结合，这个整体大于各单个部分的总和。在保险企业的管理中，各个局部的最优，并不一定保证全局的最优，只有按照保险企业经济活动的内在联系，加强各系统的有机协调配合，才能从根本上保证全局经济效益的最优化。

在对系统工程科学方法的具体运用中，一方面要注意运用各分支系统的特有功能，充分发挥各自的作用；另一方面更要着眼于总体的协调，用系统分析的方法，来考察管理工作对全国保险系统宏观决策的影响。同时，还应注意系统对外界环境的适应性。保险系统的外界环境是指保险系统与国民经济这个更大系统的关系，它是由保险与生产、流通、外贸、市场等方面的关系构成的。因此，在运用系统工程的方法管理保险企业时，必须研究这些外界环境的情况、动向和变化，并按照适应协调的要求，发挥保险系统特有的功能。另外，要注意运用数学方法和电子计算机技术。数学方法可以对问题的分析进一步深化和精确化，运用电子计算机快速、准确的计算能力，可以为解决保险系统的复杂问题提供最优手段和先进工具。

5）思想教育的方法

社会主义经济管理的思想教育方法，是指用马克思列宁主义、毛泽东思想、邓小平理论，用共产主义思想、道德，教育群众，组织群众，动员群众，以提高他们的思想政治觉悟和执行党的路线方针、政策的自觉性；帮助他们树立主人翁的责任感，发挥他们建设社会主义的积极性和创造性；培养他们的共产主义道德品质和高度的组织纪律性。抵制各种自私、利己等思想对他们的侵蚀；不断地解决干部和群众在经济活动中出现的各种思想认识问题，处理好经济活动中各方面、各部门、各环节之间的相互关系，保证经济管理的社会主义发展方向和完成各项具体任务。

总之，上述企业经营管理的5种方法是相互联系、相互补充的。正确地运用各种管理方法实现保险企业的经营目标，是个艺术问题，领导者只有在实践中不断地摸索和总结才能有所提高。

复习思考题

一、概念题

保险经营　保险管理　保险管理思想　保险经营目标　风险最大原则　保险管理现代化

二、思考题

1. 保险经营的含义是什么？有什么特征？
2. 保险经营的基础有哪些？
3. 试述保险经营的性质。
4. 试述我国保险经营目标应注意的问题。
5. 试述我国保险经营思想包含的内容。
6. 制定保险经营目标应掌握的基本原则有哪些？
7. 试述保险管理的现代化。
8. 试述保险企业经营管理的任务与职能。
9. 试述保险企业经营管理的原则与方法。

第2章
保险经营市场及市场运行管理

保险作为商品经济的产物和组成部分，必须与市场联系。保险市场是保险经济关系赖以生存和实现的形式，因此建立和健全保险经营市场是我国保险业发展的战略重点。

2.1 保险市场的概念与特征

2.1.1 保险市场的概念

保险市场是市场的一种形式，有狭义和广义之分。狭义的保险市场是指对保险商品进行交易活动的场所；广义的保险市场是指保险商品交换关系的总和，既包括了保险商品交易的场所，也包括了保险商品交换过程中需求与供给的关系及其有关的活动。本书所说的保险市场，一般是指广义的保险市场。

现代意义上的保险市场，从系统论的角度看，它是以市场机制为主导进行保险经济活动的系统和体系。这种系统和体系是由保险形式系统、保险组织系统、保险运行和调控系统组成的一个有机体。

保险市场是金融市场的一个重要组成部分。它不同于消费品市场或劳动力市场，有其独有的特征。

2.1.2 保险市场的特征

1. 保险市场是无形市场

在小商品经济和资本主义经济发展初期，由于科学技术不发达，人们之间的交易活动都是在一定的固定场所和时间，当事人双方当面进行，这就是传统的有形市场。随着科学技术的进步，交易的手段和方式不断更新、变化，从原有的直接方式发展为利用电话、电信、电传等通信设施随时进行交易的方式。现代保险经济活动特别是再保险活动，基本上是通过计算机设施随时进行的。这种没有固定场所和时间，通过现代化技术手段进行的交易行为，即为无形市场。现代经济市场特别是金融市场多数为无形市场，保险这一金融活动包括的展业、投保、签单、索赔、理赔、追偿等环节都可以通过现代化通信手段进行，不受固定场所和时间的限制，因此保险市场从空间概念上是无形市场。

2. 保险市场是预期市场

在小商品经济和资本主义商品经济初期，市场的交易活动无论是物物交换还是货币与商品交换都是当场成交，即时完成，属于即期交易。在当今发达的商品经济社会，大部分商品市场的买卖活动也都是现货市场，现场购物，现场钱货两讫。金融市场则不然，其债权与债务关系的实现往往要有一定的“时间差”。通过“时间差”，债权人得到相应的收益。保险是一种特殊的金融活动，从个别行为来看，其债务的履行具有不确定性，要视保险合同中规定的保险事故发生而定；从整体运行来看，其债务的履行是确定的。保险的买与卖不是同时进行的，间隔的时间也是不确定的，有可能以年、月、日计算，也可能以航程、工程期或约定事件的发生为准，如寿险的期限长达几十年。相对普通的商品交易活动的市场而言，保险市场从时间概念来说，买卖的完成不仅是预期的，而且还是不确定的。

3. 保险市场是商品形态两重市场

保险市场上买卖双方交易的标的与一般的商品不同，不是有形商品（如实物），而是一种无形商品——服务（或劳务）。保险是一种以服务形态存在的商品，其使用价值是保障社会生产的正常秩序和人们生活的安定，其价值是生产保险商品所耗费的社会必要劳动。保险属第三产业，但又不同于旅游、电影等服务形态商品，其除了在承包过程中提供的服务形态商品外，还有理赔过程中提供的服务形态和货币形态的商品。所以，保险市场在商品形态上具有服务和货币两重性特征。

4. 保险市场是政府积极干预市场

西方国家对一般商品市场中的企业活动采取不干预政策，由市场机制自动调整企业行为，尤其不愿直接插手企业活动。由于保险具有广泛的社会性，保险业的经营活动直接影响广大公众的利益，承担的是未来的损失赔偿责任，政府有责任保证保险人的偿付能力，以保障广大被保险人的利益；同时，政府的监督和管理，对保护投保人获得合理的保险条件和费用支付条件是必不可少的。所以，即使在实行自由经济的国家，政府对保险业仍实行严格的监督和控制，如保单格式、保险费率、各项责任准备金、资金运用等受政府限制，因而保险市场在管理形态上基本上是属于政府积极干预市场。

2.2 保险经营市场的概念与特征

2.2.1 保险经营市场的概念

保险经营市场是指保险商品进行交换的场所，是保险交易主体之间产生的全部交换关系的总和。它是保险市场的主要组成部分。

2.2.2 保险经营市场的特征

（1）现代保险经营市场既可以是有形的、固定的交易场所，也可以是无形的、没有固定的交易场所，可以通过先进的通信设备、电子设备的应用（利用电话、电信、电传、互联网）在固定场所之外进行异地交易。

（2）保险经营市场专业化强、经营面广、市场容量大、活动范围广（涉及金融、经济领域和社会领域诸多方面）。

鉴于保险经营市场的上述特征，所以要以一个全面的、动态的角度去把握审视保险经营市场。

2.3　保险经营市场要素

作为一个完整意义上发育正常的保险市场，应该具备有迫切需求的买方、有充足供给的卖方、公平合理的价格和健全完备的中介四大基本要素。这些不可缺少的要素，通过平等有序的市场竞争，不断进行着和完成着一个成熟的保险市场中其价值交换的活动过程和良性循环。

2.3.1　保险经营市场需求

1. 保险市场需求的概念

需求是指在一定时期内和一定条件下，消费者愿意并且能够购买某种商品或某种劳务的要求。保险需求（量）是个人或经济单位在某一特定时期内，在一定保险价格条件下，愿意并且能够购买保险服务的需要（总量）。

保险需求有两种表现形式：一种是有形的经济保障，体现在物质方面，即在自然灾害和意外事故发生之后，投保的个人或单位所得到的经济补偿和给付；另一种是无形的经济保障，体现在精神方面，即在获得保险经济保障之后，投保的个人或单位由于转嫁了意外经济损失风险而得到的心理上的安全感。从企业、个人乃至整个社会来说，保险需求无形的经济保障是经常的、大量的，而有形的经济保障则是局部的、少量的，两者都是客观存在和同等重要的。

2. 影响保险需求总量的因素

影响保险需求总量的因素有许多，其中最主要有风险因素、经济发展因素、经济制度因素、科学技术因素、风险管理因素、价格因素和利息率因素等，其中前 4 项与总量成正比关系，后 3 项则与总量成反比关系。

（1）风险因素。无风险，无保险，风险是保险需求的首要条件。风险程度越高，范围越广，保险需求总量也就越大；反之，保险需求总量越小。保险需求总量与风险程度成正比关系。

（2）经济发展因素。经济发展既是刺激保险需求产生的因素，也是促成保险需求总量扩充的因素。社会总产值的增长程度，特别是可用于保险的剩余产品价值的增长幅度和居民收入增长幅度，是保险需求增长的决定性因素。保险需求总量与国民生产总值的增长成正比关系。

（3）经济制度因素。现代保险属于商品经济范畴。保险发展的历史表明，现代保险随着商品经济的产生而产生，随着商品经济的发展而发展。保险需求总量与商品经济制度发展程度成正比关系。

（4）科学技术因素。科学技术是第一生产力。科学技术的不断进步及在经济生活中的应用，会不断开拓出新的生产领域，从而产生新的保险需求。保险需求总量与科学技术进步成正比关系。

（5）风险管理因素。风险管理对保险需求总量的增减有直接影响。一般来说，风险管理水平高则风险频率低，保险需求量减少；反之，保险需求量增加。保险需求总量与风险管理优劣成反比关系。

（6）价格因素。保险商品的价格就是保险费率。保险需求总量取决于可支付的保险费的数量而不是愿意购买保险的数量。保险费率上升，保险需求下降；保险费率下降，保险需求上升。保险需求总量与保险价格成反比关系。

（7）利息率因素。现代保险的相当部分是投资性保险，特别是长期性人身险业务。银行利息率是操纵投资者闲置资金流向的枢纽。如果利率高于保险公司收益，资金就会投向银行，保险需求减少；反之，则会投向保险公司，从而使保险需求扩大。保险需求总量与银行利息率高低成反比关系。

此外，民族文化习俗、宗教信仰、文化水平等对保险需求总量也会产生不同的影响。在上述诸多因素中，既有内生变量，也有外生变量，起最主要作用的是个人收入和保险价格两个因素。

3. 保险需求函数和保险需求弹性

保险需求函数、保险需求弹性是保险需求的重要内容，分别以数学为基础，从量上揭示保险需求运动的规律性。

1）保险需求函数

数学中的函数意味着因变量与自变量因素之间的关系。保险需求函数意味着保险需求量与影响保险需求量诸因素之间的关系。用公式表示，可以列出以下线性函数表达式：

$$Q=aA+bB+cC+dD+eE+fF+pP$$

其中，Q 为一定时间内保险经济需求总量；A 为风险因素；B 为经济发展因素；C 为经济制度因素；D 为科学技术因素；E 为风险管理因素；F 为利息率因素；P 为价格因素；a、b、c、d、e、f、p 分别代表影响保险需求总量的各种因素变化对保险经济需求总量的影响参数，即各种因素每增加 1% 对保险需求总量的影响值。

该表达式表明，社会在一定时间内（如 1 年内）保险需求总量是风险程度、经济增长程度、商品化程度、技术进步程度、风险管理程度、利率变化程度和保险价格的线性函数。通过运算可以得出结论：各种自变量的数值与各自的变化参数相乘之积的总和即为预期的保险需求量的总和。

2）保险需求弹性

如前所述，在影响保险需求量的诸多因素中，内生变量中的个人收入和外生变量中的保险价格是最重要的两个因素。保险需求弹性主要是指因保险价格的变动或消费者收入的变化所引起对保险需求的变动率，实际上是随着决定和影响保险需求的诸因素（特别是保险价格和收入）的变化，保险需求随之增减的幅度，它反映保险需求量的变动对保险价格和收入变化的敏感程度。

保险需求弹性主要有以下 3 种。

（1）保险需求的价格弹性。价格对需求的影响是所有影响需求量诸因素中最灵敏的因素，保险需求的价格弹性也是需求诸多弹性中最突出的一种弹性。所谓需求的价格弹性，是指价格每变动 1% 所引起的需求量变化的百分率。保险需求对价格变动的反应取决于保险这一商品的必需程度、可取代性和货币投入量。假如保险被消费者视为必需品的程度高，其使用价值不可被其他商品或劳务所取代，或者用于购买保险劳务的货币投入量小，保险需求的价格弹性就弱，即反应迟缓（百分率低）；反之，假如保险被消费者视为必需品的程度低，其使用价值可以被其他商品或劳务所替代，或者用于购买保险劳务的货币投入量大，保险需求的价格弹性就强，即反应灵敏（百分率高）。此外，还可从强制保险和自愿保险分析，一般来说，强制保险需求价格弹性较低，甚至被认为“完全缺乏弹性”；而自愿保险，由于人们对风险处理有较大的选择余地，替代品的可用性较多，因而保险需求价格弹性较强。此外，还有个人经济观点的差异，以及对价格变化的敏感程度的不同，都会对保险需求价格弹性产生一定的影响。

（2）保险需求的收入弹性。保险需求的收入弹性，是指因国民收入和个人收入变化而引起的对保险需求量变化的百分率，或者是指收入每变动 1% 所引起需求量变化的百分率。它是衡量保险需求量对国民收入和个人收入变化反应的程度。一般来说，收入弹性都是正值，也就是说收入增长，会引起保险需求更大幅度的增长。因为，收入增长，储蓄、耐用消费品的消费也随之增长，从而引起人们对保险的需求，收入弹性就高；反之，收入弹性就低。同样，在低收入的不发达国家，保险被一般公众视为奢侈品，以收入多寡来决定是否购买保险的问题。在发达国家保险已成为社会经济活动和人们生活的必需品，收入的增减影响的是保险需求的数量问题。因此，前者收入弹性高，后者收入弹性低。此外，国民收入和个人收入的增加也增强企业和个人对保险的迫切需求，与企业生产和人们生活关系较为密切的险种的需求度会大于与企业生产和人们生活关系相对间接的险种的需求程度，因此前者收入弹性较强，后者收入弹性较弱。

（3）保险需求的交叉弹性。保险需求的交叉弹性，是指因其他商品和劳务价格的变动所引起的保险需求的变动率。在影响保险需求总量的诸多因素中，还应提及的是外生变量中的其他商品的价格，这在分析保险需求总量中也是不可忽视的因素。在商品的需求和其他商品的价格之间存在着 3 种关系：在相互替代性商品之间，A 商品的需求将直接随 B 商品的价格变化而呈同方向变化；在相互补偿性商品之间，A 商品的需求与 B 商品的价格变化呈反向变化；在相互独立性商品之间，A 商品的需求与 B 商品的价格变化无关。以上是交叉需求的 3 种情况，对于保险需求和其他商品价格的关系，可以用需求的交叉弹性来进行衡量，方法是用保险需求量的变化比除以另一种商品价格的变化比求得。需求的交叉弹性可以在整个实数范围内变动，若取正值，表明两种商品相互补充，必须配合使用，如汽车和汽油；若取负值，表明两种商品相互替代，可以取代使用，如黄油和代用黄油。前者 A 商品需求与 B 商品价格变化呈反向运动，如汽车价格下降，汽油需求增加；后者 A 商品需求与 B 商品价格变化呈同方向运动，如黄油价格下降，代用黄油需求减少。自然，保险需求交叉弹性取决于其他商品和劳务与保险的替代及互补程度。如果替代或互补程度高，那么保险需求的交叉弹性就大；反之，保险需求的交叉弹性就小。

除以上 3 种弹性以外，保险需求还有商品制度弹性、技术进步弹性、利息率弹性、风险程度弹性等。在此不再赘述。

2.3.2 保险经营市场供给

1. 保险经营市场供给的概念

供给是指在一定时期和一定条件下，生产者或劳务提供者对某一产品或某种劳务可能提供的数量。保险供给（量）是在一定保险价格条件下，保险市场上各家保险公司愿意并且能够提供的保险商品的数量总和。

与保险需求相联系，保险供给也有两种具体形式：一种是有形的经济保障，即保险人对损失或损害的投保人，按照合同规定的责任范围给予一定金额的补偿或给付，体现在物质方面；另一种是无形的经济保障，即保险人对所有投保人（包括未出险的）提供的心理上安全感的保障，体现在精神方面。与保险市场需求相同，保险市场供给提供的无形经济保障在全社会是大量的、经常的，而有形经济保障则是少量的、局部的。

2. 制约保险供给总量的因素

从根本上说，保险需求是制约保险供给的最基本因素。在存在保险需求的前提下，制约保险供给的主要因素有以下 7 种。

（1）资本因素。保险供给是由保险公司和其他保险组织提供的。保险公司开业必须有一定数量的经营资本，用以创造营业的物质条件和作为赔付准备金。而在一定时期内，社会资本总量及在国民经济各部门的比例是确定的，因此社会可用于经营保险业的资本量也是客观确定的，制约着保险供给的总体规模。社会经营保险业资本总量与保险供给总量成正比例关系。

（2）从业人员因素。从业人员因素是指保险从业人员的数量和质量。保险经营活动是人的经济活动。在一定时期内，社会劳动总量是确定的。用于经营保险活动的劳动量也是确定的，制约着保险供给规模。同时，保险经营活动又是具有特殊专业性保险人才的复杂劳动，专业素质水平也影响着保险供给的总量。保险从业人员的数量和质量与保险供给成正比例关系。

（3）经营管理因素。保险业的经营和管理是一种技术性、专业性很强的业务活动，尽管随着科学技术的发展，保险业的经营不再像以前那样高深，但仍需经营者在风险管理、条款设计、费率厘定、业务监督等方面具有一定的水平。丰富的承保经验、有条不紊的管理，可以满足社会出现的新的保险需求，不断推出新的保险品种。保险业的经营管理水平与保险供给成正比例关系。

（4）缴费能力因素。保险供给的来源之一是被保险人缴纳的保险费，保险人是运用全体被保险人缴纳的保险费建立的保险基金向社会提供经济补偿。取之于面，用之于点。被保险人缴纳保费的能力直接影响着保险供给的规模。被保险人缴费能力强，保险供给就充足；反之，保险供给就匮乏。被保险人缴纳保费的能力与保险供给成正比例关系。

（5）保险价格因素。保险价格是保险商品价值的货币表现，也就是保险人用于履行经济补偿，弥补营业费用，而由被保险人支付的货币额。保险价格由价值决定，受保险市场供求关系的影响，同时对供给和需求产生反作用。保险价格对供给的影响是，偏高则刺激保险供给，偏低则抑制保险供给。保险价格与保险供给成正比例关系。

（6）保险利润率因素。保险利润率是保险企业从当年保险费中扣除当年的赔款、税金、费用支出和提留各项准备金后的纯收入与投资纯收入之和，包括营业利润和投资利润两部分。保险利润率是制约保险供给总量的最重要因素。在商品经济高度发展的资本主义制度下，平均利润率规律支配着一切经济活动（保险活动亦不例外），在社会主义制度下，尽管企业利润与市场竞争和资本主义的利润与竞争有本质区别，但它依然是企业经营的目的和动力，竞争的结果使保险经营的利润趋于平均化。保险平均利润率与保险供给成正比例关系。

（7）政府行为因素。政府行为因素包括国家政策、法制建设等。国家制定的经济发展政策从宏观上给予保险供给重要影响。在国家不同的经济政策的指导下，保险供给的总量发生不同的变化。健全的法制建设能使保险供给维持应有的正常水平。此外，政治和经济秩序的稳定、国家对保险的有效管理，都能制约保险供给的规模。政府行为的效力与保险供给成正比例关系。

3. 保险供给函数和保险供给弹性

保险供给函数和保险供给弹性是保险供给的重要内容。两者从量的规定性进一步揭示保险供给运动的规律性。

1）保险供给函数

保险供给函数意味着保险供给量与制约保险供给量诸因素之间的关系。用公式表示，可以得出以下线性函数表达式：

$$R = lL + mM + nN + oO + qQ + sS + tT + \cdots + X$$

其中，R 为一定时间内保险供给总量；L 为资本因素；M 为从业人员因素；N 为经营管理因素；O 为缴费能力因素；Q 为保险价格因素；S 为保险利润因素；T 为政府行为因素；X 为其他因素；l、m、n、o、q、s、t 分别代表影响保险供给总量的各种因素变化对保险市场供给总量的影响参数，即各种因素每增加 1% 对保险供给总量的影响值。

该表达式表明，社会在一定时期内（通常为 1 年）保险供给总量是可用于保险业的资本额、从业人员数量质量、保险企业经营管理水平、被保险人缴费能力、保险价格、保险利润率、政府行为的线性函数。通过运算可以得出结论，各种自变量的数值与各自的变化参数相乘之积的总和即为预期的保险供给量的总和。

2）保险供给弹性

保险供给弹性是指因保险价格及其他影响保险供给因素的变动而引起的保险供给的变动率，它反映保险供给变动对价格变动及其他影响保险供给因素的敏感程度。

保险供给弹性主要有以下 3 种。

（1）保险供给的价格弹性。保险供给的价格弹性是指某种保险商品价格每变动 1% 所引起的该种保险商品供给量变化的百分率。一般来说，根据保险价格与保险供给的函数关系，两者成正比例相关。保险供给弹性与保险需求弹性相同，也受保险商品的必需程度、可取代性和货币投入量 3 项因素的影响。被消费者视为必需程度高、可取代性弱、货币投入量小的保险商品，其保险供给价格弹性就弱；反之，保险供给价格弹性就强。

（2）保险供给的资本弹性。保险供给的资本弹性是指保险资本每变动 1% 所引起的保险供给量变动的百分率。根据保险资本量与保险供给的函数关系，两者也成正比例关系。一般保险供给资本弹性是正值。资本量增加，保险供给量就大；资本量减少，保险供给量就小。但不同的保险品种，保险供给资本弹性不尽相同。社会必需的保险品种（如强制保险），资本弹性就小，可替代性的保险品种（如自愿保险），资本弹性就强。

（3）保险供给的利润弹性。保险供给的利润弹性是指保险利润每变动 1% 所引起的保险供给量变动的百分率。根据保险利润与保险供给的函数关系，两者成正比例关系，而且利润高低对保险供给的影响极大，因为商业性保险经营的目的是盈利。一般而言，保险供给的利润弹性是正值。保险利润在不同险种、险别中有较大区别，如在企财险、涉外险中利润较高，而在农业险、机动车险中利润较低。

保险供给弹性有其特殊性。其一，保险商品的供给和需求是同时存在的。保险商品一旦被提供，同时就被有购买欲望和购买能力的需求方所购买，当然这仅指保险买卖的承保环节。其二，保险供给弹性较一般商品稳定，不会因经济兴衰产生明显的骤然变化。其三，保险商品的供给具有长期性和持续性，特别是在人寿保险中可能持续几十年的时间。

2.3.3 保险经营市场价格

保险价格是构成保险市场机制的重要因素，是调节保险市场活动的经济杠杆。保险市场的供给和需求主要是通过保险价格表现出来，并通过保险价格来实现的。因此，保险市场价格是构成保险市场的又一基本要素。

1. 保险价格的概念

所谓保险价格，就是某种保险的单位保险金额的保险费。所谓单位保险金额，即以一定数额的货币量作为该种保险的一个计量单位。每一个计量单位的保险费，就是保险费率。保险价格单纯从供给量的内在因素（成本等）考虑，只是理论上的保险价格，加上外部因素（竞争等）才形成通用的市场上的保险价格。保险理论价格是保险市场价格的基础，保险市场价格是保险理论价格的表现形式。

2. 保险理论价格

保险理论价格是指不考虑影响保险价格的外部因素，仅以决定保险价格的内在因素的价值为基础而形成的价格。价值是价格的基础，价格是价值的货币表现形式，研究保险理论价格，必须先从保险价值开始。

保险商品的价值从质上说是凝结在保险商品中的人类劳动，从量上说是生产保险商品所耗费的社会必要劳动时间。生产保险商品的社会必要劳动量，决定保险商品的价值量，进而决定了保险的理论价格。

保险价值反映在货币上就是保险价格，保险价格的具体形式是保险费。保险费一般是指毛保费，由纯保费和附加保费两部分组成。保险费的计算基础是保险费率，或者称毛保险费率，相应由纯费率和附加费率组成。

1）纯费率

目前，世界各国普遍采用把以往若干年的平均保额损失率加上一定数量的危险附加率之和作为纯费率，以此计算预期纯保费的方法。

平均保额损失率是在一定时期（3 年或 5 年）内的保险赔款总额与保险金额总和的比率，即

$$\text{平均保额损失率}=\frac{\text{保险赔款总额}}{\text{保险金额总和}}\times 100\%$$

由于按照平均保额损失率计算出来的纯保费只是一个平均数，而实际发生的保险损失额往往会高于或低于平均纯保费的数额。为了提高保险经营财务的稳定性，必须在平均保额损失率的基础上，增加一定比率的危险附加费率。两者之和即为预期的纯保费率。

2）附加费率

附加保费通常包括营业费用、预期利润、异常风险费用，3 项之和与保险金额的比率即为附加费率。

$$附加费率=\frac{营业费用+预期利润+异常风险费用}{保险金额总和}$$

3）毛费率

毛费率包括纯费率和附加费率两部分，计算公式为：

$$毛费率=纯费率+附加费率$$

按照毛费率计算出来的保费即毛保费或保险费，也就是保险理论价格。因此，保险理论价格就是纯保费（风险保险费）与附加保费（费用附加保费、利润附加保费、异常风险附加保费）之和。

3. 保险市场价格

保险理论价格实际上是抽象的价格，在实际经济生活中通用的都是保险的市场价格。市场价格与理论价格由于外部多种因素的制约和影响，存在一定程度的偏离。

在保险市场机制中，价值规律、供求规律、竞争规律共同发挥作用。价值规律发挥作用的表现形式是，价值决定价格，价格围绕价值上下波动。价格上下波动的原因是供求关系的变化和竞争力量的较量，两者对市场价格都会产生相当的影响。

此外，影响保险市场价格的因素还有货币价值、保险标的、其他商品价格、国家有关保险的政策等。

2.3.4 保险经营市场中介

保险经营市场中介又称保险辅助人，包括保险代理人、保险经纪人、保险公证人等，在保险经济高度发达的今天，保险中介对保险经济关系的形成和实现的作用日益重要，已成为当今保险市场上与保险供给、保险需求、保险价格并列，不可缺少的基本要素之一。

1. 保险代理人

1）保险代理人的概念

保险代理是代理保险公司招揽和经营保险业务的一种制度。从事保险代理活动的人称为保险代理人，即指根据代理合同或授权书，向保险人收取费用，代理经营保险业务的人。保险代理人的权限，通常在代理合同或授权书中予以规定，一般包括招揽与接受业务、收取保险费、勘查业务、签发保单、审核赔款等。保险代理人必须具备法律规定的条件，经过考核和政府主管部门的批准，方能取得资格。此外，在经营过程中，政府主管部门对其有专门的管理规定。

2）保险代理人的种类

保险代理人依据分类的标准不同，可分为不同的种类。按授权范围不同可分为总代理、分代理、特约代理；按业务范围不同可分为展业代理、检验代理、理赔代理等；按代理性质不同可分为兼职代理、专职代理；按代理对象不同可分为独家代理、独立代理，等等。这些分类并非彼此对立，而是相互交叉，不可能也没有必要统一。在欧美国家，保险代理人制度十分完善。尤其在美国，保险代理人是整个保险市场的中心角色，美国的保险代理人遍及各个行业，代理业务无所不包，代理人员队伍庞大，形成了一个巨大的保险业务代理销售网，这是美国保险业发达的原因之一，也是美国保险销售制度的特色。

3）保险代理人的法律特征及地位

保险代理是由民法调整的民事法律行为，以书面合同形式确立当事人双方的权利与义务关系。首先，保险代理是基于保险人授权的委托代理，这种代理是在双方诚信基础上建立的。其次，保险代理与一般民事代理不同，越权或弃权造成的后果，保险人仍需负责，之后再向保险代理人追偿。最后，保险代理是代表保险人利益的中介行为，它与代表被保险人利益，与保险人洽订保险合同的保险经纪人的行为迥然不同。保险代理是以要式合同形式确立当事人权利与义务的民事法律行为，任何一方若没有履行或没有完全履行自己的义务，按照法律和合同约定都应承担相应的法律责任。

根据民事代理规定，保险代理人是处于被代理人（保险人）和第三人（投保人）之间的中介，其法律地位等同于被代理人（保险人）。在法律上，保险代理人被视为保险人的代表，保险代理人的一切行为，都代表保险公司并由保险公司负法律上的责任。保险公司通过约定，或者明示、默示和习惯性认可等方式，授权保险代理人为其开展业务、营销保单，只要保险单由保险代理人出售给被保险人并收取保险费，保险单即生效。无论保险代理人是否经保险公司同意，或者是否告知保险公司，一旦出险都必须按照保险单的条款规定办事，责任均由保险公司承担。由此可见，保险代理人是保险公司的代理人，与保险公司处于同等的法律地位。

2. 保险经纪人

1）保险经纪人的概念

保险经纪人是指基于投保人利益，代表投保人与保险人洽订保险合同而向保险人收取佣金的人。保险经纪人有专门的保险知识，比较熟悉保险市场情况，能够争取到最好的保险条件。一般来说，保险经纪人不直接承保保险业务而是代替保险需求者购买保单，所以说保险经纪人是代表被保险人购买保险，从保险人那里取得佣金的保险中间人。

2）保险经纪人的资格

保险经纪人是代表投保人的利益并代其安排投保和提供咨询服务，经纪人可以在授权范围内签发某种保险单。由于保险经纪人的地位特殊，责任重大，各国对保险经纪人的要求比较高，通常规定保险经纪人必须具备一定的条件和资格，并经过政府有关部门批准，方可营业。保险经纪人可以是自然人，也可以是保险经纪公司形式的企业法人。保险经纪公司可以是地区性的，也可以是世界性的，如英国的经纪公司是世界性的经纪人企业。

3）保险经纪人的特征和法律地位

一般来说，保险经纪人被视为被保险人的代理，处于保险人或保险代理人的相对地位，其代理活动基于投保人或被保险人的利益。但保险经纪人的立场，在实务上易产生混淆。一方面为投保人服务，向保险人收取佣金作为报酬；另一方面又代保险人收取保费，递交保单。所以，保险经纪人又非完全意义上的被保险人的代理人。如前所述，首先，保险合同订立后，向保险人索要酬金；其次，往往代理保险人收取保费；最后，因保险经纪人过失或疏忽而使被保险人的利益受到损害时，保险经纪人要负民事法律责任，给予经济补偿，因此美国有所谓“经纪人责任保险”，承保经纪人对被保险人所负法律上的损害赔偿责任。保险经纪人的法律地位，与一般商业居间人大致相同，但不同的是，民法中居间人的报酬，原则上由双方均摊，而在此仅向保险人收取。此外，在同一交易中保险经纪人不得同时为双方代理，此种重复代理是保险业不允许的。

3. 保险公证人

1） 保险公证人的概念

保险公证人是指向委托人（保险人或被保险人）收取费用，为其办理保险标的的查勘、鉴定、估价与赔款和理算、洽商，而予以证明的人。保险公证人在执行职务中，不仅需要有专门的学识和经验，而且更重要的是，能保持公平独立的立场，使其所作的判断或证明符合客观实际，且具有权威性。保险关系双方对公证意见进行评议，如无大争议，则按此意见处理、结案；如有较大争议，经调解无效，再由一方起诉，由法院判决。

保险公证人的主要任务是在保险合同订立时，对危险的查勘、评估及危险发生后，对损失的原因及程度进行查勘和估计。保险公证人由何方委任，因保险种类不同而有所不同。在火灾保险方面，往往由保险人委任，但在海上保险方面，多由被保险人委任，由公证人将公证报告书交由被保险人转向保险人索赔。海上保险中的共同海损的牺牲、费用及分担额的计算，习惯上委托海损理算师担任公证，其签署的理算书对共同海损各关系方均具有约束力。

2） 保险公证人的法律地位

保险公证人既不是保险人的代理人，也不是被保险人的代理人，而是独立的第三者。保险公证人站在公正的第三者的立场上，凭据专门的技术知识和经验，对客观实际作出实事求是、恰如其分的判断和证明。这种公证没有法律效力，但可以作为诉讼的凭据，法院可以此作为判断的根据。

除保险中介人的主要种类之外，还有律师、精算师等，相应的组织有律师行、精算协会等。这些保险中介人，不仅与保险合同的订立关系密切，而且与整个保险市场的运行有关。所以，各国对保险中介人都有适当的管理措施，以保证保险市场的正常发展。

2.4　保险市场运行机制与市场类型

2.4.1　保险经营市场运行机制

1. 保险市场机制的含义

保险市场是商品经济发达的产物，是市场机制自动调节保险按照商品经济规律运行的系统和体系。

机制一词原指机器的构造和动作原理，即指机器运转过程中各个零部件的相互联系、互为因果的关系及其运转方式。所谓保险市场机制，是指制约保险市场运转的内在因素及市场运转的作用，即指价格、竞争、供求和风险为主的诸要素所形成的有机制约体系。

2. 保险市场机制的功能

从商品价值实现的角度进行概括，市场是市场价值（价格）供给和需求，市场竞争诸因素的统一体。明确这一含义，是考察市场机制及市场总体功能的需要。由市场自动运转而形成的总体均衡趋势，具有客观性质，是诸经济规律共同发生作用的结果。市场支配社会经济不断运行的过程，即市场调节，也就是市场机制的基本功能。市场机制的功能主要反映在以下 3 个方面。

1） 调节“保险生产”

生产决定消费，消费又反作用于生产。市场对生产的调节，就是消费以市场（商品交换关系的总和）为媒体对生产的反馈为基本出发点的。市场上反映的消费者对消费资料的需求量和由此派生的生产者对生产资料的需求量，是消费对生产的初次反馈和再次反馈。市场就是通过这两次反馈，实现其调节生产的功能的。

市场对生产的调节，一个是对产品种类的调节；另一个是对产出总量的调节。前者是指生产什么产品，后者是指生产多少产品。前者是后者的前提，后者是前者的继续。此外，产品种类的调节是质的调节，是直接调节；而产出总量的调节是量的调节，是间接调节，这是市场调节生产的显著特点。

2）调节“保险分配”

交换和分配都是连接生产和消费的中间环节，同时两者在相互关系上又都各为对方提供前提条件。在此只讨论把交换作为分配的前提的情形。分配虽有其特殊规律，但离不开商品交换。市场作为商品交换的运动形式，实现其调节分配的功能。市场对分配的调节与市场对生产的调节，并不是调节过程的不同阶段，而是同一调节过程的不同侧面。

市场分配的调节，一个是对产品收益的调节；另一个是对收益总量及构成的调节。前者是指生产者和消费者之间（供方和求方）、生产者之间（供方）和消费者之间（求方）经济利益的分配与再分配；后者是指社会实际得到的收益及其在各方面之间的分配。同理，前者是直接调节，后者是间接调节。市场分配的调节作用主要是通过直接调节体现出来的。

3）调节“保险消费”

市场对消费的调节或引导作用，是在生产规模和生产结构已经形成，生产决定消费的前提下发生的。消费虽然有其特有的规律，但其实现仍离不开商品交换的总和——市场。市场对消费的调节或引导作用，同市场对生产、分配的调节一样，是同一调节过程中的又一侧面。

市场对消费的调节和引导，包括调节消费水平、消费结构和引导消费方式，仍可归为两类：一类是消费种类调节；另一类是消费总量和结构调节。前者属于直接调节，后者属于间接调节，市场是通过消费种类调节作用于消费总量和结构的调节。

市场调节生产、分配、消费的功能，反映的实质是社会再生产体系中交换同生产、交换同分配、交换同消费的关系。市场同上述诸方面的任何一个方面、任何一种联系，在客观上都是这个整体的一部分，都是在社会再生产这个体系内部发生和进行的。市场同各方面的所有联系，都依赖于市场来实现，市场的功能也正是实现这些各种联系。

诚然，市场机制的功能是市场调节。在保险市场中，既要充分发挥市场机制的调节作用，又不能忽略市场以外诸因素对市场机制功能实现的制约作用。因为，保险市场作为交换的运行形式，也是社会再生产总体的一部分，具有一定的局限性。所以，应该正确认识市场机制的功能，既不要低估，也不要夸大，要实事求是、恰如其分地给予评价和利用。

2.4.2 保险经营市场类型

从世界范围考察，保险市场从结构上可以划分为以下 3 种类型。

1. 完全垄断型保险市场

完全垄断型保险市场是完全由一家保险公司控制，这家公司既可以是国家公司，也可以是私营公司。在完全垄断型保险市场上没有竞争。完全垄断型保险市场还可以细分为两种形式：一种是专业型完全垄断模式，即在一个保险市场上同时存在两家或两家以上的保险公司，各垄断某类业务，相互间业务不交叉，以保持完全垄断型保险市场的基本性质；另一种是地区型完全垄断模式，即在一国保险市场上，同时存在两家或两家以上的保险公司各垄断某一地区的保险业务，相互间业务没有交叉。

2. 完全竞争型保险市场

完全竞争型保险市场是指在一个市场上存在数量众多的保险公司，任何公司都可以自由进出市场，而不受任何阻碍和干扰；同时存在大量买方和卖方，产品同质无差异，资源自由流动，每一买卖者均掌握或通过中介人掌握充分的信息。投保人与保险人参加保险市场的交易活动完全是自由的，价值规律和供求规律充分发挥作用，市场自发地调节保险商品的价格。外国保险公司可以自由地进入该市场，保险公司的数量基本上由市场供求自行调节，保险同业公会在保险市场管理中发挥重要作用。采取完全竞争型保险市场的国家主要是保险业发展较早的西方发达国家。

3. 垄断和竞争并存型保险市场

随着资本主义垄断的形成，完全竞争型保险市场已无现实意义，市场调节缺乏存在的环境，现在大部分发达国采用了垄断和竞争并存模式的保险市场。在这样的市场上大小公司并存，少数大公司在保险市场上取得垄断地位；垄断公司之间、垄断公司与非垄断公司之间同时存在着激烈的竞争。例如，20 世纪 80 年代初期，英国保险市场上有 849 家保险公司，其中 12 家最大的公司垄断了非寿险业务的 80% 以上，其余 837 家则分享不到 20% 的业务。

2.4.3　保险经营市场的种类

从宏观上，保险市场是个庞大的网络体系，根据不同的分类标准，可以分为不同种类的保险市场。而这些不同类型的保险市场又不是截然分开，而是相互交叉和重合的。现代保险市场大致可以分为以下 5 种类型。

1. 按保险承保标的划分

按保险承保标的划分，保险市场可以分为寿险市场和非寿险市场。非寿险市场又可以分为财产险市场，责任险市场，信用、保证险市场。其中，财产险市场又可以分为水险市场、火险市场等。此外，传统上有些国家还将保险市场分为水险市场和非水险市场两大类。

2. 按保险活动空间划分

按保险活动空间划分，保险市场可分为国内保险市场和国外保险市场。国内保险市场又可分为地区性和全国性保险市场，国际保险市场可分为区域性和全球性保险市场。

3. 按保险承保方式划分

按保险承保方式划分，保险市场可分为原保险市场（直接保险市场）、再保险市场和专属保险市场。原保险市场有国内和国外原保险市场，再保险市场也有国内分保、国际分保市场，专属保险市场也有国内专属、国外专属保险市场。

4. 按保险管理模式划分

按保险管理模式划分，与前 3 种划分方式不同，其只能在国际范围内进行划分，即在世界上划分为垄断管理模式和市场管理模式两大类，继而划分为完全垄断、寡头垄断、完全竞争、垄断竞争 4 种形式。就一个国家而言，只能是一种模式。

5. 按保险组织形式划分

按保险组织形式划分，保险市场可分为保险公司市场、保险经纪公司市场和“劳合社”

市场。前两者都是以公司法人的资格，以正式保单方式进行承保的保险市场，是当前世界各国普遍采取的保险组织形式；后者则是英国所特有的个人保险组织形式，是一个享有特殊待遇和采取特定承保方式的保险市场。

以上的划分并不是绝对的，一个保险市场可以同时反映几种特性。

2.5 保险市场发展的衡量指标与趋势特征

前述提到，保险市场从世界范围的空间上划分，可以分为国内保险市场和国际保险市场。国内保险市场是国际保险市场的重要组成部分，国际保险市场是国内保险市场的总和。但两者并不是一般的部分与整体的关系，而是具有既重合又交叉的特殊内容。一个完整意义的国际保险市场不仅包含相对独立的各国再保险市场，而且也包含各国相互之间发生联系的那些市场，如国际再保险市场、海外市场等。

2.5.1 国际保险市场发展的衡量指标

国际保险市场发展的衡量指标主要有 4 项：市场份额、保险深度、保险密度、寿险与非寿险保费比例。

1. 市场份额

市场份额即各国总保险费占世界总保险费的比例。从 20 世纪 60 年代以来，各国总保险费占世界总保险费的比例不断发生变化，这既是由于各国保险市场发生的变化，又是各国保险市场发展变化的反映。

2. 保险深度

保险深度是指保险收入占国内生产总值（GDP）之比。保险深度可以反映一个国家的保险业在整个国民经济中的重要地位。保险深度指标的计算不仅取决于一国总体发展水准，而且还取决于保险业的发展速度。

3. 保险密度

保险密度是按全国人口计算的人均保费额。保险密度是衡量一个国家国民经济和保险业发展水平的重要指标之一。在经济不发达国家，这个指标与按被保险人计算的平均保费相差甚远。同时，发达国家与不发达国家的保险密度相比又有天壤之别。

4. 寿险与非寿险保费比例

寿险与非寿险保费之比也是反映保险业务结构发展变化的重要标志。该指标发展的趋势是寿险保费比例在不断增长。全世界保费收入中寿险与非寿险之比，在 20 世纪 80 年代初为 40：60，到 20 世纪 90 年代初为 52：48，到 20 世纪 90 年代中期已达到 58：42，进入 21 世纪后，世界平均寿险保费收入在总保费中所占比例已达到 65% 以上。

2.5.2 世界保险市场发展趋势的特征

世界保险市场发展趋势，表现出以下 3 个主要特征。

1. 竞争与合作并存，为保险业的生存和发展创造了条件

由于保险业受世界经济形势的左右，因此全球性的经济放缓必然制约保险业的发展。面

对这种客观现实，保险业为了寻求自身的生存和发展，一方面在进行竞争，许多公司不仅以低费率、多保障、厚回佣等手法招揽客户，而且还互挖墙脚，以壮大自己的声势，竞争之烈可见一斑；另一方面却又在进行广泛的合作。竞争促进合作，合作把竞争推向更高的层次，这是竞争与合作之间的一种必然的内在联系，竞争愈是激烈，合作就愈是广泛。因此，保险市场上的激烈竞争局面必然导致深广的合作形式。

在欧洲商业保险市场上，率先进行合作的是劳合社、太阳联合保险公司和英国4家最大的保险经纪人。劳合社的35个承保组合和太阳联合保险公司合资创办了Eurosure保险机构，该保险机构已于1990年7月开业。保险界对该保险机构的成立给予了很高的评价。他们认为，Eurosure作为一个新的机构，有力地证实了伦敦市场具有抗衡欧洲挑战的能力。劳合社主席莫里·劳伦斯以自信的口吻说："这是一个激动人心的开端，它是经验、技能、才干的组合，将在伦敦市场展示出强大的力量，能够满足欧洲最大的保险要求。"

其次是由欧洲7个独立的经纪人和劳合社经纪人Frenchurch，以及欧洲各国的一些中等规模的中间人共同组成了一个称为世界保险集团（简称世保集团）的新组织。该组织计划让更多的经纪人参加进来，使其成为完全国际性的组织。世保集团经纪人间的合作不局限在各自的领土，并且将做大范围的业务安排。其宗旨是：发展强而有力的统一业务，尤其要制定泛欧业务纲领，以满足当地和国际客户向风险管理和保险经纪业一体化迈进的日益增长的需要。

欧共体保险市场一体化是保险业合作的另一种表现形式。欧共体在1992年12月31日实现欧洲内部市场一体化以来，作为欧洲一体化进程的一部分，共同体成员国的保险市场也实现了内部市场的一体化。在欧共体内部可自由设立直接保险公司，并且结合自由化程度的提高，产生了大宗保险业务市场的扩张情况，从1990年7月起非寿险公司已经可以自由提供服务，关于让寿险业务自由经营的提议也在考虑中。

合作的第三种表现形式就是建立合营公司。随着保险业东西方合作的迅速发展，不少合营公司相继成立。意大利的Generali公司与匈牙利保险公司Allami Biytosito共同组建了一个合营公司，Generali还与捷克斯洛伐克的国营保险公司Ceska Statne签订了一项开展联合承保、技术上共同合作的协议，美国国际保险集团（AIG）于1991年年初在波兰和匈牙利也建立了合营保险公司。自波兰保险法颁布以来，AIG是第一个在波兰成立合营公司的外国保险公司。

合作的第四种表现形式是在他国设立保险机构。例如，欧洲的第五大保险公司苏黎世保险公司，1991年就在布达佩斯开设了代表处，从而成为获准进入匈牙利经营保险业务的第一家外国保险公司。苏黎世保险公司当时正式宣布为1992年统一大市场而设计开办综合保险，并新组建了一家名为"苏黎世国际保险"的子公司，还在欧共体的8个国家内设立了经营点。欧洲最大的保险公司阿里昂兹也在东京成立了一个名为阿里昂兹日本火灾海上保险公司的分支机构，这是欧洲人第一次在东京设立自己的公司。日本也是在国外开设保险机构非常活跃的国家。日本丸红株式会社与安田火灾海上保险株式会社合作在伦敦成立了新公司MARMS保险服务中心，开始在欧洲经营保险经纪人业务。并且随着东、西德的统一，"东京海上""安田火灾""大正海上""住友海上""日本火灾"等保险公司均扩展了在原西德的业务机构。

合作的第五种表现形式是联合承保。保险业务的发展会受到诸多因素的影响，其中自身的承保能力和客观环境的限制也是一个影响业务发展的因素。为了最大限度地发挥承保能力，多做业务，保险商也很重视与其同行联合承保的做法。1990 年，芬兰最大的保险公司 Pohjola 与苏联国际保险局签订了为 75 家苏芬合营企业联合承保的协议。此外，苏联国际保险局还同瑞典斯德哥尔摩的 Tryggy-Hansa 集团和芬兰赫尔辛基的工业相互保险公司签订协议，为苏联的合营企业及在苏联、瑞典、芬兰等其他国家的外国公司提供保险和风险管理服务。

由于开展了多种合作的形式，使当代的世界保险业能够在竞争和多变的环境中及时把握国际保险市场的动态，不失时机地扩展业务。因此，尽管当代世界保险业在发展过程中遇到诸多困难，效益不够理想，但保费毕竟在逐年增加。可以预见，各国保险商们扩展业务的要求会使竞争和合作并存的趋势继续下去。

2. 保险市场的开放更加深入广泛，为保险业务的经营提供了较为广阔的天地

面对保险业的发展困境，以及经营范围不断扩大、竞争日益激烈的实际情况，许多国家对本国的保险市场均改变了闭关旧习，采取了放宽和开放本国保险市场的做法。在欧洲，比利时政府曾就放宽国内保险市场的问题会见了保险界，简化了烦琐的监察制度。近年来，已有数量可观的比利时银行进入了保险市场。波兰也为西方保险人敞开了大门，允许他们进入该国保险市场。但西方保险人获准在波兰开业要具备两个条件：拥有 200 万美元的资本和获得波兰财政部的批准。

在亚洲，韩国已给美国两个保险公司（Prudential Bache 和 New Vork Tite Insurance）率先设立完全自有子公司的特权。土耳其由于 20 世纪 80 年代末经济调整的深入，保险市场也由闭关走向开放，农业、工程、火险、水险和意外保险均已放开经营。公众险以前只允许 6 家国有公司经营，现已允许私人企业参与竞争。

日本大藏省顾问团保险委员会就日本保险市场开放的问题提出了以下建议。

（1）寿险和非寿险公司可以通过其合资子公司互相经营对方主要险种。

（2）放宽费率结构。

（3）允许保险人更灵活地筹集资金，取消在商业证券市场上对筹集资金的限制。

（4）为提高代理系统的效率，销售渠道可以多元化。

拉美保险市场的开放尽管比较晚，但已开始起步。现在拉美国家对外国保险公司的进入采取了逐渐开放的态度。墨西哥改变了过去只允许外国公司从事再保险业务的做法，同意外国公司可以参与直接业务的经营。1991 年，哥伦比亚政府废除了禁锢几十年的保险旧法规，开放保险市场。这一变化结束了政府严格控制费率、保险公司没有竞争自由的局面。

不难看出，世界各国在 20 世纪 80 年代对保险市场先后采取的对内放宽、对外开放的做法，顺应了业务发展的需要，这对 20 世纪 90 年代及以后的世界保险业的发展带来巨大的影响，使竞争再度升级，从而使保险市场的开放在程度上和广度上更加深入广泛。开放不仅使各国保险业得到相互的发展，还刺激了各国经济的进一步发展，由于保险市场的开放吸引了许多海外投资者，这一经验引起世界各国的重视与应用。

3. 保险法规的改革给保险业的发展带来了宽松的环境

一些国家的政府为使保险业适应未来的需要，自进入 20 世纪 90 年代以来，都对保险业给予了适时的关注，加强了管理，在总结以往保险实践经验的基础上，对有关保险的各种法律规定进行了改革。归纳起来改革的主要内容有以下 3 个方面。

1）放松对保险业的限制

法国政府放宽对保险公司投资的限制，不再禁止在准备金中持有外国证券，贷款可以借给法国投资者，也可以借给瑞士、加拿大投资者。荷兰政府于1992年取消了在银行与保险之间的众多限制，只是不允许银行与保险公司的完全合并。劳合社也放宽了直接业务的经营，对于承保家庭财产、私人汽车、人寿和个体商的商业保险等这类私人业务，其承保组合可以不必通过劳合社经纪人或由劳合社担保的经纪人接受业务的传统做法，即可直接利用服务公司来经营业务。据此，承保人不仅能直接在英国市场卖保险而且能在海外劳合社的私人业务市场——加拿大和瑞士经营保险业务。波兰允许保险公司从事与保险无关的活动，向金融市场或企业直接投资，以发挥其金融职能促进波兰财政经济的良性分配。

2）取消对保险市场的垄断

随着经济的发展，有些国家重新制定和修改了保险法规，取消了对保险市场的垄断。捷克斯洛伐克实施了新的保险法，取消了两家共和国的国家保险公司的垄断经营，并且它们将不再受财政部的严格控制。罗马尼亚也取消了国家和独家公司的垄断。其他像波兰、阿尔及利亚，以及独联体等国也先后通过了新的法律，结束了国家垄断保险市场的体制。波兰还放弃了国家的参股权。保险市场垄断状况的改变，实际上就是对保险市场的开放，对搞活保险市场有积极的作用。

3）向股份制过渡

为了跟上经济改革的步伐，适应开放的需要，有些国家的保险业也在逐步实行股份制。例如，独联体各国的保险业在许多国有企业向股份制过渡趋势的影响下也开始实行股份制，并以此作为开放本国保险市场的条件，外国公司只有以合资的形式才能进入这些国家。保险法规的改革是保险业向内外扩展的必然结果，这些改革给保险业的经营带来了方便和发展的机会，并使各国保险机构在内外合作中得到利益。

2.5.3 中国保险市场的现状及前景

1. 中国保险市场体系初步形成

1988年以前，中国保险业还没有形成严格意义上的保险市场，中国人民保险公司独家经营，保险市场处于垄断状态。1988年4月，平安保险公司在广东深圳特区开张营业，1991年4月，由交通银行保险部发展而来的中国太平洋保险公司在上海市宣告成立。于是，在中国大地上一个新生的保险市场体系开始发育成长。目前，已开业的保险公司已过百家，这其中既有国有独资商业保险公司，又有股份制商业保险公司；既有中资保险公司，又有外资保险公司，还有中外合资保险公司；既有全国性保险公司，也有区域性保险公司。

目前，我国已是世界贸易组织大家庭中的一员，我国的保险市场已经全面对外开放。我国允许一些在国际上经验丰富、有较大影响的保险公司，向中资保险公司参股，或者独立设立公司，或者同中国合资建立保险公司（主要是寿险公司）。

自20世纪90年代以来，作为保险市场中必不可少的重要组成部分——保险中介人制度的实施也取得了一定的成效。代理人在我国保险界是启用得较早的一种机制，也是保险主管机关将要加大发展力度的一种中介人模式。目前，我国保险代理人既有兼职的也有专职的，主要是以兼职为主。此外，在我国东南沿海的部分经济发达地区（尤其深圳和上海等市），保险中介机构也在不断发展。英国塞奇威克保险服务（中国）有限公司是率先在我国成立的一家外资保险经纪公司。港资保险公估公司——平量行，是首家获中国保险监督管理委员会（保监会）认可的外资保险公估公司。一些国际跨国公司如全球最大的保险公估公司——罗便士已在广州等地成立了分公司。

2. 港、澳、台三地的保险市场

香港、澳门、台湾是中国领土的一部分，由于历史原因，目前实行的是与内地不同的社会制度和经济制度。完整的中国保险市场必须包括这 3 个地区，这是“一国两制”的统一祖国大业方针在中国保险业上的反映。

1）香港保险市场

1997 年是香港历史的转折点。香港在历经 100 多年的沧桑岁月后，重新回到祖国的怀抱，这是 20 世纪中国历史上具有伟大历史意义的事件。

香港保险业始于鸦片战争后的第一年。1841 年，英商的仁记洋行在香港设立机构，开始代办保险业务。其后，英商开办的怡和、太平、太古等洋行也相继经营保险代理业务。到 1911 年，香港保险公司总数为 100 余家，其中以华资、美资保险公司为多。香港回归祖国后，保险业得到了更加充分的发展，其与内地保险公司的合作更加紧密。

香港保险市场经过 150 多年的发展，云集着多种背景的公司，逐步形成了发育较为完善，多成分、多形式、多层次的保险经营市场体系。目前，香港有获授权的保险公司 175 家，其中产险公司 110 家、寿险公司 46 家、综合保险公司 19 家；获授权保险经纪人公司 468 家；获登记的保险代理人有 3 万余人。香港保险市场参与者，既有跨国保险集团的分公司和附属机构，也有中资保险机构，当地银行所属保险公司、健康险公司、信用险公司、按揭担保公司、承保代理和家族保险公司。

2）澳门保险市场

澳门保险业在 20 世纪 70 年代之前有很长一段空白，绝大多数保险公司都是 1980 年以后成立的。中国保险公司澳门分公司在 1942 年仅是中国保险公司香港分公司在澳门的办事处，1965 年改成中国保险公司香港分公司的支公司，自 1977 年升格为中国保险公司澳门分公司，直接受中国保险公司总管理处领导。中国保险公司澳门分公司是澳门最大的保险公司，业务量占澳门保险市场的 1/3 多。

目前，澳门共有 24 家保险公司，其中 11 家为人寿保险公司，其余的 13 家为非人寿保险公司。按其原属地区划分，8 家为本地公司，其余 16 家为外资保险公司的分公司，分别代表 6 个国家及中国香港特别行政区。

澳门本地保险代理人公司有 43 家，外地保险代理人公司有 9 家，10 家外资保险经纪人公司及 1 家本地保险经纪人公司。保险中介从业人员近 3 000 人，其中个人保险代理人近 2 000 人。

澳门在保险业的监督管理方面，比香港严格。1980 年，设立保险监督机构，开始对保险业的管理。1981 年，颁布澳门保险法。1984 年，颁布汽车第三者责任强制保险条例。1986 年，实施雇员赔偿保险强制条例。1987 年，对保险法加以修改，并相应制定了经纪人管制条例。1990 年，颁布《保险条例》和《代理人及经纪人条例》，加强对保险公司的监管和对保险中间人的监管，这些措施对澳门保险业的发展起到了一定的促进作用。

3）台湾保险市场

台湾的保险业起源于鸦片战争前几年。1836 年，英国利物浦保险公司在台湾设立代理处，办理海洋运输保险。1895年，《马关条约》签订后，日本垄断了台湾保险市场，抗战胜利两年后，台湾保险管理委员会接管并改组了日本留下的保险公司，成立了“台湾人寿保险公司”。1947年，“中国保险公司”开始营业。1949年，国民党迁入台湾后，中央信托局保险部、太平保险公司相继投入运营。到20世纪末，台湾共成立了本地保险公司32家，其中产险公司15家，寿险公司15家，专业再保险公司及保险合作社各1家。被批准营业的外资保险公司22家，其中产险公司8家，寿险公司14家。台湾当局过去一直禁止岛内金融业到大陆投资，这一规定近年也有所放松。根据1994年10月台湾当局颁布的《台湾地区与大陆地区保险业往来许可证办法》，台湾保险公司可以与大陆的外资保险机构及大陆海外保险机构发生业务往来，即进行间接业务接触。近10多年来，台湾保险公司数量变化不大。目前，台湾共有保险公司57家，其中产险公司26家（其中外资9家），寿险公司29家（其中外资8家），再保险公司2家。但这段时间台湾保险公司的分公司数量大幅度上升，产险公司分公司数量由119家发展到174家，寿险公司分公司数量由48家发展到135家。

3. 建立和完善具有中国特色的保险市场

保险市场是社会主义市场经济体系中不可分割的一部分。保险市场的建立与逐步完善，标志着我国市场经济向更高阶段迈进。我国实行的是具有中国特色的市场经济，保险市场作为社会主义市场经济的一个组成部分，具有以下5个方面的特色。

（1）我国保险市场的根本目的是满足社会和广大人民群众的保障需要。这一性质是由国家的性质决定的。换句话说，发展我国的保险市场必须要牢固树立为人民服务、为社会主义改革开放建设服务的宗旨。

（2）我国保险市场的发展方向是坚持把社会效益放在首位。这是我国社会主义保险市场的本质特征所决定的。强调社会效益并不排斥保险企业自身效益，只有既讲企业自身效益又讲社会效益，而且把社会效益放在首位才能保证社会主义保险市场的性质和方向，才能充分发挥保险市场在国民经济市场体系中的经济保障作用。

（3）我国保险市场的发展目标是建立以国有大型保险企业为市场主体的多元化保险市场体系。目前，我国保险市场唯有一家保险公司是国有大型保险企业——中国人民保险（集团）公司（以下简称中国人保）。要确立中国人保的市场主体地位，使其真正成为社会主义保险事业的骨干和基础。为了发展我国的保险事业，在平等竞争的条件下，大力支持发展建立中国人保体系以外的股份制商业性的保险公司，以及按照我国加入世界贸易组织的承诺，有计划、有步骤地对国外保险公司开放我国的保险市场。在加强引导、监督和管理的基础上，存利去弊，使之真正成为社会主义保险事业的有益补充。

（4）为使我国保险市场健康发展，必须建立合理的价格制度和较高的法治系统。保险市场的发展必须有合理的价格（费率）制度和较高的法治系统作保证。即保险市场的发育与发展，必须有健全的市场规则和严格的科学管理。

（5）为促进我国保险市场的迅速发展，必须充分利用和借鉴港、澳、台地区保险市场的条件和经验。港、澳、台地区的保险市场在世界保险市场上具有举足轻重的地位。其保险市场的发展历史、对外开放的经验教训对内地保险市场的发展有重要参考价值。并且，随着香港、澳门的回归和台湾当局有关保险政策的松动，港、澳、台地区可以成为我国保险市场进入世界市场的主要桥梁与通道。

4. 我国保险业的国际化进程

我国加入世界贸易组织以来，保险业坚持对外开放，信守加入世界贸易组织的承诺，利用开放推动行业改革，促进市场发展，同时加强和完善保险监管，防范和化解开放风险。事实证明，开放实践推动了保险市场的发展，提高了保险业的竞争力和服务水平，坚定了保险业对外开放的信心。

复习思考题

一、概念题

保险市场　保险市场经营　保险需求函数　保险需求弹性　保险价格　保险经纪人　保险市场机制

二、思考题

1. 保险市场具有哪些特征?
2. 什么是保险经营市场? 保险经营市场具有哪些特征?
3. 保险经营市场由哪些要素构成?
4. 什么是保险经营市场机制? 它具有哪些功能?
5. 保险经营市场有哪些类型和种类?
6. 对保险市场发展状况有哪些衡量指标?
7. 如何构建和完善具有中国特色的保险市场?

第3章 保险组织构建及计划、统计管理

保险是经营风险的特殊行业，保险企业是为社会提供保险保障产品的企业组织，是保险市场的基本经济单位。

虽然保险公司是经营和管理风险的特殊企业，但它与其他类型的企业一样，需要对保险经营的各项活动实行计划管理，并按预定目标组织实施，以保证保险公司的高效运转和良性循环。保险计划管理侧重于未来保险业发展趋势和规律的预测、筹划和实施，应具有一定的超前性。同时，保险又是建立在统计基础之上的一门学科，保险统计是综合反映保险业发展情况的重要手段。保险统计是定量分析与定性分析的完善统一，是科学决策的重要基础。

3.1 保险组织的构建

3.1.1 保险管理体制

保险管理体制是整个经济管理体制的一个组成部分。经济管理体制是指一定经济制度下国民经济的组成形式、管理制度和管理方式，它包括如何组织社会的生产、交换、分配和消费，如何划分经济管理中的权限和责任，以及国民经济各部门的组织管理形式与管理机构设置等在内的整个体系。如果以行业来划分，经济管理体制又可进一步分若干个分支，保险管理体制就是其中之一。

保险业是国民经济重要的职能部门，其职能是组织保险基金，以灾害补偿的形式，向各经济部门提供经济保障，维护社会再生产过程的持续与稳定；向居民个人提供经济保障，维护社会生活的安定。保险企业的存在与发展，是国民经济各部门有比例地协调发展的保证。同时，保险业自身的发展又严格地受到国民经济发展速度、发展规模，以及国民经济组织形式、管理制度和管理方式方法的制约。

从保险企业在国民经济中的地位，以及它同国民经济的关系中，可以得出保险管理体制的一般概念。即保险管理体制是在一定经济管理体制下保险经济的组织形式、管理制度和管理方式。它包括组织保险企业经营活动的原则和形式、保险企业的机构设置，以及划分各级管理机构所相应具有的权利与责任。

保险管理体制是经济管理体制的组成部分，一定的经济管理体制模式决定了保险管理体制的特点。同样，国家整个经济管理体制的变化和社会经济的发展，必然带动保险管理体制的相应调整和改变，这种内在联系和变化是不以人的意志为转移的。

作为上层建筑的保险管理体制，除受经济管理体制的制约外，其变化和发展还受到多种因素的影响。从目前我国情况来看，考察现行保险管理体制与国家经济体制的相适应性，把握调整、变革旧体制的时机，主要应从以下 4 个方面来加以判断。

1. 适应经济发展客观规律的要求

保险是商品经济发展到一定阶段的产物，商品经济构成了保险产生和发展的一般基础，商品经济的一般规律同样作用于保险产品整个发展过程。资本主义商品经济越发达，则资本主义保险经济越发展，这已成为资本主义经济的普遍规律。在社会主义条件下，保险发展是否也同商品经济发展保持着天然的联系，以前曾是一个模糊不清的理论问题。社会主义前 60 年的实践表明，对商品经济的全面排斥否定，对财政作用的片面强化，衍生了一整套高度集中、行政性经济管理体制。保险管理体制与之呼应，在管理模式、机构设置和管理方式与方法上均反映了这种经济管理体制模式的典型特征。今天，在社会主义市场经济条件下，运用市场机制调节微观经济活动，这一理论与实践的重大问题已经得到澄清。保险管理体制必须适应社会主义市场经济发展的要求，使保险企业的经营活动朝着有利于社会主义经济补偿需要的目标发展，为整个社会主义经济运行机制的正常运转和人民生活的安定服务。

2. 符合国家在某一时期的产业政策和发展目标的要求

国家在一定时期所制定的产业政策及保险相关产业政策，都将直接影响保险体制模式的确定。20 世纪 50 年代，“产品经济”发展模式导致在经济中追求生产资料生产部门的超高速发展，而部分地忽视了流通部门乃至社会服务部门的作用。保险也被纳入财政的行政隶属关系之中，保险费收入盈余全部纳入财政分配，因此而形成了那一时期保险管理体制的财政型模式。20 世纪 90 年代，为加快实现社会主义现代化建设的宏伟目标，提出第三产业的增长速度要高于第一、第二产业。作为发展重点之一的保险业将在国家给予的特殊发展政策带动下得到新的发展，保险管理体制同时也要作出相应的调整。

3. 考虑保险企业自身各要素和内在机制的要求

保险管理体制是对保险经营活动进行组织、领导、管理的制度与方式，这就必须研究、考察从事保险经营活动的主体——保险企业自身各要素和内在机制的要求。市场经济条件下，这种微观经济活动的调节与控制，是依靠完全的市场机制而实现的。保险企业是人、财、物、信息等多种不同要素的有机组合，各种要素之间不仅相互联系、相互作用，而且经常处于变化之中，不断改变着组合方式。这些不同组成要素间的相互关系和变化规律，构成了企业的内在利益驱动机制。企业的内在机制主要受到经济活动内在规律的支配和制约。因此，研究、考虑保险企业自身各要素和内在机制，要遵循经济活动内在规律的要求，借助市场机制的作用，促进企业合理组织经营活动，以满足社会需求。实施这一过程的同时，也是有意识地寻找调整、校正保险管理体制最大适应度的过程，使保险管理体制更好地适应保险经济的发展。

4. 符合提高管理效率和经济效益的要求

管理注重效益，在科学技术迅速发展和社会生产对速度、节奏性、比例性的要求越来越高的情况下，效率成为判定管理水平高低的一个重要标志。因此，保险管理体制模式的选择和肯定，应以保证管理工作能够高效率地运转为前提。

同样，经济效益是衡量企业经营管理状况好坏的主要标志。保险企业既有着同其他经营实体一样的追求自身效益、实现利润的一般目标，又有着本行业经营目标方面的特殊性。从某种意义上说，保险企业的经济效益表现为社会效益和自身效益的综合与统一，它是由保险所具有的灾害补偿功能决定的。一个好的保险管理体制，必须有利于保险企业提高经济效益，有利于社会效益与自身效益的统一。

3.1.2　保险经营管理的组织形式

保险业的主体由经营保险业务的保险企业构成。从广义上说，这些保险企业既包括经营直接保险业务的承保人组织即保险公司，专营再保险业务的再保险公司，也包括经营中间人业务的保险经纪公司、保险代理公司，还包括专门从事保险标的物损失检验、理算的保险公证公司。因此，广义保险企业的概念，是指直接从事保险经营活动或与之有关并实行自主经营、独立核算、具有法人资格的、以营利为目的的经济组织。作为广义保险企业，至少应当具有以下 3 个特征。

（1）必须是从事保险经营活动或与之有关的经济组织。这一特征使保险企业鲜明地有别于其他行业的经济组织，也因此而使保险业成为国民经济的一个重要组成部分。那种无视保险行业经营活动的特殊性，要么把保险业划入财政管理体制，或者等同于一般金融企业；要么在财政政策上将保险企业视同于一般性工商企业的做法，都是因对保险企业概念模糊所致。

（2）必须是一个实行自主经营、自负盈亏的以营利为目的的经济组织。就这一概念而言，以营利为目的是一个长期以来争论不休的问题。几年前，保险管理部门还不能公开亮出保险企业应以营利为目的的观点，可又不能否定之。归根结底，是因为保险公司属于企业单位，还是属于事业单位尚未辨清。“营利”“非营利”似乎成为社会主义保险与资本主义保险的分水岭。实际上，是否以营利为目的，恰好是商业保险与社会保险（保障）制度的区别所在。至于是姓“社”还是姓“资”的问题，在进一步解放思想，加快改革开放步伐的今天，早已得到了解决。

（3）必须是一个具有法人资格的经济实体。保险企业是专门经营风险的特殊行业，鉴于它的特殊性，为保障广大被保险人的利益，世界各国对保险企业的设立都有专门、严格的规定。在我国，《中华人民共和国保险法》和有关法规明确规定，设立保险业，必须依法进行登记，经过批准手续，享受民事权利，承担民事责任并受国家法律的制约和保护，具有法人资格。除此之外，对保险公司的实收现金资本金额、最低偿付能力、保险准备金的提取都有专门规定。

国民经济是一个多层次、多目标、多形式的复杂的有机体，构成保险业这一国民经济职能部门的保险企业也反映了这一多样性的特征。在我国，从所有制性质和形式来划分，常见的分类有社会主义全民所有制保险企业、集体所有制保险企业、股份制保险企业和外商投资保险企业。按隶属关系划分，分为中央保险企业、地方保险企业。总之，国民经济中多种经济成分的存在与发展，使保险企业本身的组织形式和结构也发生着变化。

从保险企业经营业务的专业领域来分类，有专门经营保险业务的保险公司（承保人公司）；专营再保险业务的再保险公司；有在保险经济发展过程中，为适应保险交易高效率的需要而活跃在保险市场上的保险经纪公司和保险咨询公司；有以公正、合理为宗旨，以独立的第三方身份办理受损保险的查勘、鉴定、估价或定损理算等业务的保险公证公司。上述各方在各自领域内的经营活动，以及它们之间的相互联系、共同作用，组成了一个充分、完整的保险市场主体体系。

就单一的保险企业而言，虽各自有其经营活动的专业领域，但所有不同的保险企业之间又有着鲜明的共性，是同类经济组织。对这类经济组织的管理，就是根据客观经济规律和保障经济、稳定社会生产和生活的要求，围绕保险企业的全部经营活动进行合理地组织、指挥、协调和控制，在实现保险企业经济效益的同时，有效地发挥保险的经济补偿功能，为社会生产和生活服务。

保险企业经营活动的好坏直接关系国民经济其他各部门的协调发展和社会生活的稳定，因此对保险企业的组织、指挥、协调和控制异常重要。在我国，传统的国民经济管理体制是以高度集中统一为特征的，单一化的保险体制模式是这一传统体制的产物。在这种体制下，对保险活动的组织、控制也就单一地通过唯一存在的国家保险公司来具体实施，并决定公司内部的经营管理体制模式。当国家经济管理体制发生变化，经济调控过程中市场的作用加大时，随着多层次、多形式、多种经济成分、开放型的保险市场体系的日渐形成，国家对保险业除在总体发展规划、设立保险企业的资格审定与企业偿付能力资信审查等方面严加管理外，对保险企业具体经营活动的组织逐渐转向市场，即通过市场机制，将各保险企业的活动组织、联系在一起，纳入统一的轨道。

3.1.3 保险企业的组织结构

所谓组织结构，是人们为达到共同的目的而使全体参加者通力合作的一种形式。企业的组织结构是为了达到最有效的经营管理的目的，规定各组成人员的职责，以及各个不同职责间的相互关系，它是在一定的所有权与经营权之间的结合关系上形成内部权、责、利的组合机制。企业的组织结构是否合理，直接关系组织内部的摩擦、时间损耗与经营效率。因此，合理、完善的企业组织结构将使企业产生高效的综合应变能力与较强的市场竞争力。保险企业的组织结构，简单地说，就是进行保险活动的一种组织形式。现代企业的组织结构有多种类型。保险企业的组织结构类型选择，既要依照科学管理的要求，又要结合经营保险业务的特点。

1. 建立科学、合理的保险企业组织结构应遵循的原则

1）精简、效率、效益的原则

遵循精简、效率、效益的原则，建立优化的企业内部组织结构，是企业现代化管理的根本要求。

任何一个有着明确经营目标的企业，都希望对自身的经营活动进行合理的分工和协作，合理使用和配置资源，正确处理人们在生产经营活动中的相互关系，而最终通过市场行为实现企业的经济效益和社会效益。在以市场机制为基础的资源配置方式占主导地位的经济体制中，企业能否对市场作出灵敏反应，已成为企业经营活动成败的关键。因此，精简、效率是实现效益的保证。

精简、效率就是要在企业组织结构中形成一个上意下达、下情上传，以及横向联系顺畅的信息决策系统，使企业能够决策迅速，各管理层动作灵敏，步调一致。对于保险企业而

言，无论是展业承保环节，还是灾害查勘、定损工作，都有着极高的时间性要求。反应迟钝，贻误时机，都会带来失去市场，处于竞争劣势，或者丧失重大灾害事故的第一手资料，给定损、理赔增加难度的不良后果。因此，保险企业内部的机构设置和职责分工，必须适合保险行业的特点，有利于提高效率，避免内耗。

2）根据保险企业业务经营特点合理组合分类，划分部门和机构

保险行业是经营风险的特殊行业，保险企业的业务活动和内部运转有其自身的特点。因此，企业的组织结构必然与之相适应。一般来说，保险企业的机构设置和部门划分主要有以下两类方法。

（1）按职能划分。它是按互相关联的业务活动分工，是组织企业业务工作最基本的划分方法。按照保险企业的特点，展业、承保、防损、理赔、投资是业务活动最基本的环节，机构设置要紧紧围绕这几个环节。同时，为执行保障、防灾、补偿这些基本职能，完成保险企业的经营任务，要相应设置财务、人事、综合管理等部门。

（2）按保险业务种类划分。它是把同一险种的各个经营环节连接在一起，由一个部门统一负责经营管理，如火险、水险、汽车险等，将该险种的展业、承保、防损、理赔、投资活动集中在一个部门。这是由于保险业务的每个险种都有着较强的专业性特征，虽然保险原理是相通的，业务的基本程序也是一致的，但是具体到承保技术和方法上，却千差万别。因此，按保险业务种类划分部门、设置机构，可以充分发挥各专业险种人员的特长，融特性于共性之中。正是由于这一优点，目前世界上大多数保险公司特别是大公司，都选择这一模式。

3）权、责、利统一的原则

权力和责任是保证企业组织结构合理、稳定的最基本问题。企业的每一级机构都必须有明确的责任。没有责任，或者责任不明确，必然会影响各级组织机构作用的发挥。权力和责任是相对应的，责任到人就要权力到人。应避免有权无责，或者有责无权。在权贵对应的基础上，还要讲求利益。利益往往表现为一种动力。没有利益，即使有责有权，也会影响工作效率。因此，任何时候都必须使权、责、利相统一。

2. 保险企业的组织形式

企业管理学将企业的组织形式分为直线制、职能制、直线职能制或直线参谋制等几种形式。现代企业的组织结构又融合了几种传统组织形式的优点，将规划论、决策论等最新科学广泛地运用于企业管理实践中，发展了传统的企业组织形式，像事业部制、超事业部制、矩阵制、多维立体组织结构等都是在传统的组织形式基础上发展起来的新型科学管理组织形式。在实践中，尽管存在着多种类型的组织模式，但现代化企业往往不单纯采纳一种类型的模式，而是几种类型综合起来加以运用，以适应企业自身的管理决策需要。

保险企业的组织结构多采用直线—职能制，这是因为在保险企业的组织分工体系中，既有纵向分工，又有横向分工，即职能分工。业务规模逐步扩大，险种增加，多种管理职能相应增加，导致原来纯粹的纵向分工中又产生横向关系。例如，按业务流程分工（展业、承保、防损、理赔等）、按险种分工、按地区分工，形成部门直线组织体系。另外，为适应保险业务专业性强的特点，要实行专业化分工和管理，将职能制的优点引入管理组织中去。以全能型为特征的直线制和按职能实行专业分工的职能制能较好地适应保险企业组织管理的需要。

3.1.4 我国保险经营管理体制的沿革

我国的保险管理体制大体上经历了以下3个发展阶段。

第一阶段：自新中国保险事业诞生至《保险企业管理暂行条例》颁布之前。这一阶段的保险管理体制以两个“高度集中”为特征。①行业管理高度集中。在长达35年的时间里（包括20年收缩、停办保险业务的低潮时期），我国的保险市场是中国人民保险公司一统天下，国家完全垄断着保险行业。②中国人民保险公司内部体制高度集中。险种设计、适用条款和费率、承保方式基本上是自上而下一统到底、一成不变，基层公司作为基本的业务经营单位，实际上并没有业务经营上的自主权。在内部核算体制上，整个系统同吃“大锅饭”，无论经营好坏及盈亏，分配上实行同一待遇。

第二阶段：《保险企业管理暂行条例》发布至《中华人民共和国保险法》颁布之前。这一阶段的特征是保险市场主体增多，竞争格局初步形成。在国家经济管理体制改革的推动下，我国的保险管理体制进行了变革。1985年3月3日，国务院发布了《保险企业管理暂行条例》。以此为依据，1986年7月15日，中国人民银行批准设立了新疆生产建设兵团农牧业生产保险公司（现新疆兵团保险公司，简称“兵保”）。“兵保”的成立，结束了多年来中国保险业由中国人民保险公司独家垄断经营的历史。随后，1987年，经国务院和中国人民银行批准，重新组建的交通银行及其分支机构开始设立保险部，经营保险业务。1991年4月24日，经中国人民银行批准，交通银行在其保险业务部的基础上组建了中国太平洋保险公司，这是继中国人民保险公司之后成立的第二家全国性综合性保险公司。1988年3月15日，中国人民银行批准设立了平安保险公司，1992年9月更名为中国平安保险公司，这是我国第一家股份制保险企业。1994年，天安保险股份有限公司获准开业，1995年，大众保险股份有限公司获准开业。

在试点建立综合性保险公司的同时，中国人民银行又借鉴国外保险业的发展经验，从1988年起，在部分省市有步骤地试点建立专业经营的人寿保险公司，探索寿险与产险分业经营之路。

此外，顺应对外开放的要求，中国人民银行于1992年9月25日批准美国友邦保险公司在上海设立分公司，1994年批准日本东京海上火灾保险公司在上海设立分公司。

第三阶段：自《中华人民共和国保险法》颁布至中国保险监督管理委员会成立之前。这一阶段的特征是保险管理的法制化进程加快。1995年6月30日，第八届全国人民代表大会常务委员会第十四次会议通过《中华人民共和国保险法》，这是我国保险事业发展的里程碑，也是我国保险管理体制深化改革的标志。《中华人民共和国保险法》对保险合同（包括财产保险合同、人身保险合同），保险公司的设立、变更、解散和清算，保险经营规则，保险业监管，保险代理人和保险经纪人等内容都作了明确规定，从而结束了我国保险业长期无法可依的局面，为解决我国保险市场存在的一些问题（诸如重审批、轻管理，监管薄弱，造成保险市场秩序混乱；保险公司缺乏公平竞争的环境；一些保险公司通过不适当地降低费率等手段扩大保险业务，从而严重影响其偿付能力；一些单位未经批准擅自从事保险业务或变相经营保险业务，损害投保者的利益等），提供了法律保证。与之配套，中国人民银行1996年7月25日发布了《保险管理暂行规定》，1997年11月30日发布了《保险代理人管理规定（试行）》，1998年2月16日发布了《保险经纪人管理规定（试行）》。

中国人民银行保险司在此期间成立。这一阶段，中国人民银行又批准成立了多家新的保险机构，其中包括泰康、新华、华安、华泰、永安等保险公司，以及美亚、宏利、安盛-巴黎联合、安泰、安联、丰泰、皇家太阳联合、康联等国外保险公司的分公司或中外合资保险公司。

同时，国家还对保险业的税率进行了调整。为了发挥税收的调控作用，进一步理顺国家与金融、保险企业之间的分配关系，促进金融、保险企业间平等竞争，保证国家财政收入，国务院决定从 1997 年 1 月 1 日起，调整金融保险业的税收政策：对以前执行 55% 所得税税率的金融、保险企业，其所得税税率统一降为 33%；修订《中华人民共和国营业税暂行条例》中有关金融保险业营业税税率的规定，将金融保险业营业税税率由原来的 5% 提高到 8%；对 1996 年 12 月 31 日之前在特区外设立的外商投资和外国金融、保险企业，在 1998 年 12 月 31 日前，营业税减按 5% 征收，自 1999 年 1 月 1 日起，按 8% 征收，对 1997 年 1 月 1 日后特区外新设立的外商投资和外国金融、保险企业，一律执行 8% 的营业税税率。

第四阶段：自中国保险监督管理委员会（简称“中国保监会”）成立至今。这一阶段的特征是保险业的地位得到提升，保险管理逐渐系统化和专业化。1998 年 11 月 18 日，中国保监会正式成立，作为国务院直属事业单位，它是全国商业保险的主管机关，根据国务院授权履行行政管理职能，依照法律、法规统一监督管理保险市场。其主要任务是拟定有关商业保险的政策法规和行业规划；依法对保险企业的经营活动进行监督管理和业务指导，依法查处保险企业违法、违规行为，保护被保险人利益；维护保险市场秩序，培育和发展保险市场，完善保险市场体系，推进保险改革，促进保险企业公平竞争；建立保险业风险的评价与预警系统，防范和化解保险业风险，促进保险企业稳健经营与业务健康发展。中国保监会的正式成立，标志着中国保险事业和保险业的监管工作从此进入了一个新的历史时期。

3.1.5　我国保险行业的组织形式

保险行业的主要组成部分是保险企业。根据《中华人民共和国保险法》的规定，在我国经营商业保险业务的保险公司，其组织形式应当是股份有限公司或国有独资公司。

股份有限公司由一定数额的股东组成，其注册资本由等额股份构成，并通过发行股票筹集资本，股东以其所持股份为限对公司承担责任，公司以其全部资产对公司的债务承担责任。国有独资公司是一种特殊的有限责任公司，是指国家授权投资的机构或国家授权的部门单独投资设立的有限责任公司。

我国现有的保险公司中，中国人民保险公司、中国人寿保险公司、中国再保险公司等是国有独资公司，中国平安保险公司、中国太平洋保险公司等保险公司则是股份有限公司。另外，中外合资保险公司、外国保险公司分公司的组织形式则遵从相关法律的规定。

保险行业的其他组成部分，目前已有《保险代理人管理规定（试行）》对保险代理人的组织形式进行了规定，《保险经纪人管理规定（试行）》对保险经纪人作出了规定，保险公证人则尚无专门法规予以明确。

3.1.6　保险企业的机构设置

根据现代企业制度的要求，保险企业内部机构的设置应遵循精简、高效的原则。

以中国人寿保险公司为例，其组织机构如图 3-1 所示。

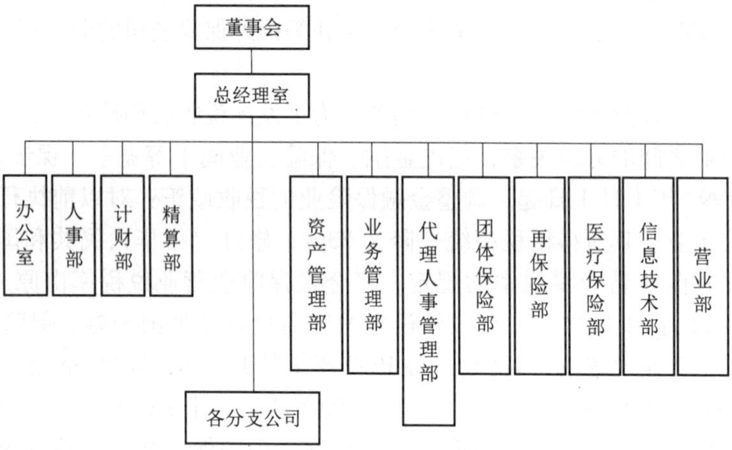

图 3-1 中国人寿保险公司的组织机构

3.1.7 我国保险管理体制改革前景展望

国家经济体制改革进程的加快，给保险业的改革与发展注入了新的活力和生机。从宏观目标和要求来看，保险管理体制的改革将侧重于以下 3 个方面。

1. 建立和完善保险体系

我国的保险市场虽已有了长足发展，但毕竟尚不成熟，真正的竞争格局也仅在少数地区得以形成。1998 年 1 月 1 日起试行的《当前国家重点鼓励发展的产业、产品和技术目录》(1997 年 12 月 29 日国务院批准，1997 年 12 月 31 日国家计委发布)，列有保险公司、保险经纪人及代理人公司，还有保险咨询。可以预计，我国将逐步形成一个专业化分工的、完整的保险市场体系。

当前的发展重点，首先应完善再保险体系，以适应多家保险公司分散风险、稳定财务的需要。其次，发展多种形式的农业保险。

2. 强化对保险企业及保险市场的监督管理

在对保险企业的管理方面，加强对设立保险企业的宏观控制。对新设保险企业的规模、业务范围要通盘计划，与整个保险体系的目标和要求一致。监督管理部门应加强对保险企业偿付能力的管理，并正确引导市场竞争，建立一个有序竞争、健康发展的保险市场。1997 年年底永安保险公司被保险监督管理部门（中国人民银行）接管，为保险市场的规范发展敲响了一次警钟。认真贯彻 1997 年 5 月 16 日中国人民银行《加强金融机构内部控制的指导原则》，应是监管部门和保险企业的共识。

3. 加强和落实保险行业自律

健全的保险管理体制，应包含规范、有力的行业自律。我国的保险行业组织虽开展了一些工作，但自律并未得到落实，这是有待进一步解决的问题。

3.2　保险计划管理

3.2.1　保险计划管理及其意义

保险是社会化商品生产发展到一定阶段的产物，是商品经济的一个重要组成部分，在我国社会主义市场经济条件下，保险企业作为一种新型的社会化企业，需要根据高度发展的生产技术要求，对保险经营过程进行计划管理。所谓保险计划管理，是指保险经营企业根据市场经济发展需要及本身的条件，通过周密的调查研究，制订保险计划，以组织、指导、监督和调节保险经济活动的一种制度和方法。保险计划管理的主要任务是：根据保险市场需求、企业内外环境状况和企业经营目标，编制经营计划，组织、监督计划实施，调控计划的执行，充分利用企业的各种资源，协调企业的各项业务活动，以最好的经济效益和效率实现企业的经营目标，同时加强计划工作自身的管理，提高计划管理工作的科学性、可行性和工作效率。

保险计划管理对于保险企业的经营活动有着重要意义。

1. 实行计划管理有利于提高保险企业的经济效益和社会效益

提高保险经济效益就是降低经营耗费，增加经营所得，以尽可能少的投入取得尽可能大的产出。从保险企业所追求的经济效益来看，通过计划管理，克服市场调节的消极方面，更合理地利用人力、物力和财力等一切资源，使保险企业的诸多生产资源达到最佳配置，减少保险企业经营中所投入的物化劳动和活劳动，降低经营成本，提高企业的经济效益。从保险企业经营活动的社会效益来看，实行科学的计划管理，可以使保险企业的经营活动与国民经济发展协调进行，调整和改善保险企业与外部各环境因素的关系，树立良好的社会形象，扩大经营市场，最终以良好的社会效益促进企业自身的经济效益。

2. 实行计划管理可以明确保险企业的发展方向和奋斗目标

保险计划是根据保险市场经济规律，党和国家的路线、方针、政策，以及保险的有关规定，结合企业内外条件所制定的未来保险业务活动的方案，它规定了保险企业在计划期内经营活动的主要任务，对业务发展速度、险种结构、保额、赔款额、再保险分出额、分入额，以及保险机构、职工人数等一系列经济指标提出具体要求，为保险企业各职能部门、基层单位和广大职工指明了努力方向，规定了行动纲领，使企业各部门和各项保险业务紧密衔接起来，保证保险企业顺利发展；另外，实行保险计划管理，根据保险发展的总体战略目标和国家保险政策，以及下达的有关经济指标，制定固定资产投资、保险资金运用、财务收支、劳动工资、职工培训等具体目标和行动规划，从而为企业发展提出了明确而具体的奋斗目标。

3. 实行计划管理能够使保险企业更有效地发挥保险的功能

保险企业是庞大的经济实体，是国民经济中的重要组成部分，要使这个企业的经济活动正常运转，发挥积极组织保险基金和对意外灾害进行经济补偿的作用，就必须加强计划管理，以便在企业内部建立各种职能部门和科学的劳动组织形式，实现各系统、各要素、各工作环节的有机配合与协调，使各部分保持正常的比例关系，充分发挥保险企业的职能作用。

没有科学合理的计划管理，企业的正常经营活动是无法实现的。

3.2.2 保险计划管理的原则与要求

1. 保险计划管理的原则

1）政策性和科学性相结合的原则

保险企业的计划管理，首先必须贯彻执行党的路线、方针和政策。制订计划要运用正确的指标和方案；执行计划要以政策为指导；检查总结计划要以计划指标作为衡量、评价的标准。

其次，保险企业必须实行科学的计划管理，如经济预测、系统分析、综合平衡、方案优选等。这是因为计划本身是人们在总结社会与自然发展的客观规律的基础上产生的，所以它应具有科学性。

2）统一计划与分级管理相结合的原则

保险企业的计划是整个国民经济计划的一个组成部分。因此，制订和执行保险企业的计划，要有全局观点，必须维护整个国民经济计划的统一性。国家下达给保险企业的计划任务，必须统一制订、层层落实。所谓层层落实，即保险企业的各个部门、各个单位都要在统一计划的指导下，实行严格的分级管理，搞好上下之间的衔接，使保险企业内部各个环节、各项工作相互协调地进行，从而保证保险企业整个计划的完成和超额完成。

3）严肃性和灵活性相结合的原则

一方面，保险企业对于国家下达的计划任务，必须采取严肃负责的态度，以维护计划的严肃性。计划经上级批准，就要坚决执行，既不能任意变动，更不能由于主观上的原因而影响计划的完成。另一方面，保险企业在计划执行过程中，并不排斥一定的灵活性，如果没有灵活性，势必会出现各个环节脱节，停滞不前，致使计划失去可靠保障。但在计划的执行过程中，有时会由于客观因素的变化而影响计划的完成，为了使计划得以实现，可以根据实际情况进行必要的调整。

4）专业计划管理人员和广大职工相结合的原则

总的来说，保险企业的广大职工，既是国家的主人，又是企业的管理者。因此，保险企业的计划管理，必须贯彻群众路线，发动和依靠职工群众来制订计划、讨论计划、执行计划，动员职工群众为实现计划目标而奋斗。因为只有专业计划管理人员和广大职工群众密切配合、相互合作，才能使计划真正建立在广泛的群众基础上，这样的计划才比较符合客观实际。

2. 保险计划管理的要求

1）要重视计划管理工作，健全计划管理机构

市场经济以市场调节作为配置资源的基本方式，但并不排斥计划调节方式。这是因为，市场调节本身存在着许多缺陷，需要政府的干预和宏观调控予以指导与弥补其不足。事实上，科学的计划管理是所有市场经济国家都具有的职能，尤其是严密而科学的计划管理，是经济主体降低成本消耗、提高效率与效益的强有力的手段。在我国，随着经济体制改革的深入进行，传统体制中的由主管部门大包大揽，企业只需完成指标的现象将不复存在。企业将成为独立的经济实体被推向市场，在国家宏观调控下，自主经营、自负盈亏、自我约束和自我发展。在这种情况下，制订科学、周密的保险计划，精心安排企业的各项经营活动，成为

企业生存和发展的重要条件。因此，保险经营者应从思想上高度重视保险计划管理工作，并在企业的各级业务部门建立相应的计划管理机构，配备专业人员及各种所需要的设备和预算，使计划管理工作制度化、正规化和现代化，从组织上得到根本保证。

2）实行以经营型计划代替保费收入型计划

保险经营活动包括保险业务活动、财务活动、公共关系活动、职工培训等广泛的内容。因此，保险计划管理应围绕保险经营的内容来制订综合性的经营计划，从而确定保险经营目标，协调各项经营活动，使之在空间和时间上形成总体效能和规模效益，实现良好的经济效益和社会效益。单纯以保费收入为目标的计划管理模式，已经不能适应市场经济体制的要求和各种环境的变化，需要代之以保险市场要求为导向的经营型计划。

3）重视对保险需求的分析和预测

保险经营的原理是承保面越广，保险经营的财务稳定性越好，经济效益相对越大。由此可见，在一定条件下保险经营效益如何，关键是保险业务量的大小。众所周知，保险商品与其他商品相比，尽管具有特殊的供给弹性，但扩大保险业务量毕竟取决于不断增长的保险需求。所以，对保险需求的分析与预测，就成为保险企业计划管理的重要内容。

4）发挥指导性计划的作用

所谓指导性计划，是主管部门只规定方向或一定幅度的指标，主要利用经济手段来保证其计划的实现。指导性计划具有较大的灵活性，有利于调动基层业务单位的积极性，是保险企业计划管理的重要形式。为了更好地发挥指导性计划的作用，需要企业计划部门加强综合平衡，各业务单位或部门的计划协调同步，统一纳入企业总体发展规划。同时，应加强企业战略计划的研究和决策，为指导性计划的制订提供理论依据。

3.2.3　保险计划的种类和指标

1. 保险计划的种类

保险计划按时间和作用的不同，可以分为长、中期计划，年度计划和进度计划。

1）长、中期计划

长、中期计划一般是指 5 年及 5 年以上的计划，是一种为企业发展方向、规模等确定一个较长时期的战略目标计划。其特点是预见性和纲领性。

保险企业长期计划的内容如下。

（1）发展战略目标，如保险发展方向、发展速度和发展规模等。

（2）险种选择，根据对风险发生概率和损失率的预测，以及社会需求分析，确定有发展前途的险种，拓展保险市场。

（3）主要经济效益指标，预测一定时期企业的经济效益综合水平，如保险利润总额、综合费用率、赔付率等。

（4）企业组织的发展和职工队伍建设，如营业网点设置与布局，企业劳动组织的优化组合，职工教育与培训等。

中期计划是长期计划的进一步具体化，它比长期计划的期限短，不定因素较少，计划任务比较具体，指标数字也较明确，并按年度分列各项指导数字，是年度计划的依据。

2）年度计划

年度计划是以企业长、中期计划中各年度的指标为依据而编制的实施性计划，其特点是把企业经营计划的各个组成部分具体化，其主要内容如下。

（1）保险业务计划。保险业务计划是年度计划中的核心计划，是其他各项计划的依据，它包括保费收入、新险种的开发和老险种的挖潜、承保面、承保深度等。

（2）财务收支计划。财务收支计划是根据业务计划和费用预算而编制的企业货币收支计划，目的是促进经济核算，增收节支。

（3）机关人员编制计划。机关人员编制计划是依据中长期和年度业务计划而制订的保险机构与人员发展规模的计划，是保险业务计划实施的辅助计划。

（4）劳动工资计划。劳动工资计划是依据国家工资政策和按劳分配原则，确定所需劳动力和劳动报酬数额的计划，主要指标为劳动生产率、职工人数、工资总额等。

（5）基本建设计划。基本建设计划是根据国家规划和自身财力的需要而制订的固定资产的新建、扩建、改建和恢复等项工程的计划。

（6）拨款实施计划。拨款实施计划是为实现保险企业的业务操作、经济核算和信息管理的现代化而制定的改进和提高企业技术装备的规划，主要包括技术设施的机械化和电子化等内容。

（7）经济核算指标计划。经济核算指标计划是反映保险经济效益和经营管理水平的计划，主要指标包括保险收入占国民收入的比重、社会人均保费、全员人均保费收入、承保率、赔付率、利润率、费用率、保费增长率等。

3）进度计划

进度计划是根据各项年度计划指标分解制订的季度或月度的短期计划，它是企业内部为组织日常经营活动，保证各个经营环节相互衔接和平衡的计划。进度计划以实践性为基本特点。

进度计划是年度计划的执行手段，它将年度计划目标层层分解，按季、按月落实到各个部门和每个职工，为年度计划有效实施提供可靠的保证。同时，进度计划也是年度计划的控制手段。通过执行进度计划，可以及时发现年度计划中存在的问题，并及时予以解决，从而有效地控制年度计划的执行，避免年终考核时发现问题而无法挽回损失的现象。

2. 保险计划指标

计划指标是指企业在计划期内的具体目标和发展水平，各项计划指标构成计划的具体内容，而编制计划的主要内容就是编制计划指标。计划指标通常分为数量指标和质量指标两大类。

数量指标通常是指用绝对数来表示的保险经营计划目标，如保险费收入、利润总额、营业费用、劳动工资总额等。

质量指标通常是指用相对数来表示的保险经营计划目标，反映的是经营质量水平，如利润率、赔付率、综合费用率、全员人均保险费收入等。

3.2.4 保险计划的编制、实施和控制

1. 保险计划的编制

1）编制计划的一般程序

编制计划是计划管理的首要步骤，其一般分为3个阶段，即准备阶段、编制计划草案阶段和计划确定阶段。

（1）准备阶段。这一阶段的任务是根据计划的内容，搜集和整理计划编制的基本依据。具体来说，就是搜集和整理与保险计划相关的党和国家的有关方针、政策，国民经济的发展规划，上年或本年计划的执行情况，企业经营环境及其变动趋势，调查研究保险市场状况，广泛搜集保源信息、供求信息、竞争信息，并对保险需求进行分析和预测，为科学、准确地编制保险计划奠定可靠的基础。

（2）编制计划草案阶段。这一阶段的任务是在企业经理领导下，与各有关部门和广大职工相互配合，经过试算平衡，制订保险计划草案。计划草案的编制，要注意计划任务与企业人力、物力和财力之间的平衡等，以保证计划的可行性。

（3）计划确定阶段。经过对各个计划草案进行比较，筛选出最佳或最满意的计划草案，作为企业付诸实施的计划。

2）保险业务计划编制的方法

编制保险业务计划主要是确定业务发展指标。就确定保险费收入计划指标的方法而言，主要有以下 6 种。

（1）管理人员判断法。在广泛征求意见的基础上，由企业主管经理确定保费收入计划数。这种方法简便易行，但也容易造成主观性而脱离实际，并且易使计划工作过于简单化。

（2）业务人员判断法。由业务人员根据资料和经验来判断与预测计划指标。这种方法简捷、节约，但常因业务人员素质及其所掌握信息的限制，而使计划产生片面性。

（3）专家判断法。这是邀请企业内外的一些专家来预测和确定计划指标。一种方式是召开讨论会，请专家就某一指标进行充分的论证，将其一致意见确定为计划目标。这种方式能及时形成结论，并具有较强的灵活性。但若组织不当，容易形成一边倒的局面。另一种方法是把课题交给专家分别提出书面意见，集中整理后，把不同的意见分别反馈给专家，再进行讨论。如此反复多次，使意见逐渐集中和趋于一致，再将一致的意见作为计划目标。这种方式适于制订战略目标和技术性较强的计划，其费时多、耗资巨大。

（4）算术平均法。这是根据过去保费收入的总水平来确定计划指标的数学方法。这种方法一般难以反映保费收入增长的趋势，因而只能在短期内保险业务无明显变化趋势的前提下运用。例如，对那些承保面接近饱和状态的保险业务，可以运用这种方法。具体的计算与举例，详见第 2 章中的保险经营市场预测。

（5）移动平均法。这是利用过去若干时期保费收入实际数量的平均水平，考虑变动趋势（即前后两个平均数的差额）的平均数，预测未来时期数量的预测方法。其中，最简单的是一次移动平均法。其方法是从原始数列（时间数列是将各个时期或时点的数值按时间先后顺序排列后构成的数列）中，按照选定的期数，依次移动，求出平均数，作为一次移动的平均值。一次移动平均法的预测原理虽然简单，但要合理运用，必须做许多运算。这种方法能够反映保费收入的周期性变化规律，测算结果有较高的可靠性。移动平均法的计算与举例，详见第 2 章中的保险经营市场预测。

（6）直线回归法。这是根据保费收入发展趋势和其变化的因果关系进行预测的方法，此法效果也较好。

例如，某保险公司 2007—2013 年的保费收入如表 3-1 所示，可以利用表 3-1 中资料预测 2014 年保费收入计划数。

表 3-1 某保险公司 2007—2013 年保费收入表

年份	保费收入/万元	年份	保费收入/万元
2007	104	2011	320
2008	162	2012	400
2009	188	2013	442
2010	264		

设直线方程为 $Y=a+bx$，其中 Y 是保费收入，x 是时间变量，a、b 是待定系数，其计算公式为：

$$\hat{a}=\frac{\sum X_i^2\sum Y_i-\sum X_i\sum X_iY_i}{n\sum X_i^2-(\sum X_i)^2}$$

$$\hat{b}=\frac{n\sum X_iY_i-\sum X_i\sum Y_i}{n\sum X_i^2-(\sum X_i)^2}$$

具体数据参数计算如表 3-2 所示。

表 3-2 预测 2014 年保费收入计算表

X_i	Y_i	X_iY_i	X_i^2
1	104	104	1
2	162	324	4
3	188	564	9
4	264	1 056	16
5	320	1 600	25
6	400	2 400	36
7	442	3 094	49
$\sum X_i=28$	$\sum Y_i=1\ 880$	$\sum X_iY_i=9\ 142$	$\sum X_i^2=140$

将表 3-2 中数据代入上述式中得：

$$\hat{a}=\frac{140\times1\ 880-28\times9\ 142}{7\times140-28^2}=36.86$$

$$\hat{b}=\frac{7\times9\ 142-28\times1\ 880}{7\times140-28^2}=57.93$$

故，可得样本回归方程为：

$$\hat{Y}=36.86+57.93X$$

利用该式，可得 2014 年保费收入的计划数为：

$$Y_{2014}=Y_8=36.86+57.93\times8=500.3\text{（万元）}$$

这种方法虽然运算过程较烦琐，但它运用了统计分析方法，能够较实际地反映业务增长的规律性，因而具有较高的可靠性。

2. 保险计划的组织实施

组织实施保险计划是计划管理的主体，保险计划的实施过程实际上就是企业经营实践过程，各种保险计划的目标，若没有各基层单位或部门全面认真地执行，计划本身就成为一纸空文。同时，计划的实施又是检验计划是否正确、是否可行的唯一办法。因此，保险计划的组织实施是计划管理的关键环节。

组织实施保险计划的具体工作主要有以下方面。

（1）实行指标分解。实施保险计划，首要的任务是将总体计划目标，按时间、阶段、部门和业务种类分解为若干具体的分目标，使计划执行者心中有数，任务明确。

（2）建立内部经济责任制。在计划指标层层分解的基础上按照责、权、利相统一的原则，把各个具体的分目标落实到每个部门和个人，实行企业内部经济责任制，保证保险计划有效实施。

（3）加强日常管理。在计划的组织实施过程中，各级负责人要加强日常管理和技术指导，克服薄弱环节，强化企业指挥系统，及时解决计划实施中出现的问题。同时，根据各部门和每个职工的工作成绩，运用各种经济杠杆予以奖惩，以调动职工完成计划的积极性，促进保险计划高质量地圆满完成。

3. 计划的控制与调整

在计划实施过程中，计划环境的变化和管理工作的缺陷，往往导致计划执行出现偏差。因此，保险企业必须实行有效的计划控制和调整，以确保保险计划的顺利实现。

计划的控制与调整是指对企业内部各部门和职工的经营活动的控制，以及对计划指标的调整。控制和调整的前提是及时、准确、全面地掌握计划的执行情况。为此，必须建立企业信息系统，及时了解有关经营情况，进而采取有效措施，纠正偏差。对计划执行过程实施有效控制的良好途径，是实行标准化计划管理，即把展业、承保、理赔、再保险、财务等各项工作标准化，各部门和广大职工严格按标准去操作，这样不仅便于对计划执行情况的检查、监督、指导，而且容易发现问题，便于控制和纠正。

当经营环境与预期情况发生重大差异时，就必须对计划指标及行动方案进行调整。对于年度计划可采取指标修正法予以调整。例如，在上半年出现经营成果较高现象时，可在下半年适当调整成本计划指标，以适应经营环境的改变。对于中长期计划的调整，多采用滚动式计划方法，即根据本年计划的实施情况，调整原中长期计划，并将计划期顺延一年制订新的执行计划，依次类推，边执行边调整。例如，某保险企业在1990年已经制订了一个1991—1995年的5年计划。至1991年年底，根据当年计划实施情况和内外部经营情况的变化，应对5年计划进行必要的调整，再制订一个1992—1996年的新的5年计划。同样，到1992年年末，再编制1993—1997年的5年计划，依次类推。滚动式计划调整增加了保险计划的适应性和可行性。

4. 总结评价

计划完成以后，对各项计划实施的结果进行全面的、实事求是的评价是计划管理的最后步骤。通过总结评价，找出计划实施过程中的经验教训，为下一期计划的编制与实施提供理论和实践依据，使保险计划管理工作在循环中不断提高质量和水平。

为了提高评价工作的有效性，应注意以下方面。

（1）在评价过程中要尽量将计划执行结果加以量化，以便作出正确的评判。

（2）要掌握丰富的材料，这是决定评价质量和效果的关键。

（3）要实事求是，这是衡量评价工作的准则，即要求在分析评价时不能带任何主观偏见，要全面、公正地看问题。既要肯定成绩，又要指出弱点和错误；既要抓住主流，又要兼顾各方；既要看眼前的经济效益，又要放眼未来的长远利益。只有这样，才能对计划管理过程作出客观正确的评价。

（4）论功行赏，对执行计划成绩显著者予以奖励和表彰，对完成任务较差者进行帮助、批评，直至必要的制裁。

（5）将评价结果写成书面报告，并提出切实可行的意见，作为下期计划管理的参照依据。

3.3 保险统计管理

3.3.1 保险统计管理的概念与意义

保险统计是指运用统计理论与方法，对保险业的全部经营活动及其反映出来的数字资料进行全面准确的分析、整理、记载、归类和计算。保险统计是保险企业研究和分析经营活动及其运动规律的重要手段，是实现保险经营管理科学化、现代化的工具。实行保险统计管理的意义如下。

1. 为编制保险经营计划和企业负责人进行决策提供依据

保险统计是根据保险经营的需要，通过调查研究，以大量的数据及时、准确地反映企业的展业、承保、经济补偿、防灾防损，以及企业外部环境和内部条件状况，并经过统计分析，揭示保险经济活动的规律性，为保险企业管理者掌握全局、了解信息、进行经营决策和制订经营计划提供可靠的依据。

2. 为企业各职能部门和广大职工参加企业管理，实行经济核算制提供资料

企业管理民主化是保险企业管理现代化的重要内容和标志，企业职工参与企业管理的一个基本条件是了解企业的基本情况和最新动态，只有这样才能提出有针对性的、实用的合理化建议。保险统计为各职能部门和广大职工认识国情、了解企业全貌提供丰富和翔实的资料，为职工参与企业管理创造有利条件。同时，保险统计又是民主管理的途径之一，因为保险统计工作仅靠专业工作人员是难以圆满完成的，它需要广大职工的密切配合和支持，需要职工将第一线的情况如实告知统计部门，这本身就体现着职工的参与意识。

实行经济核算，必须运用价值指标，借助统计、财会和业务信息的反馈，对企业的经济活动连续、全面、系统地进行记录、计算和分析，从而比较准确及时地提出计划完成情况的实际资料，科学地完成经济核算任务。显然，保险统计作为一种核算方法，在保险企业经济核算中发挥着重要作用。另外，通过保险统计所反映的企业经营活动的数量和质量指标，可以掌握企业开办的险种、保额、保费收入、人均保费、赔付率、费用率等各项指标的完成情况，并从中发现问题，从而改进经营管理，提高保险服务质量。

3. 为开展保险理论和保险业务的研究提供可靠的数据资料

进行保险理论的研究，探讨新的经营方式与方法，是促进保险经营活动向前发展的重要

助推器，而理论研究是以实践为基础的，离开了实践，理论研究就成为无源之水、无本之木。保险统计则为研究保险经营理论提供大量的实践数据和资料，因此保险统计是保险理论研究科学性的重要保证。

另外，保险业务的研究与开展，也离不开保险统计。研究和拓展保险业务，需要建立准确、系统的信息资料库。保险统计部门是保险企业信息系统中的职能部门之一，它不仅迅速、准确、全面地搜集各种有关信息、资料和统计数据，而且及时对这些信息进行筛选、加工、存储和分析，为开展保险业务研究与业务决策服务。

3.3.2 保险统计机构及其职责

按照我国现行统计制度的规定，保险统计工作采取统计资料逐级整理和集中整理相结合的方式，以中国人民保险公司为例，该公司实行总公司，分公司，地、市中心支公司和县支公司四级管理制度。

1. 总公司

总公司设统计部门，领导整个企业的统计工作，其职责如下。

（1）贯彻执行国家有关统计工作的方针、政策和规定，负责制定保险统计制度和统计报表，建立健全业务统计台账和原始记录制度。

（2）组织协调企业的专业统计工作，并负责统计资料汇编，定期向有关部门提供统计资料，同时对企业的业务计划执行情况进行统计，实行统计监督。

（3）组织经验交流，总结和推广统计工作的先进经验，制定和实施保险统计工作规划，培训统计人员，搞好统计队伍建设，不断提高统计工作水平。

2. 分公司

分公司设立统计机构，其职责如下。

（1）根据总公司统计部门的要求和各地的实行情况，管理分公司所属各中心支公司、区县公司的保险统计工作，制定统计报表，确定统计内容和工作方法，进行所辖区统计资料的汇编、积累，定期向总公司上报资料及工作情况。

（2）负责辖区统计工作的监督指导和经验交流，配合职工教育部门培训统计人员。

3. 地、市中心支公司

地、市中心支公司设立统计机构，负责汇总所辖单位的统计报表，上报上级公司，管理下属单位的统计工作。

4. 县支公司

县支公司设立统计机构或专职人员，负责完成统计调查任务，确保数据的准确、及时，并按规定编制上报综合业务统计报表。

3.3.3 保险统计的内容及其管理要求

1. 保险统计的内容

保险企业的统计通常分为综合统计和专业统计两种。综合统计是全面、综合反映保险经营各个方面数字资料的统计，而专业统计则分为劳动工资统计、机构人员编制统计、财会统计、基建统计和业务统计5种。

具体而言，保险统计的主要内容如下。

1）保险业务成果统计

保险业务成果统计是全面反映保险业务经营活动状况的统计。其主要内容包括承保情况统计和经营效益统计。例如，承保数量、保额、保费、保户储金、合保保费，以及人身保险中的退保人数、本月末有效人数等指标，均属承保成果统计指标；平均保额、平均保费、损失率、赔付率、人均费用、人均保费、平均利润等指标，则是反映企业经营效益的综合指标。

2）业务费用统计

业务费用统计的目的是根据各项费用支出情况，减少费用水平，强化费用管理。其主要内容包括业务项目费用、企业管理费用、劳动报酬、固定资产折旧费及其他附加费用的统计。

3）保险赔付统计

赔付统计是评价保险经营质量，加强防灾防损，合理降低赔付率的重要依据。其主要统计内容包括出险案件数、估计损失额、已决赔款额、追偿收入、满期退还件数和金额、伤残给付、死亡给付、满期给付、一次性给付、医疗给付、养老金给付，以及对各种出险原因进行的分析。

4）财务收支统计

财务收支统计是对保险经营中的各种货币支出和收入进行的分类统计与分析，其主要统计内容如下。

（1）收入统计项目，如保费收入、追偿款收入、利息收入、保险资金运用收入、转回上年财产险责任准备金等。

（2）支出统计项目，如赔款支出、手续费支出、工资及附加费、社会保险支出、税款、提存财产险责任准备金等。

5）人事统计

人事统计是企业人力资源管理的依据，其内容主要包括职工人数、教育程度、专业构成比例、职称晋升状况、领导干部状况、人员流动、工资福利、劳动保护及人力资源管理计划的实施情况与结果，等等。

以上统计内容均可按险种或按部门，以及经营环节或其他需要分别进行统计。

2. 保险统计管理的要求

根据“统一领导，分工负责，综合归口”的统计管理原则，实行保险统计管理的要求如下。

（1）各统计部门和统计机构要严格履行其职责。各统计部门和统计机构应根据自己的任务和职责，认真负责地进行综合业务统计报表的设计、编制或汇总工作，并积极配合财会、人事、基建等专业主管部门，做好专业统计工作；严格贯彻有关统计方面的方针、政策和规定，忠于职守，遵守统计纪律；要坚持原则，抵制违反统计制度、虚报、瞒报统计数字的弄虚作假行为，不断改进工作，开创统计工作的新局面。

（2）加强保险公司统计部门的统一管理，确保统计口径一致。保险统计表的设计、组织填报及指标释义等事项应由总公司统计部门统一管理，以确保统计口径的统一，防止报表泛滥。有关部门需要增设统计项目或增加非一致性各类统计报表时，必须经统计部门批准，否则，基层统计机构有权拒绝填报。

（3）加强统计基础工作建设，建立原始记录和统计人员岗位责任制。各基层业务部门要定期按规定时间将月报表（或保单）、赔款计算书和未决赔款结算通告书等业务统计的原始凭证，提交同级统计部门一份。同时，建立统计人员岗位责任制，规定其相应的责任和权利，明确操作程序和各项规章制度，确保统计工作的顺利进行和各种统计资料、原始单证的妥善保管与有效利用。

（4）认真复核统计报表。对外公布和计算使用的数字，以统计部门签发的为准。在统计调查和编制统计报表的过程中，要对照原始单证，对数字和情况认真复核，避免漏报、错报数字或项目。公司统计报表严格按规定日期报出，并且经主管经理、统计负责人和制表人分别签字盖章后方能生效。公司对外公布和计算使用的数字，以该报表为准。若报表报出后发现错误，应发文更正（万元以上数字可以在下月报表中更正，并附文说明）。

（5）妥善保管保险统计报表及各种单据。根据国家和企业的保密规定，统计数据、图表、统计报表和原始单据等资料，是国家和企业的机密，不得在规定范围和时间内向外泄露或传播。因此，对统计报表等各种资料的原始单据，应由专人负责管理，要装订成册，列出清单妥善保存。

3.3.4　保险统计管理与计划管理的关系

保险统计管理与计划管理既有内在联系，又有明显区别，两者是一种辩证统一的关系。一方面，统计管理的资料搜集、整理、分析过程与计划管理的计划编制实施、控制和分析过程是相一致的。而且，统计工作是计划制订、计划分析的基础，是检查监督计划完成情况的重要工具。通过统计管理，可以分析保险市场的需求和供给状况，预测保费收入、费用、利润等数据，以及新险种开发的可能性，从而使保险计划管理的各项指标建立在科学的基础上；通过统计管理，可以监督计划管理执行情况，揭示计划执行过程中存在的问题，便于采取相应的措施完善计划管理，提高计划管理水平；通过统计分析，可以找到计划管理成败的原因，为今后的计划管理工作提供参考和依据。另一方面，保险统计管理与计划管理在管理内容、侧重点等多方面存在着明显的差异。保险统计管理是通过设计科学的统计指标体系，侧重于采用大量过去的数据来反映和研究保险经营管理规律，因此具有很强的数量性和时间的滞后性特征。而保险计划管理则是在统计工作的基础上，侧重于预测未来保险企业的发展趋势和规律，筹划未来前景，并使之付诸实现，因此具有现实性和超前性特征。

复习思考题

一、概念题

经济管理体制　　保险管理体制　　保险企业组织结构　　保险计划管理　　保险统计

二、思考题

1. 如何判断保险管理体制与经济管理体制的适应性？
2. 改革我国的保险管理体制应注意哪些问题？
3. 保险企业有哪些特征？
4. 建立科学、合理的保险企业组织结构应遵循哪些原则？
5. 我国保险经济的组织形式是什么样的？

6. 如何理解保险计划管理的意义、原则与要求？
7. 保险计划的种类及其指标有哪些？
8. 如何编制、实施和调控保险计划？
9. 保险统计有何意义？
10. 保险统计的主要内容有哪些？如何加强保险统计管理？
11. 如何理解保险统计管理与计划管理的关系？

第4章 保险营销管理

保险营销是保险经营活动中最基本的工作，是保险公司所有活动的先导，是保险公司未来满足保险需求所进行的总体性活动。保险营销管理是一个满足消费者保险需求的管理过程，是识别、分析、选择和发掘保险营销机会，以实现保险公司的任务和目标的管理过程，也是保险公司与最佳的市场机会相适应的过程。

4.1 保险营销概述

4.1.1 保险营销的概念

保险营销的概念有广义和狭义之分。广义的保险营销即保险市场营销，就是在变化的市场环境中，以保险为商品，以市场交换为中心，以满足被保险人需要为目的，实现保险公司管理目标而进行的一系列整体活动，包括保险市场需求的调查研究、保险市场细分、保险商品的开发设计、保险促销策略、销售渠道及售后服务等的计划与实施等。

狭义的保险营销即保险销售，它仅仅是广义保险营销过程中的一个阶段，即指保险销售人员通过对客户的拜访和说明，分析其保险需求，将合适的保险商品介绍给客户，促使客户采取购买行为的活动过程。这一阶段最终要达到的目标是将已有的保险商品尽可能地销售出去。

人们有时容易将保险与保险销售混同起来，主要是由于保险商品本身的特殊性，而使得保险营销特别注重销售，或者说保险必须依赖销售。本节主要从广义的角度对保险营销进行阐述。

4.1.2 保险营销的特点和原则

1. 保险营销的特点

1）服务性

保险营销是一种服务活动，其营销对象是保险这一特殊商品。保险商品从外在形式来看只是一纸承诺，并且这种承诺的履行只能在约定的事件发生或约定的期限届满时。对保户而言，无法从保险单中马上获得实质性的消费感受。因此，一方面，在客户购买保险之前，保险营销人员应根据客户的保险需求，选择适当的保险险种，为客户度身定制，设计最佳的保险方案，促使顾客作出购买决策。另外，在客户购买保险之后，还应根据客户保险需求的变化和险种的推出，帮助客户调整保险方案，使客户在其经济能力承受范围内获得最充分的保障。保险营销人员只有通过优质的服务使客户对其产生信赖感，才能长期吸引客户，保持客户对保险的信心，并不断开发新的客户来源。因此，与其他职业相比，保险营销服务质量的好坏尤为重要，它关系到保险企业的生存与长远发展。

2）专业性

保险学是一门范围非常广泛的交叉学科，涉及经济、法律、医学、数学、社会学等学科。此外，保险营销人员在营销过程中要与各个行业、社会各界和各色人物进行广泛的接触，涉及许多专业知识和技能，因而保险营销人员仅具备保险理论与业务知识是远远不够的。随着保险公司新险种的开发，各种投资型险种的推出，对保户而言，购买保险不再只是对付风险的行为，更重要的是一种投资理财计划，一项财务保障计划，这就对保险营销人员各方面的素质都提出了更高的要求。保险营销人员需要运用其丰富的各方面专业知识，如营销学、心理学、风险管理、金融、投资、财务管理等知识，根据客户的保险需求及不同客户的心理特征，为客户设计合理的保险保障方案。因此，保险营销人员不仅要熟悉业务，广采博学，而且更要不断更新知识，提高技能，以便紧紧跟随现代保险经营和市场变化的新趋势，取得营销工作的成功。

3）挑战性

尽管保险营销在国外发展已臻成熟，但在我国还是一个较新的工作领域。另外，由于我国的经济体制及社会保障制度的特点，使我国的商业保险发展较为缓慢，国民的保险意识也较为淡薄，使得我国的保险营销环境不容乐观，保险营销工作也极富挑战性，这就要求保险营销人员具备良好的心理素质和坚强的意志。

4）竞争性

我国保险市场已经形成了多元主体并存的格局，各家保险公司之间在营销工作上的竞争不断增强。随着我国加入世界贸易组织，保险市场对外开放，这种竞争更会上升到前所未有的激烈程度。需要指出的是，竞争是任何市场的重要特征，但保险营销竞争主要表现为非价格的竞争。保险商品的价格即保险费率是根据损失概率并考虑利率、保险期限等其他各种因素经精确计算而确定的，其不主要取决于市场上的供求关系。此外，为了保证保险公司的偿付能力，中国保险监督管理委员会也对主要险种的费率进行监管。因此，价格竞争在保险营销中并不占有重要地位；相反，非价格竞争，如优质的服务、优势险种等倒更适合于保险营销活动。

2. 保险营销的原则

1）服务至上

保险营销是一种商业服务行为，保险公司只有提供优质服务才能占领较大的市场份额。这种服务不仅表现在投保前为达成客户签约而提供的各项服务，实际上客户签约投保并不意味着一笔交易的完成，恰恰相反，而是保险服务的真正开始。保险营销人员还要热心地为保户提供续保、制订新的保险计划、协助索赔等一系列售后服务。为了提供优质的服务，保险营销人员应当运用自己的专业知识，进行广泛的市场调研和市场分析。一般来说，保险服务包括两个方面的内容：① 保险业务自身的服务，如承保、防灾防损、理赔等；② 拓展性服务，如汽车修理服务、风险管理咨询服务、社会福利服务、金融服务等。保险营销人员向客户提供的保险服务必须具有全面性和高效性。

2）遵守职业道德

保险营销人员代表保险公司与客户进行沟通活动，其品德和信誉的优劣不仅影响保险公司的整体形象，而且还关系客户的利益是否得到保护。一般而言，保险营销人员严禁有下列不道德行为。

（1）保费折扣。这是保险营销人员对客户进行的一种经济诱惑，容易引起保单持有人之间的不平等，也会使保险公司和营销人员名誉扫地。

（2）换约招揽。即劝说客户中断在另一家或同一家保险公司现已生效的保单，购买新保单，给客户带来不必要的经济损失。

（3）对保险条款等方面的错误描述，最终导致保险公司与客户之间的纠纷，破坏保险公司形象。

保险营销是一项经济活动，它受法律的保护和约束，每个营销人员在营销活动中，都必须考虑自己的行为是否符合国家有关法律、法规的要求。

3）及时获取有关信息

信息是保险营销中进行预测和决策的基础，所以保险营销人员应对市场的各种需求状况进行调查，全面掌握市场需求信息，包括潜在市场、市场占有率、销售趋势、竞争形势等各方面的信息。同时，对信息的收集一定要注重迅速、准确、灵敏，即具有一定的时效价值和准确性，这样才能在营销工作中处于主动地位，灵活出击。

4）积极开拓市场

保险营销人员在以推销保单为自己主要任务的同时，还要创造性地开拓新市场和保险服务领域。这一方面要求保险营销人员在众多保险需求不同的客户群中，有针对性地开展营销活动，开拓自己的营销市场；另一方面也要求保险营销人员利用获取的市场需求信息，分析客户群的心理活动和保险购买偏好，不断开拓新的服务领域，不断推出新的保险险种，不断挖掘新的保险客户，从而提高公司的市场占有率。

4.1.3　保险营销的基本要素

保险企业、保险商品和保险客户构成保险营销工作中的 3 个基本要素，即保险营销的主体、客体和对象。

1. 保险营销的主体

保险营销的主体包括保险公司和保险中介机构。

1）保险公司

一般来说，保险公司设有营销职能部门，实务中财产保险公司与人寿保险公司的营销部门设置略有不同，但保险营销工作必须通过保险公司各个职能部门的相互协调、制定营销战略后才能完成。

2）保险中介机构

保险代理人和保险经纪人是主要从事保险营销工作的保险中介机构。

2. 保险营销的客体

保险营销的客体就是保险商品，保险商品属于无形的服务商品。同一般商品一样，保险商品是使用价值和价值的统一体，具体表现为各保险公司提供的保险险种。保险商品还具有自身的一些特性，对保险商品的营销具有重要影响。

1）保险商品的不可感知性

保险商品是一种以风险为对象的特殊商品，是一种无形商品。保险商品的不可感知性特征对保险商品的营销具有重要影响。与有形产品相比，保险商品没有自己独立存在的实物形式，保险业很难通过陈列、展示等形式直接激发顾客的购买欲望，这就使保险商品的销售显得比其他有形产品的销售更为困难。解决这一问题的基本方法是“化无形为有形”“化不可感知为可以感知”，即为无形的、不可感知的保险商品增加有形的、可以感知的成分，使顾客能够通过保险服务场所、服务人员、服务设备、服务价格和宣传资料等各种有形的、可感知的“证据”判断保险商品的质量及效果，以促使其作出购买决策。

2）保险商品的不可分割性

保险商品的生产过程与消费过程是同时进行的，这与有形产品的情况有很大差异。有形产品的生产、流通和消费在时间上和空间上一般是分离的。而在保险市场上，保险商品的生产者即保险人或其代理人与保险商品的消费者即投保人是直接发生联系的，保险商品是顾客在场的情况下生产出来的，保险商品的生产过程同时也是保险商品的消费过程。由于保险商品的生产与消费必须同时进行，所以保险企业通常不能同时在许多市场上出售自己的同一商品，这就在一定程度上限制了保险市场的规模和范围。例如，在河流多、降雨多的地区会生产销售洪水保险，而在河流少、降雨少的地区就不可能出现这种营销机会。

3）保险商品的不稳定性

保险商品很难像一般工艺产品那样实行机械化或标准化生产，因此保险商品的质量缺乏稳定性。一般而言，保险商品的质量取决于由谁在提供，在何时、何地、以什么方式提供等方面的因素。不同保险服务人员所提供的同一保单项下的服务，会由于服务人员素质及个性方面的差异而在质量上有所不同。即使是同一个保险服务人员，因心理状态变化等因素的影响，在不同时间和地点所提供的保险商品也会有不同的质量水准。保险商品质量的不稳定性，为保险商品的营销工作带来很大的困难，尤其不利于保险企业建立稳定的顾客群，因为质量的不稳定会使顾客的忠诚度减弱、流动性增强。保险企业提高服务质量、加强服务质量稳定性的基本途径主要有以下 4 个。

（1）可以拟订一个有效地对服务人员进行选拔和培训的计划。通过对服务人员的选拔和培训，使其熟练掌握标准的服务程序、内容、方法，能够对顾客（包括投保人和被保险人）的各种要求都作出恰当的反应，从而减少保险服务的可变性。

（2）给予服务人员质量奖励。例如，“当月最佳服务质量奖”或根据顾客市场的反馈对有关服务人员及时给予奖励。

（3）提供服务场所和服务人员，延长保险服务时间，最大限度地对顾客负责。

（4）建立顾客意见跟踪系统。通过建立投诉制度、进行顾客调查等，定期检查顾客对保险服务的满意程度，以便及时发现质量较差的服务并设法改进。

4）保险商品的不可储存性

基于保险商品的不可感知性和不可分割性，使得保险商品不可能像有形的消费品和产业用品一样可以储存起来，以备将来出售。因此，保险商品具有易失性，即不可储存。保险商品的不可储存性要求保险企业在生产和销售保险商品时，必须正确预测和把握营销策略，否则就会给保险企业自身的业务发展带来不利的影响。

5）保险商品价格的不可变性

保险商品的价格（以寿险为例）是根据经验生命表中的死亡率、利息率及保险公司的费用率制定的，经过了科学的计算，因此一经确定，其变化的可能性很小。而且在销售时不允许讨价还价，买方只能作取与舍的决定，没有与卖方商议价格高低的余地。

3. 保险营销对象

保险营销对象即保险营销的指向者、实施营销的目标和对象，又称准保户，包括各类自然人和法人。保险营销的成功与否，最终取决于准保户的投保情况。由于客观上存在着风险，人们始终存在对安全的需求，保险作为一种对付风险的有效方法，能够满足这一需求。因此，安全需求往往首先要转化为保险需求，从而引发客户的投保动机，进而支配着他们的投保行为。归根到底，保险需求是促成投保行为的内在动力。保险营销活动必须要研究准保户的保险需求状况，分析购买者行为特点，从而拟定正确的营销目标，掌握保险营销的主动权。以下重点探讨保险需求的特征及其与保险营销的关系。

1）保险需求的客观性

保险需求源于风险存在，风险存在是客观的、不以人们的意志为转移的，风险存在的客观性决定了保险需求的客观性。保险需求的客观性是指人们在一定的现实条件下必然产生一定的保险需求。但在现实经济生活中却常常出现以下情况。

（1）没有意识到保险需求。以人身保险为例，几乎每一个人都有购买人身保险的需求，但有时自己意识不到。有人没有意识到人身保险不仅有保障家庭的功能，还有保障自身的功能；有人认为自己非常健康，会长命百岁而无须保险，岂不知长寿也是一种风险，老年时生活费和医疗费日益增加而劳动能力却逐步丧失，从而更需要养老保险；有人认为自己有足够财富而无须购买保险，没有认识到偶然出现的一把大火可能使其财产荡然无存；有的家庭认为安装了防盗门可保家庭财产安全无恙，可一旦盗贼砸门或破窗而入，或者火灾、水灾使家庭财产灭失，防盗门也不管用。当一个人身患绝症需巨额医疗费而苦无着落时，当一家的主要劳动力惨遭不幸，家庭经济陷入危机时，人们才意识到一直存在却又一直被忽视的保险需求。

（2）公民的保险心理障碍使客观的保险需求难以变成现实的保险需求。目前，我国公民的保险意识比较淡薄，表现为有怕吃亏的心理，认为保险公司办理保险业务无非是变着法子赚钱，参加保险无便宜可占；存在侥幸心理，认为自然灾害、意外事故无非是个别现象，只要自己小心防范，就不会招灾惹祸；存在不信任心理，认为保险公司靠不住；存在唯利自信心理，认为参加保险不如到银行存款划算；存在迷信心理，把保险看成不吉利的事情，仿佛保了险灾害就将降临。存在这些心理的人们，往往把理应实现的保险需求，或者转化为不找保险公司找银行，不靠保险靠儿孙，或者顺其自然、听天由命，吞咽各种风险为其所酿制的苦酒。

（3）人们已经意识到保险需求，但由于保险公司的宣传工作做得不好，保险需求不能成为投保行为。保险需求的客体是保险商品，保险商品是一种特殊商品，表现为印有保险条款的保险合同，是极其抽象的东西，因此引起投保的欲望要比购买一般有形商品困难得多。人们如果不能很好地理解其中所表达的意思，是不会购买保险的，所以保险公司进行有针对性的宣传工作是必不可少的。从形式上看，保险公司的宣传既包括在各种媒体上发布广告，也包括员工们的街头咨询、业务人员面对保险需求者的耐心解释；从内容上看，保险公司的宣传既包括公司的总体形象方面的宣传，如以各种方式让人们知道“投保到人保，人保最可靠”“平安保险保平安”“太平洋保险保太平”等，也包括类似商品指南性的具体细致的宣传，如讲解某一类风险应投什么样的保险，某一险种具有什么样的特点等。如果在宣传内容上“抓大舍小”，就会造成宣传上的偏差，从而不利于保险需求向投保行为转化。

2）保险需求的多样性

危及人类的风险是多种多样的，在自然风险中，有水灾、火灾、飓风、海啸、雷电、冰雹、地震等；在社会风险中，有盗窃、抢劫、罢工、暴动等；在人身风险中，有生、老、病、死、残等。风险的多样性，决定了保险需求的多样性。保险需求的多样性具体表现为以下方面。

（1）对保险商品的多重需求。为了满足各种保险需求，就需有各种保险商品与之相适应，目前世界上已开办的险种有几千种。

（2）同一保险需求主体对保险有多种需求。例如，某人既需要投保意外伤害保险，还需要投保医疗保险和养老保险；某企业需要投保财产保险，还需要投保利润损失保险。

3）保险需求的差异性

保险需求的差异性是由保险标的所遭受风险的种类和程度、经济状态、地域和投保人或被保险人的文化程度、性别、年龄、对保险的感知认识程度、道德水平等差异造成的。保险需求的差异性表现为人们对保险的种类、强度和数量等方面的不同需要。每个人都对人身保险有需求，但身体健康者和体弱多病者对医疗保险的需求程度不一样；先富起来的居民保险需求较为旺盛，普普通通的工薪阶层参加人身保险的金额不会很高；同样是一个企业，经济条件好的可能选择保险来投保，经济条件差的可能投保财产保险基本险。

4）保险需求的层次性

既然人们参加保险源于安全需要，那么保险的需求也可以安全为标志划分层次。就个人（人身保险）而言，保险需求可以分为5个层次：① 生理安全保险需求，包括基本生活衣食住行等方面的保险需求；② 劳动安全保险需求，包括劳动工具、意外事故等方面的保险需求；③ 职业安全保险需求，包括失业、待业等方面的保险需求；④ 经济安全保险需求，包括财产、养老、医疗等方面的保险需求；⑤ 心理安全保险需求，包括婚姻、教育、社会交往等方面的保险需求。就企业而言，保险需求可分为4个层次：① 财产安全保险需求，包括固定资产、流动资产方面的保险需求；② 收益安全保险需求，主要是指利润损失的保险需求；③ 责任安全保险需求，包括公众责任、产品责任、雇主责任、职业责任方面的保险需求；④ 信用安全保险需求，包括投资、出口、履约保证等方面的保险需求。保险公司可以根据保险需求的层次性，进行分层次开发。

5）保险需求的渐进性

人类的保险需求具有渐进性，在低层次的保险需求得到满足之后，就会向更高层次的保险需求迈进。由于人们的收入水平、文化程度、面临风险的加大、保险意识的增强，他们对保险的需求也不会停留在原有的水平上。例如，一个人最关心的是老有所养、病有所医的问题，当这些基本保险需求得到满足之后，就会转向子女教育保险、婚姻保险等更高的层次。当然，高层次保险需求的发展，并不排斥低层次保险需求的存在。例如，企业最先考虑的必定是有形财产的保险问题，当企业经济承受能力加强后，又会在此基础上把目光投向利润损失、产品责任等高一层次的保险上。总之，随着社会生产力水平的不断提高和科学文化水平的不断发展，人们的保险需求总是在不断产生和渐次扩大的，当扩大了的保险需求与有限的保险供给不相适应时，就迫使保险公司增加险种、扩大规模，于是保险企业在保险需求的促进下向前发展。

6）保险需求的波动性

保险需求总是受经济大环境影响，呈现出某种形式的动态变化。在经济繁荣、物价波动较小的时期，保险需求增长较快；在经济萧条、通货膨胀时期，保险需求也呈疲软状态。保险需求的动态变化还体现在险种的寿命周期上，一个险种从设计到受益直到退出历史舞台，一般都要经过准备期、试办期、扩大销售期、稳定期、衰落期5个阶段。

7）保险需求的选择性

同其他商品的买卖不一样，保险商品的销售将永远是买方市场。人们根据自身的保险需求选择自己认为合适的险种投保。特别是人们掌握越来越多的保险知识和信息以后，这种选择就变得更加明显。在保险需求中，有以下5种选择。

（1）机会选择。所谓机会选择，是指满足安全需要途径的选择。例如，一家企业为解决财产安全问题，它可以采取风险自留，即企业自我承担风险损害后果的方法，也可以以缴纳少量保费为代价换取保险保障。

（2）险种选择。所谓险种选择，是指为满足某一保险需求对险种的优选。保险的供给具有多样性，同样是意外伤害保险，有长期和短期之分，有普通和特殊的区别，有单独开办的和附加于基本险之上的。同样是医疗保险，可以是住院医疗保险，也可以是门诊医疗保险，还可以是大病医疗保险。这就为投保人为满足某方面的保险需求进行选择提供了条件。

（3）价格选择。所谓价格选择，是指对保险费率的选择。由于竞争等原因所致，同一险种的保险费率不一定相同。例如，同是一年期企业财产保险，不同保险公司拟定的费率可能不同，假如其他条件都一样的话，投保人当然首先选保险费率低的公司投保。

（4）标的的选择。所谓标的的选择，是指对保险保障对象的选择。一家企业是只对固定资产进行保险，还是把全部财产都投保。一个家庭，投保了家财险，那么投不投保人身险，投保人身险是投保仅以生存和死亡为给付条件的人寿险，还是投保以疾病、分娩为给付责任的医疗保险。

（5）信誉选择。所谓信誉选择，是指选择信誉好的保险公司作为签约公司。尽管各家保险公司注意推出自己的特色险种，但保险公司推出保险商品的雷同性还是十分明显的，好多险种即使名称不同，内容也是大同小异。这样，满足某种保险需求就有一个保险公司的选择问题。最后选择哪一家，关键是信誉。

保险需求的选择性，促使保险公司不断推出适销对路的新险种，也促使保险公司不断提高自身管理水平，以便为更多的投保人所认可。

8）保险需求的隐蔽性

安全需要的产生是以风险存在为前提的，风险难以识别，从而导致与未被识别风险联系在一起的安全需要无法显露出来。保险营销的一项重要工作，就是将这种潜在的保险需求转化为现实的保险需求。其方法是站在保户立场上，运用系统的观点和方法帮助他们识别其所面临的各种风险，同时诱发购买动机。

9）保险需求的非迫切性

保险需求的非迫切性表现在两个方面：① 保险需求可能是若干年以后的事情，即购买保险是为了满足相当长一段时间之后才产生的需要，如养老保险，年轻时投保交费，老了的时候才开始享受，这种未雨绸缪的方式在当下时期的需求并不迫切；② 风险的发生具有偶然性，发生的概率毕竟很小，所以买不买保险并不是十分要紧的事情，人们常有这种想法，“这些年没参加保险不也过来了吗”。保险需求的非迫切性，需要保险营销人员多作解释工作，让人们有危机意识，有紧迫感，不能临时抱佛脚，闲时不烧香。要年轻时为年老时着想，健康时为有疾病时着想，成年人为孩子们着想。

4.2 保险营销管理

4.2.1 保险营销管理程序

在高度竞争的保险市场上，保险公司要想提高保险营销效益，就必须制定并遵循一定的营销管理程序。本节将对这些程序进行概括说明。

1. 分析保险市场机会

随着我国经济形势发展，经济增长速度较快，居民的收入水平得到较大提高，保险需求逐渐增加，同时公众的保险意识也逐渐浓厚起来。应当说，在保险营销领域，充满着各种机会，但要及时发现和抓住机会，则要求保险公司必须注重对保险营销环境的分析。现代营销学认为，企业经营成败的关键就在于能否适应不断变化的环境，因此环境分析是保险营销活动的立足点。

营销环境包括微观环境和宏观环境。微观环境由保险公司内部各部门、保险客户、保险竞争对手、保险中介人和社会公众组成，他们影响着保险公司服务于目标市场的能力，并与保险营销形成了协作、竞争、服务和监督的关系。宏观环境是由社会环境、经济环境、政治环境和法律环境组成，它们直接或间接地对保险营销活动产生制约，对保险营销有着深远影响。但同时也应该认识到，在保险营销实践中，往往是机会与威胁并存，希望与困难同在。保险营销管理者应首先依靠环境分析发现和抓住机会，即公司能取得竞争优势和差别利益的营销机会，同时还应利用环境分析避免环境威胁，即那些营销环境中对公司不利的趋势，通常可以采取用机会潜在吸引力与公司成功程度分析、险种市场发展分析矩阵、环境威胁分析矩阵等方法对机会与威胁进行分析评价和对策研究。

2. 研究和选择目标市场

保险营销所面对的客户需求是多种多样的，任何一家保险公司无论其经营规模和能力有多大，都不可能满足一切保险需求者的需要，而只能依据保险公司自身情况和市场情况确定最具吸引力的细分市场作为自己为之服务的目标市场，以自己有限的能力和资源来满足市场上特定消费者的需要。

1) 营销调查和预测

营销调查和预测是指对保险市场信息进行调查，并根据调查提供的数据和资料，运用科学的定性或定量方法，对影响市场供求变化的各种因素进行测算，从而对保险市场营销的未来及其变化趋势作出判断，以便为保险公司研究制订营销计划和营销决策提供依据。

(1) 营销调查的内容。

① 保险需求的调查，包括客户的需求层次、现实需求与潜在需求，影响需求的因素等。

② 保险环境的调查，包括社会文化环境、政治法律环境、人口环境、经济和技术环境、气候与地理环境、竞争环境等。

③ 保险商品的销售调查，包括本公司推出险种的种类、其他公司的险种构成、险种的生命周期阶段、促销手段和方式的选择、保险费率的竞争力等。

（2）营销预测的内容。

① 市场规模测定，可分别测定潜在市场、有效市场、服务市场和渗透市场等，从而有利于保险公司制定相应的营销规划。

② 需求的测定，通常测定市场需求和公司需求。市场需求是指某一险种在一定地理范围内、一定时期内、一定营销环境和一定营销计划下，特定顾客群体可能购买的总量。公司需求则是指保险公司在市场需求中的占有率，它取决于各公司的市场营销努力程度。

2）保险市场细分

在市场调查和预测的基础上，分析资料，从而找出保险消费者在需求特点、投保行为上的差异性，把保险总体市场划分为若干个细分市场，每一个细分市场都是由具有同类需求倾向的保险消费者构成。因此，每个细分市场又可称为同质市场。

实行保险市场细分的作用主要体现在 3 个方面。

（1）实行保险市场细分的作用。① 有利于控制最佳的保险营销机会；② 有利于及时调整险种结构；③ 有利于制定适当的营销策略。

（2）在细分保险市场时必须是可以识别、衡量的。① 可衡量性。细分的市场必须是可以识别、衡量的。② 可占领性。即考虑保险企业经营活动的可行性，从实际出发，利用有限的人力、物力和财力去占领选中的细分市场。③ 差异性。保险市场细分的基础是消费者需求的差异性，成功的细分市场应有自己的特色，并且能对营销策略的变动作出差异性的反应。④ 效益性。细分市场的规模必须是使企业的经营有一定的稳定性，另外细分市场必须具备一定的市场潜力，保证保险企业实现自己的利润目标。

（3）保险市场细分的主要标准。① 地理区域因素。例如，区分城市市场和农村市场。② 人口统计因素。即按照年龄、性别、家庭结构、收入水平、职业、文化程度等划分不同的保险消费群。③ 心理因素。即根据营销消费者购买保险的心理因素进行细分。④ 行为因素。即根据消费者的投保行为将保险市场进行细分。

市场细分后，还应根据各个细分市场的消费者特征，确定细分市场的名称。

3）目标市场选择

市场细分提示了保险公司面临的细分市场机会，接下来要对这些细分市场进行评估，并选择目标细分市场。保险公司在选择目标市场时，必须首先考虑潜在目标市场的适度规模和潜力，即市场具有一定的购买力并能给公司带来足够多的保费收入，且存在尚未满足的需求和尚未充分发展的潜力。其次，还要考虑潜在目标市场结构应具有吸引力，这可以通过对 5 个方面因素的分析进行评估，即同行业竞争、新参加的竞争者、替代产品、购买者的议价行为、供应商的议价能力。最后，保险的国内公司仍须将本身的目标与所在的细分市场的情况结合在一起考虑。对于一些有较大吸引力的细分市场，如果不符合保险公司长远目标，也应该放弃。对于符合保险公司目标的细分市场，如果不符合保险公司长远目标，也应该放弃。对于符合保险公司目标的细分市场，在进入时也要考虑自己是否具备必要的资源和条件，并确有把握在该细分市场发挥自己的优势和取得成功。

4）目标市场战略

保险公司在选择好目标市场之后，应采取适当的目标市场战略。一般来说，可供选择的市场覆盖战略有以下3种。

（1）无差异性营销战略。无差异性营销战略也称整体市场战略，即以整个保险市场为目标市场，只求满足大多数保险消费者的共同需求，而不考虑他们对保险需求的差异性，以同一条款、同一费率和同一营销方式向所有的消费者推销一种保险。保险公司的许多险种都是适用于无差异性营销战略的，如汽车第三者责任险，可在一个国家或地区内用同一营销方案和保险费率进行推销。无差异性营销战略运用于那些差异性小、需求范围广、适用性强的保险险种的营销。这种战略有利于降低成本，形成规模经营。但其忽视保险消费者的差异性，难以满足保险需求的多样化。

（2）差异性营销战略。即在市场细分的基础上，确定多个目标市场，针对每个目标市场，分别设计不同的险种和营销方案，根据保险消费者需求的差异性来捕捉营销机会。这种营销战略的针对性更强，有利于扩大保险商品和使用新的营销战略。但其营销成本较高。

（3）集中性营销战略。集中性营销战略也称密集性营销战略，即选择一个或几个细分市场作为目标，制订一套营销方案，集中力量争取在这些目标市场上占有较大份额，而不是在整体市场上占有较大份额。这种战略更能深入特定的细分市场，实行专业化经营，充分满足特定细分市场的需求。它适用于资源有限、实力不强的小型保险公司，使其能集中有限的力量，迅速占领市场，提高保险商品的知名度和市场占有率。但是，如果目标市场过于集中，经营险种较少，则保险公司的经营风险较大，一旦市场上保险需求发生变化，或者有强大的竞争对手介入，就会使保险公司陷入困境。

上述3种目标营销战略各有利弊，保险公司究竟采取何种战略，要结合本公司的特点和能力，考虑具体险种的差异性大小、险种寿命周期、竞争对手的战略等因素，作出适当选择。

5）市场定位策略

保险公司在选定目标市场后，还要根据市场竞争情况和本公司的条件，确定本公司险种在目标市场上的竞争地位，即市场定位。具体地说，就是要在目标顾客的心目中为保险公司和险种创造一定的特色，赋予一定的形象，以适应消费者一定的需求和偏爱。这种特色和形象可以是实物方面的，也可以是心理方面的，或者是两方面兼有。总之，市场定位就是要设法建立一种竞争优势，以在目标市场上吸引更多的顾客。

保险公司的市场定位工作一般可分为以下3个步骤。

（1）明确可利用的竞争优势。保险市场上的竞争优势有两种类型：一种是在同样条件下制定比竞争者更低的费率；另一种是提供更多的特色险种和优质的保险服务，以满足消费者的特殊需求。鉴于保险费率不能随意降低，保险公司应把竞争优势的重点放在后者。

（2）正确选择竞争优势。保险公司在多种优势存在的情况下，选择对企业最适合的竞争优势加以开发。例如，有些新的保险公司，机构少、人员精干、经营成本低，可以选择低费率策略。有些保险公司经营成本高，就只有选择开发新险种和提高服务质量的竞争优势。

（3）宣传竞争优势。保险公司在建立了竞争优势后，应大力开展广告宣传，把本公司的定位观念准确地传播给潜在的保险购买者。

3. 制定营销策略组合

营销策略主要有商品（Product）策略、价格（Price）策略、分销（Distribution）策略和促销（Promotion）策略。对这些策略要进行综合分析，选择最有效的组合以求最优化地实现营销目标。

1）商品策略

商品策略包括商品组合策略、商品生命周期策略和新险种开发策略。

（1）商品组合策略。即指保险公司根据市场需求、公司经营能力和市场竞争等因素确定保险保证功能的结合方式，其中包括对商品组合广度、深度和密度的有效选择。例如，扩大保险商品组合策略即把保险商品系列化，也就是把原有的保险商品扩充成系列化险种，如海洋运输货物保险在 3 种基本险的基础上，又有 11 种一般附加险、6 种特别附加险和 2 种特殊附加险，从而达到扩大承保风险的目的，使消费者的需求获得更大的满足。而在保险市场处于饱和状态、竞争激烈和客户缴费能力下降的情况下，保险公司可以取消某些市场占有率低、经营亏损、保险消费者需求不强烈的保险商品，此为缩减保险商品组合策略。随着保险公司之间的激烈竞争，越来越多的保险公司将关联性较大的财产险和人身险进行组合，使新组合的险种更能满足消费者的需求。例如，将驾驶员意外伤害险与机动车辆保险相组合。

（2）商品生命周期策略。即区分保险商品从进入市场到退出市场所经历的投入期、成长期、成熟期和衰退期的全过程，分别采取不同的营销策略。

（3）新险种的开发策略。即开发能够给消费者带来新的利益和满足的险种。一般而言，新险种是具有创新构思的险种，在使用性能或经济性能方面优于原有的险种或具有新的用途。例如，我国寿险市场上推出的投资联结保险、分红保险和万能寿险，产险市场推出的理财型家庭财产险等，均为各公司开发的新险种。新险种的开发有以下两种途径。

① 外延型。即随着不可保风险向可保风险的变化，原来不可能承保的风险以新险种的形式承保了。例如，一项新技术从科学实验室阶段发展到广泛普及、应用阶段，使运用保险技术为之提供保障成为可能。

② 内涵型。即因可保风险的不断细化和充实，保险人通过调整险种结构而衍生出来许多新险种，包括原有险种的改造和新险种的推出。例如，目前普及城乡的少儿保险，学生平安保险、母婴安康保险等，都是从人身意外伤害险中细化而来的。

2）价格策略

价格策略一般包括定价方法、新险种费率等决策。具体而言，有以下 4 种。

（1）低价策略。低价策略是指以低于原价格的水平而确定保险价格的策略。这种定价策略主要是为了迅速占领保险市场，打开新险种的销路，更多地吸收保险资金，为保险公司资金运用创造条件。实行低价策略，保险公司既要从自身利益出发，考虑到保险险种的促销作用，又要考虑公司的社会效益。例如，保险公司为支持政府发展农业的政策，对农业保险实行低价策略。实行低价策略，要建立在提高管理效率、加强成本与管理费用的控制、降低保险推销成本的基础之上。实行低价策略，是保险公司在保险市场进行竞争的手段之一，但是如果过分使用低价策略，就会损害保险公司的偿付能力，导致在竞争中失败。

（2）高价策略。高价策略是指以高于原价格水平而确定保险价格的策略。保险公司实行高价策略时，一般是因为某些保险标的的风险程度太高，尽管对保险有需求，但保险公司都不愿意经营，或者是因为投保人有选择地投保某部分风险程度高的保险标的。实行高价策略，保险公司可以高价获得高额利润，有利于自身经营的稳定性。但是，保险公司要谨慎使用高价策略，保险定价过高，会使投保人支付保险费的负担加重而不利于开拓保险市场。

（3）优惠价策略。优惠价策略是指保险公司在现有价格的基础上，根据营销需要给投保人以折扣和让价优惠的策略。运用优惠价策略的目的是刺激投保人大量投保、长期投保，及时交付保险费和加强安全工作。保险公司经常采用的优惠价策略有统保优惠价、续保优惠价、趸交保费优惠价、安全防范优惠价、免缴或减付保险费。

（4）差异价策略。差异价策略包括地理差异、险种差异等策略。地理差异策略是指保险公司对同一保险险种在不同地区采取不同的保险费率的一种策略。险种差异策略是指对各个险种采用不同的保险费率标准和计算方法的一种策略。

3）分销策略

分销策略就是营销渠道策略，即对如何将保险商品送到顾客手中进行决策。营销渠道一般有 3 种：直接销售、间接销售，或者是两者的结合。直接销售的手段包括邮件、媒体、电话、互联网等。间接销售主要是通过代理人和经纪人推销保险单。保险公司在选择营销渠道时需要考虑的最重要因素就是以最小的代价、最有效地推销保险单。因此，对于新成立的规模较小的保险公司，由于其自身财力、承保技术及其他外部条件的限制，适宜采用传统的直接销售方式，这样既有利于保险公司的稳步成长，又有利于树立良好的企业形象。而对于规模较大、声誉较高的保险公司，可以自行选择最优的保险营销渠道组合。此外，鉴于财产保险、工程险等宜采用经纪人营销方式，而对于分散的个人人寿保险，宜采用代理人营销方式。

此外，随着金融一体化和科技的发展，出现了一些新的营销渠道。

（1）银行保险。20 世纪 80 年代后期以来，伴随着金融服务一体化的全球浪潮，西方国家银行业和保险业相互融合渗透，从而产生了一种创新的金融服务形式银行保险（Bank Assurance），即银行介入保险市场，保险公司通过银行（或邮政储蓄）的网点和客户资源推销保单，银行得到了一定的手续费或佣金，并使其向客户提供的金融产品更加广泛和充实，这与传统意义上的机构代理有着本质的区别。由于一般寿险产品具有长期性，可以为银行形成一个稳定的客户群，而对保险公司来说，则扩大了市场，增加了业务量。目前，在西方成熟的保险市场上，银行保险呈迅速发展之势，西欧国家，如法国、荷兰、意大利、英国等国家的保险公司大多通过银行、邮政储蓄的网点来推销保险产品。在整个欧洲，已有超过半数的寿险保单是通过银行代卖的。

我国银行保险是从 1996 年开始的，国内银行和保险公司逐步开始合作，当时一些新设立的保险公司，如华安、泰康、新华等，为尽快占领市场，纷纷与银行签订代理协议，这是传统意义上的机构代理。从 1999 年开始，中国金融业真正开始出现“银保合作”热。目前，国内已有多家寿险公司和包括国有商业银行即部分股份制银行在内的多家银行建立了业务合作关系，其中大多数保险公司（银行）都有一个以上的合作伙伴。从银保双方签订的合作协议看，合作的范围包括代收费、代付保险金、代销保险产品、融资业务、资金汇划网络结算、电子商务、联合发卡、保单质押贷款，客户信息共享等方面，形成双方业务渗透、优势互补、互利互惠、共同发展的新格局。

从总体上看，我国银行保险的发展仍处于起步阶段，银行保险占保费总额的比例小。制约其发展的因素有以下方面：观念落后，思想认识不足；受分业经营、分业管理体制制约；保险创新不足；国内保险公司与银行在技术管理水平方面尚有待提高。但是，从对寿险营销的促进角度来看，银行保险在我国的发展前景是比较乐观的。银行业、保险业开展深层次合作，符合国际金融一体化发展趋势，对我国金融业的发展壮大、各金融机构提高服务水平、增加服务的技术含量具有深远的影响，其发展结构将形成银行、保险、客户“三赢”局面。

对银行而言，银行业和保险业的合作，将丰富银行的金融服务内容，使银行有能力为客户提供全方位的综合性金融服务，有利于银行提高竞争能力。银行通过开展保险代理业务能从保险赚取佣金，随着代理业务的不断扩大，佣金将有可能成为银行利润的重要来源，使银行能大量回收网点建设成本。银行通过与保险业开展合作，能扩大并稳定银行自身的客户群，提高客户的忠诚度，支持其核心主业发展。同时，双方在消费信贷等领域的合作，可使保险成为银行化解一部分贷款风险的有效手段。

对保险公司而言，保险公司利用银行网点作为寿险产品的销售渠道，能使用较低的销售成本和管理成本达到较高效率地覆盖市场及客户的目的。保险公司借助银行与客户之间已经形成的信任关系，有效地缩短了寿险产品和广大客户之间的距离，并借助银行的品牌和形象优势，扩大保险公司对市场的开发深度。

（2）网络保险。从广义上，所谓网络保险，是指保险公司和保险中介机构以信息技术为基础，以互联网络为主要渠道来支持其一切活动的经济行为。从狭义上，网络保险是指保险公司通过网络开展电子商务活动，如介绍保险产品、推销保险商品和提供保险服务等。网络保险作为一种全新的保险营销渠道，具有传统保险营销渠道不可比拟的优越性，它具体表现在成本低、拓宽保险营销的时间和空间范围。据统计，1999 年全球网上保费占总保费的比例不到 1%，网络保险发展空间十分巨大。据美国著名的咨询公司安德森和美国寿险管理师协会对全球 213 个寿险公司、银行、证券、经纪人、资产管理师和互联网用户的调查，在未来 5 年的全球寿险新保单中，将有 16%～19% 通过互联网销售。从产品营销角度看，每家保险公司都可以建立一个囊括所有险种介绍的网站，一改过去投保人被动地接受宣传的局面，使其能够根据自身需要主动搜寻合适险种，并可以通过网络把意见及时反馈给保险公司，甚至可以在线投保。在这样的投保过程中，保险代理人的作用被弱化了，保险经纪人的功能也受到挑战，保险公司的直销体系则将注入新的活力。

21 世纪是“网络应用时代”，电子商务已是大势所趋。根据统计，全球上网人数快速增长，从 1997 年的 2 500 万人增加至 2013 年的 5 亿多人。也就是说，近年来，互联网扮演着重要角色。2013 年，保险业已经进入“互联网时代”。“3 天过亿”“1 小时破两千万”等所谓的互联网保单销售神话不断涌现，互联网已成为国内保险业的行业性话题。2012 年，我国保险网保费收入规模就已达到 39. 6 亿元，较 2011 年增长了 123. 8%。较过去的 3 年中，网销渠道的保费连续保持了逾 100% 的增长。从增速来看，网销确实让人眼前一亮，但从实际贡献率来看，保险网络销售在总保险费收入中的占比一直徘徊在 1% 左右。

1% 的占比说明，目前保险网销这一细分领域尚处于起步阶段，正处在市场格局形成的初始期，但它却让保险业界看到了它的潜力所在。“5 年 5 000 亿元到 1 万亿元吧，和互联网沾边的都算上。”（以上是明亚保险经纪董事长杨臣预计）。IBM 公司也预测，到 2020 年国内保险业电子自助渠道将从 2005 年时的 0. 16% 上升到 10%，保险网销市场未来 10 年的保费潜力将突破千亿元规模①。

4）促销策略

促销策略包括广告、个人推销、营业推广、公共关系和企业识别系统（CIS）策略5种形式。保险公司运用这些促销方式把保险商品信息传递给广大消费者，同时激励和引导他们的购买行为。

（1）保险广告。对保险的需求主要是由人们潜在忧虑和现实风险大小，以及人们求得安全的意识所决定，这种意识需要保险广告的诱导，使其变成现实购买力。保险商品广告，在商品导入期可向客户灌输某种消费观念，介绍保险商品知识，提高客户对保险商品的认识和信任度；在商品的成长期和成熟期，可引导潜在消费者购买，突出本企业保险商品特色，强化竞争力；在保险商品生命周期达到饱和后，则可维持商品市场。以长期、定期、间隔的广告方式呼唤注意，巩固习惯性购买。保险营销部门进行广告宣传要考虑以下几个方面。

① 确定广告目标。保险广告的最终目标是增加销售量，做好保险公司与消费者的沟通。广告目标一般分两类：一类是促进购买、增加销售和扩大市场份额目标；另一类是增加客户认识、兴趣、理解目标。前者通常采用产品广告的形式，后者则注重形象广告或公益广告。

② 选择广告媒体。保险广告的宣传媒体包括报刊、传单、招牌、广播、电视、路牌、霓虹灯、互联网等多种，除了考虑媒体各自的特点外，应结合目标市场接受媒体的习惯和特点、观众规模及成本，选择合适媒体。

③ 广告效用与费用配比。在保险经济学中有以下公式：

$$广告效果比率=保险费增加率/广告费增加率\times 100\%$$

加强广告效果，利用优秀广告宣传对保险费增长有直接作用。但不同的媒体，所需费用不同，即便是同一媒体，所占版面不同，制作程序不同，播出时间和次数不同，费用也不同。效果越好，一般费用越多。保险公司要根据自身的财务状况和支付能力选择媒体，尽可能以最小的代价取得最佳的广告效果。

④ 广告创意要注意客户的心理。这要求保险公司按不同的广告目标进行广告策划，以创新的形式、优美的语言、卓越的表现手法，满足消费者的心理需求，加强广告效果。

（2）个人推销。由于保险产品复杂且具有无形性，客户购买次数少，需要服务，因此个人推销是保险促销的最有效的工具。在个人推销过程中，要注重心理学的应用，分析投保人的投保动机是属于安全保障型、储蓄型，还是模仿性或欺骗性动机。个人推销的准客户以安全保障动机最为理想、可靠；对储蓄型和模仿性动机的人则要进行保险知识教育，加以引导；若以欺骗为目标，应坚决摒弃。在推销保险产品的过程中，还要对客户的心理障碍进行分析，找出不能使消费者付诸行动的症结所在，采用各种劝购手段进行启发、引导，以至购买。

（3）营业推广。营业推广是用来鼓励保险消费者购买保单或中介人销售保单的一种短期诱导的促销方式。不同于有形商品可以采用折扣、免费样品、减价等方法，保险商品一般采用特殊广告，如将公司的名称、地址、电话、产品信息印在一些日历、气球、购物袋等上面，由代理人送给保户，以加强保户记忆，巩固消费。对代理人和经纪人也可提供一些包括产品或公司概况的说明性小册子、磁带、软件等，或者出版代理人刊物，鼓励中介人销售。

① 谭谟晓，李延霞．保险网销是个大蛋糕，好看难吃．经济参考报，2013-09-13.

（4）公共关系。公共关系的目标主要是树立保险公司形象，采用的手段主要是新闻媒体。保险公司可以进行这样一些公共关系活动：对社会关心的保险活动进行报道；为教育机构、慈善机构捐助；参加或举办各种影响面大的文化、体育活动等。

（5）CIS 策略。企业识别系统（CIS）由理念识别、行为识别和视觉识别 3 个系统组成，是企业树立强有力形象的策略。CIS 的建立和完善使整个保险公司从精神观念、经营定位、外在形象等方面规范全体员工和代理人员的行为，使客户对保险公司的行为一目了然，便于巩固消费，促进保险市场营销。

4. 制订市场营销计划

保险营销管理者不仅要制定公司据以达成其预期市场营销目标的一般策略，而且还要制订支持市场营销组合的计划。营销策略与营销计划就如军事上战略与战术的关系，营销策略指明营销方向，而营销计划则勾勒出策略实施的框架，并使用各种独特的决策工具，协调和控制营销的全过程。

制订营销计划的第一步是要认真分析公司的长期和短期业务目标，以保证营销计划与公司总体目标的一致性。并且，还应将这些目标转化为具体可行的方案。营销计划的期限通常是 1 ～ 5 年，在五年营销计划中，第一年的目标和特定行为需要详尽叙述，第二年到第五年的目标则进行一般性讨论。五年计划每年更新一次。

营销计划最重要的一个功能是分配营销资格，营销计划必须载明广告、工资、佣金和设备所需的资金数额，以及所需的人员数量和资格。资源配置有助于计划制订者决定每一特定营销目标是否值得花费资源。

5. 组织执行和控制市场营销

营销管理的最后一个环节是实施和控制营销活动，这是一个关键性的环节。保险公司要想贯彻执行营销计划，有效开展营销工作，必须有组织的保证，即设立专门的营销部。营销部门应能合理安排营销力量，协调全体营销人员的工作，让全体营销人员为完成营销目标精诚合作，尽心尽力。同时，还应能让公司所有部门相互之间紧密配合，共同为完成营销目标而努力。营销部门的效率不仅有赖于它的组织构成，同时也取决于它对营销人员的选择、培训、指导、激励与评价。对营销人员的管理水平直接关系营销绩效。

营销组织在实施营销计划过程中，可能会出现许多意外情况，公司需要建立相应的控制制度。

4. 2. 2　保险产品开发创新

保险公司的经营环境要求其不断改进其产品，并开发出新产品。保险公司只有设计出满足人们需要、迎合人们心理的险种才能赢得客户和市场。

1. 保险产品开发的步骤

随着人们保险需求的变化，任何保险公司的当前产品组合都不可能保持长久有效。为了在竞争中取胜，保险公司必须不断调整产品组合使其继续提供的产品能满足现在或潜在目标市场变化的需求。调整保险公司产品组合有 3 种形式：淘汰劣势产品、修正已有产品和开发新产品。

劣势产品是由于保险法律、法规或政府管理规则变化，或者新的生命表出现，新技术、新材料的应用，或者经营业绩不佳而引起的。劣势产品影响其他更有可能成功和盈利的产品的管理，从而减少公司潜在利润，机会成本大。因此，保险公司应当机立断淘汰劣势产品，最好是开发全新产品来代替。

修正已有产品即产品改良，是保险公司改进产品组合最常见的方法，而且往往比开发新产品更有效。但决定什么时候改良，如何改良并非易事。保险公司应时刻关注产品销量和利润的变化情况，分析其变化原因。对销量和利润下降的原因，如产品不具竞争力，竞争对手拥有同样的产品，不利的损失经验，不佳的投资效果，高的管理成本或产品本身存在缺陷，不能很好地吸引消费者等，要仔细研究。凡是保险产品外在的原因，保险人应予以纠正，如提高承保要求、改善投资结构、减少营业费用；若是保险产品本身的原因，保险人应对其改良，使其更富竞争力和吸引力。产品改良的一种方法是险种搭配。

保险公司开发新产品是以国家的法律、法规、政策为指导，根据市场的需要和自身的资源条件，有选择地开发新的保险业务。一般来说，保险产品的开发包括以下 8 个步骤。

1）构思

构思即为满足一种新的需求而提出的设想。这些设想的来源包括代理人、经纪人和其他分销人员；公司顾问、精算师、营销主管及其他员工；营销环境分析活动；市场调查；竞争对手的产品及活动；消费者等。构思的方法可采用营销部门直接与客户接触，应注重在不同的环境寻找好的构思，鼓励代理人为公司出谋划策并及时反馈给有关部门。

2）筛选

筛选即剔除那些明显不适当的产品构思，决定哪些值得深入调查考虑。但是，在筛选时要注意防止潜在的好构思被低估或错误抛弃，相反被不好的构思诱导，从而造成时间和财力浪费。为此，保险公司要依据自身和其他公司的经验建立一套筛选准则：① 要与公司目标相容；② 要满足市场的特定需要；③ 在目前分销渠道和技术能力上可行。

3）商业分析

检查筛选过的构思，分析其开发的可行性与潜力，并上报高层管理部门。商业分析一般包括 5 个步骤。

（1）进行市场分析，即对所有影响产品销售的环境因素进行研究，包括产品是否满足消费者的需要、目标市场大小及属性、潜在销量与利润、消费者对产品的认同、代理人和其他分销人员的认同、产品与竞争者产品的异同、产品与公司其他产品的联系等。其中，保险公司要重点考虑新保单对当前正在提供的保单的影响，因为新保单的介入可能使保单持有人退保以取得新保单。

（2）建立产品时间目标。

（3）进行经验和技术上的可行性论证。

（4）制订营销计划。

（5）进行销售与财务预测，包括收入、成本、利润等指标。

4）技术设计

技术设计即保险条款的拟定。拟定条款时要考虑利率变化、风险概率、费用率、通货膨胀等因素，并确定产品的费率结构、利润水平、承保标准和责任范围，然后将保险合同送交公司主管等检查。若保险合同被认为能满足市场需要，便呈送营销委员会（由公司关键主管组成），由其提供总的指导。

5）实施

实施包括：① 获得保险监管部门对新保单销售的批准；② 促销设计，为营销人员、保户服务人员、消费者等编制销售资料，为产品命名，创造适合的广告，为代理人、经纪人或消费者发布有关信息，将有关产品的广告和宣传材料送交出版社或其他新闻机关，举办新保单销售发布会，制定奖励措施，鼓励销售新产品；③ 信息系统必须更新软件或改装原有系统用来支持新产品。

6）试销

试销即保险公司在产品广泛投入市场前选择代理人在小范围内销售，使公司能发现和纠正潜在问题。在试销过程中要听取来自代理人、消费者的意见。

7）正式上市

新保单正式上市时，保险公司应该在合适的媒体中做广告或举行新闻发布会，将新产品公告于众。同时召开有关会议，把新产品介绍给代理人、经纪人、公司外勤人员和保户服务人员，印发销售培训材料。此外，还要举办各种培训班，为代理人、外勤人员讲授关于新产品的特征与利益，如何填写投保单、所需服务的内容等，对核保人、保单签发人就如何管理新产品、如何服务进行培训。

8）销售管理与总结

新保单上市后，营销部门应检查产品销售情况和财务状况是否与原定目标相符。如不符，则查明原因，进行更正。要分析新产品年保费收入、已售保单总保险金额、已实现的利润、购买者的人口统计因素、赔付数据、内部替代数量，以及对年保费的影响、成功的广告和促销、分销方式等，以利于未来更好地销售和开发新产品。

2. 保单设计过程中的突出问题

保单是保险公司的产品，保单是否满足消费者的需求直接关系保险公司的生存和发展，因此对保单的设计，无论是险种条款，还是名称、包装都要格外注意。

1）险种条款设计

心理学研究表明，求新、求变、追逐时代潮流是消费者普遍的心理特征，一个新产品投放市场后，能否引起消费者的兴趣与购买欲望，其重要的一点是相对已有老产品和竞争对手产品的优点与特点。优点越多，越容易为消费者所接受。同样，新险种条款也要求新、求变、求优，才符合人们的心理。

市场营销理论认为，产品的多功能、易组合是消费者需求的趋势。要适应这种趋势，必须改变以往责任固定、缴费固定的险种模式。应进一步增加基本险和附加险，各投保人可根据自己的保险需求和缴费能力，自由组合保单，以满足不同类型、不同层次的投保要求。

2）险种名称设计

险种命名是险种设计的重要组成部分，从心理学的角度，险种名称不仅是客户借以识别险种的主要标志之一，而且是引起他们心理活动的特殊刺激物。一个好的名称，不仅有助于了解险种的性能、特点，还会引起他们的兴趣。一般来说，险种命名要符合以下原则：① 险种名称要与其主要功能、特点一致；② 便于记忆，力求文字简洁，便于认知；③ 雅俗共赏，力求生动形象，避免生僻、绕口。险种名称对人们心理产生影响是由于联想的作用。

3）保单的包装装潢

包装装潢在产品的整体概念中占有重要地位。同样，精美的保单包装能使险种更富有魅力。包装泛指用于盛装、保护保单不损坏的容器。装潢是保单及包装物上的装饰，通过绘画、文字等设计，附于外表，起美化作用。一般来说，保单包装装潢主要从以下方面考虑。

（1）有时代特色，符合人们的求新心理。在人们的购买行为中，求新、求变的心理具有代表性。在这种心理支配下的购买不仅要求产品的性能具有时代感、新鲜感，而且对包装的现代化要求也十分强烈。保单作为保险公司的产品，不仅要求险种内容有独特之处，而且包装装潢也要能符合时代要求。无论在材料选用、工艺制作、款式造型，还是在装潢图案、色彩调配等方面，都要充分利用现代科学技术，并反映时代风貌、特色，体现现代艺术，给人新颖独特、简洁明快、技术先进的美好印象。

（2）使用安全的包装，符合人们的安全心理。保险商品对保户来说意义重大，保险价格往往又比较昂贵，所以采用坚固的包装保护保单不致损坏是包装的主要目的。保险公司可以使用塑料、金属作为包装材料，既牢固可靠，又符合时代潮流。

（3）装潢具有艺术魅力，符合人们求美心理。装潢美观、大方是吸引人们注意的重要因素。中华民族有着悠久的历史，人们受传统文化影响很深，喜欢吉利、祥和的图案，加之保险又是保障人们生活稳定的工具，采用传统文化色彩较浓的图案，如福禄寿禧、四世同堂、龙凤呈祥、门神守家等，既能让人感到亲切，又暗喻保险能给人带来幸福、稳定的生活。

4.3 保险营销部门及主管经理的职责

保险销售部门是保险公司的龙头，是保险公司最直接的效益实现者，在保险公司中具有举足轻重的地位。本节主要介绍保险营销部门在保险公司中的作用和职能，以及作为保险销售部门的负责人，保险销售经理应该履行的职责。

4.3.1 保险销售部门

1. 保险销售部门在整个保险营销过程中的作用

保险销售是保险营销管理的重要组成部分，是连接保险公司与市场的桥梁。在现代营销组织中，通常有两大职能部门：销售部和市场部。其中，销售部在保险营销组织中的作用主要如下。

（1）保险销售部门直接与市场和消费者相联系，它可以为市场分析及定位提供依据。

（2）保险销售部门通过一系列的保险销售活动可以配合营销策略组合。

（3）通过保险销售成果检验营销规划，与其他营销管理部门拟定竞争性营销策略，制定新的营销规划。

保险销售是保险公司活动的中心，保险销售部是保险公司“冲在最前沿的战士”，在瞬息万变的市场上，销售是连接保险公司与顾客之间的纽带，不断地进行着创造性的工作，为保险公司带来利润，并不断地满足顾客的各种需要。销售部门在公司整体营销工作中承担的核心工作是保险销售和服务。

2. 保险销售部门的职能

（1）进行市场一线信息收集、市场调研工作。

（2）呈报年度销售预测给营销副总。

（3）制订年度销售计划，进行目标分解，并执行实施。

（4）管理、督导营销中心正常业务运作。

（5）设立区域分支机构，管理、监督其正常运作。

（6）营销网络的开拓与合理布局。

（7）建立各级客户资料档案，保持与客户之间的双向沟通。

（8）合理进行保险销售部预算控制。

（9）研究把握保险销售员的需求，充分调动其积极性。

（10）制订业务人员行动计划，并予以检查控制。

（11）配合本系统内相关部门做好推广促销活动。

（12）预测渠道危机，呈报并处理。

（13）检查渠道阻碍，呈报并处理。

（14）按照推广计划的要求进行保险产品陈列、宣传品的张贴及发放。

3. 保险销售部门组织模式及特点

保险销售部门组织模式的选择受到保险公司人力资源、财务状况、产品特性、消费者及竞争对手等因素的影响，保险公司应根据自身实力及保险公司发展规划，精心“排兵布阵”、量力而为，用最少的管理成本获得最大的经济效益。

下面介绍 4 种常用的保险销售组织模式。

1）地域型组织模式

地域型组织模式如图 4-1 所示，是指各个保险销售人员被派到不同地区，在该地区进行保险公司销售业务。在该组织模式中，区域主管权力相对集中，决策速度快；地域集中，相对费用低；人员集中易于管理；在区域内有利于迎接挑战。区域负责制提高了保险销售人员的积极性，激励销售人员开发当地业务和培养人际关系，但保险销售人员要从事所有的销售活动，技术上不够专业，不适应种类多、技术含量高的保险产品。

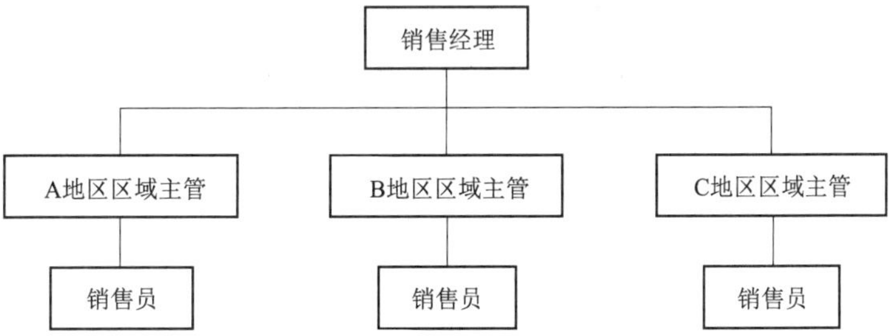

图 4-1　区域型销售组织模式

在我国，因地域辽阔，各地区差别极大，大部分保险公司都采用地区性保险销售结构，各区域主管负责该地区所有产品的保险销售。从组织基层开始，保险销售人员向销售主管负责，后者则向区域主管负责。区域分支机构可以按保险销售潜力或工作负荷加以划定。每种划分法都会遇到利益和代价的两难处境。具有相等的保险销售潜力的地区给每个保险销售人员提供了获得相同收入的机会，同时也给保险公司提供了一个衡量工作成绩的标准。各地保险销售额长时期的不同，可假定为是各保险销售人员能力或努力程度不同的反映。但是，因地区的消费者密度不同，具有相同潜力的地区因为面积的大小可能有很大的差别。大城市的保险销售人员，用较小的努力就可以达到一定的保险销售业绩。而在地域广阔且人烟稀少地区的销售人员，就可能在付出同样努力的情况下只取得较小的成绩，或者做出更大的努力才能取得相同的成绩。一个较好的解决办法是，给边远地区的保险销售人员较高的报酬，以补偿其额外的工作。但这削减了边远地区的保险销售利润。另一个解决办法是，承认各地区的吸引力不同，分派较好和较高级的保险销售人员到较好的地区。区域由一些较小的单元组成，如县，这些单元组合在一起就形成了有一定保险销售潜力或工作负荷的保险销售区域。划分区域时要考虑地域的自然障碍、相邻区域的一致性、交通的便利性等。许多保险公司喜欢区域有一定形状，因为形状的不同会影响成本、覆盖的难易程度和保险销售队伍对工作的满意程度。比较常见的区域有圆形、椭圆形和楔形。现今，保险公司可以使用计算机程序来划分保险销售区域，使各个区域的顾客密度均衡、工作量或保险销售潜力和最小旅行时间等指标组合到最优。

2）*产品型组织模式*

保险销售人员对产品理解的重要性，加上产品部门和产品管理的发展，使许多保险公司都用产品线来建立保险销售队伍结构。特别是当产品技术复杂，产品之间联系少或数量众多时，按产品专门化组成保险销售队伍就比较合适。例如，寿险公司就为其个人寿险产品和团体寿险产品配备了不同的销售队伍。个人保险销售队伍负责销售以个人为客户群的保险产品，而团体保险销售队伍则负责那些以企事业单位为客户对象的寿险产品。这种结构方式适合技术含量高、产品种类多的保险公司。但由于地域重叠，造成工作重复，成本高。如果保险公司各种产品都由不同的保险销售人员进行销售，这种队伍结构就可能不是最好的。例如，某财产保险公司有好几个产品分部，各个分部都有自己的保险销售队伍。很可能，在同一天好几个同一保险公司的保险销售人员到同一客户处去推销。如果只派一个保险销售员到该客户处推销公司的所有产品，可以节省许多费用。

3）*顾客型组织模式*

保险公司也可以按市场或消费者即顾客类型来组建自己的保险销售队伍，如图 4-2 所示。例如，一家财产保险公司可以把它的客户按其所处的行业（金融、电信等）来加以划分。按市场组织保险销售队伍的明显优点是每个保险销售人员都能了解消费者的特定需要，有时还能降低保险销售队伍费用，更能减少渠道摩擦，为新产品开发提供思路。

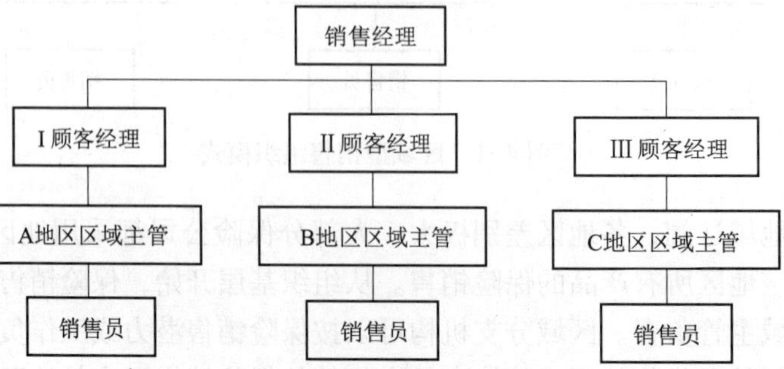

图 4-2　顾客型销售组织模式

4）复合型保险销售结构

如果保险公司在一个广阔的地域范围内向各种类型的消费者推销种类繁多的产品时，通常将以上几种结构方式混合使用。保险销售人员可能同时对一个或多个产品线经理和部门经理负责。

4.3.2　保险销售经理的职责

1. 保险销售经理的职能

（1）需求分析、保险销售预测。

（2）确定保险销售部门目标体系和保险销售配额。

（3）制订保险销售计划和保险销售预算。

（4）组织保险销售队伍。

（5）招募、培训保险销售人员。

（6）确定保险销售人员的报酬。

（7）评估保险销售业绩。

（8）保险销售人员行动管理。

（9）保险销售团队的建设。

2. 保险销售经理的责任

（1）对保险销售部工作目标的完成负责。

（2）对保险销售网络建设的合理性、健康性负责。

（3）对确保销售人员的信誉负责。

（4）对确保保费及时回笼负责。

（5）对保险销售部指标制定和分解的合理性负责。

（6）对保险销售部给保险公司造成的影响负责。

（7）对所属下级的纪律行为、工作秩序、整体精神面貌负责。

（8）对保险销售部预算开支的合理支配负责。

（9）对保险销售部工作流程的正确执行负责。

（10）对保险销售部负责监督检查的规章制度的执行情况负责。

（11）对保险销售部所掌管的保险公司秘密的安全负责。

3. 保险销售经理的权限

（1）有对保险销售部所属员工及各项业务工作的管理权。

（2）有向营销副总的报告权。

（3）对筛选客户有建议权。

（4）对重大促销活动有现场指挥权。

（5）有对直接下级岗位调配的建议权和作用的提名权。

（6）对所属下级的工作有监督检查权。

（7）对所属下级的工作争议有裁决权。

（8）对直接下级有奖惩的建议权。

（9）对所属下级的管理水平、业务水平和业绩有考核权。

（10）对限额资金有支配权。

（11）有代表保险公司与政府相关部门和有关社会团体联络的权利。

（12）有一定范围内的客诉赔偿权。

4.3.3 保险销售管理的职能

保险销售管理作为保险销售部门的管理领导者，要注意发挥管理的四大基本职能。管理的基本职能可以概括为计划、组织、领导和控制。

1. 计划

计划是所有管理职能中最重要的职能之一。切实可行而又富有挑战性的计划是其他工作顺利开展的前提。若计划做得不好，在接下来的组织、领导、控制等工作中，就会陷于被动。

要制订好保险销售计划，首先要了解公司总体战略计划及营销战略计划，因为如果没有战略目标，保险销售部门的工作也就没有方向或偏离公司的战略方向。只有知道了目标是什么，才可能制订好工作计划，并率领整个部门沿着正确的方向前进。制订保险销售计划主要有以下步骤。

1）环境与形势分析

作为保险销售经理，要清楚地知道与竞争对手相比，你有哪些优势，竞争对手有哪些优势；你的劣势是什么，竞争对手的劣势是什么；在市场中你有哪些机会，面临的威胁有哪些。SWOT 分析是个很好的方法，即全面分析保险公司及其竞争对手的优势（Strengths）、劣势（Weaknesses）、机会（Opportunities）与威胁（Threats）。保险公司常见的竞争优势如下。

（1）成本优势。本公司的保险成本或其他营运成本，相对于其他保险公司较低，就形成成本优势。成本低，公司的产品在定价上就有竞争力，这是一般保险公司追求的重要竞争优势之一。

（2）品质优势。一般产品或服务都有高、中、低等不同的质量等级，如果质量好而且被消费者认同，那这种产品或服务的质量就成为一种优势。因为，消费者可能会愿意多花一些钱来购买这种产品，或者在相同的价格下，愿意多消费一些。

（3）品牌优势。这种优势不会是与生俱来的，想要拥有这种优势，通常保险公司已投入了很多努力，如广告的投入、各项促销活动的推出，以及公益活动的参与。建立一个广受欢迎的品牌，是一件很困难的事，但在建立之后会成为最珍贵的优势。

（4）效率优势。效率优势也称生产力优势。生产效率或经营效率越高，其相对的成本越低，对竞争自然有好处。通常，保险公司员工精简和素质高就会拥有效率优势。

（5）规模优势。规模大是指市场规模大，营业额大及市场占有率大。保险市场占有率大，并且具有规模经济，就具有了成本优势。如果这家公司的产品并不是那种具有规模经济的产品，但市场占有率大，仍然十分有利。通常市场上的第一品牌或大品牌，在保险销售、促销上都有很多便利。仅以刊登广告来说，每刊登一次广告，摊销在每一个产品上的广告费用就少，这又形成另一项成本优势，也是另一种形式的规模经济。

（6）技术优势。某些保险公司在市场上竞争，靠的不是成本与质量，而是拥有别人没有的技术，这种技术或许来自外国的授权，或许来自企业的研究开发。有独到的技术，通常表示这家保险公司可以提供别人所不能提供的产品，还可能创造一项独门生意，这家公司的技术也可能生产出成本最低或质量最高的产品，从而拥有成本优势和质量优势。

（7）员工优势。员工的素质与凝聚力也会影响保险公司产品或服务的效率。自觉性高的员工，可以减少公司的管理成本，认真负责又能集体合作的员工，可以减少浪费，提高效率。

保险销售经理通过进行 SWOT 分析，就可以清楚知道公司的优势是什么，如何加强；劣势是什么，如何克服；市场中的机会在哪里，如何抓住；市场中的威胁又是什么，如何避免。

2）做好保险销售预测、制定保险销售目标

根据 SWOT 分析的结果，就可以进行详细可行的保险销售预测和制定具体的保险销售目标。不过，制定目标时要注意有目的、实施计划、资源配置、日程表等，总之要具体、可衡量，切合实际，以便可以按时完成。

（1）制定部门的目标体系。要实现远景目标就必须制定部门的目标体系，每一个目标都顺利地实现了，保险销售目标也就实现了。

（2）制订具体的行动计划。所有的保险销售方案，都要作出具体的行动计划，并定期加以检查。

2. 组织

在当今市场环境急速变化的压力下，保险公司内组织结构的发展变化将是革命性的。那些成功的调整组织结构的公司将向成功迈进，而那些不能调整的公司将面临失败。组织结构直接影响保险公司适应环境变化的能力。保险销售部门的组织结构更是如此。保险销售组织结构对保险公司满足顾客需求的能力有重要的影响。同时，保险销售组织的设计还影响运营的成本。所以，在影响公司的盈利能力的收入和成本方面，保险销售组织结构都具有重要的作用。保险销售组织设计还影响部门内的人员之间的关系。正确的保险销售组织结构不能一定保证保险销售的成功，但不正确的保险销售组织一定会阻碍成功。一般组织结构设计应遵循以下原则。

（1）层次原则。从组织的低层向上，每一个层次上的每一个职位都是其上一层次的某个职位的下属。

（2）统一指挥。组织中没有一个人同时有两个顶头上司。矩阵组织是一个例外，但矩阵组织只在特定的环境下采用。

（3）管理幅度。向一个上级直接汇报的下属人数应该适当控制。一般而言，主管的直接下属 3 ～ 6 人比较合适。管理幅度的大小应该根据工作的复杂性、主管的能力和其他因素来确定。

（4）直线与参谋。直线结构完成组织的主要职能，而参谋机构则给直线机构提供支持、建议和服务。这两种职能的分开有利于提高工作效率和保证组织中的工作不陷于文山会海。

（5）专业化。工作的设计应该不重叠。当员工只从事某一项工作时，他会更加熟练和有效率，这样可以提高整个组织的效率。传统的管理理论提出 4 种工作细分的方法：目标、过程、客户类型和地理位置。

3. 领导

为了保证保险营销的正常运作，需要对所有的保险销售人员进行领导，指导他们做什么、如何做、为什么做和什么时候做。如果想让保险销售人员的行为取得理想的成效，就要设法让他们建立共识，赋予他们责任心和使命感，保险销售人员也应当确切地知道公司对他们的要求。所以，要确保保险销售人员了解公司总体保险销售目标、他们必须按照哪些具体程序和标准开展工作。销售人员如果明白自己行动的目的，就能更加积极地发挥主动性。在指挥保险销售人员工作时，要能够领导保险销售人员沿着正确的方向前进，身先士卒，还要有亲和力，并且对部下要多褒少贬，以激励保险销售人员做得更好。

4. 控制

为落实计划和完成目标，要时刻关注保险销售人员和业务的发展动向，并制定各种衡量标准，掌握情报反馈，通过追踪考核来对整体保险销售业务与人员进行控制。同时，还应了解计划正在如何执行，并在必要时进行一些调整。良好的信誉与服务对公司来说至关重要，树立好的公司形象要花费很长时间，而毁掉良好形象只需几分钟。因此，要认真监视和控制保险销售的整体服务质量。

4.3.4 保险销售经理的角色

1. 人际关系方面的角色

1）"头"的角色

"头"的角色是保险销售经理所担任的最基本、最简单的角色。经理由于其正式权威，是一个部门的象征，必须履行许多这类性质的职责。这些职责中有些是例行公事，有些则带有鼓舞人心的性质，但全都涉及人际关系的活动，而没有一项涉及重大的信息处理或决策。在某些情况下，保险销售经理参与是公司制度所要求的，如签署部门的文件；在另一些情况下，经理的参与则是一种社会的需要，如主持某些事件或仪式。

2）领导者角色

保险销售经理作为一个保险销售部的正式负责人，要负责对下属进行激励和引导，包括对下属的雇用、训练、评价、报酬、提升、表扬、干预和解雇。部门的节奏通常是由保险销售经理来决定的，保险销售部工作是否卓有成效决定于保险销售经理向部门注入的力量和远见。保险销售经理的无能或疏忽往往使部门的工作处于停滞不前的状态。作为领导者的角色的重要目的是把部门成员的个人需求同部门目标结合起来，以便进行有效的工作。

3）联络者的角色

联络者的角色涉及的是保险销售经理同他所领导的部门以外的无数个人和团体维持关系的重要网络。保险销售经理通过各种正式的和非正式的渠道来建立与维护本部门同外界的联系。这些渠道有参加外部的各种会议，参加各种社会活动和公共事务，与其他部门的经理互相访问或互通信息，同与保险销售有关的其他机构的人员进行各种正式和非正式的交往等。联络者的角色代表着保险销售经理职务中一个关键部分。经理通过联络者角色同外界联系。然后，通过信息传播者和谈判者这些角色进一步发展这种联系，并获得这种联系所提供的好处和信息。

2. 信息方面的角色

1）信息接受者的角色

保险销售经理得到的信息大致有以下5类。

（1）内部业务的信息，通过标准的业务报告、下属的特别报告、对部门工作的检查等获得。

（2）外部事件的信息，如顾客、人事联系、竞争者、同行、市场变化、政治变动、信息技术的发展等，通过下属、同业组织、报刊等获得。

（3）分析报告。从各种不同的来源（下属、同业组织或外界人员）得到各种不同事件的分析报告。

（4）各种意见和建议。保险销售经理通过许多途径来了解其环境和获得各种意见，如参加各种会议，注意阅读顾客的来信，浏览同业组织的报告，并从各种联系人和下属那里获得各种意见和建议。

（5）压力。各种压力也是信息的来源，如下属的申请和外界人士的要求，其他部门的意见和社会机构的质问等。

2）信息传播者的角色

这是保险销售经理把外部信息传播给其部门，把内部信息从一位下属传播给另一位下属。信息可分为以下两种。

（1）有关事实的信息。这类信息可以用某种公认的衡量标准来判断是否正确。保险销售经理会收到许多有关事实的信息，并把其中很大部分转给有关的下属。

（2）有关价值标准的信息。在组织中传递有关价值标准的信息，以便指导下属正确的决策。每当保险公司中对重要的问题进行讨论时，都可由各个部门经理提出有关价值标准的信息。

保险销售经理向保险销售人员传播有关事实的信息或有关价值标准的信息，使下属了解情况，便于对他们的日常工作进行引导。信息传播者角色同授权问题有密切关系。因为，要把处理某些事务的职权委托给下属，就必须把处理该事务的有关信息传播给下属。

3）发言人的角色

保险销售经理的信息传播者的角色所面向的是部门内部，而其发言人角色则面向外界，把本部门的信息向周围的环境传播。保险销售经理发言人的角色要求其把信息传递给两类人：直接上级和保险公司之外的公众。保险销售经理只有把自己的信息同他所联系的人共享，才能维持有关联系网络。同时，保险销售经理的信息必须是即时的。在发言人角色中，保险销售经理要求在保险销售部门中是一位专家。由于保险销售经理的地位和信息，应该拥有其所在部门和行业的许多知识。因此，部门外的各种人往往就保险销售部门工作中的一些问题征求保险销售经理的意见。销售经理在信息系统中的地位和作用如图 4-3 所示。

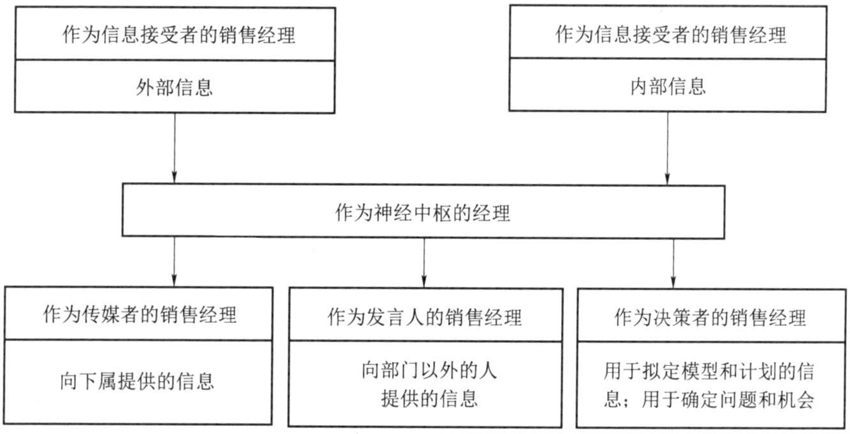

图 4-3　销售经理在信息系统中的地位和作用

3. 决策方面的角色

1）变革者角色

保险销售经理的变革者角色是指保险销售经理在其职权范围内充当本部门许多变革的发起者和设计者。变革者角色的活动开始于观察工作，寻找各种机会和问题。当发现一个问题或机会以后，如果保险销售经理认为有必要采取行动来改进部门目前的状况，就应该提出改进方案，报上级批准后组织本部门实施。

2）故障排除者角色

故障有以下两种类型：下属之间的冲突，这是由于争夺资源的分配、个性之间的冲突或专业的重叠引起的；部门之间的冲突，资源的损失或有损失的危险。在故障的排除中，时机是极为重要的。故障很少在例行的信息流程（如报告）中被发觉，而通常采取“紧急报告”的形式由发现故障的人上报给经理。经理则一般把排除故障置于较其他绝大多数活动都优先的地位。保险销售经理重新安排自己的工作日程，全力投入故障排除工作，以期早日解决。保险销售经理的故障排除者角色具有重大的意义，因为排除故障的决策会树立一个先例，对部门今后工作产生或大或小的影响。

3）资源分配者角色

保险销售经理的资源分配者角色由以下 3 个部分组成。

（1）安排自己的时间。保险销售经理的时间是宝贵的资源之一，可以通过时间安排来表明某些问题的重要性。

（2）安排工作。保险销售经理的职责是为其部门建立工作制度。要做些什么事，谁去做，通过什么机构去做，等等，这类决策涉及基本的资源分配，一般是同改进方案一起作出的。这些实质上就是安排下属的工作，是一种重要的资源分配形式。

（3）对重要决定的实施进行事先批准。这样保险销售经理就可以对资源的分配维持连续的控制。要由保险销售经理批准的事项有：由下属拟订的改进性方案，对较为次要的故障的排除措施，现有程序和政策的例外情况，由下属谈判的合同，业务预算的要求等。保险销售经理保留保险销售部门所有重要决定的权力，就保证其能够把这些决定相互联系起来，使它们相互补充而防止冲突，并在资源有限的情况下选用最好的方案。假如保险销售经理的这些权力分散了，就可能导致不连贯的决策和不一致的策略。

4）谈判者角色

对于保险销售经理来说，谈判者显然是最重要的角色之一。这些谈判包括正式的商务上的谈判，也包括非正式的谈判。谈判就是当场的资源交易，要求参加谈判的各种人有足够的权力来支配各种资源，并迅速作出决定。对于保险销售经理来说，很多谈判场合都需要其参加并作出决定。

复习思考题

一、概念题

保险营销　　商品生命周期　　银行保险　　网络保险　　保险营销管理

二、思考题

1. 什么是保险营销？保险营销有哪些特点和原则？
2. 保险营销的基本要素有哪些？
3. 保险营销应遵循哪些管理程序？
4. 保险产品开发应通过哪些步骤进行？
5. 一个保险销售经理应承担哪些责任？充当哪些角色？

第5章 保险承保与核保管理

承保是保险经营的重要环节，承保的质量直接关系保险企业的财务稳定性和经济效益水平，同时也是反映保险公司经营管理水平的一个重要标志。核保则是承保决策中的一个关键环节，是保险企业对可保风险进行计划与分类，进而决定是否承保，以什么样的条件承保的分析过程。

5.1 保险承保管理

承保管理是指对保险合同双方的权利与义务进行审核、监督和控制，以避免风险过度集中，排除不可保风险，提高保险业务质量，保证保险人经营稳定。在保险经营过程中，如果保险公司缺乏严密的核保制度，缺乏完善的核保管理系统，对保险标的没有进行严格的风险选择和承保控制，就会给保险公司经营带来潜在的风险。一般地，保险公司在经营过程中有以下问题将使其面临承保风险。① 忽视风险责任控制，以随意降低费率、放宽承保条件、采取高额退费等手段进行破坏性竞争，使保险承保几乎变成一种赌博行为。② 超能力承保。任何一家保险公司无论其规模多大，也无论其组织形式如何，承保能力都是有限的，如果保险公司超出自身的承保能力和承保技术的限制而盲目接受风险，那么随时都有可能导致亏损甚至破产。③ 保险单证、保费收据等管理混乱，使不法分子有机会倒签单、涂改保单，以及截留、拖欠保费或挪用保费等。此类欺诈行为一旦发生，必然会使保险公司受损。因此，保险公司必须加强承保管理，以控制风险，稳定经营。从根本上来说，承保管理最重要的工作是将保险公司的总目标转换为承保的具体要求和实践。为了有效控制承保风险，承保管理要贯穿于承保流程的每一个环节之中。

5.1.1 明确承保管理的目标

承保是一个非常重要的保险经营环节，保险公司承保的对象虽然都与风险有关，但并非客观存在的风险和标的都可以被承保，保险经营对所承保的业务既有量的要求，也有质的规定，这也是保险公司承保管理的基本出发点。因此，承保管理的根本目标一般包括以下两个方面。

1. 扩大承保能力，保证保险人经营的稳定性

保险经营是否稳定不仅关系保险公司自身的生存和发展，还关系对被保险人能否如约履

行赔付责任，进而直接影响社会经济生活。因此，保险人在经营过程中的承保额要与其承保能力①相适应，即承保总额要等于或小于其总承保能力。

承保能力决定着保险公司接受新业务的能力，其原因如下。

（1）保险费实际上是保险人对投保人的负债，保险人接受的保单越多，其负债越大；同时，发售新保单还意味着保险人要支付新的费用，如保单的制作、代理人的佣金、展业的各项成本等，这在短期内必然会造成保险公司净资产的减少。

（2）如果保险公司接受的新业务太多，损失和费用又超过了净承保保费，就必须动用以前的盈余来偿还债务。

以上两种情况无疑都将增大保险人的经营风险。因此，保险人必须在其业务容量允许的范围内保持业务量的增长。

2. 保证承保质量，获得最大经营收益

保险人所承保的风险并不是没有条件限制的所有风险，也并非对所有的投保标的都予以承保。为了保证保险业务的质量，保险公司要通过核保对投保标的进行认真的选择，区别对待。对符合承保条件的投保标的，应积极给予承保；对出险具有必然性的投保标的不予承保即拒保；对于高出一般风险程度的投保标的，应通过提高保险费率来承保；对于保险责任以外的有些风险可在增加附加条款的前提下给予承保。因此，核保是承保过程中保证承保质量的关键环节。对于某项投保标的，保险人是否接受投保申请予以承保，实际上就是在保费收入和损失支出之间进行比较与取舍。一份非常严格，即选择标准很高的保单可能降低损失率，但同时也会减少保险费收入，而保险费收入本身又是获取投资收益和支付损失及费用支出的基础；一份选择标准很低的保单将提高损失率，甚至会使额外增加的保险费也不足以支付额外的损失赔偿和给付。因此，核保人员需要依据成本与收益的比较，在保险费收入和损失率之间进行审慎的选择。

在保险合同签订以后，承保人员还要定期或不定期地检查保险标的和被保险人的情况，以便观察和了解这些条件和因素是否发生了明显的变化。如果保险标的的风险因素增加了，那么承保人员可能会要求投保人对保险合同进行必要的变更，包括追加保险费，或者在进行续保业务时提高保险费，反映风险因素增加这一客观事实，甚至不接受投保人的续保。

承保管理的根本目的是在保证保险财务稳定的前提下使保险公司获得最大的盈利。保险盈利来源于保险费，在一般情况下，保险费越多，盈利也会越多。在费率一定的情况下，保险费的多少取决于承保总额的大小，承保总额越大，保险费就越多，盈利也就越大。由此可见，保险人的盈利与承保金额呈正相关关系。但是，如果承保总额超过了保险人承保能力的限度，又会导致财务的不稳定。承保金额与盈利具有既统一又矛盾的关系。因此，要想实现最大盈利就要寻找承保金额与盈利的最佳结合点。

若想找到最佳结合点，保险人首先要合理选择投保标的。在财产保险中根据保险标的风险的不同性质和程度来收取保险费。在人身保险中对被保险人进行适当的分类，分类的标准主要是年龄、性别、职业、生活习惯、收入水平等，针对不同的被保险人确定相应的费率。

---

① 所谓承保能力，是指基于保险公司净资产规模之上的业务容量，它是通过净承保保费对公司净资产的比率，即业务容量比率来衡量的。保险人在一个给定的时期内（通常为一个会计年度）所发售的所有有效保单的保费之和为总承保保费，其中包括再保险保费，而净承保保费只包括保险人在安排分保之后自留的原保险保费。

其次，保险人所制定的费率，并不是以保险标的今后发生损失的资料为基础，而是以过去的损失统计资料与费用记录为基础，即以过去的损失资料作为计算今后成本的依据，而且需要依据大数定律的原理来加以平衡，同时要求在计算保险费率时，将特大事故发生的因素也考虑进去。由于风险因素是在不断变化的，保险费率也必须不断得到修正以反映这些变化。虽然费率是由精算师确定的，但核保人员的工作也是定价过程中一个非常重要的组成部分。事实上，对一些罕见的保险标的而言，其费率往往是由核保人员根据以往的经验来决定的。最后，要科学合理地确定每个危险单位的自留额，以保证保险经营的稳定性。

5.1.2 建立完备的核保管理制度

完备的核保管理制度包括承保方针和核保标准等方面的内容，这是实施承保管理、保证质量的制度基础。

1. 制定承保方针

承保方针是指导保险人进行风险选择和分级，以及作出承保决策的总原则。保险公司一般设有专门的承保部门或机构，由它制定与公司经营总目标相一致的承保方针。保险公司的经营目标包括保证偿付能力、持续发展、盈利、树立良好社会形象等，在把这些目标转化为指导个别和整体承保过程的规划与决策时，就要依靠承保方针。所以，制定承保方针必须考虑保险经营各个环节，以及影响保险标的风险状况的各种因素，如各环节目标协调、地区的风险状况、保单的形式和费率、使用的定价标准、赔付计划的选择等。此外，承保方针还要与本企业的承保能力，相关法律、法规，核保人员素质和再保险能力相适应。

制定承保方针一般要遵循以下原则。

（1）对被保险人公平的原则。要确保对被保险人的公正，风险评估与风险分级必须尽量客观，每个被保险人所支付的保险费率应该正确反映风险等级的大小。但是，在具体核保过程中，核保人员可能受到来自营销、精算等其他部门的压力，如营销部门希望核保人员尽可能地将投保人都划分到标准的或可接受的风险级别内，并尽快地签发保险单；精算部门希望核保人员利用风险分级的方法，尽量使死亡率或疾病发生率接近保险产品设计时所预定的比率。这样，企业管理层在制定核保原则时，就要二者兼顾，使核保人员既能快速出单，又能使接受的业务保持令人满意的死亡率和疾病发生率，同时还要使核保费用成本越低越好。

（2）对保险人公平原则。保险公司在营销运作过程中，不能为了争取业务而放弃对承保风险质量的必要要求，否则，缺少合理的风险评估会导致保险人巨大的经营风险，最终也会使被保险人的利益无法得到保障。

（3）拒保理由必须充分的原则。对投保申请一旦需要拒保，核保人员必须使拒保的理由具有足够的说服力，首先要说服保险展业人员，才能说服投保的客户。否则，一方面会影响业务的正常开展；另一方面会使投保方产生误解，甚至给保险人的市场声誉造成负面影响。

总之，承保方针既要反映保险经营的战略目标，又要随着时间的推移和经验的丰富不断加以修正。

2. 规范核保标准，编制核保手册

承保部门制定核保标准，除了应与各业务部门共同协商外，还要充分考虑以往的经验，主要是业务营运记录、理赔经验、产品发展的历史趋势等，将这些标准整理汇总后编制成核保手册。核保手册是保险公司从具有不同风险和损失经验的投保对象中，经统计和数量风险评估，从技术上制定的对风险分类及匹配费率的标准，包括核保操作的具体内容、项目、标准、方法。核保手册一方面向核保人员传达保险公司的承保方针；另一方面也是核保人员的行为规范和行动指南，是其进行核保决策的依据和基础。核保人员依据核保手册中列出的对每一险种应当考虑的因素，以及与这些因素相关的投保人的各种特征、保险人对这些投保人的态度等，来决定怎样处理各类投保申请，以及是否给予承保。

核保手册有利于保证保险公司内部实施统一的核保标准，既可以避免核保人员随意对费率开价和通融承保，又可以提高自身的核保水平和实现核保工作的制度化、科学化、规范化。对保险人而言，不仅要制定承保方针和核保手册，还要对其执行情况进行定期或不定期的检查或抽查，检查的内容通常包括两个方面：① 检查各核保人员或部门是否严格执行了承保方针和核保手册的要求；② 如果确实执行了相关规范，那么执行的结果是否达到了预期的效果，是否有需要调整和修正的内容。

5.1.3　优化承保组织系统

保险公司一般都设置有专门的承保部门或机构，承保部门作为一个重要的保险职能部门，除了制定承保方针和编制承保手册，进行核保选择并作出承保决策之外，往往还要分析损失和保险费的经验数据，研究保险责任范围和保单格式，提供修订保险费率、开发新险种的意见和建议，负责承保人员的教育和培训等。保险公司要结合自身的实际情况，不断优化和完善承保组织系统及管理模式，以促进承保管理水平的进一步提高。

1. 建立高效、快捷的现代化承保管理系统，提高管理质量和管理效率

积极运用先进的科学技术手段，提高承保业务处理和管理的电子化与自动化水平，实现承保信息管理的规范化和核保核赔的网络化。近年来，随着我国保险公司业务管理的电子化和信息网络化的日益普及，计算机核保系统已被广泛采纳，这样既有利于对人员核保质量的验证，又可相对防止出现人情核保问题。当然，为了提高保险承保的工作效率和确保承保质量，相应的计算机设备、设施及运行和处理系统也需要不断进行维护、升级、完善和更新，同时还要注意严格防范电子化管理设备和系统本身可能具有的风险。

2. 规范核保岗位资格管理

核保是保险公司降低逆选择和道德风险，严把风险入口的第一道关卡，而且核保在很大程度上是一个加入了个人判断因素在内的复杂过程，要求核保人员必须具备专门的知识与技能、丰富的实践经验和良好的职业道德。为此，保险人在进行核保制度建设时，必须长期注重核保人才的培养，设立专职和具有相对独立权限的核保岗位，并相应配备专业的核保人员。要经过严格的资格考试和业务考核确定核保人员的从业资格与不同级别，按核保人员的不同级别①授予不同的权限，严格按核保权限分派保险个案。分派的方式可以采用个案分派方式或工作分派方式。前者一般依据投保金额、投保类型、投保申请的地理位置，以及递交投保申请的代理人所在地分派保险个案。在这种管理方式下，核保人员可以分别专门从事不同类型的保险个案，有利于提高工作效率；保险公司还可以通过定期轮换和交叉培训使核保

① 核保人员的常见职务等级有核保总监、核保经理、首席核保员、高级核保员、核保员、初级核保员、快速核保员、核保实习生。

人员了解其他类型的案例。后者则根据核保人员或核保小组分派保险个案。工作分派可以采取独立核保、小组核保、快速核保和委员会核保几种形式。同时，还要坚持对专业核保人员定期进行业务培训，以不断提高其业务水平和风险的识别、分析与评估能力。

3. 强化核保与承保权限管理

为了更有效地控制承保风险，保险公司在承保管理中，必须强化核保与承保权限管理，实施分级授权的管理制度，对不同级别的承保部门与专业核保人员明确授予不同的核保与承保权限。不管是对新契约的风险选择与评估，还是对已承保契约的变更申请进行审核与签批，都要严格遵循核保与承保权限的要求。保险公司往往在核保手册中具体规定核保和承保的权限范围。每一位专业核保人员因其自身对业务的熟悉程度和经验不同而被分成若干等级，每一等级对应有不同风险保额①的核保权限。核保人员在各自的权限范围内对投保单和投保标的通过细致、周密、审慎的考核，最终决定是否予以承保和以何种条件承保。如果一笔投保的业务超出了某级核保人的权限，则须转交上一级核保人，直至最终确定该业务是否承保。

近年来，我国一些大型保险公司为提高承保质量，控制经营风险，进行了业务管理方面的改革，将支公司与营销部的核保与承保权限逐级上收，在中心城市、一级分公司所在地或总部设立专门的业务处理中心，全面负责核保与承保，由此减少了管理层次，提高了管理效率，而承保与展业、理赔管理的相互分离也使保险公司主要经营环节的专业化程度更高。2007 年 6 月，中国保监会下发了《关于进一步加强大型商业保险及各类投标业务管理的通知》，明确要求各财产保险公司健全大型商业保险及各类投标业务承保与核保管理办法，严格承保与核保权限管理，将大型商业保险及各类投标业务的核保权限集中上收到省级分公司或总公司。单笔大型商业保险（财产损失保险、责任保险），保险金额超过 5 亿元人民币或保费超过 50 万元人民币的，要建立投标业务（含议标、询价）事前报告与事后核查制度。按照该通知要求，各财产保险总公司（含外资保险公司）的投标业务项目，应在保险协议签署前或投标前 5 日内向中国保监会书面报告投标业务项目名称。各财产保险省级分公司及所属分支机构参与的投标业务项目，由省级分公司在保险协议签署前或投标前 5 日内向当地保监局书面报告投标业务项目名称。

5.2 保险核保管理

5.2.1 规范核保选择和核保控制管理

1. 对核保选择的管理

核保本身就是保险人对投保标的进行风险选择的过程，选择的目的是确定合理的承保条件，提高投保人或被保险人对保险标的的责任感，控制保险承保风险，提高保险经营的稳定性。核保选择表现在两个方面：① 尽量选择具有同质风险的投保标的承保，从而使风险在

① 风险保额是指在保险合同有效期限内，当保险事故发生后，保险人实际承担保险责任的最高保额。例如，一些寿险公司的保险条款规定："被保险人因意外伤害身故，本公司按保险单所列明保险金额的两倍给付身故保险金，本合同终止。"这里的两倍给付金额即为风险保额。

量上得以测定，以期达到风险的平均分散；② 淘汰那些超出可保风险条件的投保标的。核保选择包括事前选择和事后选择。事前选择可以使保险人处于主动地位，如果发现投保人、保险标的或承保风险存在问题，保险人可以视其风险情况，采取拒保或条件承保等措施加以限制，使保险人能够在较有利的条件下承担风险责任。

1）事前核保选择

事前核保选择是在展业的风险选择的基础上，对投保标的进一步分析、审核，以确定接受承保的条件。保险承保工作的基本目标是为保险公司安排一个合理的安全与盈利的业务分布组合。为避免逆选择，保证保险业务的优良质量，保险人必须选择一组能够适当平衡的被保险人，也就是说低于平均损失的被保险人能够抵消高于平均损失的被保险人，以便使保险费收入足以抵付将来可能的赔款支出。投保单是事前核保选择的第一手资料，通过审核每一份投保单并分析保险标的风险的大小，以作出正常承保、条件承保和拒保的决定。

事前核保选择的内容包括两个方面，即对“人”的选择和对“物”的选择。前者是指对投保人或被保险人的选择，后者是指对保险标的及其利益的选择。保险公司在对事前核保选择进行管理时，要从这两方面入手，制定科学合理的、详尽的核保选择标准。

（1）对投保人或被保险人的选择。投保人首先必须是具有完全行为能力并对保险标的具有保有保险利益的自然人或法人，只有这样，保险合同才具有法律效力。虽然保险标的本身的性质与保险风险的大小关系最为密切，但是在整个保险经营活动中，保险标的始终处在投保人或被保险人的控制之下，投保人对保险标的是否具有保险利益，投保人的品格、行为等都会直接影响保险事故发生的可能性和损失程度的大小。因此，保险人在承保前有必要了解投保人的品格、资信、作风等。例如，在财产和责任保险中，保险标的本身并不是自然人，而是有形的财产和无形的利益、责任，但投保人作为保险标的和保险利益的所有人、代理人或受托人，他们对保险标的的管理、保存、处置是否得当，直接影响风险的频率和强度，所以也就存在对投保人的选择问题；在船舶保险核保时，保险人要审核船长、船员的技术水平，船东的资信和经营作风；在汽车保险核保时，保险人对驾驶员的驾驶技术、以往的肇事记录等都要进行严格的审核。人身保险的保险标的是被保险人的生命或身体，保险人往往通过风险评估来防止逆选择的产生。风险评估包括以被保险人身体的风险因素为中心的医务审查和以被保险人道德、职业方面的风险因素为中心的事务审查两个方面。例如，在个人寿险中，保险人进行核保选择的要素不仅包括被保险人的年龄、身体健康状况、职业等，还要考察投保人与被保险人是否具有保险利益，投保人的保费支付能力是否与投保金额相吻合等；而在团体寿险中，核保选择要素则要重点考察团体的性质、投保人数、保险金额、职业风险等。

（2）对保险标的及其利益的选择。保险标的是保险人承保风险责任的对象，其性质、状态与风险大小和风险发生所造成的损失程度直接相关。因此，保险人在对新业务进行核保时，必须对不同性质的保险标的细加分类，并依据分类标准对具体的投保标的作出合理选择，剔除影响保险公司稳定经营的投保标的，作出正确的承保决策。对保险标的选择的重点应集中在保险标的本身所发生损失的可能性大小上。例如，在火灾保险中，如果保险标的是建筑物，保险人要对保险标的坐落地点、建筑结构、险位、防护、占用性质等进行选择；在船舶保险中，对保险标的的选择主要考虑船舶本身是否适航、船龄、船舶的航行区域等；在汽车保险中，对保险标的的选择主要考虑汽车本身的性能、使用年限等；在人身保险中，对保险标的的选择着重考虑被保险人的年龄、性别、体质、个人病史、职业、生活习惯和嗜好、经济状况等。总之，保险人在承保时通过对保险标的进行风险评估，尽量选择能使保险业务保持平衡的保险标的予以承保，以保证业务经营的稳定。

2）事后核保选择

事后核保选择是指保险合同签发之后，保险人对保险标的的风险超出核保标准的保险合同作出淘汰的选择，具体表现如下。

（1）保险合同期满后，保险人不再续保。

（2）保险人如发现被保险人有明显误告或欺诈行为，可以中途终止承保或解除保险合同。根据我国《保险法》第十六条的规定，投保人故意或因重大过失未履行如实告知义务，足以影响保险人决定是否同意承保或提高保险费率的，保险人有权解除合同。根据我国《保险法》第二十七条的规定，被保险人或受益人在未发生保险事故的情况下，谎称发生了保险事故，向保险人提出赔偿或给付保险金请求的，保险人有权解除合同，并不退还保险费。

（3）按照保险合同规定的事项注销保险合同。例如，我国远洋船舶战争险条款规定，保险人有权在任何时候向被保险人发出注销战争险责任的通知，通知在发出后 7 天期满时生效。

加强对事后核保选择的管理，可以动态地观察和分析进而及时控制和避免保险公司承保之后可能出现的风险，进一步提高保险经营的稳定性。

2. 对核保控制的管理

核保控制是指保险人对投保风险作出合理的核保选择后，针对承保标的具体的风险状况，运用保险技术手段控制自身的责任和风险，并采取合适的条件予以承保。核保控制需要考虑的因素很多，一般包括逆选择、道德风险、心理风险和保险人自身的因素等。

1）逆选择

在保险活动中，逆选择是指那些遭遇风险机会最多的人，最愿意购买保险，而遭遇风险机会少的人，购买保险的动机不强，如果保险人未经过核保就直接对投保的风险予以承保，则会导致参加保险的人或标的都是高风险的，从而使保险经营无法正常进行。

解决逆选择的问题需要从分析逆选择的原因开始，逆选择的发生是信息不对称的结果，投保人比保险人更了解被保险人或保险标的的风险所在。因此，保险人在作出承保决策之前首先应对投保对象的有关信息进行全面了解，然后对申请者进行严格的筛选，以避免逆选择带来的不良影响。另外，统一的保险费率也会造成逆选择，只有对具有不同风险程度的投保对象采取不同的保险费率才会避免这种情形的发生。对一切投保人一视同仁，这种表面上的公平往往会造成事实上的不公平，低风险的投保人要支付相对过高的保险费，就会抑制他们的保险需求；高风险的投保人支付相对过低的保险费，则会刺激他们的保险需求，从而增加保险人的经营风险。

2）道德风险

道德风险是指由于保险机制的存在而使风险事故发生的可能性增加。这是承保控制的重点。在保险活动中，道德风险多指人们以故意行为促使保险事故发生，或者扩大已发生的风险事故所造成的损失，以便从中获利的行为发生的可能性。为了控制道德风险，保险人除了在保险合同中明确规定因道德风险引致的风险事故为保险除外责任外，往往还在核保过程中采取以下控制措施。

(1) 控制保险金额，避免高额保险。保险金额是保险人对被保险人承担保险损失赔偿或保险金给付责任的最高限额。控制保险金额也就意味着控制了保险损失赔偿和给付的最高限额。对于承保后产生的道德风险，保险人通过控制保险标的的保险金额来限制损失发生后的赔付金额，使被保险人不能因保险合同的存在而额外获利，从而避免和减少道德风险的发生。对于高保额的保险标的，由于保险标的可能发生损失的金额巨大，或者因保险人自身承保能力的限制，通常要对保险金额加以控制，以使保险赔付金额限制在保险人能够承受的范围内。对于损失发生概率比较大的保险标的，投保时保险人也要控制保险金额，以相对减少赔付金额。

(2) 控制赔偿程度。根据保险补偿原则，当保险事故发生时，被保险人可以获得充分全面的补偿，但是被保险人所获得的赔款仅限于其实际损失，或者将保险标的物恢复到原有的经济状态，被保险人不能因保险而获得额外的利益。因此，在财产保险和人身保险的医疗费用保险中，保险人进行损失补偿通常要同时受3个限额的制约：① 以保险金额为限；② 在保额的限度内以实际损失为限；③ 以保险利益为限。

3) 心理风险

心理风险是指投保人或被保险人因参加保险而产生松懈心理，由于行为上的粗心大意、漠不关心，以致增加了风险事故发生的机会或扩大了损失程度。例如，在汽车保险中，驾驶员因保险合同的存在而不谨慎驾驶；在农业保险中，农民对恶劣气候变化事先不采取防护措施，等等。道德风险往往由于会引致违法犯罪行为，一般在保险合同中被明确列明为除外责任，与其相比，心理风险往往由于并不触及法律，所以更具有隐蔽性，也更容易发生，但其发生的后果同样严重加大了保险人的经营风险。因此，保险人对心理风险的管理也必须运用技术手段，采取相应措施予以严格控制。

(1) 控制保险责任。控制保险责任就是控制保险人承担风险的范围和保险赔偿或给付的责任。在承保时，为了明确和控制保险责任范围，满足不同层次投保人的需求，保险人将保险责任分为基本责任、特约责任和除外责任，并通过制定相应的保险条款，明确自身所承担的赔偿责任范围。基本责任是指保险人对某一险种的基本风险所承担的最普通的保险责任。基本风险一般适用于基本条款，以基本费率予以承保。特约责任是指保险人在承担基本责任的基础上，经过保险双方特别约定，对某一险种所具有的特殊风险或较大的风险附加承担的保险责任。对于特殊风险，往往借助于附加条款，在承保基本责任的前提下，加费承保或采用特约条款，按特别约定的承保条件承保。除外责任是保险人不承担保险赔偿或给付责任的范围，多指某一险种保险标的面临的必然风险、巨灾风险或道德风险。另外，对一些不易控制的风险责任，保险人还要按照自己的偿付能力确定自留责任限额，超过自留额部分的风险责任要通过办理再保险来分散风险。

(2) 规定免责限度。免责限度是指在保险合同中规定的保险人的免责权限，是保险人对保险损失免除赔偿责任的限度。免责限度分为绝对免责限度和相对免责限度两种情况。相对免责限度要根据保险标的实际损失与免责限度的比较来确定保险人是否实际免责。只有当保险标的的损失程度在免责限度以下时，保险人才能实际免责；如果保险标的的损失程度超过免责限度，保险赔偿将不计免责，而按实际损失计算赔款。绝对免责限度是指不管保险标的的损失程度是否超过免责限度，保险人在计算赔款时都要将免责限度以下的损失在赔款中扣除。

在保险实务中，免责限度通常以免赔额或免赔率表示。例如，财产保险和医疗费用保险中往往会有免赔额或免赔率的规定。规定免责限度，既可以减轻保险人的损失赔偿责任和节约理赔费用，又可以促进被保险人加强防灾防损，有利于降低心理风险，减少保险事故的发生。

（3）运用共同保险条款。共同保险是指由保险人和被保险人按各自规定的比例共同承担保险责任。对一些容易产生心理风险的险种或承保损失发生概率较大的保险标的，保险人常在保险条款中规定共同保险条款，通过要求被保险人自己承担一定比例的保险损失，来抑制被保险人心理风险的产生，并减少对高风险标的的赔偿责任。

（4）在保单中规定保证条款。保证条款是保险人与投保人在保险合同中约定，投保人或被保险人在保险期间内担保或承诺特定事项的作为或不作为，投保人或被保险人只有尽到保证条款中的义务，保险人才负保险责任。在保险经营中，保证分明示保证和默示保证两种形式，但无论采取哪种形式，其对投保人和被保险人的约束力都是一样的，一旦投保方违反保证，保险人都有权拒绝赔偿损失或给付保险金。保证条款的设置不仅在一定程度上限制了保险责任，还可以降低和消除被保险人的心理风险，减少保险事故的发生率。

（5）实行续保优惠。在保险经营中，有些险种如汽车保险等规定有无赔款优待条款，其具体内容是如果被保险人在前一个保险期间内无保险赔款发生，当其按时续保时就可以在保险费交付上获得保险人给予的一定程度的优惠，优惠程度一般为上年度保险费的一定百分比，如10%等，以此促进被保险人的防灾防损意识，降低保险赔付率。

除了上述几个方面的措施，保险人有时也会采取其他优惠措施。例如，有些险种规定，对配备先进有效防灾设施和防灾防损工作做得好的被保险人，在投保时可以给予一定程度的保险优惠。诸如此类的优惠措施都有利于鼓励被保险人加强防灾防损，减少心理风险。

4）保险人自身的因素

保险人进行核保控制还要考虑自身的因素。

（1）考虑保险人的承保能力、市场份额等。不同保险公司由于在保险市场中的竞争地位不同，对同类业务的核保方针会有较大的差异。在市场中居于领导者地位的保险人因其承保能力和市场占有率高、业务量大，多倾向于进行比较冒险的尝试；而处于追随者地位的保险人在核保过程中往往采取较为保守的原则。

（2）注意展业部门与核保部门之间的平衡协调。展业部门的任务是力求保费收入的增加，因此为了扩大业务规模往往会放宽接受业务的风险程度，并对某些业务要求变通处理；而核保部门的任务是提高保险合同的品质。各自目标不同，冲突是在所难免的。

（3）考虑再保险条件的优劣。再保险公司的分保条件决定了自留额的多少和危险分担的比例，进而影响承保决策。

（4）受到核保人员自身素质和经验的制约。如果核保人员经验不足、素质较低，核保决策自然较为保守；如果核保人员经验丰富、素质良好，核保决策就会相对灵活。

此外，保险作为经济行业的一个部门，核保管理还会受到社会经济生活其他方面的制约。例如，从投保人的角度来看，保险人对保险消费者并非一视同仁，有的予以承保，有的予以拒保；有的支付的保费高，有的支付的保费低。随着消费者维护自身权益意识的提高，保险人受到的批评和指责越来越多，保险人为了拓展业务，就有可能改变核保标准来迎合消费者。又如，政府主管部门也可能会对保险人的承保决策施加影响，如强制规定保险人必须承保的业务范围，强制其使用统一的保费标准，限制保险人解除保险单和不予续保等方面的权利等。还有，整体经济运行的状况、某些重要经济指标的变化也会影响保险人的核保决策，如银行基础利率的高低，会直接影响寿险公司对可承保业务范围的选择。

5.2.2 规范保险单证管理

这里所说的保险单证不仅仅包括正式的保险单和保险凭证，还包括各类据以核保、承保乃至理赔的客户投保单及其他原始投保资料和其他有效保险单据。保险单证是保险公司经营管理的重要手段和凭据，是保险合同双方履行义务和享受权利的基本依据。单证管理的疏漏往往会给日后的保险合同纠纷埋下伏笔，甚至给保险公司造成不可避免的巨额损失。为了防患于未然，有效规避风险，提高保险公司经营管理质量，必须规范和严格保险单证管理，明确制定保险单证从领取、使用到保管、核销的具体流程和详细办法，建立周密有效的单证使用、管理和监控制度。借助于现代科学技术，我国一些保险机构建立了保险单证电子缩微管理库和全方位的电子查询网络，这也标志着保险单证管理工作进一步走向现代化、高效化。

5.2.3 加强分保管理，合理进行再保险规划和安排

保险业是经营风险的特殊行业，风险的不确定性决定了保险公司在经营过程中面临着极高的风险，保险公司要加强对承保风险的控制，实现稳健经营，不仅要严格和规范承保管理，还必须加强分保管理，合理运用再保险，对超出自身承保能力的业务必须通过分保进一步控制和转移风险。再保险又称分保，是直接保险人将其所承保业务的保险责任部分或全部分给其他保险人的过程。分保与承保在现代保险运行中具有极为密切的关系。虽然，从理论上可以把承保和分保分为两个环节，在顺序上也可以认为是先有承保，后有分保，但在实践中，承保和分保是同一过程的两个方面，保险人在承揽保险业务尤其是保额较高的业务时，往往需要一定的分保规划和安排，根据自身的承保能力确定自留额，相应也就确定了分保额，自留额与分保额共同构成了实际的保险金额。不仅如此，在现代保险制度下，分保大多是通过预先商定的分保合同进行安排的，在分保合同约定期限和范围内的所有保险业务，都必须按照合同规定的条件安排分保，原保险人必须分出，再保险人必须接受。从这个意义上，分保实际上是承保的一个前提条件。在保险承保管理中，正确评价承保能力，合理核定自留额和分保额，积极利用再保险降低和控制经营风险是极其重要的一个方面。

自留额又称自负责任，是指保险人就其所承保的业务，对每一危险单位①所能自行承担的责任限额。对于保险公司而言，影响自留额的因素是多方面的，主要表现为以下 6 种。

1. 财务状况

财务状况主要涉及保险公司的资本金、特别准备金和未分配盈余等项目的规模大小。总体来看，财务状况雄厚，自留额就可以定得高一些；反之，则要定得低一些。

2. 业务数量

保险公司承保的业务量越大，业务的同质性越均齐，损失经验概率的波动性就越小，从而可以确定较高的自留额；反之，则应确定较低的自留额。

3. 业务品质

保险公司在确定自留额时应考虑不同业务的特性，如有效保单的分布情形，包括保险金

---

① 危险单位是指一次保险事故可能造成的最大损失范围。

额、保单数量、风险程度与费率水平的匹配程度等。如果承保业务品质佳，过去理赔记录良好，则可确定较高的自留额；反之，则应确定较低的自留额。

4. 员工素质

保险公司业务人员尤其是核保人员的专业素质高，承保质量好，可确定较高的自留额；反之，则应确定较低的自留额。

5. 经营政策

保险公司经营政策积极，开拓市场能力强，可确定较高的自留额；若经营政策较保守，市场竞争力较弱，则宜将自留额定得低一些。

6. 再保险成本

当整个再保险市场承保能力过剩、分保成本相对较低时，保险公司可确定较低的自留额；反之，可确定较高的自留额。

一般而言，保险公司的正常生存条件是具有较大数量的投保者及订立的合同。保险合同数量的增多不仅使保险公司经营收入增加，而且根据大数法则，同一险种订立合同数量越多，预定计算的结果越接近保险事故的实际情况。为了遵循大数法则，保证经营安全，对每一危险单位的自负责任就要有所限制，以保证合同数量达到一定的标准。超过保险公司承保能力的危险或责任必须进行再保险。承保能力是指基于保险公司净资产规模基础之上的公司业务容量。也就是说，承保能力是保险公司在业务经营过程中，在拥有一定净资产条件下，为保证其偿付能力，所能接受的最高自留额和承保总额的能力。我国《保险法》第一百零二条规定："经营财产保险业务的保险公司当年自留保险费，不得超过其实有资本金加公积金总和的 4 倍。"①

此外，如果一家保险公司的合同数量盲目增加，超过一定限度，也会危及保险公司经营的安全。根据大数法则，承保的危险越广泛越平均，则发生赔付的事故次数与总的危险单位数相比，就越具有稳定性，而合理利用再保险正是扩大承保面，增加承保单位，平均分散危险的一种有效手段。因此，我国《保险法》第一百零三条规定："保险公司对每一危险单位，即对一次保险事故可能造成的最大损失范围所承担的责任，不得超过其实有资本金加公积金总和的百分之十；超过的部分应当办理再保险。"①

【阅读材料 5-1】

天安保险推出车险核保业务系统

据悉，天安保险与北京精友时代科技发展公司合作开发的车险核保业务系统即将正式实现整车标准编码及新车购置价标准报价。全面实施整车标准编码及新车购置价标准报价，可以为承保人准确甄别标的风险，及时提出合理的承保建议提供技术支持，能够为天安分车型的统计分析及数据深挖掘打下基础，给车险经营的精细化管理提供了依据。

资料来源：国际金融报，2005-12-19.

---

① 2009 年 2 月 28 日第十一届全国人民代表大会常务委员会第七次会议修订稿。

【案例 5-1】

因保费支付能力不足被限额承保案例

1. 投保单概要

被保险人某男，49 岁，未婚；职业为个体工商户；近 3 年年均收入 10 000 元；既往无投保、加费、延期、拒保记录；身体健康，下肢残疾。

投保某年金保险（分红型）10 000 元，交费方式为年交，保险费 2 100 元，交费期 10 年，未指定受益人。

2. 核保分析

保费支出占被保险人年收入比例处于 20% 的临界点处，该年收入是否是业务员为满足核保要求而为被保险人确定的年收入？被保险人下肢残疾，究竟从事何种个体经营？被保险人婚姻状况为"未婚"，其目前家庭成员构成情况如何？

3. 核保调查情况

被保险人家居环境较差，住一间 30 平方米的砖木结构瓦房，该瓦房有近 25 年的历史，基本没有什么家具，只有一张破旧的简易床和一台 14 英寸的旧黑白电视机。该住房同时也是被保险人工作的场所，有一台老式的稻谷脱壳机，机器锈蚀程度比较严重。被保险人至今未婚，双下肢先天性残疾，双腿呈萎缩状，膝盖以下部分萎缩较为严重，其老母亲居住在不远处的弟弟家中，由其弟弟赡养。调查人员还了解到，被保险人的投保目的是获得养老保障，其每天的收入约为 8～10 元，除去日常生活开支外每年有 2 000 元的结余。2004 年 4 月，某业务员在宣传保险的过程中得知被保险人每年有 2 000 元的收入，便为其设计了一份年交 2 100 元的保险计划（未提醒被保险人中途退保可能带来的损失），投保单中告知的被保险人年收入情况完全是为了满足核保的需要。

4. 核保决定

被保险人虽然有投保愿望，但因其年收入远远不能支持现在的保费交纳数额，投保单的年收入告知没有体现被保险人的真实收入水平，所以核保人员综合分析被保险人的情况后，作出了限制保额在 1 000 元以内的核保决定。

复习思考题

一、概念题

承保能力　　承保管理　　核保管理　　核保控制

二、思考题

1. 承保的管理目标包括哪些内容？
2. 保险企业制定核保方针一般要遵守哪些原则？
3. 试述如何进行核保选择。
4. 什么是核保控制？如何进行核保控制管理？

第6章 保险防灾防损与理赔管理

防灾防损和展业、承保、理赔一样，是保险经营的中心环节，是保险企业的重要职责。实施防灾防损，维护人民生命和财产安全，减少社会财富损失，是我国保险经营的基本目标之一，是提高保险经济效益和社会效益的重要途径。

6.1 保险防灾防损管理

保险防灾防损需要保险双方共同努力，采取一切可能的措施，以减少或消除风险发生的因素，从而降低保险经营成本，提高经济效益。保险防灾防损是保险企业一项不可忽视的重要工作，需要遵循积极主动、经常、及时、有效，和社会有关防灾部门密切配合的原则。

6.1.1 保险防灾防损的概念与意义

1. 保险防灾防损的概念

防灾是事先采取积极有效的措施，防止自然灾害和意外事件给人类造成损失和伤害。凡与自然灾害和意外事件做斗争的工作，如防火、防汛、防爆、防震、防污染、防中毒、防疫、防车祸、防止工伤等均属防灾工作。防损是指防止物质损失，包括自然灾害和意外事件发生前的预防工作，发生中的抢救、施救工作，以及事故发生后的补救工作。防灾防损是指为预防和减少灾害事故发生及其所造成的生命和财产损失而采取的各种组织措施与技术措施。

防灾防损并非保险经营的特有内容，而是随着人类产生后为适应人类生存和社会发展的需要而产生并逐步发展的。在早期人类社会，灾害事故的种类较少，主要是各种自然灾害，如干旱、洪水、火山爆发等。随着科技进步和人类社会的不断发展，人类在防灾防损方面取得了一定成效，但灾害事故本身也日益复杂，呈现出以下特点。

（1）灾害事故种类日益增多，尤其是各种人为灾害事故不断增多，如交通事故、环境污染、诱发性地震、公共卫生事件、食品安全事件等。除现代火山活动外，几乎所有自然灾害，包括气象灾害、地震灾害、地质灾害、海洋灾害、生物灾害和森林草原火灾等，都在中国出现过。

（2）灾害事故发生的范围越来越广。全人类都受到各种不同灾害事故的威胁，而有些灾害事故对人类整体都有影响，如厄尔尼诺现象的产生和臭氧空洞的形成等正在改变全球的环境。据 2009 年 5 月国务院新闻办发表的《中国的减灾行动》白皮书。中国各省（自治区、直辖市）均不同程度地受到自然灾害影响，70% 以上的城市、50% 以上的人口分布在气象、地震、地质、海洋等自然灾害严重的地区。2/3 以上的国土面积受到旱涝灾害威胁。东部、南部沿海地区，以及部分内陆省份经常遭受热带气旋侵袭。东北、西北、华北等地区旱灾频发，西南、华南等地严重干旱时有发生。各省（自治区、直辖市）均发生过 5 级以上的破坏性地震。约占国土面积 69% 的山地、高原区域因地质构造复杂，滑坡、泥石流、山体崩塌等地质灾害频繁发生。

（3）灾害事故发生的频率越来越高。不同种类灾害事故的交替侵袭日益频繁。另外，某些单一灾害事故也经常性发生，如 20 世纪 60—80 年代，全世界大的洪涝灾害由年均 15. 1 件增至 24. 3 件，大的干旱灾害由 5. 2 件增至 8 件。慕尼黑再保险公司的统计显示，1992 年自然灾害为 509 件，1993 年则达到 600 件。气候变化造成的灾害总体上呈上升态势，2009 年自然灾害的总量达 850 场，明显高于前 10 年的平均 770 场。中国的地震活动十分频繁，大陆地震占全球陆地破坏性地震的 1/3，是大陆地震最多的国家。

（4）灾害事故导致的后果越来越严重。1970 年 11 月孟加拉国发生洪涝，死亡 30 多万人；1976 年我国唐山发生 7. 8 级地震，死亡 24. 2 万人，直接经济损失 96 亿元；1982—1984 年非洲旱灾造成大饥荒，500 多万人饿死；1984 年 12 月印度博帕市一工厂毒气外泄，造成数以万计的人神经性中毒，死亡 2 352 人。1990—2008 年，中国平均每年因各类自然灾害造成约 3 亿人次受灾，倒塌房屋 300 多万间，紧急转移安置人口 900 多万人次，直接经济损失 2 000 多亿元人民币。特别是 1998 年发生在长江、松花江和嫩江流域的特大洪涝，2006 年发生在四川、重庆的特大干旱，2007 年发生在淮河流域的特大洪涝。2008 年发生在中国南方地区的特大低温雨雪冰冻灾害，2008 年 5 月 12 日波及四川、甘肃、陕西等地的四川特大地震，2009—2010 年西南旱灾，2010 年青海玉树地震，近几年来更是天灾人祸频发，均造成重大损失。这些令人触目惊心的数据，使人们不得不面对这样的事实：尽管科技水平不断进步，人类认识自然、改造自然的能力不断增强，但灾害事故的后果也日益严重。

安全需要是人的基本需要，人类的发展历史也就是人类与灾害事故进行斗争的历史。在长期的防灾防损实践中，人们建立了各种防灾防损制度，规范了各种防灾防损程序。采取种种事前预防、应急施救、事后处理的措施，对灾害事故加以控制或施加影响。降低灾害事故的发生频率，减轻灾害事故的损失幅度。新中国成立以来，党和政府十分重视防灾防损工作，动员了社会各种力量，采取了多种有效措施，减少了各种灾害事故的发生，在很大程度上保护了人民生命财产的安全。我国防灾防损工作的制度化、法制化建设也有了一定进展，尤其是 20 世纪 80 年代以来，国家先后颁布了 40 多部防灾减灾或与防灾减灾密切相关的法律、法规，对我国的防灾防损工作起到了较好的保障作用。而且多年来，中国政府坚持将减灾纳入国家和地方可持续发展战略。例如，1994 年 3 月颁布《中国 21 世纪议程》，明确了减灾与生态环境保护的关系，将提高自然灾害管理水平、加强防灾减灾体系建设，以及减少人为因素诱发和加重自然灾害作为议程的重要内容。1998 年 4 月颁布《中华人民共和国减灾规划（1998—2010 年）》，第一次以专项规划的形式提出了国家减灾的指导方针、发展目标、主要任务和具体措施。

防灾防损是一项社会性活动，同时又具有较强的技术性，因此在组织形式上，既要有专门部门负责，又要有各经济单位和个人予以配合。针对防灾防损的这种以专业部门负责为主、社会力量密切配合的特点，习惯上也称为社会防灾防损。保险防灾防损则是社会防灾防损的重要组成部分。

保险防灾防损有两层含义：① 保险是一种有效的防灾防损方式；② 保险经营必须与防灾防损相结合，被保险人也应积极地开展防灾防损工作。本章所述的保险防灾防损，是指保险人与被保险人采取各种组织措施和技术措施，预防和减少保险标的发生灾害事故、意外事件，以及在灾害事故、意外事件发生后，尽可能地减轻保险标的的损失。无论是财产保险还是人身保险，都要重视防灾防损。

保险防灾防损与社会防灾防损有以下区别：① 社会防灾防损的主体是有关职能部门、专业机构和全体社会成员，而保险防灾防损的主体只限于保险人和被保险人；② 社会防灾防损的保护范围包括所有社会财富及全体社会成员的生命财产，而保险防灾防损的保护范围只限于保险标的；③ 社会防灾防损的对象是各种灾害事故，甚至包括正常的物理现象，如机械磨损等，而保险防灾防损的对象通常只限于保险事故；④ 社会防灾防损的依据包括经济单位的利益动机和国家法律、法规的强制规定，而保险防灾防损的依据则是保险合同，主要表现为保险人和被保险人之间的经济利益关系；⑤ 社会防灾防损可由主管部门对不重视防灾防损、措施不力的单位和个人，采用行政手段督促整改，直至给予行政、经济处罚，而保险防灾防损大多是向被保险人提出防灾防损建议，若拒不整改，只能解除保险合同或在赔付责任上予以限制。显然，保险防灾防损只是社会防灾防损系统中的一个子系统，它处于参与、配合、组织推动的地位。

2. 保险防灾防损的意义

（1）开展保险防灾防损，可以促进被保险人改善经营管理，保障社会财富和人民生命财产安全。我国《保险法》规定，被保险人应当遵守国家有关消防、安全、生产操作、劳动保护等方面的规定，维护保险标的的安全。根据财产保险合同的约定，保险人可以对保险标的的安全状况进行检查，及时向投保人、被保险人提出消除不安全因素和隐患的书面建议。投保人、被保险人未按照约定履行其对保险标的安全应尽的责任的，保险人有权要求增加保险费或解除合同。保险人为维护保险标的的安全，经被保险人同意，可以采取安全预防措施。根据以上规定，被保险人必须在思想上、组织上、制度上高度重视防灾防损，采取有效措施，切实做好防灾防损工作，否则就难以获得保险保障。因此，保险防灾防损有助于促进企业加强和改善安全管理，减少经济损失，提高经济效益。同时，保险防灾防损工作的制度化、经常化和全员化，能直接增强人们的防灾防损意识，提高其防灾防损技术，保障社会财富和人民生命财产的安全。在保险法规中明确规定防灾防损的条款，这是我国保险法规不同于其他国家保险法规的特点之一。

（2）开展保险防灾防损，可以为降低保险费率创造条件，有利于减轻投保人的保险费负担。保险费率由纯费率和附加费率组成，纯费率是根据保险标的出险率和赔付率来确定的。而保险防灾防损的目的正是减少保险事故的发生次数，减轻保险标的的损失程度。开展保险防灾防损，降低保险标的的出险率和赔付率，低保险费率就有可能实现。同时，减轻投保人的保险费负担也有助于保险人扩大承保面。

（3）开展保险防灾防损，有利于稳定保险财务，保障保险人的稳健经营。保险监管机构和保险人厘定保险费率是以同类保险标的的历史损失资料为依据的，但由于风险具有偶然性和变异性，保险人往往难以实现预期的财务稳定目标。开展保险防灾防损，有利于稳定保险财务，保障保险人的稳健经营，最终也有利于保护被保险人的利益。我国《保险法》规定，在财产保险合同有效期内，保险标的危险程度显著增加的，被保险人应当按照合同约定及时通知保险人，保险人可以按照合同约定增加保险费或解除合同。这也体现了对被保险人开展防灾防损的约束性（我国《保险法》此条款 2009 年经过修订，限制了保险人的随意性，体现了对被保险人权益的保护）。

总之，开展防灾防损是保险经营的一大原则，也是被保险人的义务。抓好保险防灾防损工作具有十分重要的意义。

6.1.2　保险防灾防损的形式和内容

从保险经营管理学的角度，主要考察保险人作为防灾防损主体的情形。

1. 开展保险防灾防损工作的形式

按照防灾防损的实施力量，保险防灾防损包括保险人配合职能部门开展防灾防损和保险人根据保险经营技术的要求单独开展防灾防损。目前，我国的保险防灾防损主要采取兼职防灾防损和专职防灾防损两种形式。

1）兼职防灾防损

兼职防灾防损是指保险企业内部不设专门防灾防损机构和不配备专职人员，而由其他业务人员结合展业、承保、理赔业务进行防灾防损工作。这是开展保险防灾防损工作的一种初级形式，大多在保险企业的创办初期，人员、技术力量有限和经费短缺时采用。

兼职防灾防损可以把保险防灾防损工作有机地融合到保险展业、承保和理赔等经营环节中去，使保险企业在不增设机构、人员，不增加支出的情况下，完成防灾防损任务。但是，由于其缺乏组织保证，加上业务人员受防灾防损知识、技术、责任心及其他条件的限制，这种防灾防损往往内容简单，流于形式，难以长期坚持，更难做到经验和资料的系统积累。故而是一种比较消极的、效果不十分理想的防灾防损。

2）专职防灾防损

专职防灾防损是指保险企业内部设置专门的防灾防损机构和配备专职的防灾防损人员开展防灾防损工作。开展专职防灾防损，能够深入、全面地开展防灾防损的预警、检查与研究，积累丰富的资料和经验，并可通过防灾防损机构协调和指挥整个保险企业的防灾防损工作，实现保险防灾防损制度化、经常化，保证防灾防损工作质量。此外，专职防灾防损机构的建立，也为保险企业与社会防灾部门的配合和技术、经验交流提供了组织保障。

专职防灾防损工作不仅要求有组织与制度的保证，而且要求有较强的技术力量和先进科学的管理方法。专职防灾防损是保险防灾防损工作的发展方向。

2. 保险防灾防损工作的内容

保险防灾防损工作的内容很多，归纳起来，主要有以下 7 个方面。

1）加强同各防灾部门的联系和合作

防灾防损是人们共同的责任和义务，在完成这一社会系统工程的各种社会力量中，保险企业以其特有的经营性质和技术力量，受到社会各界的重视，发挥着越来越大的作用。作为社会防灾防损组织体系中的重要一员，保险企业要注意保持和加强与各专业防灾防损部门的联系，并根据企业的主客观条件，积极派人参加各专业防灾防损部门的活动（如公安消防部门对危险建筑的防火检查，防汛指挥部对防汛措施落实的检查，进出口货物的商品检验，等等)，积极配合和推动社会防灾防损工作的开展，同时充分利用保险企业的信息、技术优势，向社会提供各种服务。

(1) 技术咨询服务。保险企业利用自己的技术力量和聘请的专家小组，向社会提供各种防灾防损技术咨询、答疑和提供安全技术资料，深入现场协助解决风险隐患。

(2) 风险评估服务。提供风险评估服务就是评价风险状况，分析风险因素，估测风险损失程度，使企业和个人尽早发现各种风险隐患，采取有效措施，防止灾害事故的发生，降低风险损失程度。

(3) 社会协调服务。社会协调服务是在技术上协调社会群体和个人等相互之间的关系，解决涉及多家而又互相推诿不能及时消除的风险隐患及其他安全问题。

(4) 事故调查服务。保险企业通过现场查勘等形式，协助社会各单位查找事故原因，分析事故责任，提出防止类似事故和其他灾害事故的建议，从而充分利用保险企业的查勘技术优势，为社会防灾防损做出贡献。

(5) 灾情信息服务。保险企业可以利用自己庞大的信息网络，将储存的各种灾情信息，及时通报各社会防灾部门，以便协助各社会防灾部门做好防范工作。

(6) 安全技术成果推广服务。保险企业可以独立或与他人合作研究和开发防灾防损新技术、新设备，并积极推广国内外有关防灾防损的新技术、新工艺、新材料和新设备，向社会推荐运用新的安全管理方法等，不断提高社会防灾防损能力，促进防灾防损现代化。

参加社会防灾防损组织与活动，既是保险企业对社会的贡献，也是对保险企业防灾防损技术和能力的综合检验。同时，在与社会各专业防灾防损部门的合作中，通过与各专业防灾防损专家的接触与交流，还可使保险防灾防损工作博采众长，增长保险防灾工作人员的专业知识，提高防灾防损技术水平和综合能力。

2) 进行防灾防损宣传

在我国，人们的防灾防损意识比较淡薄，保险企业应运用多种宣传形式，向保户宣传防灾防损的重要性，提高安全意识，普及防灾防损知识。

保险防灾防损宣传的主要内容如下。

(1) 宣传保险必须与防灾防损相结合的意义。保险必须与防灾防损相结合的意义，可以体现在以下 3 个方面。

首先，对保险人来说，通过防灾防损，能减少赔款支出，提高企业经济效益，积累更多的保险基金，稳定保险业务；并且，通过防灾防损，还能提高社会经济效益，使我国的社会生产更好地满足人们的物质、文化生活需要。

其次，对被保险人来说，做好防灾防损工作更为重要。① 保险并非有险必保，有损必赔。众所周知，在国内外现行保单中，一般都设有“除外责任”一栏，专门规定有保险公司不予承保的风险事项。这种做法之所以必要，乃是基于保险公司承保的风险不是所有的风险，而是特殊风险，即可保风险。也就是说，只有可保风险，保险公司方可承保，否则，不予承保。同时，对于那些诸如战争或军事行动造成的损失，对于产品本身缺陷或管理不善等原因造成的损失，以及灾后停工、停产、停业所造成的间接损失等，保险公司不负赔偿责任。② 投保方的有些损失，如人身伤亡、精神折磨等痛苦，不是保险赔偿或给付的金钱所能弥补的。从这个意义上，防灾防损比灾后赔付更为重要。③ 被保险人的防灾防损成效突出，可以减少保险费的支出。因为按照惯例，如果被保险人的风险管理措施得当，保险标的出险频率降低，损失程度减轻，则保险企业在保险费率上予以优待，以此促进防灾防损工作。

最后，从整个社会的角度出发，保险虽然能够对被保险人的经济损失进行补偿，将损失分摊到每个保单持有者身上，但对社会财富来说，毕竟造成了损失。例如，一个企业投保，假设车间被焚，其固然可以从保险公司得到补偿，但对国家来说，烧掉一个车间，就损失了一个车间。不仅如此，车间被烧掉以后，又会间接影响国家的税收，这种税收的减少，也是无法得到补偿的。

总之，保险防灾防损是保险人的利益所在，被保险人的利益所在，也是整个社会的利益所在。做好保险防灾防损，既是保险公司应尽的职责，也是被保险人必须履行的义务。保险双方应相互配合，并协同社会有关部门，共同做好防灾防损工作。

（2）宣传消防条例和其他法律、法规。国家颁布执行的各种安全法律、法规、条例、政策等，是保险合同订立的基础，是解决保险合同纠纷的主要依据，保险合同双方必须认真贯彻执行这些法律、法规。但是，由于社会上人们的保险意识薄弱，许多保户认为，只要购买了保险，一切都由保险公司包办了，从而忽视安全管理，导致重大风险事故发生，使人民的生命财产受到严重损失。为保护国家财产和人民生命安全，维护保户切身利益，提高保险经济效益，保险企业应重点宣传国家颁发的各种安全法规和条例，使各级负责人和广大群众提高执法、守法的自觉性，树立以预防为主的指导思想，把防灾防损工作提到企业经营战略的高度，建立严格的安全管理制度，实行依法管理，使防灾防损工作纳入制度化、法制化轨道。

（3）宣传防灾防损的基本常识。从以往发生的灾害事故来看，许多是由于保户缺乏防灾防损知识和技术等原因引起的。因此，保险防灾防损宣传中，要加强防灾防损基本知识和技能的宣传教育，使广大保户了解灾害事故的性质、危害，学会识别风险隐患，分析事故原因，掌握风险管理的处置措施（如救火、抗洪、防震等技术措施），以预防或减少风险事故发生，降低灾害损失，提高全社会的防灾防损能力。

防灾防损宣传要结合当地实际，有针对性地进行。由于地理、气象、生产力发达程度，以及人们的教育水平等方面的差异，各地的风险状况、保险标的的集中程度，以及人们的防灾防损意识和实际能力等方面存在差别，这就要求保险防灾防损宣传要有目标、有针对性地进行。在宣传方式与方法上应力求做到通俗化、多样化，使防灾防损宣传生动活泼，为更多的人所理解和掌握。

3）进行防灾防损检查

防灾防损检查即保险公司防灾人员深入现场，对防灾防损的对象和设施进行检查。防灾防损检查是发现和消除危险隐患、落实整改措施、预防灾害事故的重要手段，也是保险防灾技术服务的基础工作。

防灾防损检查应根据不同的险种、服务对象和季节有所侧重。保险防灾人员可组织进行电气、消防器材、机动车辆等单项检查，也可以进行防火、防汛抗台、防盗等系统检查，或者进行几项内容的综合检查。对船舶险应重点检查投保船舶的适航能力，对运输险应重点检查货物的包装、装载情况。台风季节应重点检查工厂、商店、仓库的防汛、防雨、防风等安全措施；夏季应侧重于化学危险物品的贮存和运输安全；农作物收获季节应侧重于打麦场或打谷场的防火等。

防灾防损检查的方式如下。

(1) 配合防灾防损部门检查。配合防灾防损主管部门进行检查，可以顺利打通各种障碍，保证检查的科学性和检查深度，能够对保户提出切实可行的整改建议，并可借助防灾防损主管部门的行政手段，提高检查工作效率。

(2) 配合企业的主管部门进行系统性的防灾防损检查。为贯彻国家有关安全生产的法律、法规，履行安全管理职责，企业的主管部门要对下属企业进行定期或不定期的安全大检查，以确保本系统的企业安全生产。保险企业与之配合，可根据该系统的特点，进行有针对性的风险检查；能够与企业主管部门共同制定全面的整改措施，从而增强防灾防损检查的权威性，提高所提整改建议的采纳率。此外，还能积累丰富、系统的资料，为以后对同类企业系统进行防灾防损检查提供翔实的资料和依据。

(3) 聘请专家和技术人员重点检查。对于某些专业性强、技术要求高的防灾防损检查，可采用聘请专家和组织技术攻关小组等方式，进行重点检查。重点检查具有组织严密、重点突出、检查深入细致、解决问题彻底等优点，所以是保险防灾防损检查的一种重要方式。

(4) 有条件的保险企业可单独对承保企业进行防灾防损检查。除配合社会防灾部门或企业主管部门进行防灾防损检查外，有条件的保险企业也可单独对重点被保险企业进行检查。单独检查可以完全按照保险企业的要求进行，而不受其他部门的影响。但是，此种方式费用支出大、费时多，故采用这一方法时，应根据各保险企业的实际情况，量力而行。

防灾防损检查的方法可以采用安全系统工程方法中的安全检查表。安全检查表可针对不同的对象和要求预先编制，不断补充，能够避免遗漏、疏忽，以便发现和查明各种危险和隐患，亦可实现防灾防损检查工作的标准化和规范化。

4) 参与抢险救灾

参与抢险救灾不仅可以抢救所承保的保险标的，减少保险赔款，而且可以提高保险企业的声誉，加深与保户之间的关系，扩大保险的社会影响，为保险展业开辟道路。因此，参与抢险救灾，是保险防灾防损的一项十分重要的工作。

抢险救灾主要包括两个方面：① 灾害正在蔓延时，与被保险人一道，组织抢救保险财产，防止灾害蔓延；② 在灾害之后，同被保险人一道，对受灾财产进行整理、保护和妥善处理残余物资。

为做好抢险救灾工作，保险企业要对全体干部职工进行抢险救灾技术培训，使其掌握在危险环境中的各种救灾技术，并且能够在救灾过程中有效地保护各种财产和个人生命安全，减少不必要的人员伤亡。

5) 及时处理不安全因素和事故隐患

防灾防损检查以帮助保户单位查隐患、堵漏洞，纠正违章现象为主，也要从制度、组织、措施、宣传教育等多方面促进保户单位的安全管理整体水平。对检查中发现的问题，应提请被查单位领导予以重视，单位能整改的就立即整改，不能拖延。对一时解决不了的安全隐患，应要求和指导被查单位尽快采取应急措施，在限定期限内定项、定人、定措施整改，并建立立案销案制度，改一件销一件。对一些经过保户单位自身的努力仍得不到解决的重大隐患，应督促保户单位向其上级主管负责人请示报告，求得帮助解决。涉及市政建设的问题，应向政府有关部门汇报，提请纳入建设规划，逐步加以解决。重大隐患在没有解决以前，应督促保户采取可靠的临时性补救措施。在检查中发现的问题，保险防灾人员应将这些情况归入保户防灾档案。在保户单位整改措施的制定和落实过程中，保险防灾人员也应经常予以关心，整改结果也要归档。

保户单位存在的安全隐患，保险公司有能力帮助解决的，可作为防灾服务的内容；有关技术性问题，可由保险防灾人员或聘请工程技术人员协助解决。

6）拨付防灾防损费用

保险企业每年从收入的保险费中提取一定比例作为防灾防损基金，并以其中的一部分作为防灾防损补助费，拨给地方防灾部门使用。这是保险企业支持和参与社会防灾防损工作的具体表现。按照我国现行规定，各级保险公司应从当年财产保险的实收毛保费中，提取一定的比例作为总防灾防损基金。该基金分成 4 个部分：一部分作为全国统一使用的防灾基金；一部分由保险公司总公司提留，以备突发性的重大灾害发生时的急需；一部分由保险公司分公司作为防灾费用使用；还有一部分分配给基层保险公司防灾使用。

保险防灾经费是取之于保户交付的保险费，因此主要也应用于保户，此外也可部分用于依靠社会力量开展的各类社会防灾活动。各地保险公司的防灾经费，一般是用于以下 8 个方面。

（1）支持大中型企业的消防设施、设备的改善。主要是一些老企业，建筑等级差，消防设施老化，靠企业自身力量来改善有一定的困难，可以用部分防灾经费购买消防泵、车，以赠送的形式，支持企业消防设施的改善。

（2）用于行业性的风险咨询与评估，由保险公司聘请专家，为企业作全面的风险评估，作出评估报告，提供安全防范的建议和措施。

（3）为地势低洼、山洪多发地区的企业，在添置抗洪排涝设施、汛期预测预报设备，以及改造排涝系统等方面作适量补助。

（4）用于大中型车辆运输单位的安全行车宣传教育活动和车辆检测服务，推广驾驶人员的人体生物节律的测试，以及防范事故的对策研究。

（5）用于支付物资储运部门为减少运输途中的保险物资的破损和偷盗。委托有关社会职能部门和专家，对货物装卸进行监装监卸，沿途跟车押运的部分费用。

（6）对出口货物的防盗防损和集装箱装卸法规的研究和推广。

（7）农作物灾害的防治。

（8）用于船舶安全航行和驾驶人员的安全操作培训等。

除了以上直接用于保户的各类防灾活动费用外，有的保险公司也向当地消防、交通、气象、地震、农牧、航道等社会公共防灾职能部门提供部分防灾设备和开展各类社会性防灾活动的经费。

另外，保险公司根据自身经济业务活动中具有共性的、覆盖面积大的气象灾害，以及新的防灾技术和新出现的灾情，同各大专院校、科研机构的专家合作时支付课题研究费用等。随着保险业务迅速发展，防灾防损费用将会增加，其资助范围将逐步扩大。

防灾防损补助费属于专项费用，不得用于他项开支。为了确保专款专用，要严格拨款手续，拨付前先由防灾防损部门拟订使用计划，然后保险公司根据需要和拨付能力，作出具体安排。保险公司对防灾防损补助费的使用，具有监督的权利。

7）开展灾情调查，积累灾情资料

保险企业要搞好防灾防损工作，除了配合有关部门具体参与防灾防损活动外，还要经常对各种灾情进行调查研究和积累必要的灾情资料，以便了解掌握灾害发生的规律性，提高防灾防损工作的效果。

在保险防灾防损工作中，无论是制订防灾防损计划，还是开展防灾防损宣传，都离不开真实、系统的灾情资料。并且，完备的灾情资料也是制定保险费率、进行保险理论研究和业务开拓的重要依据。因此，保险防灾防损工作中的一项重要内容，就是要广泛地开展实情调查，认真地、实事求是地收集和整理灾情资料，然后按照档案资料管理规程，妥善保管。为使积累的灾情资料更加全面和具有代表性，保险企业应主动与社会防灾防损部门合作，并建立持久的资料交换关系。

6.1.3 保险防灾防损工作的基本要求

1. 经常、及时、实际、有效

1）经常

防灾防损工作是一项长期性的任务，保险企业应该结合业务开展经常进行，才能发挥应有的作用。具体来说，对内从展业承保开始，就要陆续进行防灾防损宣传和检查工作；对外则是经常配合有关部门开展各项防灾防损活动，这些工作要一抓到底，不能间断。为了使防灾工作经常化，一方面，各级保险干部对防灾防损要高度重视，转变“重展业承保理赔、轻防灾防损”的旧观念和“保而不管出险赔款”的经营思想，把防灾防损工作切实纳入保险管理的议事日程，加强领导、监督和检查；另一方面，要从组织制度上加以保证。首先，要改变将防灾防损工作附属于各业务部门的管理体制，逐步创造条件，自上而下成立专门的防灾防损机构，配备与培训防灾防损专业人员，并加强对防灾防损工作的研究；其次，建立健全防灾防损工作的规章制度和工作人员的责任制度，使防灾防损工作逐步趋向规范化、科学化。

2）及时

防灾防损工作有一定的时间要求，如什么情况下该防，什么时候要防，应该掌握时机及时进行，如果错过机会就会造成被动。因此，在防灾防损工作中要抓住一个“早”字，即早做好组织推动工作，早进行防灾防损宣传、检查，早发现灾害主要隐患，早采取防灾改进措施。抓得早，行动快，把防灾防损的思想工作做在平时，把各项预防措施落实在灾害发生之前，就能做到防患于未然，有备无患。

3）实际

实际是指保险企业在防灾防损工作中，从组织领导到具体工作内容，都要从保险企业的实际情况出发，加强内外联系，配合有关社会力量，共同做好防灾防损工作。

4）有效

有效是指保险防灾防损工作要注重实效。保险防灾防损，首先要着眼于尽可能防止和减少社会财产的灾害损失，而防止和减少灾害损失的关键又在于使防灾防损检查中发现的不安全因素和事故隐患得到及时有效的处理。在防灾防损检查中，不能只满足于提出若干重要的建议，更重要的是，要促使被保险人尽快实施整改措施，把防灾防损工作落到实处。

2. 参与配合、组织推动

“参与配合组织推动”是指保险企业积极创造条件，参与社会专业防灾防损组织，密切同有关部门的联系，在人力、物力、资金等方面给社会以支持，积极组织和推动社会防灾防损活动经常、深入、持久地进行，从而使社会防灾防损的力量、手段和技术条件得到有效利用。

值得注意的是，保险防灾防损具有自身的特殊目标与要求，在采取“参与配合、组织推动”的工作方法的同时，还要根据保险企业的特点，积极探索保险防灾防损的新路子，调动企业内外各种积极因素，独立开展适合保险保障需要的防灾防损工作，把社会防灾防损与保险企业依靠自己的力量防灾防损有机地结合起来，争取最佳的防灾防损效果。

3. 贯穿于整个保险经营过程

防灾防损是提高保险经济效益的重要环节。在保险经营过程中，如果防灾防损工作跟不上，即使展业承保再广泛，也很难获得较好的经济效益。所以，从保险的业务设计，一直到展业、承保、理赔等所有经营过程，都要坚持与防灾防损相结合的原则。为此，对保险企业的要求如下。

1）正确认识展业承保与防灾防损的关系

展业承保与防灾防损是相辅相成的关系。首先，防灾防损的结果是降低赔付率和保户的保费支出，减少保户财产损失和人身伤亡，切实保障保户生产的顺利进行及生活的安定，树立保险企业的良好形象，从而为保险展业创造宽松的环境。并且，防灾防损、安全管理服务，也是保险展业宣传的重要内容之一，只有向保户和社会各界宣传保险企业所提供的防灾防损服务，才能较充分地满足保户的要求，提高招揽业务的成功率。因此，防灾防损对保险展业具有促进作用。其次，防灾防损可以提高承保业务质量、扩大承保数量。在承保工作中，防灾防损人员以其技术优势对投保标的进行安全检查，向承保人员提供有关投保标的的危险状况和安全管理资料，有利于承保人员选择合格业务。同时，通过防灾防损部门对已承保的保险标的进行复查，提出安全管理建议，帮助保户预防和消除危险隐患，改善保险标的的安全管理，可以为承保及续保业务提供质量保证。此外，对于一些不合格的业务，通过防灾防损工作帮助企业改进管理、消除不安全因素，使之成为可以接受的保险业务，从而为增加承保数量拓宽领域。由此可见，防灾防损是推动和促进保险展业承保的一项极其重要的工作。保险展业中应大力宣传“防灾勿忘保险，保险尤须防灾”的思想，提高社会对保险防灾防损的认识，推动防灾防损工作顺利进行。

2）在保险条款、规章制度的制定和费率厘定等方面，要体现防灾防损精神

（1）在保险条款设计中，要明确被保险人防灾防损的义务。我国现行的财产保险条款中，均规定被保险人有遵守政府有关保护财产安全、接受有关部门和保险公司提出的安全防灾建议，以及切实做好防灾防损工作的义务。如果被保险人不履行条款规定的义务，保险公司根据具体情况，有权依法终止保险责任或拒绝赔偿损失，从而促进被保险人对防灾防损的重视。

（2）在保险责任上要有防止道德风险的规定。在现行的各种保险条款中，大都有凡属被保险人的故意行为所造成的损失，保险企业不负赔偿责任的规定。保险条款中的这种规定，目的是防止可能产生的图谋赔款等道德风险。

（3）在赔案处理上要提出抢救和保护受灾财产的要求。向被保险人提出抢救和保护受

损财产的要求，是财产保险赔案处理中通用的原则。我国各种保险条款都明确规定，如果发生保险责任范围内的灾害事故，被保险人应尽可能采取必要的措施进行抢救，防止灾害蔓延，对未被破坏和损余的财产进行保护与妥善处理。同时规定，倘若没有履行这一义务，其加重损失部分，保险公司不负赔偿责任。这样的规定对减少灾害具有实际意义。

（4）在保险费率上要体现优待或限制。把保险防灾防损与适用的保险费率联系起来。对重视防灾防损工作、组织健全、措施得力、成绩突出的保户，在费率上给予优待，而对不重视甚至不进行防损的保户进行限制（即经济上的处罚，如提高费率或减少赔款等），是从经济上促进保险防灾防损的具体措施。这样做可以起到规章制度或契约关系所难以起到的作用。例如，汽车保险条款中规定，凡是全年无赔款的车辆续保时可给予折扣优待。实践证明，这种规定是合理的、成功的。

3）防灾防损要与理赔相结合

保险防灾防损与理赔有着密切的关系。理赔工作的性质和主要内容是当保险责任事故发生后，根据保险合同和被保险人的索赔要求处理赔案，履行赔付义务。它的中心环节是了解出险情况，查明出险原因与经过，审定保险责任，计算赔付款，以及施救整理、处置受损财产。也就是说，理赔人员握有大量、确切的第一手灾情损失资料，对各种灾害事故十分了解，尤其是施救受损财产等，本身就是一项防灾防损工作。因此，从保险经营环节的角度看，理赔既是防灾防损的继续，又是防灾防损的重要资料来源。通过理赔，可以为加强防灾防损措施提供科学依据。

由于受科技水平限制，加之灾害事故的偶然性与必然性，尽管防灾防损卓有成效，灾害事故的发生总是难免的。但从长远来看，灾害事故总是有其内在的规律性和外在的原因，而理赔则是寻找这种规律性和原因的重要途径。在保险标的出险后，通过理赔过程可以从中了解到出险的直接原因，以及与出险有关的其他制约条件和因素所在，将收集的大量出险信息进行综合分析处理，就能认清导致出险的内在规律性和外在制约条件，从而使防灾防损更富于科学性和针对性。这样的防、理结合，不仅能帮助被保险人查明事故原因，促使他们增强“防”的意识，而且也能为保险人提高防灾防损的工作质量积累经验、创造条件。

4. 保险防灾防损人员要具备良好的理论和业务素质

保险防灾防损人员的素质，决定着防灾防损的效益。因此，培训一支具有高度政治责任心、懂得防灾防损知识的队伍是十分重要的。在保险业较发达的国家，保险公司在录用职工时，将保险防灾防损、保险经营等专业知识作为基本条件，并不惜巨资对在业人员进行岗位培训。在我国，保险防灾防损人员不仅数量不足，而且质量也有待提高。为适应保险业迅速发展的需要，必须通过各种途径加快培养保险防灾防损专业技术人才，不断提高我国的保险防灾防损能力。对保险防灾防损人员培训，除要求掌握保险经营管理的基础理论以外，还要培养其实务工作技能。作为一个合格的防灾防损人员，不仅要懂得保险知识和防火、防洪、防爆、抗震等方面的风险管理知识，还要懂得与防灾防损直接或间接相关的自然科学和社会科学知识，并能够在实践中正确地运用它们分析问题、解决问题；不仅要能够因地制宜地使用现有的防灾防损工具，还要善于掌握、使用和创造新的现代化防灾防损手段，等等。总之，防灾防损人员只有努力学习和掌握较多的专业知识，具备高超的本领，才能使防灾防损工作更富有成效。

6.1.4　保险防灾防损管理的内容

保险防灾防损管理是指对保险人与被保险人为履行防灾防损义务而采取的种种措施进行监督、检查和管理，以及对构成保险事故的各种风险进行调查、测定和处理。

保险防灾防损不仅是保障社会安全的需要，也是提高保险企业经济效益的必要条件。因为保险经营的特殊性质，可以说，保险经营的过程就是对风险进行管理的过程。因此，在业务发展的同时，不断加强风险管理，有着十分重要的现实意义。自我国保险业务恢复以来，各地保险公司同消防、交通、防汛等部门一道，做了大量的防灾防损工作。例如，通过广泛的防灾宣传和检查，促使投保单位减少灾害隐患，许多地区还在分析险案的基础上，对洪水、台风、火灾和交通货运事故等特定风险进行了深入研究，并配合社会防灾力量，采取防范措施，取得了初步成效。但是，随着保险业务量扩大，各种风险不断增加，各方面对防灾防损管理的要求越来越高，因此加强防灾防损管理，是今后业务经营管理中的一项艰巨任务和经常性工作。

1. 制定保险防灾防损具体措施和实施细则

保险防灾防损范围广、内容多，为将其贯穿于整个保险经营过程，在保险合同中，除规定主体、客体，以及保险金额、保险价位、保险期限等主要内容外，还应在有关条款中（如被保险人的义务一款中）明确对保险标的进行防灾防损的主要措施。保险合同条款一般比较简明扼要，在订立合同之后，还须据此制定具体实施细则，以保证落实各种防灾防损措施。在各项实施细则中，一方面，要对各项规定作出详细解释，提出实施方案和执行办法，以帮助防灾防损人员贯彻执行各项规定；另一方面，应结合具体情况，制定责、权、利相结合的岗位责任制，使防灾防损工作与部门和个人的经济利益挂钩，并定期加以考核，做到奖优罚劣，从制度上保证防灾防损工作顺利进行。

2. 检查和落实各项防灾防损措施

在制定了防灾防损措施和具体实施细则后，最重要的是付诸实践，否则一切措施只能是纸上谈兵。在实施过程中，还要经常检查监督其实际执行情况，及时发现风险隐患，将某些可以避免的风险因素消除在萌芽之中。一旦发生灾害事故，应及时采取避免或减少损失的合理措施，保证保险标的尽可能完好。同时，要加强防灾防损制度建设，使检查、监督纳入业务管理规划之中，保证检查和监督工作经常化、制度化。

3. 风险调查

风险调查是对风险进行识别与衡量，分析风险因素，掌握风险发生的规律。这是保险防灾防损的前提条件和基础管理工作。风险调查的方法很多，常用的方法有以下 3 种。

（1）保险调查法。保险调查法是保险人派员深入被保险人之中，对保险标的及其被保险人的情况作经常性调查，以便及时发现险情，及早、有效地开展防灾防损工作。

（2）作业流程分析法。每个企业都有一个或多个作业流程，每个流程又由若干个基本环节组成，每个环节都有可能遭遇各种风险而使企业作业流程中断或停顿，从而造成重大经济损失。

作业流程分析法是将一个企业的全部作业，依先后顺序排列成一张详尽的流程图，然后从购进原料至成品销售，就其每一环节逐项分析可能存在的各种风险，并估测其损失程度，为企业防灾防损提供可靠依据。

（3）财务报表分析法。财务报表分析法是根据企业的资产负债表、财产目录、损益计算等资料，对企业固定资产与流动资产的性质、结构、布局等进行风险分析。例如，根据机器设备的功能、结构、使用年限、保养、操作员素质及周围环境进行分析，可以发现其各种风险因素，预测其损失程度及因此而造成的对生产全局的影响和各种间接损失。

风险调查奠定了风险分析的基础。风险分析是在风险调查资料的基础上，通过对不同时间、地点发生的灾害事故资料进行归类整理，寻找其发生的规律性，并用数字、图表等方式表示出来。风险调查的资料和对其所作的科学分析，既是保险人进行防灾防损的依据，也是提高防灾防损工作效率和经济效益的保证。因此，要善于从各方面积累风险调查资料，并深入分析各种灾害事故发生的原因、时间、季节、灾害部位、行业等规律，提高保险防灾防损管理的效率。

4. 测定损失概率

损失概率是指一定时期内，一定数量的风险单位可能遭受损失的次数或程度，通常以百分率来表示。例如，根据以往多年的统计，一年内每 1 万栋房屋有 10 栋发生火灾损失，则火灾损失概率为 0.1%。

每栋房屋火灾损失概率虽然相同，但遭灾房屋的损失程度却不同。假设上述 1 万栋房屋每栋价值均为 1 万元，总价值为 1 亿元。若 10 栋遭灾房屋中全损 2 栋、半损 4 栋、损失 1/4 的 4 栋，共计损失 5 万元。于是，实际损失仅为房屋总价值的 0.05% 或 0.5‰。这个实际损失的百分率或千分率，就叫作损失确率，它一般小于损失概率。但在人身保险中例外，因为人的死亡是全部的、永久的，不是部分的，所以损失确率与损失概率是相等的。例如，在年满 70 岁的 1 000 人中，仅有 10 人在年满 71 岁以前死亡，那么损失概率和损失确率都是 10‰。

测定损失概率是对风险发生的频率及风险发生可能造成的损失程度进行预测、估计和衡量，其目的是为正确选择风险处理的方法提供依据。

5. 防止和处理风险

防止风险就是采取有效手段，消除或减少各种风险因素。例如，与地震预报机构合作，及时开展防震教育及训练，建造抗震建筑，以减少地震伤亡和损失，健全安全值班制度以防火防盗，资助交通条件的改善与交通管理，以防止各种交通事故等。防止风险虽可防患于未然，但许多风险防不胜防，甚至无法预防，因此对于许多风险还应从其他方面进行妥善处理，以增强防灾防损的效果。

处理风险主要是限制承担风险的责任，促进保户与保险人共同做好防灾防损工作。一方面，要对不当保户进行限制，如对犯罪及恶意行为导致的风险，保险人拒绝承担责任；对那些资信差、财产正处于危险状态之中、不履行防灾防损义务的保户不予承保或限制承保。另一方面，可在保险合同中规定免赔额和赔款最高限额。

无论是防止风险，还是处理风险，其目的都是将风险及其造成的损失控制在最低限度，尽量减少被保险人的经济损失，保证社会再生产持续进行和人民生活安定。最后，贯彻防灾防损的理念，还要求保险公司重视数据灾备中心的建设。

6.2　保险理赔管理

在保险经营中，理赔是防灾防损的继续，也是保险经济补偿功能的体现。考察保险理赔，揭示理赔的本质和规律，可以帮助人们更好地加强保险理赔管理，充分发挥保险的功能。

6.2.1　保险理赔的意义和原则

1. 保险理赔的意义

在现实生活中，“理赔”一词的使用非常广泛，如对生产过程中的自然消耗所进行的补偿，对流通过程中的损耗进行的补偿和对物质保管过程中的破损而进行的经济补偿，等等，都含有理赔的含义。因此，理赔是指当事人的一方按一定的依据（法律、政策、规章和习惯等）对另一方提出的赔偿要求进行处理的行为和过程。

保险理赔，除了具有一般经济补偿的特性外，还有自己的特定内涵。保险理赔是指保险合同所规定的事故发生后，当保险人接到被保险人在规定的时间内提交的申请赔款报告时，按约履行经济补偿或给付义务。保险理赔是保险经营的最后一道环节，做好理赔工作，对于加强保险经营与管理，提高保险企业的信誉和经营效益，具有重要意义。

（1）通过理赔，被保险人所享受的保险利益得到实现。保险的基本职能是分散风险，实行经济补偿。正是基于这种职能，被保险人通过与保险人签订保险合同来转移自己所面临的风险，即通过签订保险合同的方式，在交纳一定的保险费后，享有一旦发生风险事故造成经济损失即可获得经济补偿的权利。保险理赔是保险补偿功能的具体体现，是保险人依约履行保险责任和被保险人或受益人享受保险权益的实现形式。

（2）通过理赔，使保险更好地为人民群众服务，为社会再生产过程提供保障。我国保险企业的经营方针是积极发展业务，组织经济补偿，防止灾害损失，保障社会再生产，稳定社会生活，积累和运用保险基金，支援经济建设。保险理赔正是实现这一经营方针的中心环节。理赔使家庭或个人得到经济补偿，能够重建家园，安定生活，树立或增强生活的信心，对社会的稳定发挥积极作用；理赔使企业的经济损失得到补偿，从而保证了再生产过程的持续进行，为社会创造出更多的物质财富。所以，保险的作用能否得到充分发挥，保险经营方针能否得到贯彻，在保险理赔方面体现得最明显。

（3）通过理赔，保险企业的承保质量得到检验。保险展业是否深入，承保手续是否齐全，保险费率是否合理，保险金额是否恰当，平时不易觉察，一旦发生赔偿案件，上述问题就清楚地暴露出来了。从这个意义上，理赔过程是对承保质量的检验。因此，保险经营企业对理赔过程中暴露出来的问题必须认真研究，及时处理，才有利于承保工作的改进和业务质量的提高。

（4）通过理赔，保险防灾防损工作得到进一步改进和提高。理赔和防灾防损，一个是事后补偿，一个是事前预防。事后补偿之所以能为事前预防提供依据，原因在于理赔是防灾防损的一面镜子，通过赔案处理，分析案情，总结经验教训，既可以进一步掌握灾害事故发生的规律，又可以暴露防灾工作中的薄弱环节和问题，从而改进防灾防损工作，使其更加有效。

（5）通过理赔，保险经济效益得到充分反映。保险经济效益在很大程度上取决于保险经营成本的大小，而在保险经营成本中最大的成本项目就是赔款支出。因此，赔款支出成本对保险经济效益具有决定性影响。一般来说，一定时期内，保险赔款支出少，在其他条件不变的情况下，保险经济效益就好；反之，保险赔款支出多，保险经济效益就差，或者无效益可言。

2. 保险理赔的原则

理赔工作涉及面广，情况比较复杂。为更好地贯彻保险经营方针，提高理赔工作质量，保险理赔必须遵循以下原则。

（1）重合同、守信用的原则。保险人同被保险人之间的保险关系是通过保险合同建立起来的，保险人和被保险人的权利和义务，在保险合同中均有原则规定。在理赔时，要认真按照合同中的规定处理好每一笔赔案。

（2）实事求是的原则。在保险合同中，虽然对灾害事故发生后的经济赔偿责任作了明确规定，但实际生活中出现的赔案要比人们事先预料的复杂得多，加之人们对保险认识的不同，被保险人向保险人提出的索赔要求也有合理与否之别。这就要求保险人在评估灾害事故的经济损失时，既不夸大，也不缩小；在补偿灾害事故的经济损失时，既不错赔，也不滥赔。

（3）“主动、迅速、准确、合理”的原则。这一原则是衡量和检查保险理赔工作质量的标准，是保险企业信誉的集中表现，它是根据我国保险企业多年来的理赔工作实践总结出来的指导原则。所谓“主动”，是要求理赔人员办理出险索赔案件时满腔热情，积极主动受理，不推诿；“迅速”是办理赔案要快，不拖延时间，赔付及时；“准确”是要求理赔人员对损失案件查勘、定责定损和赔款计算等，力求准确无误，不发生错赔或滥赔现象；“合理”是指理赔人员根据保险合同规定和实事求是的原则，分清责任，合理合规地定损，合理便捷地安排理赔流程，合理合情地处理赔案。

这一原则最能体现保险的社会功能，它不是抽象的，而是在保险实务中非常具体的应用。例如，很多乘客是临时购买交通工具意外保险且随身携带保险凭证，受益人不一定知情，一旦发生交通意外，不一定有索赔申请，而保险公司则可根据出单系统及时核查客户名单，主动理赔。

这一原则是辩证统一的，既不能单纯追求速度而使工作简单粗糙，又不能因讲求“准确”“合理”而拖延理赔工作，产生“投保容易、理赔难”现象，影响保户利益。所以，处理理赔案一方面要求“主动”“迅速”；另一方面又要做到“准确”“合理”，绝不能顾此失彼。

6.2.2 理赔工作的重要环节

1. 受理案件

受理案件是保险理赔工作的第一步，具体工作包括以下方面。

1）接受报案

出险报案是被保险人必须履行的义务。保险合同规定，发生保险责任事故后，被保险人要立即通知保险人。这是因为，一方面保险人能够及时对灾害事故及损失情况进行调查和取证，避免被保险人隐匿或销毁证据；另一方面便于保险人争取时间，采取有效措施，抢救被保财产，防止损失进一步扩大。报案方式可以是口头的，也可以用函电，但一般以函电为多，并以此作为核赔的依据。报案时应明确出险时间、地点、原因及相关情况。为维护保险人的合法权益，保险合同条款明确规定，如果被保险人未履行出险通报的义务，以致扩大了损失，保险人将视此为违约行为，有权拒赔或减少对被保险人的赔款。

报案的时间通常有两种情况。一种情况是有时间限制，即在保险合同中规定被保险人遇到保险责任事故后，必须在规定的时间内通知保险人。例如，有的家庭财产保险附加盗窃险条款规定："被保险人在保险财产遭受保险责任范围内的盗窃损失后应当保存现场，向当地公安部门如实报案，并在24小时内通知保险人，否则保险人有权不予赔偿。"这在国外保险经营中也较常见。例如，在美国，标准风灾保单规定，被保险人必须在损失发生后10天以内通知保险人；冰雹保单规定，被保险人必须在损失发生后24小时以内报案；健康保险条款一般规定，被保险人在损失发生后20天内，必须向保险人提出给付要求，同时规定被保险人在丧失工作能力期间，至少每隔6个星期通知保险人1次，等等。另一种情况是没有时间限制，即被保险人在其可能办到的前提下，迅速将灾情通知保险人。这就是说，可以根据具体情况来掌握报案时间。例如，如果确因交通电信中断，被保险人延长报案时间，保险人应根据事实给予赔付，不能拒赔。

在某些保险中，除了规定报案外，还须有索赔通知（或申请），如果被保险人没有在规定的时间内向保险人提出赔偿申请，保险人将解除其赔偿责任。

2）查抄底单

根据被保险人的口头、电话或书面出险通知，理赔内勤应及时填写"出险抄单通知书"送业务内勤，由业务内勤抄录或复印保险单副本和批单一份，并在所抄底单上注明抄单日期，加盖私章或签名，经复核人员复核盖章。理赔人员不得抄单，以避舞弊行为之嫌。

理赔人员收到抄录或复印的保险底单后，要与报案记录内容详细核对，如被保险人的名称或姓名是否相符，出险日期是否在保险责任有效期限之内，受损财产是否属于承保责任范围，等等。对于在本地刚刚发生或尚未得到控制的灾害事故，为了及时掌握出险现场的实际情况和协助被保险人施救受损财产，抄单和现场查勘工作应同步进行。但是现场查勘后，要及时核对底单，避免盲目处理。

3）报告案情

理赔人员应根据报案通知和保险底单内容，及时向本部门负责人报告，经负责人审查案情后，安排外勤人员进行现场查勘，或者委托代理查勘。案情复杂或损失额较大的案件，要向本单位主管负责人报告案情，各级负责人应亲临现场参与指导查勘和定损工作。

对于特大或超出核赔权限的损失赔案，应迅速先以电话向分公司报告出险情况，经初步查勘掌握基本情况后，再及时以电话或撰写大额赔案报告书方式向分公司报告详细险情。

对于在外地出险的赔案，需委托当地保险公司代查勘时，应填制"代查勘委托书"，一式两份，一份连同保险底单寄给受托公司，另一份自留附案卷内。理赔人员应登记"委托查勘登记簿"。凡交给被保险人自带"代查勘委托书"前往出险所在地保险公司的，应将"代查勘委托书"和保险底单装封后交被保险人。同时，要把保险理赔的原则、有关注意事项和要求向被保险人解释清楚，防止事后发生纠纷。

4）编号立案

在查抄底单并向本部门负责人报告案情后，凡属可以受理的案件，理赔人员均应及时在“报案立案登记簿”上编号立案，立案编号要求根据不同险别按报案的先后顺序，冠以各险别及年度简称（如 1998 年发生的某机动车辆保险赔案为（98）机车立字第 5 号）和填写立案时间。凡同一险别同一处出险，有多个保户同时报案时，应分别编号立案。对于一次出险且属两种以上不同险别的，应分别按险种编号立案。单位、集体统保的种植业险或家庭财产险因发生灾害事故，一次造成多户出险的，可按集体、单位合并立案。

在接到出险通知书后，理赔内勤人员应将所立案号码填写在通知书上，送业务负责人签注处理意见，然后将抄单一并交理赔外勤签收处理，专袋或专夹保管。与赔案有关的记录、单证、报告等文件，均应归入案袋或案夹内，妥善保管并注明案号，以备查考，对代理外地公司查勘的出险案件，应登录“委托代理查勘登记簿”，交查勘人员签收。

2. 现场查勘

现场查勘是理赔工作的重要环节之一，是了解出险情况，掌握第一手资料和处理赔案的重要依据。查勘工作质量，对准确合理定损和赔付起着关键性作用。

1）现场查勘的主要内容

（1）查明出险地点。其目的是确认出险地点的受损财产是否属于保险财产。一般来说，按账面金额全部投保的企业财产保险，无论存放何处，原则上都属保险责任范围；对按科目投保或估价投保的，如出险地点与投保单位的地址不符，应该查实受损财产是否属于投保财产，地址不符的具体原因是什么，以便根据实际情况研究处理。

对于家庭财产保险，如果出险地点与保险单载明的地址不符，保险人有权拒绝受理，但经证明确属在保险起期后迁居的，且无虚假欺骗行为时，可以补办批改手续后予以受理、赔偿。

对于船舶保险，先要查明出险地点是否超越了保险单约定的航行区域，若中途变更航行区域，而未办理批改手续的，保险人有权决定是否赔付。对于海损事件，为尽快查明出险情况，保险人应及时派员前往出险地点，尤其是重大海损事件，更要及时赶到，以便取证、核查。如果到达出险地点有困难，可以在事后到港（航）监督管理部门了解船舶出险的具体地点、出险原因、经过及损失等情况。

对于货物运输保险，要查明保险货物的出险地点是否已远离起运地发货人的最后一个仓库或储存场所、转运地和保险货物到达目的地最先卸存的收货人第一仓库或储存场所。如果查实货物出险地点不在上述地点之内，属除外保险责任，保险人有权拒赔。但是，要准确把握“远离”转运地和目的地的界限。

对于运输工具保险，要查明出险地点是否与出险通知单的地点相符，是否是第一现场，如果不在第一现场，要查明现场变动的原因。对于未经有关事故处理部门同意，既非为抢救伤员和受损物资，又不妨碍交通安全，而擅自移动现场的，保险人有权根据具体情节和损失情况确定是否负责赔偿。

对于种植业保险，如小麦火灾保险，要查明出险地点是在场院、田间或在运输途中，核实已上场多少，尚未收割或正在收割的地块的位置，邻地的种植者是谁；棉花、小麦成片雹灾保险也要查明出险的具体地点、近邻地界并绘制示意图标明。

（2）查明出险时间。各种保险单对责任起讫日期都有具体规定，这是划分保险责任的主要依据之一。保险财产出险后，理赔人员应首先查明是否在保险责任有效期之内，如果属先出险后投保或期满后未续保而出险，保险人应拒绝赔偿。对保险起期当日或数日后，期满日或数日前出险的应特别注意核实，以避免道德风险。对于那些没有及时报案，事后补报的，更要认真调查核实出险时间。

对于运输工具保险，要核实出险前后经过的时间，如起程日期、途中行驶时间、行驶路线、到达目的地或返回的时间等。

对于货物运输保险，除查明出险日期、具体时间以外，还要向运输部门查明发生损失时是否离开起运地的仓库或储存场所、到达目的地后是否到达收货人的仓库或储存场所，以及其后提货是否在收到“到货通知单”后的规定期限（通常15天）之内。

核查出险时间时，应具体、详细，力求准确无误，既要听取投保人的报告，又要取证于事故的发现者、目击者，以及知情的单位职工和周围的群众。遇到时间较难确定时，要反复论证，不要急于下结论。

（3）查明出险原因与经过。这是一项艰苦细致的工作。首先，要了解出险前后的自然状况和其他相关情况，如当时的风力风向、水位流速、道路好坏、房屋结构、火源防护、电源安装、地理位置，以及安全管理制度及执行情况等，这对于分析出险原因具有重要的辅助作用。其次，要从出险的经过开始，查明出险原因，分清是属于直接原因还是间接原因，是自然因素还是人为因素。对出险原因比较复杂的案件，要深入实地调查，采取多听、多问、多看和细致分析的方法，凡与情节有出入的地方更要反复求证，并索取书面证明；必要时，可请有关部门或专家予以协助调查。对机动车辆保险，要查明驾驶证件是否有效，是否酒后开车或车辆带损违章行驶或因“四超”（即超高、超长、超宽、超载）造成的交通事故，以及是否属故意行为损毁车辆等。在尚未查清案情原因之前，理赔人员切忌主观武断或草率地确定是否属于保险责任，以免造成惜赔与错赔。此外，审核出险原因时还要特别注意近因原则。所谓近因原则，是指以造成保险财产的损毁、灭失的有效原因作为出险近因，而不是依据时间上和空间上与损失最为接近的原因。只要保险标的损失的主要或有效原因与实际损失的因果关系没有中断，都应把该原因作为理赔的依据。

运用近因原则时，可按以下4种情形进行分析。

① 单一的原因，这是最简单、最常见的原因。这种案情比较简单，没有错综复杂的因果关系，只要理赔人员深入分析，就能正确判断出险原因。

② 同时发生的原因，即损害的发生是由若干原因同时造成的。如果所有原因都是承保风险，则每一原因都可视为近因，保险人须赔付所有原因造成的损失。如果其中既有承保的风险，又有除外风险，则损失要分别估价，保险人仅对承保风险所致的损失部分负赔付责任；如果损失无法分别作价，保险人可以不负赔付责任。例如，只投保家庭财产保险而未投保盗窃险，一旦火灾与盗窃同时发生，如果损失金额可以分别估算，则保险人只赔偿火灾损失，不赔偿盗窃损失；如果损失金额无法分别估价，则保险人可以不予赔付。

③ 连续发生的原因，即损失的发生是由有因果关系的连续事故所引起的。如果其中无除外责任风险，则被保风险是损失的直接与自然的原因，保险人理应负赔偿责任；如果其中既有承保风险，也有非承保风险，且后因为前因的自然与直接的结果，则前因即为近因；若后因并非为前因的直接结果，且前因为非承保风险，则保险人对前因所造成的损失不负赔偿责任。

④ 间断发生的原因，即在一连串连续发生的原因中，有一种新的独立的原因介入，使因果关系中断。这时，要看新介入的独立原因是否为承保风险来决定是否赔付。如果新的独立的原因为承保风险，即使它在非承保风险发生之后介入，由承保风险所致的损失，保险人仍负赔偿责任；如果新的独立的原因为非承保责任，即使它在承保风险发生之后介入，而由非承保风险所致的损失，保险人不负赔偿责任。

2）现场查勘的其他任务

（1）施救整理受损财产。理赔人员赶赴出险地点时，也许灾情基本上得到控制或消除，也许灾情仍在蔓延，或者灾情虽已控制，但保险财产还有受损的可能。这时，理赔人员应与被保险人密切合作，组织施救或整理受损物资。一方面，采取紧急措施进行抢救，使灾害得以控制，并会同公安等有关部门研究，协助被保险人将受损财产搬迁到安全地带，尽量减少损失。另一方面，在灾害过后，完成拍照、录像、现场记录等工作之后，应督促并协助被保险人立即对受灾现场进行清理，共同研究整理和保护受损财产的措施，防止损失加重。对损残及水渍的财产，应根据财产的不同性质采取摊晒、烘焙、清洗加工或复新等措施。例如，粮食、果品类物资遭水渍后易膨胀、发热、霉变或腐烂而加重损失，这就需要依靠粮食加工和酿造、果品加工及饲料生产等部门进行处理；棉麻织品具有吸湿性，水渍后易发霉，影响纤维质量，甚至会因为膨胀分裂，细菌侵入发酵繁殖，产生热量，引起纤维变质、分解氧化，温度升高，在积热不散的情况下，引起自燃，因此要迅速摊晒，加工使用；五金工具类物资受水渍后，应立即擦干、上油，以免变色、锈蚀而造成损失。

车船在外地出险受损后，如当地修理价格合理，应就地维修，当地修理费用过高时，应拖运回本地修理，并按交通管理规定，采取防护措施，固定装置，避免再次发生事故，扩大经济损失。

（2）妥善处理损余物资。损余物资是灾害事故发生后尚存的一部分具有经济价值和能为被保险人继续使用的受损物资。处理好损余物资对于减少赔款、提高保险经济效益具有重要的意义。保险财产受损后，损余物资应当充分利用，协商作价折归被保险人，并在赔款中作出相应的扣除。由于被保险人本是这些物资的用户，熟悉其性能和保护方法且使用方便，所以损余物资通常由被保险人收回使用。

损余物资的作价方式是多种多样的。对于那些不需加工和暂时无法修复的损余物资，当时即可作价折归被保险人自行处置；对于那些能够加工、修复的物资，可由保险人支付加工、修复费用，修复后再作价折归被保险人；对于那些丧失原有使用价值的损余物资，可由保险双方协商作为废品，由废品收购部门回收；对于一些沉入水底暂时无法打捞的物资，经协商，可先赔付，待打捞出来后，若仍有经济价值，再作价折归被保险人，并回收相应赔款。

损余物资处理要坚持物尽其用原则，根据其可利用程度，实事求是、合情合理地作价处理。被保险人在未经保险公司同意的情况下，不能以任何借口擅自削价处理损余物资。如果不能与被保险人达成回收协议，应报经保险公司负责人批准后再回收处理。保险公司回收损余物资要严格按规定手续办理，开列清单，列明损余物资的品名、数量、损失程度、残值金额，由被保险人盖章验证，然后填制“损余物资回收单”，附于赔案档案内，交财会部门入账和交保管人员核实、登记存底。

收回的损余物资要妥善保管、及时处理，防止再次损失。但对有关人们健康和生命安全的受损药品、食品或可能造成其他灾害的物品，须经有关部门检验后，才能出售。出售时，要填制“损余物资处理单”，交财会、保管部门和附在赔案档案中备查。处理后的收入按规定冲减赔款，不得转移或挪用。此外，收回和处理损余物资时，理赔内勤人员均应将损余物资记入“损余物资回收登记簿”，以备查考。

被盗窃的保险责任财产，赔付以后如若破案，并追回被盗物资，在收回或处理时参照上述损余物资回收和处理手续办理。

（3）索取出险证明。根据保险条款的规定，被保险人发生灾害事故后，在向保险人申请索赔时，应提供有关部门出具的出险证明事故调查报告、检验化验证明及其他有关单证。理赔人员应督促和协助被保险人尽快办妥，以便及时准确处理赔案。

出险证明、事故调查报告、检验化验证明等应由政府有关部门或专业技术部门出具，内容应包括时间、地点、原因、相关技术性数据及责任裁决意见等项目。证明文件可为抄录件或复印件并加盖公章为证。政府部门没有参加处理不能出具证明文件时，可根据实际情况由其主管部门或居民（村民）委员会出具有关证明。同时，保险公司理赔人员查勘、调查或代查勘公司的查勘证明材料、现场照片、旁证材料及有关往来的函电等，均可作为核定出险证明的材料。

被保险人提供的损失清单及费用清单和各种原始单据，单位投保的必须加盖公章，个人投保的须加盖私章或签名。如果有些单位已将原始凭证作为付出传票的附件，无法提供时，可用抄件代替，但要填列清单，逐笔注明原始单据号码、费用内容及传票号码、日期，抄录人和理赔人员复核后加盖公章与私章。

对于被保险人向保险公司提供的各种单证、证明，理赔人员要严格审查，确保真实可靠，对于涂改、伪造账册、单证和制造假案的欺骗行为，保险公司有权拒绝赔偿或向司法部门提起诉讼，依法追查有关人员责任。

（4）核实损失数额。受损财产经过施救、整理以后，要初步核实损失数额和损失程度，根据被保险人提出的索赔清单、财产损失清单所列明的各项财产损失金额和费用及原始单证，逐项认真核实，为下一步计算赔款提供可靠的依据。不同的险种，核实方式也有所不同，常见的险种损失核实有以下 6 种。

① 企业财产保险（财产保险基本险、财产保险综合险）的损失核实。企业财产保险绝大多数都按账面金额投保，账册可作为损失核查的依据，核实时要根据承保的内容、项目，对照账册查清受损财产是否属承保范围，是否符合计价标准。查对账册除核查资金平衡表、总账外，还要根据需要分别查对分类账、明细账和车间（柜组）的台账，必要时还应核查领料单、盘点清单和出入库单据。通过查账，明确承保财产的范围和分类保险金额，受损财产在出险时的全部存量、规格和价格，有无漏保、未保，以及未转账和账外财产，有无已摊销或低值易耗品财产，有无已列入报废和削价处理的财产，有无补偿贸易和引进设备中的外币保险损失等，以区别保险财产和非保险财产。

在核查账册的基础上，要按照损失清单会同被保险人盘点核对受损财产的价值，估计完整无损的有多少，部分损失的有多少，全损的有多少，并分别按损失程度核计损失金额。

对于固定资产的损失核实，首先要查明保险单中固定资产项目的保险金额是否与投保时账面金额一致，是不足额投保还是足额投保，部分投保的账面金额是多少；其次要查清受损财产属于哪些会计科目，是否属于在固定资产明细账卡上反映的保险财产。对未列明承保的受损财产应在核定损失时予以剔除。例如，未列入账的财产，租用、借用或代管财产，已折旧、摊销完但仍在使用的财产，基建已完工投产但未转账的固定资产，待报废处理的财产，替外单位修理的机器设备，新增加的固定资产，等等。

对于流动资产的核实，要查明保单上的流动资产保额是否与投保时的账面余额或平均余额一致，是全部投保还是不足额投保；同时，要查明出险在哪一个过程，属哪些会计科目，确定是否是保险财产，出险时账面的全部存量、规格、单价与损失清单所列是否相符，并查明低值易耗品是如何摊销的，受损财产中有无长期滞销积压商品。对于未列明承保的财产（包括未入账物资，代购、代销、代保管物资，待报废物资，基建物资，已摊销但尚在使用的低值易耗品、包装材料，经批准已作削价处理的差价，盘亏、损耗部分的损失，以及账外陈列的展览商品等），核损时必须剔除。对于专用基金、储备物资和未完工程损失的核实，要查明该项财产的保险金额是否与投保时的账面余额一致，受损物资和未完工程是否属于本科目的保险财产，如不是，则在核损时应予剔除。然后，根据损失清单及原始单证核定损失数额。

对账外财产，要核查保额确定的依据，查明是否企业本身所有的账外财产。对没有特约投保的代管、代存、代购销、代加工、代修理、借用租用的财产，保险人不负赔偿责任，应在核损时予以剔除。然后，再根据损失清单和单证，核实实物数量、价格、损失金额等。

② 个体工商户财产保险的损失核实。按个体工商户财产保险条款承保的个体工商户财产，一般是流水账，缺少明细账册，且多与实物存放一处，常与财产一并毁掉。因此，在核定损失数额时，其损失数难以清查核对，可通过盘存未受损财产数，再以保险金额倒扣的办法来确定损失额。

③ 机动车辆和船舶保险的损失核实。按机动车辆和船舶保险条款的规定，保险标的遭受保险责任范围内的损失必须修理时，被保险人会同有关部门鉴定后，提出修理范围和项目，在指定协作厂进行修理并估计所需费用后，保险人据此来查对损失数额。

对于机动车辆和船舶的全损，保险人应根据其保险条款和交通、航运部门的鉴定及被保险人所提供的各种证明与单据，进行损失额的核定。对第三者责任险的损失，应根据交通管理、港监部门的调解书、裁决书和有关法律、法规判定的责任为准，但应坚持做到见人、见车、见物的原则，以便核实“以责论处”是否合理。

④ 家庭财产保险的损失核实。家庭财产保险出险后无账可查，要根据现场查勘的情况和保户开列的损失清单，按照承保时分类的保险金额和财产损失程度，与保户协商核实损失金额。对高档家用电器损失，要查货源发票，根据损失程度核定赔付金额。对全损的，若出险时市场销价低于保额，应按重置价格赔偿；市场价高于保额时，应以不超过保额为限。保险的房屋、家具损失时，也应根据损失程度，按结构、材料、质量、造价来核定修理、修缮费用。全损者以保额为限核定损失。分类承保的家庭财产受损时要分类核损，以分类保额为限，彼此不能调剂，并在总保额内根据各项财产当时的价值和使用年限，核定损失金额。此外，核损时要做好调查工作，广泛听取所在地居民委员会和群众的意见，力争正确合理地核定损失，防止不良后果的产生。

⑤ 货物运输保险的损失核实。货运险与企业财产保险一样，也要先核对原始单据、凭证和提（发）货单所列的货物名称、批数、规格、单价是否与被保险人提交的损失清单一致，是否属承保范围，是否足额投保；然后，盘点已施救和加工整理后的货物，分别核定损

失。对于按目的地成本价承保的货物，为保障被保险人的经济利益，可以不扣除其未付运费，但如果承运部门按货运规定已退还未完运程费时，则应在核定的数额中扣除。

⑥ 农业险的损失核实。农业险是指种植业、养殖业保险。由于农村工作的特点及其复杂性，其理赔难度较大，在具体处理农村两业理赔工作中应当掌握以下方面。

首先，农业险理赔工作必须依靠党政部门，依靠群众，有组织、有领导地进行。如果是大面积出险的种植业险种，应组成有乡镇领导、村民委员会代表、群众代表及农业技术员、保险公司代表参加的理赔核损小组，尽量避免同一家一户的群众单独处理。

其次，对农业险出险损失的数量（亩数），应当根据投保明细表，采取全面查勘、逐块地落实的方法。还要采取设点、抽样的方法来确定损失，对检验、测量的结果填制现场查勘登记表；参与查勘核定损失的各方代表都要签字认定，以此作为赔付计算的依据。

再次，对小麦火灾险损失核定应在查清各户投保亩数、出险原因、实际受损亩数的基础上，逐户落实小麦的打轧、收割情况，分清是头场麦，还是二场麦，已入仓或正在摊晒的数量，按照当年乡（镇）、村的估计产量，结合上年实际产量来核定损失数量，根据条款规定的赔偿单价，核计赔付的金额。

最后，养殖业险的损失核实。养殖业各险出险时的原因，又较种植业险复杂，其损失核实难度更大，应按其保险责任和每个险别生产期限的赔付计算标准来核实损失。对因瘟疫、流行性传染病死亡的家禽、牲畜，要配合卫生防疫部门进行必要的检疫，落实死亡原因、死亡数量及重量，并将保险总数量、受损时的总数量及实际受损数量分别登记清楚；受损较大、数量较多的可采取抽样的方法进行检验，确定损失率及损失数量。对因自然灾害造成伤残的应鉴别其受损程度，根据受损程度核实损失数额，确定残值价值，经理赔核实小组和保户认定后签字为证，以便下一步计算赔付金额。

3）现场查勘的要求

现场查勘总的要求是：要准备充分，及时深入事故现场，按照尊重事实的原则，依靠地方党政和企业主管部门及广大人民群众的支持与协助，认真调查分析，做到“现场情况明，原因清、责任准、损失实”。

（1）理赔人员在去现场查勘之前，要了解保险标的的承保情况，如果查明属未保险或已期满失效，就不必前往查勘了。同时，要根据事故种类，携带必要的工具和救护用具，如摄像机、照相机、皮尺、安全帽、水靴、记录本或录音机、录音笔，以及有关资料、单证等。

（2）在亲临现场查勘时，尽可能做到有两个或两个以上的人员共同查勘。查勘开始后，要尽快查看被保险人的会计账册和有关单证，掌握投保日及出险日各账面数据，若不能及时核查，应会同被保险人暂时封存，以防更改账册，弄虚作假。对案情复杂、定损难度大的案件，应聘请有关部门或技术专家、工程技术人员协助作出技术鉴定。在查勘巨灾时，要坚持依靠党政领导，依靠各主管部门和广大人民群众等各方面的支持与协助。

（3）查勘取证时，既要拍摄现场全景，又要拍摄灾害的局部损失部位。要对车、船牌号、编号、损失部位，以及第三者财产、人身损失都拍照，作为核损的重要证据，并绘制现场示意图。

（4）运输工具出险时要及时核实各类牌号，查验各种证件，如保险证、行驶证、驾驶证、工商管理部门核发的私有车船营运及货运单证。查实是否有违章、违法运输等情况。对造成第三者人身伤亡的，查清驾驶人员是否曾及时抢救受害者，是否保护好现场等。

外地车辆在本地出险报案时，应依据保险公司之间的约定，及时代理查勘，并予妥善安置，待承保公司委托后再按承保公司的委托内容，办理各项事务。

(5) 为避免舞弊行为，理赔人员遇有自己的亲友索赔时，应主动回避，由公司负责人确定其他人选进行查勘并办理各项事务。

3. 责任审核

现场查勘结束后，保险人根据查勘报告和有关事件、单证进行责任审核。责任审核的内容如下。

1) 审定保险责任

审定保险责任是根据各种保险条款规定的要求，认真审定灾害事故性质、发生的原因、责任范围，以及各种证明的权威性、有效性和可靠性。力求既符合条款规定，又尊重事实，做到情况清楚，责任明确。

2) 明确赔付范围

确定了赔偿责任以后，要根据损失清单、各项单证和查勘结果，明确赔付范围。

(1) 审核损失物是否为保险财产，凡未保、漏保的财产不在赔付范围之内。

(2) 审核险情是否属于保险责任内的灾害事故，灾前残损或残次商品、处理品不在赔付范围之内。

(3) 审核运输工具险的第三者责任和碰撞责任是否以责论处，是否公平合理，费用分摊中的各项费用是否均属保险责任范围。

明确赔付范围的另一方面是判断除外责任。对定为不属赔偿责任的拒赔案件要全面分析、论证，提出可靠依据和充分的理由，由经办人填制拒赔案件报告或注销案件报告，并做好解释工作。被保险人以充分理由和证据提出不同意见时，要及时复查，重新审核，再决定赔偿与否，不能草率结案。

3) 核定施救整理费用

我国《保险法》规定，保险事故发生后，被保险人为防止或减少保险标的的损失所支付的必要的、合理的费用，由保险人承担。但是，施救费用的支付是有条件的：① 它必须以发生保险责任范围内的灾害事故为前提；② 这项费用以减少保险财产的损失为目的；③ 费用支付以合理为限，最高不超过保险金额的数额。正确核定施救费用，还必须注意以下 5 个问题。

(1) 分清灾害事故已发生和未发生的界限。凡是为施救已发生或必将发生的灾害事故而支出的费用，保险人应负赔偿责任；反之，灾害事故尚未发生或仅有可能发生情况下所支付的费用，保险人不负赔偿责任。例如，洪水已发生或确有波及可能，被保险人对保险标的紧急抢救及搬运费用，保险人负赔偿责任；反之，洪水并未波及而事前事后移动保险标的所支出的费用，保险人不负责赔偿。

(2) 分清必要和不必要的抢救费用。必要的抢救是在紧急情况下为防止和减少保险财产的损失而必须采取的抢救措施。例如，当邻居火灾确有殃及保险财产可能时，所支付的必要抢救费用，保险人应予赔偿；相反，则不负赔偿责任，因为在没有可能殃及保险标的的情况下，这种抢救费用就是不必要的施救费。

(3) 分清直接与非直接用于保险财产的费用。当保险财产遭受灾害损失时，被保险人的施救费用才能得到赔付。如果被保险人使用自己的消防设备抢救他人财产而发生施救费用，则以灾害事故有无波及自身保险财产的可能来决定赔付责任；若无波及可能，则不负赔付责任。

(4) 分清正常支付与额外支付的费用。保险人只对施救的额外支出费用负赔付责任。例如，在抢险中职工的工资支出属正常支出，保险人不负责赔偿；而职工的加班费、夜餐补助费、前来支援的群众发生伤亡后的医疗、丧葬、抚恤费等，则由保险人支付。

(5) 分清费用支出是否取得实效。被保险人考虑并采取施救措施的出发点，是减少灾害事故的损失。如果进行施救所支出的费用没有能够挽救保险财产的经济损失，就成为不必要的支付。因此，被保险人应根据具体情况决定是否采取施救措施。

总之，施救整理费用的支付，应以上述条件为前提，以合理、合情、适度为宜，既要鼓励必要的施救，避免赔付过严造成影响防灾减损积极性的负效应，又要注意适度控制。

4) 妥善处理疑难案件

对于确属人为无法抗拒的灾害事故，发生的原因和经过又比较复杂，条款上也没有明确规定的疑难案件，要力求从严、从细、从实处理，既要考虑不违背保险法规及保险条款的基本精神，又要从有利于生产经营出发，根据被保险人的意见和要求，认真分析事故的性质、原因及其社会影响，衡量利弊，妥善处理。必要时，可请示上级公司研究决定。

5) 第三者责任追偿处理

第三者是指保险合同当事人之外的单位或个人。如果保险事故由第三者的过失或非法行为引起，或者根据有关协议可以确定第三者的责任，那么第三者应对被保险人负赔偿责任。这时，保险人可以按照有关规定，先代为赔偿，但被保险人应当将追偿权转让给保险人，并协助保险人向第三者追偿。如果事故责任明确，第三者同意及时赔偿，被保险人应先向第三者索赔，不足部分再由保险人补偿。

4. 保险赔款的计算与支付

保险赔偿责任经审核确定以后，下一步就是计算赔款。由于险种不同，赔款的计算方式也不同，财产保险的赔款计算方式主要有以下几种。

1) 第一损失赔偿方式

第一损失赔偿方式亦称第一危险赔偿方式或第一责任赔偿方式，即将保险财产的价值分为两部分，其中一部分为保额，也就是保险人应该负责的第一部分损失，而超过保额的另一部分，则为第二损失部分，它与保险赔偿责任无关。

第一损失赔偿方式的特点是赔偿金额一般等于损失金额，但以不超过保额为限，即损失金额低于或相当于保额时，赔付损失金额；损失金额等于保额时，最多赔付保额。也就是说，赔付多少取决于保额和损失金额，只要损失金额在保额以内，一般都按实际损失赔付；如果损失金额超过保额，对于超过部分，保险公司不负赔偿责任。

例如，某企业投保财产险保额为1万元，灾后全损无残值。当损失金额低于保额时，赔付额=损失金额，如该企业出险后损失8 000元，则赔付额为8 000元；当损失金额高于保额时，赔付额=保额，如出险后损失达1.5万元，则赔付额为1万元。

从上述公式可以看出，第一损失赔偿方式是一种实损实赔的方式，被保险人可以得到充分补偿。但是，这种方式实际上是保险人承认了被保险人的不足额投保。有的地方实行的“按损失时账面理赔”方法，这是在第一损失赔偿方式的基础上发展起来的，其特点是只要被保险人足额投保，又能按其账面定期调整保额的，如果发生保险责任范围内的全部损失，出险时的账面金额必为保额，从而得到十足赔偿。

2）比例赔偿方式

比例赔偿方式亦称比例责任赔偿方式，即当发生保险事故造成损失后，按照保险金额与出险时保险财产的实际价值（或重置价值）的比例来计算赔款。比例赔偿方式和第一损失赔偿方式的不同之处是：赔偿额不仅取决于保险金额与损失金额两个因素，而且取决于保险金额与实际价值的比例。比例赔偿方式的特点是：① 在计算赔款时，如果保险金额与保险财产实际价值一致，按照保险财产实际损失，在保险金额限度内按损失金额赔偿；② 如果保险金额低于保险财产的实际价值，其差额视作被保险人自保，这时应按照保险金额与财产实际价值比例赔偿，即在不足额投保的情况下，根据保险人与被保险人各自承担责任的比例，分摊赔偿金额；③ 保险金额超过保险财产实际价值的部分，应作为无效保险，保险人不负赔偿责任。

例如，某企业投保财产险，保险金额为 3 000 元，损失金额 2 000 元，当时保险标的实际价值为 5 000 元，计算赔款的公式为：

$$赔偿金额=损失金额\times\frac{保险金额}{保险标的实际价值}$$

即

$$2\,000\times\frac{3\,000}{5\,000}=1\,200\ （元）$$

如果还有损余价值 200 元，同样按上述比例分摊，然后从赔款中扣除。其计算公式为：

$$1\,200-\left(\frac{3\,000}{5\,000}\times200\right)=1\,080\ （元）$$

又如，支付施救费 100 元，也应按比例分摊，然后加上赔偿金额，一并赔付。即

$$1\,080+\left(\frac{3\,000}{5\,000}\times100\right)=1\,140\ （元）$$

我国《保险法》规定，保险金额低于保险价位的，除合同另有约定外，保险人按照保险金额与保险价值的比例承担赔偿责任。

3）限额赔偿方式

限额赔偿方式通常分为两种：超过一定限额赔偿和不足限额赔偿。

（1）超过一定限额赔偿。这是指保险人与被保险人双方事先约定一个免责限额，在此限额以内的损失由被保险人自己承担，超过此限额，保险人才负责赔偿。免责限额分为相对免责限额和绝对免责限额。前者是指保险财产的受损程度或金额超过规定的免赔额时，才给予赔偿；后者是指财产损失超过免责限额时，只赔付超过部分的损失，即赔款额等于损失金额减去免赔额。

（2）不足限额赔偿。这种赔偿方式普遍适用于农作物收获保险。它由保险双方约定一个限额，在约定的责任限额内发生损失时，由保险公司负责赔偿，如超过约定的限额就不予赔偿。例如，某种农作物约定的限额为收获期亩产 800 斤，价值 1 600 元，但因受自然灾害而减产到 600 斤，价值 1 200 元。这时按限额赔偿方式，保险公司负责赔偿 200 斤，计 400 元。这种赔付方式，只能赔偿被保险人产量不足的损失，如果产量达到或超过限额标准，即使遭受了自然灾害，保险人也不再负赔偿责任。

4）定值赔偿方式

定值赔偿方式是保险人与被保险人双方约定保险价位作为保险金额，出险时无论当时的实际价值或市价涨落变动如何，全损按保险金额全部赔偿，部分损失按损失程度赔偿。这种赔偿方式适用于海洋运输货物保险、船舶保险和无法鉴定价值的高档工艺品、古玩、珠宝等特约保险。

赔款的支付大致有 3 种情形：① 赔款金额已经确定，又没有未了事项时，应一次全额赔付；② 责任已经明确，然而核赔手续尚未办妥，或者是具体赔款金额尚未核定的案件，为了使被保险人能及时得到经济补偿，尽快恢复生产与经营，当被保险人提出申请，要求预付一部分赔款时，经批准可以先行借支，但预付赔款数额应控制在估损金额的适当百分比以内，以防止预赔金额超过应赔金额；③ 已经预付赔款的理赔案件，经核定，其不足部分应立即赔付。我国《保险法》规定，保险人自收到赔偿或给付保险金的请求和有关证明、资料之日起 60 日内，对其赔偿或给付保险金的数额不能确定的，应当根据已有证明和资料可以确定的数额先予支付；保险人最终确定赔偿或给付保险金的数额后，应当支付相应的差额。

5）理赔与服务

不管何种情形的赔付，在审定和发出支付赔款通知书后，赔款处理即告结束。但不能将支付赔款当作理赔工作的结束。为充分发挥理赔的实际效果，提高理赔质量，保险人可以对受灾的被保险人进行调查，了解赔款的具体用途，以协助恢复生产和安定生活。

随着客户服务体系的健全，要将理赔视为客户服务的重要内容。理赔也是检验客户服务理念、提升客户服务水平的最好时机。

6.2.3　理赔工作人员的素质条件

理赔工作关系保险企业的信誉，体现国家的保险方针和政策。同时，理赔工作牵涉面广、情况复杂，每一个险种都有其不同的业务要求和特点。因此，从事理赔的工作人员必须具备较高的政策水平和较丰富的业务知识。其具体要求如下。

1. 熟悉保险法规、保险条款和有关业务规定

保险条款和有关业务规定是处理赔案的理论依据，又是保险合同关系双方当事人权利和义务顺利实现的具体保证。作为理赔人员，首先必须熟悉保险条款的内容和有关保险业务的具体规定，以免理赔时出现误差。

2. 懂得相关专业知识

保险理赔是一项涉及面广、专业技术性较强的工作，而且保险标的的性质和种类多而各异，因此从事理赔的工作人员，除有保险方面的专业知识外，还必须掌握以下相关知识。

（1）有关法律和法规方面的知识。保险关系是一种契约关系，当事人双方均受法律及合同约束，而且理赔过程本身就是一种依法办事的行为，它必然涉及有关法律、法规方面的问题。因此，理赔工作人员应尽可能地学习有关法律知识，掌握各种相关法律规定，如民法、婚姻法、经济法、有关消防条例、各种运输法规、交通管理法规、海事处理规定及国际私法、海商法等，以便在处理赔案时有法可依。

（2）财务会计知识和标的估算方面的知识。保险理赔计算的重要依据是保险标的的金额，它是由一系列账面金额汇总而成的。理赔人员需要核查、计算保险标的的各种明细账

目，以确定保险责任、赔付范围和损失金额。这就要求理赔人员掌握会计学、统计学、成本核算、资产评估等方面的专业知识，懂得划分固定资产和流动资产的标准，懂得各种财产价格构成的依据，以及如何计算折旧，估计损失价值，查阅资产负债表、总分类账及明细科目卡片，等等。只有这样，才能科学、准确地核定损失和计算保险赔款。

（3）建筑、设备、商品等方面的知识。在保险理赔过程中，理赔人员要与各种各样的保险标的打交道，要对受损的保险财产进行鉴定、估损、核算、处理。这就要求理赔人员不仅要懂得一些建筑结构、估损、修缮和机器设备的保护等常识，而且要熟悉市场上主要商品的使用价值，如商品的性能、类别、包装、储运、维修等，并了解商品的价值及其价格变动和计算等知识。

3. 具有深入实际、联系群众和实事求是的工作态度

理赔过程中出现的问题和遇到的具体情况，往往比人们事先预计的复杂得多，这就要求理赔人员深入实际、联系群众，虚心向有关方面的专家请教。在掌握大量第一手资料并对其进行分析研究的基础上，才能实事求是地处理理赔过程中出现的问题，准确履行赔付义务。

4. 树立廉洁奉公、以身作则的工作作风

理赔人员代表保险机构处理各种案件，关系到大量的钱财和物资，而且有些业务政策性较强。因此，理赔人员不仅要有较强的政治责任感，而且必须树立廉洁奉公和以身作则的工作作风，才能杜绝理赔工作中的不正之风，树立良好的企业形象，保证理赔任务顺利完成。

6.2.4 保险理赔管理的内容

保险理赔管理是指对履行赔付义务过程的各个工序进行管理，其目的是贯彻落实理赔原则，确保保险合同双方当事人的经济利益，维护保险人的社会形象。其具体包括以下内容。

1. 检查保险赔偿责任的确定是否正确

检查保险赔偿责任的确定是否正确要注意以下方面。首先，应审核现场查勘是否及时、准确、全面、细致、认真，查勘记录资料是否齐全、可靠，因为赔偿责任的划分，其重要依据就是案情查勘的结果。其次，要根据保险合同所载承保责任及有关项目，针对案情逐项复核，以准确确定保险人应承担的赔偿责任和赔偿范围。最后，认真检查与案情有关的各种单证，如检验报告、保险单证、事故证明、适航材料、品质证明、修理单据、受损标的相关票据等，如果发现问题应及时查清，做到单证真实、清楚、有效，严防骗赔行为，还要注意各保险公司之间的信息互联。

2. 损失计算与赔付管理

在确定了赔偿责任和赔偿范围之后，对保险标的实际损失进行核实、理算和计赔。赔款计算和赔付管理包括按照不同的承保条件，确定对各类受损标的和各种费用损失采用的赔偿方式，同时对核赔权限、通融赔付和拒赔案件等实行严格管理。

核赔权限管理是按照集权与分权相统一的管理原则，根据不同业务险种和赔付金额，以及各级保险企业业务管理的职责和范围，从赔偿金额和保险责任两个方面赋予各级保险企业一定的赔付权限，这是保险企业内部分层次实行理赔、监督管理的重要手段。各级保险企业

的核赔权限，主要是根据承保风险和不同级别、层次的管理职能，理赔人员的政治思想与业务素质和保险企业的经营管理水平确定的。

通融赔付案件管理是指对案情复杂、损失责任与保险条款的规定不尽吻合、保险合同规定的被保险人的义务不周全、保险人责任不明确，以及投保人办理续保不及时而影响了保险合同的时效等赔案，本着实事求是的精神，把原则性和灵活性结合起来，全面考虑，权衡处理。其目的是增强被保险人的保险意识，扩大保险的社会影响，促进保险业务发展。但对下列情况绝不能通融。

（1）明显违背国家法律、政策行为的后果。

（2）被保险人的故意行为。

（3）赔付后对保险人声誉产生消极影响的案件。

（4）由于被保险人疏忽造成保险人承担可以免除责任的大额赔款。

拒赔案件管理是指保险人对案情进行详细调查研究，掌握拒赔的事实、依据和必要的证明，经核定，出险事故所造成的直接损失和费用的确不属于承保责任范围后，作出拒赔决定的过程。拒赔案件直接关系被保险人的经济利益，且因被保险人对保险缺乏认识等原因，极易产生误解和纠纷，给保险人带来不利影响。因此，拒赔前必须广泛调查取证，审慎研究，并严格履行审批手续。同时，要耐心向被保险人、受益人作必要的解释，尽量避免或减少拒赔造成的消极影响。

3. 追偿案件管理

追偿案件是指损失涉及第三者责任方或错赔的案件。保险标的损失属于第三者责任时，根据法律规定和合同约定，保险人取得被保险人授权并先行赔付后，在被保险人协助下向第三责任者追偿经济损失，以确保保险企业的经济利益，促进有关部门改善和加强风险管理。如果责任比较明确，第三者也同意负责赔偿，可让被保险人先向第三者索赔，不足金额再由保险人赔付。一般来说，人身保险较少存在追偿问题，因为其保险标的——人的生命和身体是不能用金钱来衡量其价值的，而且民法中一般都规定不得转让伤害所造成的民事赔偿责任。

追偿案件管理的要求如下。

（1）应取得被保险人将已得赔付的权益转让给保险人的转让书。

（2）建立责任制度。应指派专人负责案件全过程管理，同时严格审批手续，重大案件要报上级公司备案、审批。

（3）科学选择追偿途径。常用的途径有直接向责任方追偿；委托代理人，并实行“无效果、无报酬”原则向责任方追偿；通过法律程序或行政手段追偿。

（4）广泛取证，掌握足够依据。追偿取证应包括各种人证、物证和旁证材料，同时要查找相关的法律、政策依据，使追偿工作取得实效。

（5）掌握追偿时效。追偿应尽可能迅速进行，以免取证困难和失去法律效力。若因故在某时效内未获得赔偿，应提前办理展延时效的手续。

（6）灵活掌握追偿策略，适时结案。由于法制方面的缺陷或有关审判实践缺少类似的判例可循，加之法院诉讼程序复杂，从开庭审判到最终判决，少则半年，多则两三年，甚至更长，当事人还需投入大量人力、物力，所以保险人要审时度势，在不违背法律原则的前提下尽快结案，早日收回赔款。

关于因各种原因造成的保险人错赔案件，保险人能否追回赔款取决于错误的性质。例如，在英国，如果是法律上的错误，则不能追回赔款；若属事实上的错误，则可以追回赔款。法律上的错误是指保险人对不该负责的赔案错误地认为应该负责，如保险人对失效保单错认为有效并支付了赔款，则保险人无权追回赔款。但是，对于事实上的错误（如被保险人的欺骗、理赔人员粗心大意等），保险人有权追回赔款。

4. 损余物资管理

损余物资管理是指对损失后尚有一定经济价值的物资进行保管与处理。其主要内容如下。

（1）及时施救、整理残存物资，防止损失扩大。

（2）合理估价。即根据受损程度、折旧情况和市场价格等因素，合理确定受损物资的残值。

（3）充分利用残余物资。一般应由被保险人收回使用，或者在被保险人拒收情况下投放市场变卖，供社会使用。

损余物资管理的要求是：① 妥善保管，防止散失；② 专人负责，造册登记；③ 严禁私分、无偿占用或压价销售；④ 严格财务制度，对所得货款应全额交给财务部门，冲减原案赔款金额。

5. 赔案管理

赔案管理即通过损失计算，填制赔款计算书，发出赔款通知，支付赔款予以结案。赔案管理反映了保险企业的社会效益及其经营管理水平。因此，加强赔案管理，保证赔案质量，无论从对内提高业务人员素质和处理技能，还是从对外保障被保险人的利益、维护保险企业信誉的角度看都是十分重要的。

赔案管理的环节如下。

（1）赔案程序管理。即对赔案各个工序的检查、监督和控制。力求在损失查勘、定损、赔款计算、给付赔款、损余处理、代位求偿等各环节中，做到准确、合理、手续完备、单证齐全，符合公司各有关规章的要求。

（2）赔付统计分析。即根据不同险种，分别就赔付额、赔付率等各项指标进行统计分析，考核业务经营成果，并分析赔案损失原因，探索损失发生的规律，协助展业、承保、防灾等部门提高业务质量。

（3）档案管理。赔付结案后，应将所有单证、材料按险种、分年限装订保存，以备参考和查证。重要案件的档案应长期保存。

6. 客户服务质量管理

理赔是保险人承担合同约定义务的最主要内容。将理赔纳入客户服务体系，其管理主要有以下方面。

（1）赔付金额及争议处理方式、过程的管理。

（2）理赔时效的评价及管理。

（3）理赔的便捷性的评价及改进。

（4）产品评价反馈及需求信息管理。

复习思考题

一、概念题

保险防灾防损　兼职防灾防损　专职防灾防损　保险防灾防损管理　保险调查法　作业流程分析法　保险理赔　损余物资　第一损失赔偿方式　比例赔偿方式　限额赔偿方式　定值赔偿方式　保险理赔管理

二、思考题

1. 开展保险防灾防损有什么意义？
2. 防灾防损是否为保险经营的特有内容？
3. 如何理解保险防灾防损的形式与内容？
4. 保险防灾防损工作有哪些要求？
5. 如何做好保险防灾防损管理？
6. 我国保险防灾防损存在哪些问题？应如何解决？
7. 如何理解保险理赔的意义？
8. 怎样处理由第三者负责赔偿的问题？
9. 财产保险的赔款计算方式主要有哪几种？
10. 如何理解对理赔人员的特殊要求？
11. 我国保险理赔工作取得了哪些成绩？存在哪些问题？
12. 保险理赔管理的主要内容有哪些？如何做好理赔管理工作？

第7章 保险企业资产负债管理

保险作为一种风险转移或提供保障的工具，在人们的日常生产和生活中已经成为不可或缺的一个方面。保险企业作为经营风险的金融机构，在金融业中担负着以下方面的作用：①根据大数定律，向客户提供保险产品，从而将所保的精算风险聚集起来；②通过收取保险费积聚大量资金，并向资本市场特别是固定收入债券市场提供大量资金，同时实现企业合理的投资收益；③通过自身资产和负债的平衡管理，从而吸收风险，实现整个交易过程。

保险企业的经营，从传统意义上来理解，就是向客户提供各种保险产品并收取相应的保险费，从而承诺并实现对客户的风险转移和保障服务，由此，保险业务的这种承诺形成了保险企业的负债。相应地，为了保证所承诺的偿付能够在未来顺利实现，保险公司将其积累的各种资金再进一步作各种投资以求保值增值，各种投资业务也就形成了保险企业的各项资产。近年来，随着保险业在承保和投资两块业务中的不断拓展，保险公司已不仅仅是传统意义上的补偿性企业，而成为兼有补偿职能和金融职能的综合性金融机构。这就使得保险公司必须加强资产负债管理，以实现资产和负债两方面的合理匹配，从而全面控制风险，达到企业整体经营目标。

资产负债管理，即英文 Asset Liability Management（ALM）。

7.1 保险企业的资产和负债

7.1.1 保险企业的资产

资产是指过去的交易、事项形成并由企业拥有或控制的、能以货币计量的经济资源，包括各种财产、债权和其他权利。保险企业的资产反映了保险公司在某一特定日期所拥有的经济资源的总额，按照其流动性的强弱可分为流动资产和非流动资产①。

流动资产是指能够在一年内变现或被耗用的资产，主要包括现金、银行存款、短期投资、拆出资金、保户质押贷款、各种应收账款、预付赔款、存出分保准备金、存出保证金、物料用品、低值易耗品、待处理流动资产净损失、一年内到期的长期债券投资、待摊费用等。其中，拆出资金、保户质押贷款、各种应收账款中的应收分保账款、预付赔款、存出分

① 《中华人民共和国保险法》2009年2月28日第11届全国人大第七次会议修订。

保准备金、存出保证金等项目与保险有关，都是保险企业特有的流动资产类项目。

非流动资产是指包括长期投资，固定资产，无形资产及其他资产在内的、变现能力较差的资产。保险企业的长期投资一般集中于长期债券投资，固定资产则包括房屋、办公设备、建筑物、交通运输设备，以及在建工程和固定资产清理等，无形资产及其他资产包括无形资产、长期待摊费用、存出资本保证金、抵债物资等。其中，存出资本保证金是保险企业不同于一般企业的特殊项目。按照我国《保险公司财务制度》的规定，"保险公司成立后，应将其注册资本总额的 20% 作为法定保证金，存入保障监督管理部门指定的银行，除公司清算时用于清偿债务外，不得动用。"①

保险企业收取保费后所形成的保险基金，大多数都运用于资产投资。对于不同类型的保险企业，其资产的流动性也将随着其保险业务的特征有所不同。例如，人寿保险公司由于其保险业务的长期性特征，一般资产投资多以长期投资为主；而财产保险公司多为一年以内的短期保险业务，则在资产投资方面也表现为具有较强的流动性。

尽管保险公司掌握了各种资产，但由于各类资产的流动性强弱不同，因此在需要履行其偿付义务时，并不是上述各类资产都能够立即变现而成为偿付资金的来源。为了保证保险公司具有足够的偿付能力，保险监管部门又将其资产分为认可资产和非认可资产。所谓认可资产，是指"保险监管机构对保险公司进行偿付能力考核时，按照一定的标准予以认可，纳入偿付能力额度计算的资产。保险公司应按照一定的标准予以认可，纳入偿付能力额度计算的资产。保险公司应按照中国保监会指定的编报规则填报认可资产表。""在所有的资产中，只有那些可以被保险公司任意处置的可用于履行对保单持有人义务的资产，才能被确认为认可资产。"② 由此可见，认可资产具有较高的流动性，它能够迅速变为现金，同时变现后的价值事先也能够较准确地得到确定。

7.1.2　保险企业的负债

负债是指过去的交易、事项形成的现时义务，履行该义务预期将导致经济利益流出企业。保险公司的负债反映了保险公司承担的以货币计量的、需以资产或劳务偿付的债务，即保险公司在某一特定日期所承担的债务总额，按照其期限长短可分为流动负债和长期负债③。

流动负债是指企业将在一年或超过一年的一个营业周期内必须偿还的债务。保险企业的流动负债包括短期借款、拆入资金、应付手续费、应付佣金、应付分保账款、预收保费、预收分保赔款、存入分保准备金、存入保证金、应付工资、应付福利费、应付保户红利、应付利润、应交税金、其他应付款、预提费用、未决赔款准备金、未到期责任准备金、保户储金、年内到期的长期负债、其他流动负债。其中，拆入资金、应付分保账款、存入分保准备金、存入保证金、应付保户红利、未决赔款准备金、未到期责任准备金、保户储金等项目与保险有关，是保险公司特有的流动负债类项目。

长期负债是指在一年或超过一年的一个营业周期以上应偿还的债务，也就是说，在下一

---

① 《中华人民共和国保险法》2009 年 2 月 28 日第 11 届全国人大第七次会议修订。

② 《保险公司偿付能力额度及监管指标管理规定》（中国保险监督管理委员会令 2003 年第 1 号），2003 年 3 月 24 日颁布。

③ 张卓奇．保险公司会计．上海：上海财经大学出版社，2001.

年度或下一营业周期内不需要动用的流动资产或产生新的流动负债以偿付的债务。保险企业的长期负债主要包括长期责任准备金、寿险责任准备金、长期健康险责任准备金、保险保障基金、长期借款、长期应付款、住房周转金和其他长期负债。其中，长期责任准备金、寿险责任准备金、长期健康险责任准备金、保险保障基金等项目是保险公司特有的长期负债类项目。

保险企业的负债中，各类准备金是保险企业为了将来的赔偿或给付而从所收取的保费中提存的，根据保险企业业务种类的不同，所提取的准备金类型也有所差异。例如，财产保险公司提存未决赔款准备金、未到期责任准备金和长期责任准备金；人寿保险公司提存寿险责任准备金、长期健康险责任准备金、未到期责任准备金、长期责任准备金；再保险公司提存未决赔款准备金和长期责任准备金。另外，按照我国《保险公司财务制度》的规定，保险公司还必须提取保险保障基金，“按当年自留保费收入的1%提取保险基金，达到总资产的6%时，停止提取。财产保险、人身意外伤害保险、短期健康保险业务、再保险业务提取保险保障基金；寿险业务、长期健康保险业务不提取保险保障基金。”①

为了保险企业偿付能力监管的需要，与认可资产相对应，规定了认可负债的概念。认可负债是指“保险监管机构对保险公司进行偿付能力考核时，按照一定的标准予以认可，纳入偿付能力额度计算的负债。保险公司应按照中国保监会制定的编报规则填报认可负债表。”② 保险企业实际的偿付能力额度就等于认可资产减去认可负债后得到的差额。

7.1.3 保险企业的资产负债表

从财务的角度，企业的资产、负债和权益三者之间存在以下的平衡关系：

资产－负债+所有者权益

这一等式的两边分别表示企业的资金运用（资产）和资金来源（负债和权益），反映在资产负债表中，如表7-1所示。

表7-1 一般企业资产负债表结构

资金运用	资金来源
资产：	负债：
流动资产	流动负债
长期投资	长期负债
固定资产	
无形资产及其他资产	所有者权益
资产合计	负债及所有者权益合计

通常，企业根据财务会计准则，在会计年度末编制资产负债表。资产负债表一般反映会计年度末最后一天的企业资产负债情况，并通过资产负债之间的差异（权益）反映该会计年度的收益状况。然而，由于资产负债表反映的是企业在一个时点上的财务状况，因此是静

① 《保险公司财务制度》，1999年2月1日，财债字〔1999〕8号，第七章第十三条。

② 《保险公司偿付能力额度及监管指标管理规定》（中国保险监督管理委员会令2003年第1号），2003年3月24日颁布。

态的，它不能体现财务变动的整体过程。当然，企业可以根据自身财务管理的需要，每月或每季度制定资产负债表或资产负债变动表，从而更及时地掌握企业财务状况的动态信息。

从总体上看，保险企业的资产负债表结构与一般企业是相同的，即包括资产、负债和权益。只是由于保险业务具有其特殊性，其资产方和负债方的具体构成有别于其他企业，特别是负债方，如表 7-2 所示。

表 7-2 保险企业资产负债表

会保 01 表

编制单位： ______年____月____日 单位：元

资产	行次	期初数	期末数	负债及所有者权益	行次	期初数	期末数
流动资产：				流动负债：			
现金	1			短期借款	51		
银行存款	2			拆入资金	52		
短期投资	4			应付手续费	53		
拆出资金	5			应付佣金	55		
保护抵押贷款	6			应付分保账款	56		
应收利息	7			预付保费	57		
应收保费	8			预收分保赔款	58		
应收分保账款	9			存入分保准备金	59		
应收款项小计	10			存入保证金	60		
减：坏账准备	11			应付工资	61		
应收款项净额	12			应付福利费	62		
预付赔款	14			应付保户利差	63		
存出分保准备金	15			应付利润	64		
存出保证金	16			应交税金	65		
其他应收款	18			其他应付款	67		
材料物品	20			预提费用	68		
低值易耗品	21			未决赔款准备金	69		
待摊费用	22			未到期责任准备金	70		
待处理流动资产净损失	23			保户储金	71		
一年内到期的长期债权投资	24			一年内到期的长期负债	72		
其他流动资产	25			其他流动负债	73		
流动资产合计	27			流动负债合计	75		
长期投资：				长期负债：			
长期债权投资	29			长期责任准备金	76		
固定资产：				寿险责任准备金	77		
固定资产原价	37			长期健康责任准备金	78		
减：累计折旧	38			保险保障基金	81		
固定资产净额	39			长期借款	82		

续表

资产	行次	期初数	期末数	负债及所有者权益	行次	期初数	期末数
在建工程	40			长期应付款	84		
固定资产清理	41			住房周转金	86		
待处理固定资产净损失	42			其他长期负债	88		
固定资产合计	43			长期负债合计	89		
无形资产及其他资产：				负债合计	90		
无形资产	44			所有者权益：			
长期待摊费用	45			实收资本	91		
存出资本保证金	46			资本公积	93		
抵债物资	47			盈余公积	94		
其他长期资产	48			其中：公益金	95		
无形资产及其他资产合计	49			总准备金	96		
				未分配利润	97		
				所有者权益合计	98		
资产总计	50			负债及所有者权益总计	100		

由于保险企业所承担的保险责任决定了其在将来必须作出偿付，因此目前收取的保费并不能成为其已经实现的收益，必须按规定提取相应的责任准备金以备赔付只用；而保险事故发生后直到真正实现偿付，中间还有一段时间差，这时需要提取未决赔款准备金。另外，资产和负债方还反映了与再保险人或第一保险人之间的资金往来，如存出分保准备金、存入分保准备金等。因此，各种准备金成为保险企业资产负债表负债方的主要项目，其中以各种责任准备金为主。所谓责任准备金，是指保险企业所有保单未来偿付责任的现值和未来保费收入现值之间的差额。责任准备金的计算通常是按照偿付和保费收入等价原则，在给定的预定利率和出险概率（死亡率、事故发生率）的前提下得出的。根据这一计算前提，责任准备金通常是确定的。而责任准备金也成为保险企业投资资金的主要来源。

保险事故的发生是随机的，根据统计虽然可以估计其概率分布，但仍具有极大的不确定性。同时，市场利率的不断变化和投保人投资意向的变化，以责任准备金维持未来偿付的平衡关系可能被打破，投保人也可能作出退保或保单贷款等选择。这些都决定了保险企业实际发生的偿付资金流的不确定性，同时也影响了资产方的资金流向。由于上述不确定性的存在，仅仅通过资产负债表来静态地反映保险企业某个时点上的财务状况已经不能适应企业风险管理的需要，必须动态地观察和研究保险企业的资金流动问题。

7.2 资产负债管理的内涵、外延及体系架构

资产负债管理是一个面向企业整体目标和战略，既包括资产负债管理技术，又包括组织决策过程的动态概念。它属于风险管理的范畴，同时，所涉及的风险种类有不断扩大的趋势。并且，资产负债管理又包括了偿付能力管理的概念，只是两者的着眼点不同，偿付能力

管理更侧重于企业财务的稳定性。

7.2.1 资产负债管理的定义

对于资产负债管理这一概念，在不同的发展阶段、不同的金融领域有不同的理解，因此到目前为止，仍然没有一个统一的定义。

资产负债管理起源于银行业，这里首先列举银行界关于资产负债管理的解释。

Harrington. R（1987）将资产负债管理定义为：它指的不仅仅是一组静态的技术，而是用于管理所有资产及负债的一种集成化的方法，必须根据银行管理的目标，以及需要解决的不同问题而有所变化，它作为协助管理的工具，最终取决于管理者的决策与判断①。

该定义确定了资产负债管理首先是一个管理的概念；其次其技术的选择和体系的构建必须根据企业目标而建立，并指出了其随着时间的推移和环境的变化而作出相应变更的动态特性。

Huizer. M. C.（1988）认为，资产负债管理是在银行经营者的风险偏好允许范围内，为了实现与利率相关的收益的最大化而针对资产负债表的结构所进行的管理②。

该定义认为，资产负债管理的对象是资产负债表，将其内容限制在与利率相关的收益最大化问题上，因此所采用的技术也只是针对利率风险控制的，这一点与资产负债管理在银行业的起源有关。

针对保险业，资产负债管理的概念解释也存在多种形式。

Jost. Christiane（1995）认为，资产负债管理是一种管理理论，是在实现企业目标的前提下，力求企业中负债与资产两方面的风险相互匹配③。她指出，资产负债管理必须针对不同的目标选择不同的风险进行管理，同时资产与负债的匹配程度也必须根据目标确定。因此，在资产负债管理的定义中，不可能对风险的范围和资产负债的匹配程度给出明确的界定。

北美精算师协会对资产负债管理的定义为：资产负债管理是对业务的管理活动，它使得资产与负债两方面的决策协调一致。资产负债管理是在一定的风险承受和约束条件之下，为实现一定的财务目标而进行的有关资产和负债的战略上的计划、执行、监控和调整等一系列连续的过程……资产负债管理对于任何以投资平衡负债的机构来说，都是一种财务管理的重要且关键的手段④。

该定义强调了财务目标的实现，将资产负债管理归结为财务管理的部分，同时也强调了资产负债管理是一个连续的过程，包含了动态的概念。

Graumann. M. 和 Helmstatter. M.（2001）认为，资产负债管理是根据一定的目标，在一定的外部条件约束下，兼顾了多种因素的相互作用，对保险企业资产负债表中资产方和负债

---

① HARINGTON R. Asset and Liability Management by Banks, paris, 1987; from Jost, Christiane. Asset-Liability Management bei Versicherungen, Betriebswirtschaftlicher Verlag Dr. Th. Gabler GmbH, Wiesbaden, 1995.

② HUIZER M C. The ALM Function: Development and Strategy, in: Wilson (Hrsg) Management bei Versicherungen, Betriebswirtschaftlicher Verlag Dr. Th. Gabler GmbH, Wiesbaden, 1995.

③ JOST CHRISTIANE J. Asset-Liability Management bei Versicherungen, Betriebswirtschaftlicher Verlag Dr. Th. Gabler GmbH, Wiesbaden, 1995.

④ Society of Actuaries, Professional Actuarial Specialty Guide, Aug, 1998 (www. soa. org/library/aa-1-98. pdf); from Asset-liability management for insurers, sigma, Swiss Re, No. 6, 2000.

方头寸的控制。若要对目标、外部条件和资产负债表头寸进一步具体化，则必须在市场价值下来考虑保险企业的资产和负债①。

该定义强调了资产和负债管理应以市场价值为基础。

其他的一些定义，有的仅从技术的角度来分析资产负债管理，如认为资产负债管理是“选择一种资产组合（或可行的资产组合再平衡策略），使其尽可能满足与负债现金流的匹配，并通过这种资产负债组合的联合消除利率风险。②”另外，还有将资产负债管理仅定义为对利率风险的管理，这实际上是由于资产负债管理最初起源于对利率风险的控制。

国内学者对资产负债管理的概念也有一些不同的表述，但近年来，在学界大体形成一种共识，即资产负债管理的概念应包含以下内容。

（1）资产负债管理是企业整体管理的概念，面向企业目标及战略。

（2）资产负债管理所管理的风险范围主要包括市场风险，同时考虑与之相关的其他风险种类，因此所研究的风险范围有不断扩大的趋势。

（3）资产负债管理包括技术和组织决策体系两部分。

（4）资产负债管理是一个动态的过程，必须结合外部环境因素和时间因素作综合分析。

于是，国内有学者③认为，所谓资产负债管理，狭义的理解为针对某类负债产品线的特点确定相应的资产结构，实现业务条块上的匹配；从广义的角度理解，资产负债管理则属于风险管理的范畴，它从整个企业的目标和战略出发，考虑偿付能力、流动性和法律约束等外部条件为前提，以一套完善的组织体系和技术，动态地解决资产和负债的价值匹配问题，以及企业层面的财务控制（Finance Controlling），以保证企业运行的安全性、盈利性及流动性的实现。

7.2.2 资产负债管理与风险管理的关系

保险企业作为一种经营风险的金融机构，在金融业中担负着以下方面的作用：向客户提供保险产品，从而将所保的精算风险聚集起来；向资本市场，特别是固定收益债券市场，提供大量资金；通过自身资产和负债的平衡管理，从而吸收风险，实现整个交易过程。

1. 资产负债管理属于风险管理的范畴

保险企业的风险管理是针对所有类型的风险，采用相应的技术和手段进行管理，它是保险企业管理各类风险的总称。当然，在风险管理中，各类风险之间的相关性是必须考虑的重要因素，因此在管理上要力求综合，不能孤立地看待某一种风险。资产负债管理主要针对保险企业保险业务和资产业务存在的定价风险、投资风险、资产负债匹配风险等进行综合预测和控制，从而为资产、负债达到合理匹配，实现企业总体目标提供决策依据。

从所考察的风险范围来看，资产负债管理相对于风险管理要狭窄许多，因此认为，资产负债管理属于风险管理的范畴。

2. 资产负债管理的外延在不断延伸

目前，资产负债管理越来越受到保险企业的重视，已成为风险管理中最为核心的部分。

---

① Graumann, Matthias & Helmstatter, Mario. Organisatorische Planung des Asset-Liability Managements von Versicherungsunternehmen, Zeitschrift fur die gesamte Versicherungswirtschaftwissenschaft, 2003.

② 陈占峰．资产负债管理技术评述．系统工程，1999（9）.

③ 王海艳．保险企业资产负债管理．北京：经济管理出版社，2004.

从资产负债管理的发展来看，资产负债管理最初主要是围绕利率波动对企业价值的影响进行。然而，它并不是孤立的，资产负债管理与精算风险、信用风险、流动性风险，甚至经营风险和法律风险密切相关。因此，在资产负债管理中，需要建立包括投资、精算、销售和财务等各个部门紧密合作的体系结构，并保证各环节的信息沟通顺畅及时。同时，资产负债管理的研究也在不断深入，许多新的模型结合了更多的系统风险以外的因素，如信用风险、税收变化、监管限制等，使得资产负债管理有了更为广泛的含义。从这一意义上来看，资产负债管理又越来越趋同于风险管理。

3. 风险管理的工具和技术

通常，保险企业在风险管理中有多种工具可以采用。这些工具可大致分为以下4个方面：标准及报告、授权与限制、投资原则性规定或投资策略、激励及补偿机制。这些风险管理的工具与技术正广泛地被应用到资产负债管理的过程中。

首先，标准及报告是任何一个风险管理系统必不可少的工具。承保的标准、风险的分类，以及核保标准都是风险控制的传统工具，不同类型的风险评价对于了解资产和负债的风险也是必需的。另外，各种标准化的财务报告，如外部审计报告、监管报告、评级机构评估、法定会计报表和公司内部报告等，也是保险公司对外披露其风险信息的手段。通过制定一系列的标准，保险企业内部实现对业务操作和流程的一致认同，从而减小不必要的摩擦，降低经营成本；通过各类报告，决策层可以获得有关业务所涉及风险的信息，以及企业整体的风险状况，监管机构和公众也可以从各类公开报告中掌握该保险公司的风险状况，从而作出必要的行动反应。

内部风险管理的另一种工具是对权限和数量作出限制。例如，对顾客或可投资的资产的等级标准作出规定，在符合上述标准后，还针对不同的风险，对总额、单个顾客或单一资产的业务量和信用度有所限制。

投资的原则性规定及策略方面，主要有对投资限额的规定、投资规则、对资产负债不匹配的限定、对利率敞口的限定，并根据不同市场领域的集中度和约定义务提供策略性的指导。另外，对用于降低风险的证券化工具和衍生金融产品作相应的原则性规定。同样，对于负债方，也有类似的规定和策略。

激励及补偿机制通常是公司与高层经理、产品经理、销售代理签订激励性合同，并针对其不同的风险给予相应的报酬。当然，这类激励合同的设计必须与企业的总体财务目标和内部控制机制相统一。与此相关的主要方法有风险和损失的分析、投资风险分析、成本分配，以及对不同部门设定利润标准等。不合适的激励方式反而会导致企业陷入危机。例如，报酬与销售业绩挂钩，会导致盲目承保和错误定价，从而使承保的质量下降，虽然销售业绩增长迅速，但风险也随之增大。又如，将账面盈余与报酬机制挂钩，投资操作人员将片面追求高风险以获取高收益，从而将给股东带来巨大的流动性风险、信用风险，造成资产负债不匹配。

在保险企业的风险管理过程中，实施以上各项工具往往需要用到许多更为具体的技术，特别是在撰写报告、设定权限和制定投资策略的过程中。这些技术包括免疫技术、均值方差技术、风险价值技术和一些动态技术。

7.2.3 资产负债管理与偿付能力管理的关系

1. 保险企业偿付能力管理体系

为了保证保险企业的偿付责任能够顺利实现，保险企业必须对其用于偿付的资金状况实行监控。而保险监管部门则从保护投保人利益的角度出发，一般对保险企业偿付能力以法律、法规的形式作出严格的规定。因此，偿付能力管理既可以是企业自身内部的管理，也可以是外部管理机构的监管。从不同的视角，偿付能力管理可以有 3 个层次：① 从政府监管的角度，以法律形式作出的一系列规定；② 从风险理论的角度，以统计方法来控制企业的技术风险；③ 从保险企业经济学的角度，对企业管理的整体风险加以监控。

从政府监管的角度，偿付能力管理体系包括衡量企业风险状况的测定方法和一系列指标，计算的数据一般来源于企业的财务报表；同时，规定了企业必须始终保持偿付资金（自有资金）的最底线，即最低偿付能力额或最低风险资本要求，以用于必要时的财务亏损弥补，该底线额是根据企业现有的风险状况计算得到的。另外，根据企业未达到偿付能力指标的不同情况，规定了不同等级的处罚措施。由此可见，在这一层次上的偿付能力管理属于财务管理的范畴。偿付能力管理要求企业必须至少拥有足够的自有资金，以维持其经营的持续性，同时至少应能够满足投保人的偿付要求。一系列偿付能力指标的规定，是保险企业经营和控制财务风险的依据，且操作简单，便于企业实际运用。然而，这一层次的偿付能力规定存在着明显的缺陷。

（1）偿付能力指标计算公式中的系数大多是事先给定的，一般仅是监管部门作出的政策规定，缺乏统计和风险理论依据，且无论企业实力如何、内部控制系统的优劣，都采取“一刀切”的同一标准。

（2）计算数据来源于财务报表，由于财务数据只是对财务状况的静态反映，因此并不能真正体现企业风险的实际状况。

（3）由于偿付能力指标的存在，企业在对其产品和投资进行优化组合时，必定受到其约束，从而造成企业只能实现次优策略。

（4）忽视了经济性风险的存在，即对市场风险和企业经营决策过程及委托代理过程中存在的风险缺乏监控，而这些风险对企业偿付能力亦存在显著的影响。

（5）外部化企业风险，即认为企业若失去偿付能力，仅仅是由于不能达到偿付能力指标的缘故，使企业片面追求达标，而忽视了自身内部风险控制系统的建设。

从风险理论角度进行的偿付能力管理，通常建立在保险精算的基础上，通过对历史数据的统计分析，估计保险损失的概率分布和确定破产概率（不能偿付的概率），从而确定相应的保费，以及必要的资金存量，以保证在一定概率水平之上保持企业的偿付能力。这一层次的偿付能力管理已经将偿付能力管理提高到企业整体财务监控的层面（Finance Controlling），以市场价值为计算基础，因此较上述监管指标更进一层，但管理范围局限在一般可统计的风险，如事故发生的风险、波动的风险、错误估计的风险等。与上述监管角度的偿付能力管理相同，风险理论角度的偿付能力管理同样忽视了经济性风险的存在。从保险企业经济学的角度进行的偿付能力管理，在上述风险理论的基础上，进一步引入期权理论、委托代理理论等，从而过程化地看待保险企业的整体运营。该层次的偿付能力管理以更为广泛的经济和管理理论为基础，从内部更加全面地、动态地审视企业运作对其偿付能力的影响。然而，管理的难度也明显增加了。

目前，国际上多数保险企业的偿付能力管理通常仍停留在前两个层次，特别是更为重视履行监管方面的规定，而保险企业主动监控风险的意识较弱。随着国际金融市场和经济环境的波动日益激烈，市场风险已越来越不能被企业所忽视。同时，企业产品和内部决策机制也日趋复杂，其对偿付能力的影响也日益为人们所认识，对保险企业偿付能力的要求也更加提高。因此，可以预测，偿付能力管理必将朝着动态化、全面集成化的方向发展。

我国偿付能力管理体系的建设正处于初建阶段，多数工作仍然停留在引进国外现有技术和方法的基础上。但是，必须注意的是，引进的过程要结合我国保险业的实际状况，而不能盲目照搬。同时，还必须认识到，国外现有的偿付能力管理体系已存在了将近二三十年，尽管作过多次修改，在许多方面已不能适应新的经济环境的变化，过去10年中出现的许多保险公司的破产倒闭就说明了其监管有效性的失灵。针对现有体系存在的问题，欧美等国已经开始着手建立新的监管体系，试图实现动态的、全面考察企业各类风险的偿付能力监管系统。欧盟在2000年确立了“SolvencyII”项目，参考《巴塞尔新资本协议》的思想和框架，运用保险企业内部风险控制技术，实现对保险企业资本充足、风险预警机制、内部风险控制过程和体系，以及风险评级体系的建设。从这一发展趋势来看，我国的偿付能力监管体系，以及保险企业自身的风险监控机制的建设应立足于长远，尽快引进先进的风险管理和控制技术，建立动态全面的偿付能力管理体系。

2. 资产负债管理与偿付能力管理的关系

从上述资产负债管理的定义可知，资产负债管理不仅仅是财务角度的资产负债匹配问题，而是一个动态的管理过程。由于目前的偿付能力管理体系存在着这样或那样的缺陷，随着市场波动的日益加剧，静态的偿付能力管理已逐渐不能适应保险企业的管理要求，保险监管部门也不能通过有关指标体系对保险企业的风险状况形成有效监控，因此偿付能力管理必须同样引进动态的概念，即应选择更为科学全面的管理体系，从保险企业经济学的角度进行动态的偿付能力管理。

资产负债管理的目标最终是实现企业的市场、偿付和盈利目标，而偿付能力管理的目标是保证企业能够持续经营和完成偿付责任，从而维护投保人利益。从这一角度来看，资产负债管理包括了偿付能力管理的概念，两者并不矛盾，只是着眼点不同而已，偿付能力管理更多地注重企业财务的稳定性和延续性，从而保证保险企业在存续的基础上稳定健康地发展。

在对资产负债管理的讨论中，偿付能力约束或破产概率约束常常是一个极为重要的约束条件，由此可见，偿付能力管理已经成为资产负债管理中的一项重要内容。

7.3　保险企业资产负债管理体系架构

资产负债管理的研究和应用主要包括两个方面的内容：① 技术方面，涉及风险量化的方法、组合的模拟和优化工具及模型的开发使用，以及相关数据的收集及处理；② 组织方面，包括组织结构、决策流程的重构，有效的信息沟通体系，以及有效的激励和约束机制。这就需要建立新的业绩评估体系、权限设定、报告系统，研究各业务单位之间决策的相关性，以及各业务间的资产分配如何影响企业整体目标的实现。

7.3.1 资产负债管理的组织体系

资产负债管理的顺利实施必须得到一个良好的组织结构和制度的支持。这不仅由于资产负债管理在技术上的复杂性，而且由于它是一个贯穿于保险公司各个职能部门的过程。

所谓组织体系，是指为了完成一项任务或达到某个目标而建立起来的一种社会系统，在这一系统中，各项分工得以有机地衔接，系统中人员的行为、资金材料的投入，以及信息的传递和处理过程是在特定的规则下进行的。组织体系的功能即为计划、组织和控制。

组织体系的任务包括组织部门的划分及其有关权限的设定。具体地说，就是组织结构、决策流程、有效的信息沟通体系，以及有效的激励和约束机制。

资产负债管理表示了保险企业对资产和负债两方面的协调控制，而针对资产负债管理的组织规划则是指保险企业在过去、现在和将来任一时期内适合于资产负债管理组织结构、方法及形式。

（1）确定公司总体目标和资产负债管理目标。公司的总体目标，从保险公司内部考虑是偿付能力目标，从外部来说，则是满足评级机构和监管部门的要求。对于股份制保险公司，还必须考虑资本收益目标。这些目标必须要在资产负债管理中有所体现并与之有机地结合。对于资产负债管理目标，有许多种说法。例如，将资产负债管理的目标设定为尽可能地扩大利差；或者依据资本市场理论，认为目标是最优化总体风险和收益的组合；另外，也有以传统的收益或收益率最大化为目标，或者是风险调整后的业绩评价指标。实际上，这些目标的一个共同出发点就是企业的收益（无论是以绝对量，还是相对量来表示）或价值，只是不同形式的表达而已。

（2）资产负债管理组织结构。组织结构的设置受到保险企业资产负债管理类型的影响（顺序型还是并行型），同时也受到公司原有的职能结构的牵制。

（3）资产负债管理决策流程。资产负债管理本身是一个动态的管理过程，因此资产负债管理的决策也是一个计划、执行和控制的循环过程。在这个过程中，必须明确每一个环节的任务和责任分工，建立完整的制度体系。

（4）资产负债管理信息沟通。资产负债管理需要企业中多个部门的合作，包括保险业务的产品开发和定价部门、市场部门、投资部门和精算部门，以及财务部门、风险控制部门和公司高层决策人员。在资产负债管理问题上，需要在众多部门和专业分工之间建立共同的沟通标准和语言，如统一的风险衡量标准，这是一项难度很大的工作。另外，信息系统为资产负债管理提供了强有力的数据收集、挖掘和处理功能，能够实现实时的信息获取。

（5）资产负债管理业绩评价和激励体系。对于资产负债管理实施的业绩评价可以在保险公司的不同层面上进行，包括企业总体层面、部门层面甚至是产品层面。激励体系必须建立在合理的业绩评价标准基础上，从而引导并促进公司各部门为完成资产负债管理目标而共同努力。

7.3.2 资产负债管理的技术和应用

保险公司在建立资产负债管理组织体系后，必须辅之以相应的技术才能最终实现资产负债管理的有效实施。各种技术的应用则是建立在长期有效的数据收集和高效的计算机系统建设基础之上的。

一般常用的资产负债管理技术如下。

1. 免疫技术（Immumization）

“免疫”一词最初是由英国精算师 Redington 提出的，现在已发展成为很多种模型并广泛得到应用。其基本思想是通过资产与负债的现值、持期和凸度的匹配，使资产价值免除利率风险的不利影响。持期反映了资产或负债价值对于利率的敏感度，即债券价值关于（1+利率）的弹性。而凸度表示了利率变化对持期造成的影响。免疫技术属于被动投资策略，它包括现金流匹配、单因素模型和多因素模型下的免疫方法、或有免疫和组合保险等。

2. 风险—收益分析（Risk-return Analysis）

风险—收益分析又称为有效边界方法（Frontier Efficiency Method），该技术以 Markowitz（1952）的投资组合理论，以及进一步发展起来的资本资产定价模型（CAPM）和套利定价理论（APT）为基础，通过寻找资产组合或负债组合的有效边界（Efficient Frontier），并根据风险偏好的特征，确定最满意的组合点，以达到风险和收益之间的合理组合（高风险高收益，低风险低收益）。风险—收益分析主要被应用于资产管理、产品组合、成本效率的衡量，以及公司业绩分析中。由于通常以收益率的均值作为收益的指标，以收益率的方差作为风险的指标，因此风险—收益分析通常也被称为均值—方差分析。

3. 风险价值技术（Value at Risk，VaR）

风险价值技术起源于 1994 年 J. P. Morgen 公司推出的用于衡量市场风险的方法 Risk Metrics 系统，很快这种方法就在银行业盛行起来，逐渐也成为保险业进行风险管理的方法之一。风险价值技术的基本思想是运用概率来表达风险，采用最大可能损失来对风险作出解释。

从狭义的角度来理解，风险价值是一个度量风险的单位，它对组合在一定的持有期内和给定的置信水平下潜在的损失作出估计。在保险业中，风险价值技术可以应用于风险资本要求的计算，也可以结合情景分析和其他动态模拟技术进行资本配置、风险业绩评价等。可以说，它是实现动态资产负债管理的基础工具之一。

4. 情景分析技术（Multiscenario Analysis）

情景分析技术是资产负债管理最有效的工具之一，它是一种动态分析技术，被应用于现金流测试（Cash Flow Testing）中。情景分析包括资产及负债现金流的预测，以及资产流入与负债流出不匹配时所采取行动的模拟，还可以模拟存在选择权的情况（如退保、提前支付等）。在分析时，必须对影响保险公司未来业务的一个或多个变量作出假设，如利率、通胀率、税收变化、死亡率及发病率、营运开支等。有时，分析还包括新业务或一些极端情况，如“挤兑”现象、疫病流行和信用极端恶化等。对于一些变量的极端变化通常采用极限测试（Stress Testing）方法进行研究，极限测试是情景分析技术在假设极端情况出现下的应用。

情景的构造可通过确定的或随机的两种方法进行。确定型情景是变量已明确给定的情景，随机情景则是以给定的概率分布函数、均值和方差来随机产生的情景。一般来说，随机情景能更好地反映和把握信息，但计算量大，而确定的情景可用于对变量作敏感性分析。总之，情景分析可以帮助保险公司多角度地了解存在的风险，以及其中复杂的相关关系。

5. 其他技术

保险公司资产负债管理技术相当丰富，除了上述技术外，还有如缺口分析、利差管理等技术。另外，由于国际金融市场上衍生产品相当丰富，套期保值技术也已成为保险公司进行资产负债管理的有力工具。

7.4 保险企业资产负债管理组织体系设计

由于保险企业所面临风险的复杂性，使得资产负债管理技术的运用日益复杂和精确化，保险企业内部必须建立一套有效的机制和流程，使决策数据能够及时得到更新和处理，并及时对决策问题作出反应。上述资产负债管理技术的运用可以通过引进相应的人才和进行一系列的培训来加以推广，而有效的运作机制则需要从企业最高领导层出发，改变原有职能分工模式下的管理方式，从整体角度把握，改变组织的结构、建立风险业绩评价体系，协调各部门之间的信息沟通，统一企业和部门之间、部门与部门之间，以及部门内部之间各层次的关系，使各层次的目标得以协调统一。

同时，资产负债管理还涉及外部的客户、监管机构、评级机构、中介机构（代理人和经纪人）、投资者等各个方面。对于客户，保险人必须尽量使得偿付能力、产品定价和投资等级之间的平衡目标得以实现，才能保证按合同规定的义务进行及时偿付，资产负债管理必然还受到来自监管机构的各种法律规定的限制；资产负债管理受到来自评级机构的衡量标准的限制；中介机构在向客户推荐保险公司及其产品时是负有一定责任的，而保险公司的财务状况对中介机构的形象也有着重要的影响；对于股份制保险公司来说，资产负债管理策略及其实施的结果影响着投资者对保险公司股票的价值评估。资产负债管理就是要通过一个合理的组织体系辅之以相应的技术，与外部利益关系相协调，从而保证企业发展有一个和谐的环境。

7.4.1 资产负债管理的组织结构

由于资产负债管理是协调保险企业资产和负债业务的平衡，保证企业有稳定的偿付能力，因此面向资产负债管理的组织结构必须能够在保险业务和资产业务之间起到一个桥梁的作用，对企业整体实现风险监控。

正如第 10 章中所阐述的那样，资产负债管理的各项子任务可以分配给各个相关的部门完成，而不需要对原有的传统职能型组织结构作任何形式上的调整，只需要明确各部门新增的资产负债管理任务就可以了。这种资产负债管理的组织结构称为“自足型”结构。在这种结构中，资产负债管理子任务之间较为分散，给协调沟通带来了困难。同时，由于资产负债管理子任务在各部门中不是主业，因此容易被忽视，或者被看作应付上级指令的一项工作。因此，资产负债管理在这种结构中得不到有效执行。

另一种资产负债管理的组织结构是由最高决策层确定资产负债管理，作为指挥各部门工作的总原则，并指定由财务部门承担资产负债管理的总体组织和管理，而各项子任务仍然由相应的部门完成。这种资产负债管理的组织结构称为“政策指导型”结构。在这种模式下，财务部门将设立针对资产负债管理的分部门或小组，统一协调各部门的资产负债管理工作。但由于财务部门和其他部门之间的平级关系，因此在管理中必然也会存在某些障碍。并且，由于财务部门本身掌管着资本投资的执行，因此在制订资产负债管理方案或评价时不能完全处于中立地位。

从上述两种资产负债管理的组织结构来看，资产负债管理必须从高层决策层出发，由专门独立的部门来负责，即所谓的“核心部门型”结构。通常的做法是，在保险部门和投资部门之间设置风险管理和控制部门（Risk Management and Controlling），如图 7-1 所示。风险管理和控制部门一般由风险委员会（Risk Committee）和资产负债管理工作小组（ALM Team）组成。

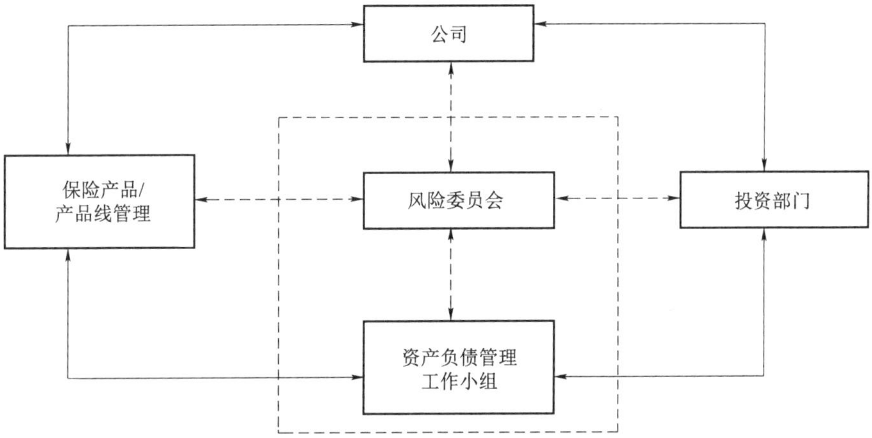

图 7-1　资产负债管理的组织结构

1. 风险委员会

风险委员会（Risk Committee）作为高层的资产负债管理委员会，通常包括财务、精算、投资的高层执行经理，由公司最高层（如执行副总经理）出任委员会主席。同时，由于产品的设计与定价策略是风险管理过程的一个重要环节，因此通常还应包括市场部经理。最终委员会的结构应视公司决策权的分配及执行而定。

风险委员会的职责是：确定总体资产负债管理战略，通过监督和管理公司在资产、负债方面的风险敞口，从而对整个运行机制进行有效监控。风险委员会对产品开发、市场及产品对于利率的敏感性进行监督，依此估计产品的风险程度，从而根据风险结构、风险承受度和相应的风险资本要求来完成其资本收益目标。这种对风险的估计过程不是一次性的，而是在对业务和新产品的监督过程中重复不断地进行的。

具体地说，风险委员会的任务主要有以下方面。

（1）了解行业和法律、法规方面的变化，了解市场利率变化情况。

（2）最终决定保险业务和资产业务的总体结构。

（3）经常检查监督资产组合情况。

（4）随时了解并掌握企业面临的各种风险（如流动性风险、汇率风险），以及相应的风险管理措施。

（5）制定资产负债管理政策报告，将各项业务所产生的风险控制在一定的限度内。

（6）参与战略计划及预算的制订过程，并检查执行结果与计划目标之间的差异。

（7）建立资产负债管理工作小组。

（8）掌握充足的数据，并通过报告系统，来衡量和监控风险源。

（9）讨论新的保险业务和资产业务的引入对利率风险及其他市场风险的影响。

（10）根据企业战略的调整或新产品的推出，以及外部市场的变化，定期审核并调整政策报告。

2. 资产负债管理工作小组

资产负债管理工作小组的成员通常具备精算、投资和企业管理等方面的专业知识，这一小组独立于其他业务部门，直接隶属于风险委员会。工作小组的任务是向风险委员会的高层经理们提供各种报告，其目的是研究公司的战略和战术选择，向风险委员会提出政策建议。

有关保险业务方面的事项包括以下内容。

（1）保险产品预定利率的确定。

（2）将投资风险给保单持有者的方式。

（3）最小担保利率。

（4）退保费用的时间表及公式。

（5）保单贷款及其利率公式或相应的资金扣除方式。

（6）根据资金的扣除和增加确定保费支付的灵活性。

（7）死亡率、发病率、费用支出。

（8）再保险的安排对于产品现金流及其他指标的影响。

在投资策略方面，资产负债管理工作小组必须考虑以下问题。

（1）在初始产品组合的基础上，考虑投资的组合、持期及质量。

（2）根据利率变动产生的影响，提出再投资策略。

（3）借款或资产流动性策略，以及相关的成本。

（4）运用期权或其他组合管理策略，如衍生工具或综合证券投资等。

（5）债券的赎回、抵押的提前支付、债券或抵押的违约，以及其他不同利率环境下出现的情况。

（6）在不同利率环境下的投资市场价值。

另外，对于资产负债的整体监控，资产负债管理工作小组负责研究并提供适合本企业的风险衡量标准体系，定期对企业风险状况作出测试（如极限测试、资本要求的确定等），并将结果以简洁明确的形式递交风险委员会。

这种风险委员会—资产负债管理工作小组的形式，能够使公司高层把握其总体目标和风险承受能力，从而从公司总体的角度对产品、定价及投资策略予以调整。同时，这一过程中产生的各种战略文件及说明为评级机构和董事会提供了十分有用的信息。

另外，由于保险企业之间在规模上的差异，在组织上可采取集中或分散的组织形式，也可采用集中与分散相结合的方式，如上述传统的企业组织结构。分散管理主要可按法律实体、地区或产品线来划分，而在实行分散管理的保险企业中，资产负债委员会通常集中制定资产负债管理政策并实行总体控制。而对于一家跨国保险企业来说，则可能在各个国家的分支机构及总部设立相应的不同层次的资产负债管理委员会。从目前实践的发展趋势来看，资产负债管理正趋于集中化管理，由总公司统一管理。

7.4.2 资产负债管理决策流程

资产负债管理的决策流程实际上是一个计划、执行和控制的循环过程，如图 7-2 所示。

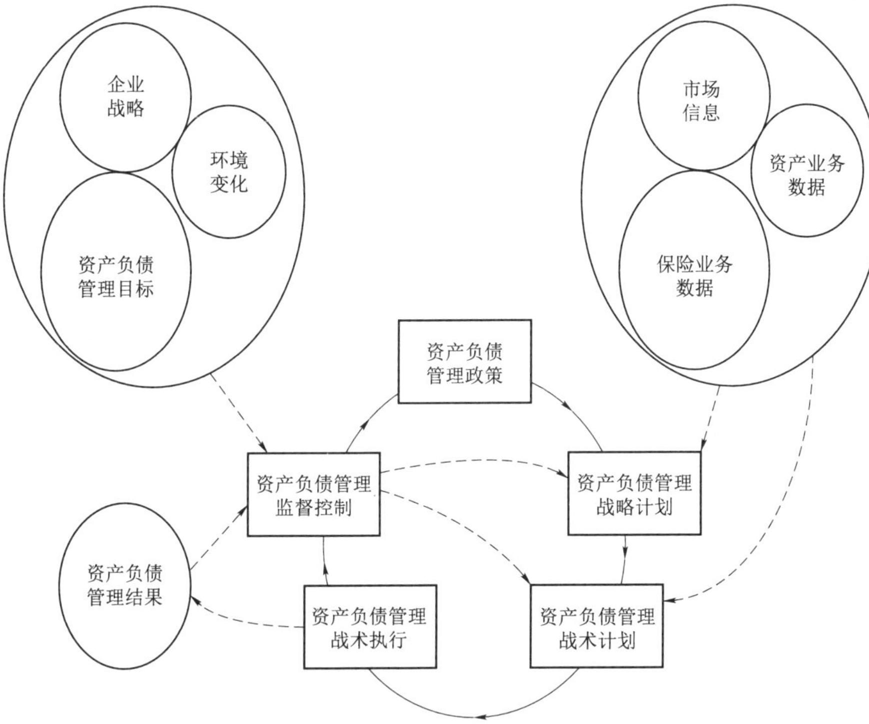

图 7-2　资产负债管理决策流程

首先从制定资产负债管理政策（也称为风险政策）开始。资产负债管理政策作为整个循环过程的基础准则，其主要内容包括资产负债管理的总体目标，以及具体目标、利率政策、投资政策、流动性政策、资本配置政策等。资产负债管理政策通常由风险委员会制定，以政策报告的具体形式出现。政策报告必须简明扼要，表达明确，如风险限制指标必须是可量化的。同时，随着内外部环境的变化，还要定期地对政策报告进行修正。

以政策报告为指南，进一步由风险管理委员会根据资产负债管理小组提供的报告，并综合有关市场、保险业务和投资业务各品种的比例结构，新业务的发展计划等，制订资产负债管理战略计划。资产负债管理战略计划通常一年制订一次。

资产负债管理战术计划是在上述战略计划基础上的进一步具体化。例如，对于投资结构，进一步具体研究各种投资品种在不同指标下的分配，这些指标包括投资期限、区域、投资品种的级别和币种等，具体给出债券投资在上述各个指标下的分配方案，股票投资在各个不同区域市场上的分配方案等。注意，这一阶段对投资结构的决策是较宏观层面的，并不具体到投资哪种债券或股票。另外，要根据保险业务方面新业务的推出相应地调整投资分配方案，等等。资产负债管理战术计划通常一个季度执行一次。当然，当市场波动相当剧烈时，无论是战术计划还是战略计划都需进行调整。

资产负债管理战术执行则由各个部门共同参与完成。在战术执行阶段，各个具体的保险业务及投资的券种结构由执行部门自行决策。执行的结果反馈至风险管理和控制部门，由资产负债管理小组对执行情况作具体的分析并形成执行情况报告，最终由风险委员会根据资产负债管理目标和执行情况的差异，对整个资产负债管理运作过程作出评价。如果有必要，还必须根据企业战略和外部环境的变化，以及资产负债管理目标的完成情况，对资产负债管理政策作出相应的调整。

风险委员会通常定期召开会议，多长时间召开一次会议，必须视保险企业业务规模的大小和复杂程度而定。如果产品组合比较稳定且业务量不是非常巨大，保险委员会可以一个月或两个月或一个季度召开一次会议；如果业务量巨大且为市场领先者，则必须一个月或两个月甚至天天召开会谈，以便及时了解情况。参加保险委员会会议的人员除了委员会成员外，在必要时还要邀请有关技术方面的专家或中低层管理人员，由他们来向委员会成员对有关事项进行说明解释。被邀请的人员不参加最终的决策表决。

通过围绕资产负债管理的组织决策过程，保险企业能够有效地解决高层决策层与业务部门之间、保险业务和投资业务之间的信息断层问题，使企业内部各类信息有机地结合起来，以统一的标准和评价体系加以分析，并同时结合外部信息，实现企业整体对风险的有效防范机制，从而使企业在稳健经营的同时增强其综合竞争力。

7.4.3 资产负债管理的信息沟通

企业各管理层充分了解资产负债管理的规划及其执行是非常重要的。通常，高层管理人员对法定会计或内部会计结果有充分的了解，而到某个层面以上，一些细节性的信息就不再继续上传。这样，公司的高层决策人员往往不能全面地了解公司所处的风险水平。甚至在许多公司内，尤其是多年保持盈利的公司中，高层决策人员也许还会错误地认为，资产负债管理只是一个一般性的操作过程，其运作只需要让相应的人员去完成就是了，没有必要过问许多。

一般地，对信息需求的详细程度是随着管理层的升高而降低的。但如果高层决策人员对资产负债管理也抱此种观点的话，就是非常错误的了。他们必须随时掌握充分的信息和在一定程度上了解资产负债管理的各项事宜，对公司的潜在弱点有足够的认识。

然而，对于执行资产负债管理的人员，为高层决策者提供有关资产负债管理方面的信息是极富挑战性的一项工作，往往提供的信息不是太多就是太少。信息之间有着错综复杂的关系，随着保险业的合并趋势和投资管理的集中化，资产负债管理过程中沟通和理解的难度也会相应增加。而当资产负债管理各项事宜进展顺利时，往往总是一些类似信息的重复，使人感到没有必要再做更多的了解，从而产生麻痹心理，忽略掉一些关键性的风险信号。因此，资产负债管理人员必须持之以恒，并尽量将这一过程表达得简单易懂。

在保险企业中，信息的沟通是通过各类报告来体现的。这些报告可分为两类，一类报告是直接向资产负债管理人员提供信息；另一类报告是针对不同管理层的不同职责提供的相应信息。这些报告与有关的信息联系在一起供决策层分析决策之用。图 7-3 表示了保险企业内部的信息传递过程。

随着信息技术的发展，管理信息系统为保险企业资产负债管理提供了更为高效的信息传递工具。资产负债管理信息系统的任务主要是完成数据的收集存取，通过相应的程序对风险进行测定、评价及模拟，形成各种风险分析报告和结论性报告，最终将各种信息传递给相应的责任人。其中，最为重要的是，必须保证数据的质量，数据的完整、准确和及时是获得正确分析报告的前提。这里，所谓数据的完整，是指应包括所有有关风险交易的信息。另外，对数据的访问权限必须加以设定，以确保数据的安全性。

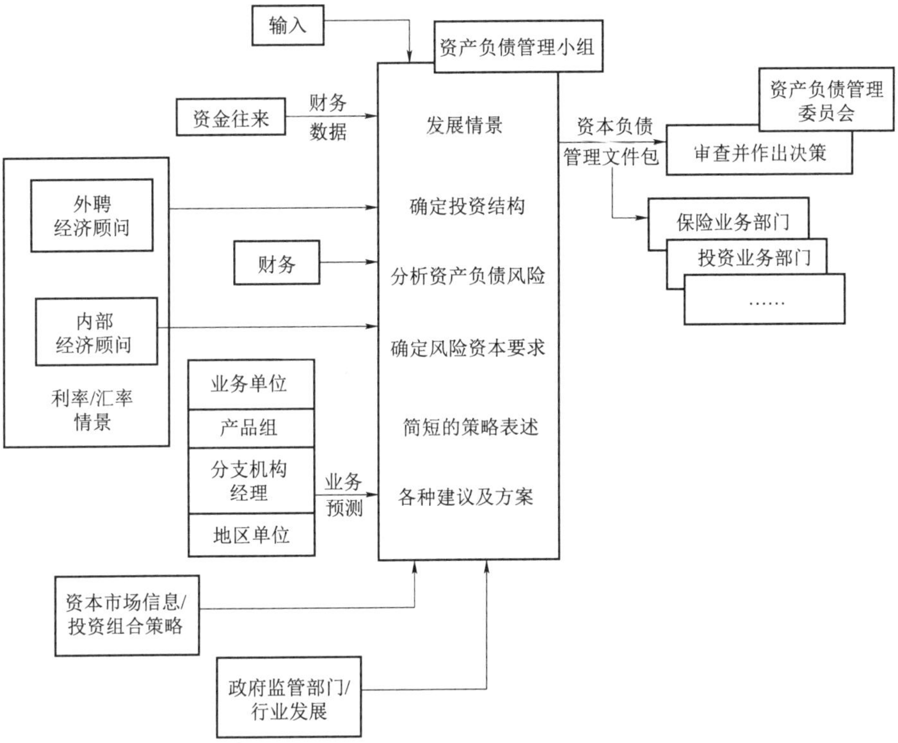

图7-3 保险企业内部的信息传递过程

7.4.4 资产负债管理的激励及约束机制

资产负债管理最终的实施是通过企业各个层次的管理及执行人员共同完成的。据此，参与该项活动人员的行为直接影响资产负债管理执行的效果和企业承受风险的大小。建立一个良好的资产负债管理激励及约束机制，能够引导执行者的行为朝着完成资产负债管理目标的方向而努力。

在这一激励和约束机制中，需要考虑的问题有业绩评价的量化标准、业绩考察和奖励的时段。

1. 业绩评价的量化标准

为了保证与资产负债管理目标的一致性，必须建立与资产负债管理目标相一致的业绩评价指标。具体地说，就是要找到一个有关的量，通过该量的变动情况来确定奖励机制。同时，由于资产负债管理的执行结果通常以一定阶段的市场价值来衡量，因此相应的业绩评价指标也应从时间和空间上作出调整，即建立风险调整后的评价指标。

例如，根据保险企业的债务结构建立一个标准组合，这一组合应该能够反映产品的风险特性，以及最小化风险、最大化收益的投资策略，另外再给定目标现金流。如果投资经理的业绩超过目标，则应受到奖励。当然，这种激励机制应建立在公司风险承受度和有限资本的基础上，即必须有一个决策界限（Decision Boundary）。

2. 业绩考察和奖励的时段

为了获得更多的个人利益，执行者常常会作出冒更大风险的短期行为，而这种短期行为一般与企业的长期目标不能完全一致甚至相违背，这就需要相应的约束机制对这种行为加以制约。一个好的激励体系应符合公司的短期和长期目标，并考虑到积极管理组合过程中所产生的不同程度的风险。

可以在以下两个方面作出相应的安排。首先，由于损失的潜在性，一些损失在滞后的时间内才会发生，因此对于业绩的考察，不能仅仅从一个阶段的收益情况来衡量，必须同时考察未来多个阶段的发展趋势，运用现金价值的方法作较长期的考察。其次，在奖金分配的时间上，也应考虑执行者保持长期稳定的行为状态，如建立个人奖金账户，而不是立即支付奖金，同时各阶段支付的奖金额可以设立最高提取比例。

此外，还应对奖金部分占个人总收入的比例确定一个界限，一旦该比例过高，则会进一步促使执行者作出短期行为的选择。最后，奖励和约束机制应该具有一定的透明度，要能够让资产负债管理执行者对其有充分的理解。

复习思考题

一、概念题

保险企业资产　保险企业负债　资产负债管理　风险委员会　资产负债管理免疫技术　资产负债管理风险价值技术　资产负债管理情景分析技术

二、思考题

1. 什么是保险企业的资产负债表？资产负债表有什么用途？
2. 试述资产负债管理与风险管理的关系。
3. 试述资产负债管理与偿付能力管理的关系。
4. 试述资产负债管理的组织结构。
5. 试述资产负债管理决策的流程。

第8章 保险偿付能力管理

偿付能力管理是保险公司管理系统结构中的一项特有的管理内容。保险业是经营风险的特殊行业，其偿付能力对保险公司至关重要，既是反映保险公司经济实力是否雄厚的标准，又是保险公司自身经营管理的核心内容，也是保险监管当局关注的焦点。因此，偿付能力的管理构成保险经营管理的首要目标。

8.1 保险偿付能力概述

8.1.1 保险偿付能力概念

偿付能力是指公司偿还债务的能力，具体表现为公司是否有足够的资产来抵偿负债。作为一般公司来说，只要资产能够完全偿还债务，即具有了偿付能力。但是，保险公司的资产能够完全偿还债务，并不说明保险公司具备了偿付能力。保险公司的偿付能力是指保险公司对所承担的风险在发生超出正常年景的赔偿和给付数额时的经济补偿能力。对保险公司来说，不仅要求资产能够完全偿还债务，而且资产必须超过负债达到一定额度，也就是通常所说的最低偿付能力。

保险公司的业务经营过程实际上是风险集中和风险分散的过程。保险公司为了承担自己赔偿和给付的义务，就必须建立保险基金。保险基金的主要来源是投保人所缴纳的保险费。财产保险业务纯费率制定时，保险公司先假设“过去同类责任赔款或给付经验与未来状况大致相同”，然后根据过去长期积累的大量同类风险的损失和赔偿统计资料，在大数法则的基础上，运用概率论和数理统计，按照平均保险金额损失率（即过去数年赔款总额/过去数年保险金额总额），再加上一定的危险附加（或者稳定系数）制定的。人寿保险的费率制定时，假设所有的保险费都是期初缴付的，所有死亡给付都是年末给付的，然后保险公司根据预定的死亡率和预定的利息率来厘定。从理论上，纯保险费应该正好满足赔偿和给付的需要，但事实上，由于风险发生的不确定性、损失程度的不确定性、费率厘定前基本假设的局限性，以及统计资料的误差，导致保险标的发生保险事故的实际损失率与期望值并不完全一致，当保费收入不足以赔偿或给付时，保险公司只能以保费收入以外的资金即自由资金支付赔款。因此，对于保险公司来说，保持一定的偿付能力是公司生存与发展的前提条件。

8.1.2 保险偿付能力的经济内涵

保险公司的偿付能力表现了保险公司资产与负债的关系。从保险公司的资产负债表上看，保险公司的负债主要由保费准备金、赔款准备金、资本金、总准备金和未分配盈余构成。保费准备金和赔款准备金合称保险准备金或技术准备金，这是保险公司对被保险人的负债。在保险期限内，以保险事故发生为契机，以保险赔偿或给付的方式返还给被保险人。资本金、总准备金和未分配盈余构成了股份制保险公司的股东权益，属于保险公司的自有资金。

保险公司要持续稳定地发展，必须有两种充足的准备金，一种是用应付常规损失赔付的技术准备金；另一种是用以应付非常规损失赔付的偿付准备金。技术准备金建立的基础是保险期间的损失期望。如果在保险期内损失与技术准备金相等，那么保险公司只要将总资产维持在与技术准备金相等的规模，就足以偿付全部责任了。但是，由于保险经营的风险性，实际损失与期望损失之间往往存在偏差。如果保险公司的技术准备金不足以赔付，就要动用自有资金来履行赔付义务。因此，保险公司在任何时候都必须在总资产与技术准备金构成与对被保险人的负债之间保持一个足够大的量，以应付可能发生的实际损失大于期望损失时的赔付责任，这个量就是保险公司的偿付能力额度（Solvency Margin），即偿付准备金。

众所周知，保险公司的技术准备金是经过严密计算建立起来的，与保险公司预期的赔付责任相匹配，属于保险公司正常的财政收支。而影响保险公司财务稳定性的真正风险来自于超过预期损失的赔付，这一超出部分由赔付准备金来负担。很显然，保险公司的偿付准备金对应于其股东权益，即保险公司的资本金、总准备金和未分配盈余构成了保险公司偿付能力的经济内涵。偿付准备金的增减，体现了保险公司偿付能力的消长。

8.1.3 保险企业偿付能力额度的种类

虽然偿付准备金构成了保险能力的经济内涵，但是偿付准备金的数量并不能评估保险公司的偿付能力是否充分，而必须同保险经营的业务量联系起来考察。通常是将偿付准备金与保费收入作对比，这个对比指标就是偿付能力额度。偿付能力额度是考察偿付能力的指标，用这个指标可以衡量保险公司偿付能力的大小。偿付能力额度越高，表明保险公司偿付能力越强；反之，则表明保险公司偿付能力越弱。例如，A 保险公司的净保费收入为 4 000 万元，偿付准备金为 1 000 万元，则其偿付能力额度为 1 000/4 000 = 23%。同样，B 保险公司净保费收入为 8 000 万元，偿付准备金为 1 000 万元，则其偿付能力额度为 1 000/8 000 = 12.5%。很显然，A、B 两家保险公司的偿付准备金相等，但是 A 公司的偿付能力要比 B 公司的偿付能力强。

偿付能力额度是指在任何一个指定日期，其资产负债表的资产和负债之间的差额，一般以资本金、总准备金和未分配盈余为代表。如果用 t 表示时刻，$A(t)$ 表示 t 时刻的资产，$L(t)$ 表示 t 时刻的负债，$S(t)$ 表示 t 时刻的偿付能力额度，则

$$S(t)=A(t)-L(t)$$

要使保险公司在某段时间具有偿付能力，那么在这段时间的任何时刻 t，无论保险公司经营状况如何，即使发生超出正常年景的赔偿和给付，保险公司的资产足以抵付负债，使偿付能力额度 $S(t)>0$。因此，保证保险公司的偿付能力是保险公司经营管理的最根本要求。

为了保证保险经营的连续性和持久性，以及被保险人的利益，保险公司应当根据其业务量，定期检查自身的偿付能力，要求在较长的时间间隔内保证自身的偿付能力，用以应付这段较长时间内发生的超过正常年景的损失。

从偿付能力管理的不同角度出发，对偿付能力额度又引申出另外几个概念。

1. 最低偿付能力额度

最低偿付能力额度（Minimum Solvency Margin，MSM）是指保险公司为了履行其赔偿和给付的义务，在理论上应当保持的偿付能力额度。由于MSM是运用数理科学求得的比较精确的理论结果，在一定程度上揭示了偿付能力的内在规律，因此MSM对制定法定偿付能力额度具有指导意义。

2. 法定偿付能力额度

法定偿付能力额度（Statutory Solvency Margin，SSM）是指保险监管机关为确保保险公司稳健经营，依据保险法的规定，保险公司必须保持的最低偿付能力。SSM是由保险监管机关参照MSM，同时经过经验权衡而制定的标准，它适用于大多数保险公司。

3. 实际偿付能力额度

实际偿付能力额度（Actual Solvency Margin，ASM）是指保险公司根据业务规模实际应保持的偿付能力额度。ASM通常由保险公司的精算师采用静态和动态的方法加以测试。

如果保险公司的实际偿付能力额度大于法定偿付额度，说明保险公司具备了法律要求的偿付能力，但这并不表示保险公司的财务状况稳定，还必须做更深入的分析。首先，法定偿付能力额度是保险监管机关经过较长一段时期、权衡各方面的因素，在充分考虑最低偿付能力的基础上制定的综合型指标。法定偿付能力额度对整个保险行业来说一般是合理的，但具体对每个保险公司，由于其所处的经营环境不同，面临的经营风险不同，资金实力、保险技术、管理水平也各有千秋，保险公司必须在满足法定最低偿付能力的基础上，根据公司自身的特点及所承担的风险，测算适合自己的最低偿付能力额度作为参照，经常考察保险公司有没有足够的偿付能力，从而判断公司的财务状况。其次，适度的偿付能力额度是在安全和效率之间权衡后作出的选择。因为，对被保险人来说，希望保险公司的偿付能力额度越大越好，保险公司偿付能力越强，对他们的利益越有保障。对保险公司来说，则要考虑偿付准备金与其承担的风险责任相匹配，最大限度地发挥经济效益。为解决这一对矛盾，保险监管机关就要对保险公司的偿付能力额度进行管理，既要确保保险公司的经济利益，又要考虑被保险人的利益，从而设定一个最低偿付能力额度。如果单纯从保险公司的财务稳定性来看，可以通过总准备金积累较高的实际偿付能力额度，但是ASM过高会造成低效率。一方面，在保险公司营业规模和盈利规模不变的情况下，资本的增加意味着投资报酬率的下降，降低了保险公司的市场竞争能力；另一方面，在投资报酬率下降的情况下，增资本身也会发生困难。因此，保险公司的实际偿付能力额度保持在什么样的水平最佳，要根据保险公司自身的经营状况、发展战略和经验进行选择。

8.2　保险企业偿付能力的影响因素

保险企业为了履行其赔偿和给付的义务，必须具备充足的偿付能力。在保险公司经营过程中，影响保险公司偿付能力的因素有保险公司的偿付准备金、承保能力的控制，以及保险基金赔偿损失概率计算的准确性和可靠程度。

8.2.1 保险企业的偿付准备金

众所周知，保险公司是一个高风险的行业，其业务经营具有极大的不稳定性，当保险公司的保费不足以赔偿支出时，为保证保险经营的持续进行，就必须有充足的偿付准备金。偿付准备金以资本金、总准备金和未分配盈余三者之和为代表，构成了保险偿付能力的经济内涵。偿付准备金的增减，体现了保险公司偿付能力的消长。也就是说，保险公司的偿付准备金越大，应付超大损失的能力就越强，保险公司的偿付能力也就越强；反之，保险公司的偿付能力就越弱。因此，要分析影响保险公司偿付能力的因素，首先要分析影响偿付准备金的因素。

1. 赔付率的波动

保险公司的赔付率是指其赔款支出与保费收入的比率，这是衡量保险公司经营状况的重要标准。如果保险公司的赔付率相对较低，那么这一年度的利润就会增加，即以资本金、总准备金、未分配盈余构成的偿付准备金也将增加，偿付能力就会增强；反之，赔付率相对较高时，赔付准备金将减少，偿付能力也将削弱。因此，在其他因素不变的情况下，赔付率的高低直接影响保险公司偿付能力的大小。对保险公司来说，不同险种的业务，由于承保的责任风险的性质、特点不同，赔款波动的趋势也不同。随着保险市场竞争的加剧，保险公司承保范围越来越广，承保风险变化也越来越大，赔款的波动也就更大。如果保险公司承保一些巨灾风险，如洪水、台风、地震等，一旦发生承保风险，造成赔款的波动肯定是剧烈的，这必然影响公司的偿付能力，严重的还会导致保险公司破产。

2. 投资收益

投资收益直接影响保险公司的经营成果，从而影响偿付准备金的提存数额和偿付能力。保险公司的盈利来源于承保利润和投资收益，由于保险业竞争不断加剧，保险承保范围和承保责任也不断扩大，而保险费率往往在成本线以下，导致了保险公司承保业务盈利甚少，甚至出现业务亏损，投资收益成为保险公司的主要利润来源。高投资收益不仅可以弥补承保业务的亏损，维持保险公司的继续生存，还可以扩大保险公司的利润，增加保险公司的偿付能力和经营的稳定性。并且，科学合理的投资组合有利于减少投资风险，增强投资效益，增强保险公司的偿付能力。由于风险与收益成正比，高风险投资往往伴随着高收益，因此保险公司在制定投资策略时，必须将偿付能力放在优先位置加以考虑，在此基础上实现收益和风险的最佳组合。

3. 费用水平

费用是控制业务流量和盈利水平的重要杠杆。保险公司的费用水平直接影响保险公司的利润，进而影响保险公司偿付能力的大小和经营的稳定。因为，保险费由纯保费和附加保费构成，附加保费由费用附加和安全附加两部分构成，其中安全附加中包含了风险附加和预期盈利部分，它们都是偿付准备金的来源。因此，提高保险公司的经营管理水平，降低费用，是改善保险公司经营成果的良好途径。

4. 业务增长率

评估一个保险公司偿付能力是否充足，不能单纯考察偿付准备金的多少，还必须同保险公司的业务量相联系，按照偿付准备金与净保费收入的比率来衡量保险公司偿付能力的大小。因为，对一般公司来说，业务的增长可以使公司的资本净值增加，但是对保险公司来说，业务的稳定增长也能促使利润的增长，但业务的过快增长必然导致未到期责任准备金的扩大，往往会造成利润的外流，从而影响保险公司的偿付能力和公司财务的稳定。

5. 红利分配

分红保单的开发是实现各国寿险公司规避利率风险、保证自身稳健经营的有效途径。按照分红保单的要求，保险公司在保险年度末将盈利的一部分以红利的方式返还给保单持有人。对于保险公司而言，税后利润通常按以下顺序分配。

（1）被没收的财务损失，支付各项税收的滞纳金和罚款，以及中央银行对公司少缴或延迟缴纳准备金的利息。

（2）弥补公司以前年度的亏损。

（3）按税后利润 10% 提取法定公积金。

（4）提取公益金用于职工集体福利设施。

（5）红利分配，以前年度未分配的利润可以并入本年度向投资者（包括保户）分配。

显然，红利分配影响了保险公司偿付准备金的提存和偿付能力的大小。

8.2.2 承保能力的控制

控制保险公司承保能力的最常用手段是运用再保险机制。通过再保险的安排，使保险公司的承保能力与自身的偿付能力相适应。因此，再保险安排合理与否，会直接影响保险公司的偿付能力。为保证保险公司履行赔偿和给付义务，保险监管机关规定的最低偿付能力额度限制了保险公司在一定的净资产条件下只能经营一定额度的自留保险费。例如，我国《保险法》第一百零二条规定：“经营财产业务的保险公司当年自留保费，不得超过其实有资本加公积金总和的四倍。”第一百零三条规定：“保险公司对每一危险单位，即对一次保险事故可能造成的最大损失范围所承担的责任，不得超过其实有资本加公积金总和的百分之十，超过部分，应当办理再保险。”这就要求保险公司要合理、谨慎地安排再保险，把自己的承保责任控制在适度的范围内。如果保险公司不经过科学计算，盲目、随意地确定自留额，对分保接受人的资信、经济实力不了解就办理分保，都将直接或间接地影响保险公司的偿付能力。

8.2.3 保险赔偿基金损失概率计算的准确性和可靠程度

损失概率是计算保险费、建立保险基金的基础。损失概率的准确性和可靠程度越高，保险赔偿基金与实际支付赔款的偏差越小，保险公司的赔偿能力就越稳定，应付这种偏差需要的偿付准备金也就越少，对偿付能力额度的要求相对较低；反之，损失概率的准确性和可靠程度越低，对保险公司偿付能力额度的要求相对就高。因此，保险赔偿基金损失概率计算的准确性和可靠程度，是影响保险公司偿付能力和财务稳定性的重要因素。

决定保险公司是否具有足够的偿付能力，除了保险公司的偿付准备金有多少、承保能力是否适度、保险赔偿基金损失概率计算的准确性和可靠程度外，保险公司在经营过程中面临的系统性风险和非系统性风险同样会威胁保险公司的偿付能力。另外，不合理的监管制度也是影响偿付能力额度的一种潜在的风险因素。

1. 最低资本金的规定

资本金是保险公司的开业资本，大多数国家的保险法都规定了设立保险公司所需的最低注册资本金。注册资本金是保险公司开业初期赔付保险金的资金来源，是保险公司日后积累资本的基础，是保险公司投资的资金来源，也是偿付能力的重要组成部分。最低注册资本金的数额，各个国家规定不同。例如，英国《保险公司法》规定，经营保险业务的保险公司的实收资本必须达到或超过10万英镑，相互保险社必须至少有2万英镑的资本，劳合社承保人至少向劳合社缴纳5万英镑的保险金。美国纽约州对不同形式的保险人有不同的资本金要求，人寿保险股份有限公司的最低注册资本为450万美元，相互人寿保险公司的最低注册资本为15万美元，财产与责任保险股份有限公司的资本金不得低于405万美元，财产与责任相互保险公司必须拥有50万美元以上的资本金。在日本，新建的股份制保险公司和相互保险公司的资本金不得低于20亿日元。我国《保险法》第六十九条规定，设立保险公司，其注册资本的最低限额为人民币2亿元。除了最低注册资本金规定外，有些国家还规定了寿险公司在经营中必须维持的最低资本金为200万美元，相互人寿保险公司必须经常持有的最低资本金为10万美元。如果已经开业的寿险公司资本金不足，不能满足最低资本金要求，监管机构可责令其增资以达到法律要求。

2. 财务比率分析法

财务比率分析法是保险监管机构分析和监管保险公司偿付能力的主要办法，也是保险信用评级机构在评级中分析保险公司财务状况的常用方法。保险监管机构通过设置保险公司的一些特定财务比率，如流动比率、盈利能力比率、财务杠杆比率、经营活动比率等，分保考察保险公司的资产、负债、所有者权益和盈利能力等方面的状况，也可以设置准备金比率、再保险比率、赔付率等指标，分析保险公司的资产、负债、盈利能力等方面的风险对偿付能力状况的影响。美国保险监管系统（IRIS）是一种比较完善的财务比率分析体系。

美国的保险监管信息系统是由全美保险监督官协会（NAIC）编制并推荐给各州保险监管当局采用的一套监管指标体系，由于依靠电子计算机进行计算，故称为信息系统。IRIS的主要功能是帮助监管当局阅读报表、分析财务状况，找出最需要给予关注的保险公司，从而有效利用有限的监管力量和资源。从1990年开始，IRIS的各种指标比率除了供监管官员使用外，NAIC每年将根据各公司年报计算出的指标值编制成册，向社会公布，使IRIS报告与独立评级机构对每家保险公司的评级一道，成为美国公众选择保险公司的参照。

IRIS系统综合了影响保险公司偿付能力的各方面风险在财务状况中的表现形式，同时NAIC根据人寿健康保险公司与财产保险责任公司的不同业务性质和不同的经营风险分别设立了两套不同的IRIS比率（见表8-1）。

表8-1 2013年NAIC公布的人寿健康保险公司IRIS比率

比率	计算方法	目的	正常范围
1. 资本和盈余净化率	$\frac{\text{当年资本与盈余较上年变化，扣除投入资本与盈余}}{\text{上年末资本与盈余}}$	衡量公司财务状况的一般变化情况	-10%～50%
1A. 资本和盈余总变化率	$\frac{\text{当年资本与盈余较上年变化}}{\text{上年末资本与盈余}}$	衡量公司财务状况的一般变化情况	-10%～50%
2. 净收入比总收入	$\frac{\text{营业净收入}}{\text{总收入（包括已实现资本损益）}}$	衡量获利能力	>0%

8.3　保险企业偿付能力的自我管理

保险企业对偿付能力进行管理的方法主要有两种：一种是以前较多采用的目标管理法；另一种是目前国际上倡导的资产负债管理（ALM）法。

8.3.1　目标管理法

目标管理法主要是从目标的制定、目标的执行和目标的分析与控制 3 个方面进行管理。

1. 目标的制定

将保监会制定的偿付能力检测指标作为保险企业偿付能力管理的目标。

2. 目标的执行

在目标的执行过程中，重点放在承保能力和资金控制上。对承保能力的控制包括单个风险单位承保能力的控制和对总量的控制，目的是确保经营的稳定性。对资金的控制包括对资金运用额度、方向、结构和收益的控制，确保资金的充足性和流动性。

在执行过程中，管理层人员对已定目标实施，决策层人员负责审查、监督目标的执行情况。

3. 目标的分析与控制

偿付能力管理人员每年必须对目标管理指标进行综合评价，并将结果反馈至决策层，作为制定新目标的依据。此外，通过分析，还可以发现目标制定的合理程度和目标执行中的控制情况，若有偏差可及时采取补救措施。

8.3.2　资产负债管理法

资产负债管理法是协调保险公司商品负债组合与投资组合的财务影响的一种管理程序。这种管理方法集中管理净资金流和相应的风险。其目的是防止技术上不能偿付的情况发生，更好地管理现金流和限制相关风险，保证保险公司的技术偿付能力。

所谓技术偿付能力，是指保险公司支付其到期责任的能力。为使保险公司在技术上是可偿付的，公司的流动资产要大于或等于流动负债（在这种情况下，资产和负债的评估以市场评估为基础）。从一定意义上说，技术偿付能力相对于实际偿付能力显得更加紧迫和重要，因为许多保险公司在其总资产超过总负债时，也许其流动资产已低于流动负债，即保险公司可在具有实际偿付能力时却在技术上是不能偿付的。

资产负债管理中使用的主要技术方法如下。

1. 按产品线分割资产组合

首先对于公司经营的不同产品进行分块，每一块均有其负债组合，然后将资产组合作相应划分，使其与负债相匹配。资产组合与负债组合配备妥当后，应对组合实行严密的控制，以保证每对组合的相适应性。

2. 缺口分析

资产组合缺口分析是用于评估资产和负债组合是否相匹配的一种技术方法。缺口是指资产与负债不匹配的部分，它主要用到期加权平均值或利率改变的敏感性来衡量。

3. 现金流检验和动态偿付能力检验

一般来说，进行现金流检验时假设责任准备金等于资产值，然后在 40 ～ 100 种不同的利率下，设计未来收入和现金流。现金流检验各种内、外部预测，保险公司用现金流检验来分析不同条件下的现金流入和流出，确定哪种利率条件下将威胁公司的财务状况。

动态偿付能力检验是用模拟模型去设计保险公司现在和将来的资产、负债和所有者权益。一般来说，分析人员假设资产大于负债，然后构造在不同利率下的现金流。进行动态偿付能力检验的目的是了解公司在不同利率下的财务风险。动态偿付能力检验的功能之一是确定什么利率会对保险公司的长期财务结果构成威胁。

动态偿付能力检验比现金流检验更为先进，它检验的是还未签单的业务会给公司带来的财务风险。

4. 优化模型

优化模型是数学模型的一种，它涉及从几个方程中求出最优解的问题。优化模型要求分析人员在分析风险时注意两点：① 达到一定盈利能力选择最低风险；② 在一定风险下选择最大可能回报。

5. 套期保值

在资产组合管理中，对于潜在的投资损失要采取一定的措施加以限制。一个重要的方法是通过各种策略来实行套期保值。

套期保值是一种投资策略，它用于减少资产组合所面临的风险。对于保险公司来说，套期保值常常通过购买各种期权来实现。掌握了合适的期权，保险公司可限制其潜在的投资损失。

套期保值涉及一系列的衍生工具，如期货、期权、远期期货及互换等。每一种衍生工具都会在套期保值中发挥各自的作用，如期货的买卖主要是为了增加或减少资产组合的持续时间，而期权是为了修正资产组合的凸性。

资产负债管理分析是一项技术性极强的工作，要求精算人员和投资人员进行良好的合作。定期编制资产负债管理报告呈送给决策层，以便决策层能作出适当的决定。

资产负债管理报告系统通常包括以下报告。

（1）投资行为报告。每周一次，包括所有投资交易、购买资产、存款、赔偿、到期偿还等行为。

（2）信贷利率决定报告。每月一次，由于保险产品对利率变动非常敏感，所以保险公司要经常对信贷利率进行调整。信贷利率决定报告由精算人员草拟，上报董事会批准。除每月一次，每年还需要一份翔实的信贷利率决策报告。

（3）投资完成状况报告。每季度一次，由资产负债管理成员每季度递交董事会一份投资完成状况报告，要求内容详细，对于一个季度内的投资情况进行总结、分析，总结经验与教训。

（4）持续时间缺口报告。每季度一次，运用各种缺口分析法进行自查负债缺口分析。

（5）精算师意见书和备忘录。每年一次，由精算人员完成，主要对责任准备金、资产充足性的评估，还包括现金流检验、动态偿付能力检验等。这份报告要由指定精算师签字方能生效。

精算师意见书通常是粗线条的，较简单，用于上报保险监管部门。精算师备忘录则很详细，对保险公司各种商品资产负债情况进行全面的分析和预测。若监管人员觉得精算师意见书难以理解时，可调看精算师备忘录，但用后需返还。

偿付能力管理对保险公司来说，是一项非常重要且要求很高的管理工作。保险公司除配备专门人员、专设机构外，还要求管理人员必须具备较强的敬业精神、扎实的管理理论、丰富的实践经验和熟练运用计算机的能力。只有这样，才能提高保险公司偿付能力管理水平和效益。

2007 年 1 月，中国保监会颁发了《关于印发偿付能力报告编报规则实务指南的通知》，为便于保险公司贯彻执行偿付能力报告编制规则，准确评估偿付能力，中国保监会研究制定了一系列的“实务指南”，以使我国保险业的偿付能力监管不断完善。同时，在此基础上于 2008 年又出台了新的《保险公司偿付能力管理规定》。

8.4　保险企业偿付能力的外部监管

8.4.1　国际上各国对保险偿付能力的通行监管

1. 偿付能力的日常监督

（1）财务报告要求。一般来说，财务报告要求是保险人偿付能力监督的核心。绝大多数国家都要求获得执照的保险人提供详细的年度财务报表。这些报表必须按照当地的会计准则进行编制，主要包括资产负债表、损益表和其他规定的记录与凭证。政府可能还会规定信息编制和呈报的具体做法。欧盟要求其成员国以同样的格式编制资产负债表和损益表，尽管各成员国可以采用不同的计价方法。另外，保险人还必须提供一份年度报告，描述公司的业务发展情况，目前的状况和将来的趋势。

监督者将依据所报告的信息对保险人进行财务分析。该分析过程主要是使用各种比率及其他财务工具，对保险人的资本充足性、资产质量、利润率、现金流量、财务杠杆和流动性等进行评估。通过使用统计法、现金流量法和其他方法，可以发现需要引起监督者注意的保险人。目前来看，还不存在令人满意的方法。

（2）财务检查。所有的经合组织国家和其他大多数国家都采取现场检查措施（On-site Examination），财务检查通常是定期的（每 3 年或每 5 年一次），有些国家还采取个案检查的方法（Case-case Basis）。如果监督者怀疑某个保险人有财务问题，还会进行目标性（未事先声明）的检查。

各国检查的严格程度和质量有所不同。通常涉及特定或全部年度报表内容的核实。有些国家的财务检查仅仅是为了澄清某些特定事项。监督者认为，现场财务检查是最有效的监督工具之一。

（3）专业人员监督。更多地依赖于专业人员可以有效地事先抑制和事后揭露保险人的不当行为。保险监管者一直依赖会计人员和精算人员进行补充性的偿付能力监督。有些政府要求精算师就保险人准备金充足性发表意见。一般来说，政府会要求会计师对保险公司的财务报表进行年度审计，并向监管者汇报。

2. 对偿付能力困难的保险人的处理

保险监管的目标之一是建立适当的激励机制，促进保险人经营的安全性和有效性，建立保障措施，将无偿付能力的保险人的数量控制在可以接受的水平。在竞争性保险市场中，有些保险人的财务困境是不可避免的。一个没有破产的保险市场往往是一个价格昂贵、消费者选择受限制的市场。

发现保险人存在财务困境之后，保险监督者有 4 个选择：非正式举措、正式举措、公司重整和清算。在每一种情况下，政策制定者所要解决的问题是监管者相对被监管者应当享有哪些权利。

（1）非正式措施。保险监督者对有麻烦的保险公司作出的第一反应通常是非正式的。监督者可能会与公司的管理层共同寻找和处理造成麻烦的原因。在大多数国家，善意兼并或收购是通常的做法。这些行动成功与否取决于保险人是否愿意合作、保险人的财务状况、其他公司的友好程度和监管者的强制力。

（2）正式措施。各国政府都通过正式举措应对财务困难的保险人，尽管各国政府采取的正式措施的性质各有不同，但大致包括下列明文指示：在从事某些交易之前必须获得政府允许；限制或停止承保新业务；注入资本；停止从事某些业务。如果保险人没能矫正已经发现的问题，则会导致更加严厉的措施。

在某些经合组织国家，如果保险人未能按照监管者的要求行事，监管者就会在报纸和自己的官方杂志上公开刊登它对该保险人的建议或命令，从而提醒公众注意保险人的缺陷。还有一些国家规定，在严重情况下监督机构有权撤换该公司的管理人员和审计人员。最严厉的措施是中止或撤销保险人承保某些险种的资格，甚至吊销其执照。这一类措施通常要提交法院或其他机构审查决定，欧盟的情况更加复杂。如果欧盟某国的一个保险人在另一个国家执业，东道国监管机构认定保险人违反了该国的法律或法规，该机构必须首先要求该保险人矫正违规行为。如果保险人未能遵照执行，东道国需向保险人母国的监管机构通报该保险人的缺陷，以及未能矫正的事实。随后，由母国的监管机构采取相应的监管措施，但是必须依据母国的有关法律和法规进行。如果母国监管机构采取的措施没有达到预想的效果，东道国可以在必要时禁止该保险人继续承保业务或吊销其执照。

（3）公司重整。监管者为了实现财务困难公司的重整，可以取得该公司的控制权。所谓重整，是指采取措施恢复保险人在保险市场的独立性和功能。采取重整措施可能会需要法院的裁定，尽管在有些国家监管者处于保全保险人资产的必要，本身就可以取得保险人的控制权，而无须事先取得法院的裁定。监管者可能通过重整活动来安排兼并或收购。

（4）清算。保险监管者针对本国财务困难保险人的最后一项措施是进行清算，结束该公司的所有业务。清算人可能由保险监管者指定，或者更为普遍的是由法院指定。清算人负责清点保险人的资产，准备向保单持有人、债权人，以及在可能的情况下向股东分配。保单持有人通常享有优先权，尽管有些司法管辖区域中并非如此。某些险种的保单持有人（如寿险和其他第三方案索赔人）可以享有其他保单持有人的权利。另外，清算时有可能启动政府保证金。

3. 保护被保险人的利益

多数国家都建立了保险给付（赔偿）担保机制。有些国家还设立了无偿付能力保证组织或基金。有些国家或地区的无偿付能力担保机制是通过事先对授权保险人的评估而（出资）设立的（如美国纽约州）；有的是通过无偿付能力发生后对授权保险人的评估设立的（如美国其他各州）。保证基金的赔偿限额可能是适中的（欧盟），也可能是宽松的（美国），有些国家和地区的被保险人可以在赔偿限额之内得到完全的赔偿（美国），而有的国家和地区的被保险人必须自己承担一部分损失（英国）。基金可能由政府掌管（欧盟各国），或者由保险业自身出资和运行（加拿大）。

8.4.2　中国保监会对保险公司偿付能力的监管

1. 保险公司的分类

中国保监会根据保险公司偿付能力状况将保险公司分为以下 3 类，实施分类监管。

（1）不足类公司。这是指偿付能力充足率低于 100% 的保险公司。

（2）充足 Ⅰ 类公司。这是指偿付能力充足率在 100% ～ 150% 的保险公司。

（3）充足 Ⅱ 类公司。这是指偿付能力充足率高于 150% 的保险公司。

对于不足类公司，中国保监会应当区分不同情形，采取下列一项或多项监管措施：① 责令增加资本金或限制向股东分红；② 限制董事、高级管理人员的薪酬水平和在职消费水平；③ 限制商业性广告；④ 限制增设分支机构，限制业务范围，责令停止开展新业务，责令转让保险业务或责令办理分出业务；⑤ 责令拍卖资产或限制固定资产购置；⑥ 限制资金运转渠道；⑦ 调整负责人及有关管理人员；⑧ 接管；⑨ 中国保监会认为必要的其他监管措施。

对于充足 Ⅰ 类公司和充足 Ⅱ 类公司存在重大偿付能力风险的，中国保监会可以要求其进行整改或采取必要的监管措施。对于未按本规定建立和执行偿付能力管理制度的保险公司，中国保监会可以要求其进行整改，情节严重的，可以采取相应的监管措施。并依法给以行政处罚。

2. 保险公司偿付能力管理的具体规定

随着我国保险业的发展，保险业的监管也从费率、条款为中心的审慎性监管向以偿付能力为中心的监管发展。为了符合 2009 年 10 月 1 日修订实施的《中华人民共和国保险法》的要求，监管机构颁布了新的《保险公司偿付能力管理规定》，制定了科学、完整、有效的偿付能力监管机制，建立了与国际趋同的、以风险为基础的动态偿付能力监管框架，并明确提出了分类。2009 年 10 月我国新修订的《中华人民共和国保险法》实施，对保险公司的偿付能力管理做了具体规定。

（1）《中华人民共和国保险法》第一百零一条规定，保险公司应当具有与其业务规模和风险程度相适应的最低偿付能力。保险公司的认可资产减去认可负债的差额不得低于国务院保险监督管理机构规定的数额；低于规定数额的，应当按照国务院保险监管管理机构的要求采取相应措施达到规定的数额。

（2）《中华人民共和国保险法》第一百零二条规定，经营财产保险业务的保险公司当年自留保险费，不得超过其实有资本加公积金总和的 4 倍。

（3）《中华人民共和国保险法》第一百零三条规定，保险公司对每一危险单位，即对一次保险事故可能造成的最大损失范围所承担的责任，不得超过其实有资本加公积金总和的百分之十；超过的部分应当办理再保险。

为了加强保险公司偿付能力监管，维护被保险人利益，促进保险业健康、稳定、持续发展，根据《中华人民共和国保险法》，中国保监会制定了《保险公司偿付能力管理规定》。它是偿付能力监管的纲领性文件，是一部与国际先进的偿付能力监管理念和原则趋同的监管规章。它的出台，将提高我国保险监管的效率和效果，增强行业抵御风险和自我发展能力。

《保险公司偿付能力管理规定》建立了与国际趋同的、以风险为基础的动态偿付能力监管框架。一方面，《保险公司偿付能力管理规定》要求偿付能力评估、报告、管理、监督均以风险为导向。在评估方面，要求保险公司应当以风险为基础评估偿付能力；在报告方面，要求保险公司披露内部风险管理情况和面临的风险；在管理方面，明确提出偿付能力管理是保险公司的综合风险管理，要求保险公司建立内部风险管理机制，防范各类风险；在监督方面，通过对公司风险进行综合评价，采取不同的监管措施。

3. 对保险公司偿付能力的监管

《保险公司偿付能力管理规定》建立了动态偿付风险监测、防范体系。确立了由年度报告、季度报告和临时报告组成的偿付能力报告体系，并要求保险公司进行动态偿付能力测试，对未来规定时间内不同情形下的偿付能力趋势进行预测和评价，从而使监管部门可以及时监测保险公司偿付能力变化情况，采取监管措施。

1）偿付能力评估

在评估方面，《保险公司偿付能力管理规定》要求保险公司应当以风险为基础评估偿付能力。

保险公司应当按照中国保监会制定的保险公司偿付能力报告编报规则定期进行偿付能力评估，计算最低资本和实际资本，进行动态偿付能力测试。其中，保险公司的最低资本是指保险公司为应对资产风险、承保风险等风险对偿付能力的不利影响，依据中国保监会的规定而应当具有的资本数额。保险公司的实际成本是指认可资产与认可负债的差额。

保险公司应当按照中国保监会的规定进行动态偿付能力测试，对未来规定时间内不同情形下的偿付能力趋势进行预测和评价。

2）偿付能力报告

在报告方面，《保险公司偿付能力管理规定》要求保险公司披露内部风险管理情况和面临的风险；保险公司应当按照中国保监会制定的保险公司偿付能力报告编报规则及有关规定编制和报送偿付能力报告，保险公司偿付能力报告包括年度报告、季度报告和临时报告。中国保监会可以根据监管需要，调整保险公司偿付能力报告的报送频率。保险公司董事会和管理层对偿付能力报告内容的真实性、准确性、完整性和合规性负责。

保险公司应当于每个会计年度结束后，按照中国保监会的规定，报送董事会批准的经审计的年度偿付能力报告。保险公司年度偿付能力报告的内容应当包括：① 董事会和管理层声明；② 外部机构独立意见：③ 基本信息；④ 管理层的讨论与分析；⑤ 内部分析管理说明；⑥ 最低资本；⑦ 实际资本；⑧ 动态偿付能力测试。

保险公司在定期报告日之外的任何时点出现偿付能力不足的，保险公司董事会和管理层应当在发现之日起 5 个工作日内向中国保监会报告，并采取有效措施改善其偿付能力。

3）偿付能力管理

在管理方面，《保险公司偿付能力规定》明确提出，偿付能力管理是保险公司的综合风险管理，要求保险公司建立内部风险管理机制，防范各类风险。

保险公司应当建立偿付能力管理体系。保险公司偿付能力管理体系包括：① 资产管理；② 负债管理；③ 资产负债匹配管理；④ 资本管理。

（1）保险公司应当建立有效的偿付能力管理制度和机制，重点识别、防范和化解集中度风险、信用风险、流动性风险、市场风险等资产风险。

① 加强对承保、再保、赔付、投资、融资等环节的流动资金的监控。

② 建立有效的资金运用管理机制，根据自身投资业务性质和内部组织架构，建立决策、操作、托管、考核相互分离和相互牵制的投资管理体制。

③ 加强对子公司、合营企业和联营企业的股权管理、风险管理和内部关联交易管理，监测集团内部风险转移和传递情况。

④ 加强对固定资产等实物资产的管理，建立有效的资产隔离和授权制度。

⑤ 建立信用风险管理制度和机制，加强对债权投资、应收分保准备金等信用风险较集中的资产的管理。

（2）保险公司应当重点识别、防范和化解承保风险、担保风险、融资风险等各类负债风险。

① 明确定价、销售、核保、再保等关键控制环节的控制程序，降低承保风险。

② 建立和完善准备金负债评估制度，确保准备金负债评估的准确性和充足性。

③ 建立融资管理制度和机制，明确融资环节的风险控制程序。

④ 严格保险业务以外的担保程序，遵循法律、行政法规和中国保监会的有关规定，根据被担保对象的资信及偿债能力，采取谨慎的风险控制措施，及时跟踪监督。

（3）保险公司应当加强资产负债管理，建立资产负债管理制度和机制，及时识别、防范和化解资产负债在期限、利率、币种等方面的不匹配风险及其他风险。

（4）建立健全其他管理制度。保险公司应当建立健全资本管理制度，持续完善公司治理，及时识别、防范和化解公司的治理风险和操作风险；保险公司应当建立资本约束机制，在制定发展战略、经营规划、设计产品、资金运用等时，考虑对偿付能力的影响；保险公司应当建立与其发展战略和经营规划相适应的资本补充机制，通过融资和提高盈利能力保持公司偿付能力充足。

复习思考题

一、概念题

保险偿付能力　　法定偿付能力额度　　偿付能力额度

二、思考题

1. 一个保险企业的偿付能力有哪些影响因素？
2. 保险企业对偿付能力如何实行自我管理？
3. 国际上通行的保险偿付能力的外部监管有哪些方式？
4. 我国如何管理保险偿付能力？

第9章 再保险的经营与管理

对于一般性的保险公司来说，为了稳定自身的业务经营、分散过分集中的责任，都要将自身承保的部分风险责任通过再保险方式分出去。经营得当，不仅可稳定本公司的经营和财务状况，还可取得较好的经济效益。因此，对于保险公司来说，除了直接业务外，分出业务的再保险经营也是很重要的一个方面。与此相反，分入业务的保险公司，则是要承担起其他保险公司所转让的危险或责任。由于分保业务往往具有国际性，因此分入业务的经营管理较之国内直接业务更复杂一些，如果经营不善，将导致严重亏损。所以，应经常总结业务经营中的经验教训，改善经营管理，从而提高经济效益。

9.1 再保险经营管理概述

再保险经营管理分为业务管理和财务管理两个方面。业务管理主要是决定自留额和再保险保障的方式、范围的规划，控制责任积累，安排分保和转分保；财务管理主要是对收入再保险费和扣存准备金的运用。

9.1.1 业务管理

再保险业务包括分出再保险和分入再保险，由于两者的性质不同，两者的业务管理也不相同。

分出再保险的业务管理工作，首先要做的是再保险规划，根据所需要分出业务性质类型，确定再保险方式和整个业务安排的结构，以便控制与分散风险。接着是选择再保险人，从国际市场上谨慎选择作为自己分出业务接受人的保险公司或再保险人。这主要是分析各个保险公司的经营管理状况、人员素质、经营规模、偿付能力、当地政府对外汇管理状况、资产负债表，从而选择再保险人作为自己的合作伙伴。

分入再保险的业务管理工作分为两个方面。一方面是对分入业务进行严格的业务质量审查和经济效益考核；另一方面是避免责任累积，办理转分保。

9.1.2 财务管理

再保险的财务管理工作一般包括以下内容。

1. 防止通货膨胀对再保险的影响

通货膨胀一方面可能造成收入的再保险费贬值；另一方面也造成未来日期赔款额的升高，尤其是在超额赔款再保险中，由于原保险人承担的赔款限额是确定的，超出部分的赔款额的增高将完全由再保险人承担。再保险人往往要求在合同中订立通货膨胀条款，规定当通货膨胀超过一定比例时，原保险人的自负责任和再保险人的超额责任均要进行调整。因此，再保险人必须对通货膨胀情况予以密切注视，以便采取相应的措施。

2. 不同货币间的汇兑计算

一个保险公司往往承保多种业务，多种业务由于来自不同的国家，所使用的货币也不一样，这就给超额赔款再保险的限额计算带来了困难。因此，超额赔款再保险合同中往往要规定合同中使用哪种货币，其他货币都要换算成该种货币进行计算。由于各国货币的汇率经常变动，因此这项工作也需要经常对合同责任进行换算，并据以确定原保险人与再保险人的责任。

3. 再保险准备金的运用与管理

在比例再保险合同中，为了保证所扣的准备金不因货币贬值而损失，一些再保险人在合同中规定原保险人可代表再保险人对这些准备金进行各种运用，如购买证券等，所得收益可由双方分享；也有的把资金存入银行，由银行代理运用资金，损益均由再保险人享受和负担。如在合同中未规定资金的运用条款，则原保险人仅支付规定的利息，再保险人既不能享有投资收益权，也不负担投资亏损的损失。有的国家则对准备金的投资方向有严格的规定，如只准投资政府债券。

4. 账务和财务审查

审核一个再保险合同的成绩往往要观察很长时间，才能得到一个可靠的结论。因为一个再保险合同，其再保险费的收取和赔款的支付，往往要延续好几年，如水险中的共同海损的理算有时历经五六年，因此对会计统计的数字需进行仔细分析，还应尽可能准确地掌握未决赔款和已发生但尚未报案的赔款情况，以便编制决算时有一个较为可靠的数据，以正确反映某一业务年度的经营成果。

5. 统计分析

将发生的账务数字、业务数字加以综合归纳，总结整理，加以分析，从而找出业务发展的规律。

6. 编制损益表

再保险的经济效益主要体现在两方面，业务损益和投资损益。业务损益结果反映费率是否合理，费用开支是否适当。如有盈利还需提存浮动准备金，作为各年度的调节。投资损益反映资金运用是否适当，投资方向是否合理，投资方法和手段是否需要改进。

9.2 分出再保险的业务管理

保险公司为了稳定业务经营，分散过分集中的责任，需要将其部分业务通过再保险分出去。经营得当，不仅可稳定本公司的经营和财务状况，还可取得较好的经济效益。因此，对于保险公司来说，除了直接业务外，分出业务的再保险经营也是很重要的一个方面。

9.2.1 分出再保险业务管理概述

1. 分出再保险业务管理概述

作为商业保险公司，为了业务经营稳定，分散过于集中的风险责任，都要以再保险方式将风险再次转嫁。分出业务是再保险经营的一个重要组成部分。其核心是保险企业经济效益，宗旨是提高经济效益，降低企业费用成本，保证保险企业经营的稳定性。

分出业务管理的一个重要方面是正确识别承保业务的风险，客观评估累积责任，特别要防止巨灾事故的累积责任，避免可能因一次重大事故的出现而不利于保险企业的财务稳定，分出再保险是保险企业计划的基础，分出业务管理科学合理，整个业务活动才能正常地进行。分出再保险业务经营与管理，一方面是人的行为管理；另一方面是保险企业的风险管理。因此，保险企业人员素质和承保风险业务的质量与技术，是分出再保险业务经营与管理的两大重要因素。分出再保险业务经营管理的水平，直接影响保险公司的信誉和整体工作的有序性，以及公司效率的提高。

2. 分出再保险业务管理的范围和一般准则

分出再保险业务管理的范围包括自留额确定、分保规划安排、分保业务流程、分保手续等。

分出业务管理具有保险企业管理的一般特点，同时又具有自身的特殊性。分出再保险业务管理的一般准则如下。

1）稳定公司业务经营，实现预期最佳经济效益

商业保险公司是专门经营风险的企业，遵循保险费收入与保险赔款和费用平衡的财务稳定原则。再保险是保证公司业务经营稳定的一个技术手段。

为了实现这一目标，需要对国际再保险市场认真调查研究，一方面根据市场行情的变化，选择理想的分保经纪人、接受人；另一方面对分出业务的结构情况进行剖析，尽可能分出高风险业务，自留风险小、保费收入多的业务，调整自留额比例和合同分保与临时分保的比例，确定每年重点分出的险种；同时要搜集国际市场的信息，及时反馈到国内承保市场，与直接承保部门协调合作，使直接承保环节能与国际市场接轨。

2）管理现代化原则

管理现代化的要领是一个发展的概念，在不同的历史阶段，管理现代化的内涵不同。分出业务管理现代化体现为保险管理思想现代化、手段现代化和方法现代化。

首先是分出业务管理思想现代化。这也是历史的产物。目前，保险企业的管理思想应立足于分出公司整体经济利益，以最少的分保费用获得最大的风险保障，达到稳定业务经营，扩大对于直接业务承保能力的目的。这是分出业务管理的核心。影响这一核心实现的因素有公司资本金的实力、承保风险的评估、分保技术力量和国际分保市场供求状况等。分出业务管理思想现代化还应密切注意国际市场变化，吸取经验，不断完善充实自身的管理思想。

其次是保险管理手段现代化。分出业务管理特别强调技术管理手段，即计算机管理在分出业务中的应用。

最后是管理方法的现代化。分出业务管理方法的基础涉及有关的法律、政策中的经营规则和管理规则。人们对于社会经济的管理，曾采用过 5 种基本方法，即权威管理、科学管理、人际关系管理、目标管理和社会责任管理。保险公司的特点决定了其效益具有两重性，

不仅要着眼于公司自身的经营目标，更要考虑社会效益，因此社会责任管理方法更适合于保险企业。

3）面向国际市场的原则

分出分保工作是一个公司面向国际市场的重要方面，是公司形象在世界市场的展示。分出业务管理必须坚持面向国际市场的原则。面向国际市场就是在维护本国、本公司利益不受侵害的前提下，要按照世界同业间遵循的原则办事，要尊重国际上经营再保险业的一般惯例。

世界再保险市场是一个复杂变化的市场，其供求状况与国内的承保需求不完全吻合。当国际再保险市场处于卖方市场时，则要求承保人提高保险费率，并要求满足再保险人的一些特殊条款限制。与此相反，当国内保险市场各公司之间竞争加剧时，保险费率呈不断下降趋势，承保条件不断放宽。这样就会出现国内市场各家保险公司一方面出于扩展业务量的需要；另一方面由于承保风险单位的保额不断提高，对再保险的需求日益增加，于是产生再保险供求之间日益加剧的矛盾。要解决这一矛盾，应注意协调国内各公司之间的竞争，避免恶性竞争。

坚持面向国际市场原则，公司应注意以下几点。

（1）与国外大保险公司建立长期、稳定、良好的业务合作关系。

（2）塑造保险公司良好信誉的形象。

（3）注意培养公司的国际型人才，参与国际市场竞争，市场竞争就是人才的竞争，只有形成公司高素质的人才群体，在竞争中才能处于优势。

（4）加强公司间的国际交流合作，善于吸取国际大公司的经营管理经验。

3. 对各类专业人员的技术要求

分出业务部门人员由3个部分组成：设计人员、推销人员和辅助工作人员。设计人员的主要工作是对业务进行组织分析、条款的制定与修改。推销人员的工作是在业务计划完成后，立即将条件提供给参加这项业务的公司，并尽量寻求资信好的大公司积极参与，因为大公司的参与对市场的作用是十分重要的。推销人员的任务一方面是将业务安排出去；另一方面要确保业务分保给资信度高的公司。辅助人员的工作是配合与协助推销人员处理日常事务工作，如数字的收集、资料的准备、计算机的操作等。设计人员和推销人员都需要辅助人员的协调配合做好管理工作。

分出业务设计人员的设计要求是熟悉直接业务的做法，了解直接业务的条款内容，对数字有较强的归纳和汇总能力，同时具有较强的文字、语言的表达能力。设计人员的基本任务是根据公司对业务的总体设计方案和再保险规划，对分出业务作出具体安排及设计构思。在公司总体规划的基础上，设计人员对某个险种设计的分保方式应与总体业务发展规划相适应，并写出分保方案，即可行性方案，对组织分保合同已具备的条件、国际市场的习惯做法，以及可供参考的实例等方面进行比较分析。设计人员的工作程序如下。

（1）汇总各方面资料，准备各项数据的分析及编制统计表。

（2）拟定分出分保业务的条件及附加条款。

（3）准备答复接受人员可能提出的各种问题。

设计人员工作的特点是技术性强、时间性强。

推销人员是落实再保险计划的关键，因此其技术要求是熟悉掌握所推销业务的全部情况，了解接受人的心理，了解国际再保险市场的承保能力及其分布。由于再保险推销的产品是不可预测风险的转嫁，在协商分出业务时必须切记“最大诚信原则”，实事求是地陈述风险的情况，以供接受人参考判断，同时寻找资信高的推销对象。接受人的资信度直接关系分出人的赔款摊回，即分出人的保障程度，不可忽视。

辅助人员的工作性质决定其具备的技术要求是，必须了解业务的需要，具有专业人员对数字的敏感性、综合分析能力，对数字说明的能力超过专业统计人员和专业会计人员，同时具有熟练的计算机使用和操作技能。

4. 分出再保险业务的内部管理

一般来说，分出再保险业务是在直接业务承保的基础上由分出部门负责办理的，因此分出业务的内部管理一般要包括 3 个方面的内容，即了解分保业务质量，确定自留额和制定分保规划；协调分出部门和直接业务承保部门的关系，分清各自的责任；密切分出部门和账务部门之间的联系，以确保分出业务的效益。

1）分出部门的职责

作为分出部门，必须对其所要安排的分出业务有充分的了解，如直接业务的承保条件、费率的高低、风险的分布状况等。同时，还应了解同类业务在国际市场上的费率、承保条件和分保情况。只有这样，才能根据业务的具体情况、分保市场的行情，以及本公司的经营方针和自身的承保能力，确定自留额和制定分保规划。在此基础上，根据自留额、分保额、保费收入、赔款状况、分保费支出，分保手续费、利息及其他收益和费用开支等，对业务的经营结果进行测算，由此反过来检验分保规划的合理性及收益效果。

2）分出部门和直接业务部门的联系

如前所述，直接业务的承保和管理，以及分保的安排不是在同一部门，而是分别在承保部门和分出部门进行，但两个部门之间有密切的联系。直接业务是分保业务的基础。分保的业务条件是由直接承保部门确定后通知分保部门的。因此，分保部门对承保条件的审查应包括以下 3 个方面。

（1）分保时应对外通知的项目是否填报完全，正确无误。

（2）承保的条件是否符合分保合同的规定。

（3）限额是否超过合同容量，是否有特约分保，是否需办理临时分保。

对以上 3 点，在审核中如果发现有什么问题或不清楚之处，应及时与直接承保部门联系。除此之外，在分保安排过程中，也还会经常遇到许多有关业务的具体问题。对此，分保部门应及时反馈给承保部门，所以分保部门有时也会影响直接业务的承保。对于分保接受人所提出的有关风险的具体问题，如风险单位的划分、最大可能损失等，分出部门的答复应以承保部门提供的（口头或书面）资料为依据。必要时，分出部门可以派人去现场进行查勘。

为了协调好这两个部门之间的关系和分清各自的责任，可以有一些书面协议规定，作为工作上的依据。在这些协议中，应明确规定什么样的业务应在起保前通知，什么样的业务应在起保后尽快通知，什么样的业务超过了多少数额应在什么时间以内通知分出部门，赔款超过了多少应在赔付前事先通知等。有了这些协议，承保部门与分出部门都要按规定办事，如不按规定办事，就会造成差错和事故。所以，分出业务的管理制度必须十分严密。

3）分出部门和账务部门之间的联系

分保由分出部门安排完成之后，就应将合同摘要表、分保成分表和账务的结算事项通知账务部门。合同条件如有变动，也应通知账务部门。一般情况下，合同账单是在编制账单期以后 6 个星期内发送，账单发送后的 45 天之内结付。

临时分保账单一般在业务起保后（分出成分确定以后）就应当编制，同时应尽快结付。每当遇有向分保接受人分摊现金赔款后，分出部门应将摊回比例通知账务部门，在账务部门编制好账单之后通知会计部门办理结算。一般情况下，分保接受人应在收到现金赔款账单后的 15 天之内给付。因此，会计部门应及时地将各分保接受人对现金赔款的结付情况通报给分出部门，包括某些国家对外汇管理和限制的信息。分出部门在掌握和了解这些情况后，对存在问题的公司应及时采取措施，以防本公司蒙受损失。

综上所述，为了做好再保险的业务管理工作，承保部门、分出部门和账务部门之间要相互密切联系、协调配合。

9.2.2　分出再保险的业务流程

分出业务的流程适用于合同分保和临时分保。分出业务的流程分为以下 3 个阶段。

1. 分保建议

当分出合同的条件确定，拟定了分保接受人的人选后，分出人应立即以最迅速、最准确的方式将分保条件发送给选定的接受公司或经纪公司。分保建议一般应将接受人需要了解的事实详细列明。例如，非水险合同分出安排的建议应提供的资料是分保条件、统计数字、大赔款一览表和业务构成的详细资料、合同的承保范围及地区范围。在实际中，分出人在分保建议中应综合各种信息，在了解世界保险市场变化的基础上，提供尽可能翔实的资料，以适于各种不同的接受人的需要。分出人提供的信息越详尽，资料的质量越高，越有利于接受人作出决定，大大缩短分保安排的时间。分出人提出分保建议是要约的过程，接受人提出修改和改善的条件就是反要约。要约与反要约的过程就是双方公司交易商洽的过程。一旦交易商洽达到意思完全一致，“要约”和“承诺”法律程序后交易便成立。接受人愿意接受分保，应以最快的方式通知分出人，并最终应以书面予以证实；如果分出人认为对方所提建议符合实际，分出人应该在权衡利弊之后作出修改的决定，并以书面形式予以证实，分出人在考虑接受人提出的反要约时，应该本着这样的原则：① 分出人的利益要保障，同时要兼顾接受人的利益；② 不要违背市场上的习惯做法；③ 应认真对待首席承保人的意见和要求；④ 接受人普遍提出的、具有共性的问题是应该考虑和研究的。

在分保建议流程中，分出人处于主导地位，往往有诸多的经纪公司和接受公司可供选择。在实际中，分出人应有一套较完备的信息资料，包括国际市场接受人和劳合社承保人的承保业务种类、承保能力、经营近况、历史记录、习惯做法、与本公司的业务往来记录，通过信息资料库，查询适合所需分出业务的接受人，在选择分保接受人时，分出人应采取择优录用的原则，坚持与长期合作较好的公司交往，互惠互利，淘汰那些可用可不用，或者在国际市场上有争议的接受人。在选择接受人时要注意以下 4 个因素。

（1）尽可能地分散风险，大额保险不能过于集中在一二个接受公司。但是，接受公司集中利于管理，分散则费用不合算。因此，应该视分保需要而定。

（2）区域分布要尽量合理。即接受人的所在地区不要集中，否则，一旦该地区发生重大损失事件，影响接受人的偿付能为，则分出合同的补偿责任会落空。

（3）直接和间接的分出比例要合理。直接分出业务是指分出人与接受人直接交往，而不需要中介人，这种做法适合于较好的业务；已达到交换的业务也是直接交往。间接分出业务是指分出人与接受人的业务往来要通过中介人联络。这种方法适合于高额保险标的或特定的市场范围。一般来说，直接分保比间接分保有利，另外经纪人安排分保，有时也会影响分出人和接受人之间正常的、必要的接触和交流。但对某些具有特殊性的业务通过经纪人安排比较方便，效果可能比直接分保要好，因为有些经纪人对某类业务的市场和技术很熟悉或拥有专门的人才。例如，石油、航空两个险种的承保能力集中在英、美两个市场，而劳合社市场是英国市场的主力，受控于劳合社经纪人。因此，石油保险和航空保险若在伦敦市场分保，则必须通过经纪人安排。所以，在安排分出业务时应针对不同的合同、不同的分出目的性，而决定采取直接还是间接的分保方式。在一般情况下，较好的业务直接分出比例应大于间接分出比例，交换的合同也应直接分出而不宜间接分出，以求与交换的对方有一种良好的合作与默契，而高额保险标的合同或需要到特定的市场去分保的合同，可以间接安排分保。对分保人来说，通过经纪人安排分保并不增加费用，甚至还会减少分出费用，节省时间，手续简便。但是，有时经纪人为了追求多分出一些成分，而忽视对接受人的资信审查，因为经纪人并不承担任何责任，所以经纪人的经营作风和信誉也很重要。

（4）争取好的分保条件。所谓好的分保条件，包括提高限额、提高分保佣金，加收盈余佣金等。在分保安排过程中如何争取好的分保条件与分保当时的国际保险市场业务的形势有关。如果整个国际市场保险业务呈上升趋势，分出人应及时地提出一些对自己有利的分保条件；反之，在整个保险市场处于低谷时，分出人若提出有利于自己的分保条件显然是不合时宜的，即使分出人的业务质量很好也难以被接受。分保条件也经常由接受人提出，旨在限制分出人责任的条件，如在财产险合同项下加上一个地震险除外条款。分出人对接受人提出的要求应认真地、审慎地加以考虑，客观、合理、策略地给予答复。

2. 完备手续

完备手续是第二流程。在合同续转和分出谈判结束后，分出人和接受人双方应尽快完备缔约手续。在一般情况下，续转结束后的第一个季度之内，分出人应将合同文本及摘要表或修改条件的附件发送给接受人。每次发送时需签字的文件应一式二份或三份，接受人在审核无误的情况下及时地予以回答。合同文本及其组成部分是分出人和接受人之间签订的正式的、具有法律性的文件，一旦合同文本签订之后，双方的权利和义务就具有了法律依据。应该注意，合同文本的文字应规范、严谨、表达清楚，为双方所接受，并有利于第三者的理解。分保条的内容与合同文本中的内容具有互补性，即合同文本阐明原则和框架，分保条对合同的内容具体化和充实。合同签订后双方都必须遵守，不得单方修改和变动。如确有必要进行修改和变动的，必须事先提出，与对方协商达成一致后才能正式作为合同的组成部分。如果协商之后不能取得一致的意见，这种修改和变动就不能生效。其解决的方法只能是提议方放弃或等待下一个合同年度开始时再提出，直至被采纳，甚至注销其在该合同中的成分。

3. 赔款处理

分出分保合同中规定，分出人可以全权处理分保合同项下的一切赔款，并应迅速将赔款情况及赔款处理事项及时通知分保接受人。若赔款已经赔付，应及时向接受人摊回所承担的比例赔款和费用。一般在分保合同中都明确规定通知的金额和通知的时限。当分出人接到直接承保部门的出险通知或赔款通知时，第一步计算分保合同项下的接受人应承担的责任比例和金额，然后向接受人发送出险通知。分出人的出险通知应包括以下内容。

（1）合同名称及业务年度。

（2）保险标的名称及坐落地点。

（3）保险金额及分出比例。

（4）估计赔款金额及合同项下估计摊赔金额。

（5）赔款发生日期、地点。

（6）损失原因及是否委托检验人，以及可能产生的费用。

在赔款处理过程中，接受人时常会提出参与赔案处理与合作，尤其是重大项目的赔款。对于接受人提出的质问和咨询，分出人应本着实事求是、合情合理的原则进行解释。当发生争议时，首先应本着友好协商的原则进行调解，调解无效，可通过仲裁方式解决。

9.2.3　分出再保险的业务手续

1. 临时分保手续

1）临时分保的安排

（1）选择分保接受人。在临时分保安排中，当分出公司确定要对某种或某笔业务办理临时分保后，分出部门首先应考虑的问题是向谁分保，哪些公司是该类风险最合适的接受人，并列出名单。所谓好的分保接受人，主要是指公司的资信好、技术能力强、对某种风险有接受兴趣、估计承保能力强，以及同本公司的关系较为密切等。但是，这些情况不是临时拼凑和随即可以了解到的，而是通过调查研究，通过平日经验和资料的积累掌握的。一般情况下，作为办理分出分保业务的公司对国际市场和国内市场的接受人都是有记录的。哪些公司或承保人（劳合社的承保人）承保哪类业务，各自的承保能力有多大，近况如何，与分出公司的关系如何，甚至有的分出公司对分保接受人的习惯做法都胸中有数。分出公司有一个分保接受人的名单或计算机记录，需要时可随时查阅使用。在安排分保时，可以从名单中选择合适的分保接受人。例如，分出公司有一个水险业务分保接受人的名单，这些分保接受人分布在欧洲、亚洲和美洲，其中承保能力在 1 000 万美元的有 50 家，在 1 000 万美元以下的有 30 家，其余 20 家是 100 万美元以下的承保人。如果有一个合同限额 5 000 万美元，则可以从那些有 1 000 万美元以上的承保能力、经营良好的分保接受人中选择。如果分出的是限额不高的合同，就不必选择承保能力很大的公司，而宁可从小的承保人中选择合适的分保接受人。一般来说，分保合同不宜集中于一个分保接受人，以免完全受控于该接受人。应该采取择优录用的原则，选择一个好的首席接受人作为长期的合作伙伴。此外，临时分保的特点决定了对方是否接受，接受多少都是事先不知道的。这使分出公司在接洽分保过程中处于无保障状态。因此，分保接受人的选择，是临时分保安排的重要一环。

（2）提供分保条件。在拟定的分保接受人名单列出之后，分出部门便可以用最迅速有效的方式把分保条件提供给分保接受人，通知对方全部保险的细则、分保条件、相互承担的责任、义务和享受的权利。分保接受人则要根据具体情况，考察风险的性质，考核费率是否合理，决定自己是否接受或自己的接受额，并以书面方式迅速地通知分出公司。一旦接受人提出的接受额度被确认后，双方的权利与义务便开始履行。在分保实务中，并不是所有的分保接受人都能在接到分保条件后立即明确表示接受与否，通常会有一个接洽过程。例如，提出许多分保条件中未列明或认为不够明确的项目，有的可能会提出分保佣金太高，是否可以降低等问题。分出部门则要根据本公司的实际情况作出决定。如果需要分出去的风险按原条件能够分出去的话，当然可以不必改变条件。但如果分保有一定困难或受市场影响，分出部门也不必坚持分保条件一成不变。应该指出的是，分保条件一般来说对所有分保接受人都应是相同的。

2）分保条和附约

（1）分保条。在分保接受人表示承诺，双方达成分保协议后，分出人和接受人双方的权利与义务便开始生效。为完备手续，在分保成分确定后，分出部门应向分保接受人发送正式的分保条，作为书面凭证，以正式确认分保内容。分保条应一式两份或三份，分别由分出公司和接受公司签字后，各执一份或两份为凭。分保条的内容如表 9-1 所示。

表 9-1　临时分保条

项目名称：	
编号：	货币：
险别：	
被保险人名称：	
分出公司名称：	
接受公司名称：	
承保范围：	
标的坐落地址：	
保险期限：	
保险金额：	
保险费：	
免赔额：	
接受公司成分：	
手续费：	
备注：	
分出公司签章： 年　月　日	
接受公司签章： 年　月　日	

（2）附约。分保条中所列为临时分保的常规项目，但有时有些特殊问题需要另加说明。例如，附加条款、折扣和盈余佣金等。对于大的风险项目要说明消防设施，介绍周围环境和以往巨灾记录（如地震、洪水等），必要时还要附送图纸。这些都需要用附约的方式来完成。

分保条在双方签字后即被视为正式的、具有法律效力的文件，双方的权利和义务也据此履行。在分保条签字之后，如果有什么遗漏和需要更正的地方，或者中途原始承保条件有变动，一经发现，应立即通知分保接受人并以批单或附约予以补充。附约同分保条一样具有法律效力，是分保双方的法律依据。批单格式如表 9-2 所示。

表 9-2　批单

标号：			原编号：
保单号：			
批单号：			
被保险人：			
保险期限：			
更改日期：			
更改内容：			
分出公司签章	年	月	日
接受公司签章	年	月	日

为了方便管理和查找，分出公司应将接受公司签回的分保条和附约归在同一卷宗，按顺序归档。

3）赔款通知的发送

如果临时分保项下的业务发生赔款，必须立即通知分保接受人。在赔款确定后，分出人可以在给付保户的同时要求分保接受人摊付部分赔款。临时再保险合同中一般不订明赔款处理方法，但按国际市场的习惯，分出人可以全权决定赔款。只要支付的赔款是合理的，分保接受人应按照所达成协议的规定予以摊付。对于分出公司为避免或减轻损失所支付的费用，即使合同中没有规定，或者所支付的费用与赔款合计超过了再保险金额，分保接受人仍应摊付这种合理的费用，但由于有些临时分保承保的是特殊风险，分保接受人对超过一定数额的赔款有参预处理的权力，应该按协议的规定处理。临时分保赔款通知的格式如表 9-3 所示。

表 9-3　临时分保赔款通知格式

关于××项目临时分保赔款通知
我们很抱歉地通知你们上述分保项目现发生如下赔款：
时间：
地点：
估计赔款金额：
分出人自留数：
纳入分保合同数：
临时接受人应摊数：
损失原因：
其他说明：

遇有通融赔款时，习惯做法是分保接受人跟随分出人的决定。但近年来，这一情况有所变化。许多分保接受人特别注意要求分出人在决定通融赔款前，要征得他们的同意。假如分出人同原保户之间发生争议而提出诉讼，分出人应事先通知分保接受人，征得他们的同意。

在损失通知书发送给接受人之后，分出人应不断地把赔款的进展情况报告给接受人，如估计金额的增加与减少、案子的处理等。在赔款处理完毕赔案疑点确定之后，分出人可以向接受人索取现金赔付金额，可以用现金赔款单向接受人摊回。这点在临时分保合同中不需要规定，只要分出人发送现金赔款账单即可。按习惯做法，分出人有权决定赔款，只要支付的赔款是合理的，分保接受人应按达成的赔款规定分摊赔款。若原保险合同发生争议提出诉讼，分出人征得接受人的同意，所发生的诉讼费用应由双方承担。一般来说，接受人要在了解赔款全过程的基础上才会承担他们的责任。临时再保险承担的风险，有时与原保单的责任不一致，再保险接受人的责任以不超过原保单所保风险为限。一般情况下，如果接受人无异议，应在接到现金赔款通知 14 天之后支付赔款。现金赔款通知书如表 9-4 所示。

表 9-4 现金赔款通知书

赔款项目名称

原临分编号： 编号：

日期：

提及我们××月××日的关于上述赔案的出险通知书，现此案已结清。

具体赔款如下：

总赔款金额：

分出公司自留额：

临分项下金额：

分保接受人应摊付金额：

以上赔款已支付给原保户，请将你公司成分额下的金额汇入公司××银行××账户。

分出公司签章

年 月 日

4）临时分保的责任终止和续转

临时分保的有效期限一般都在协议或分保条中加以表明，这样临时分保一般在到期时责任终止。根据原保单，临时分保的许多业务都是 12 个月为一期。临时分保的续转通常都要经过重新协议并办理续转手续。但也有些临时分保，为了维护分出人在原保单续保时来不及办理续转手续时仍获再保险保障，在协议或分保条中订有自动续保条款，说明除非分出人在到期时发出不续保的通知，临时分保应自动续转 1 年。

在临时分保有效期限内发生的损失，如果在有效期届满后，损失仍在继续或扩大，临时分保接受人对这部分扩大的损失，仍应继续负责。

2. 合同分保手续

1）合同分保的安排

（1）选择分保接受人。合同分保的安排大致上与临时分保相同，首先应确定向哪个市场安排，分出多少，由哪些经纪人安排哪些合同。在市场选好后，用电传、电报或信件将分保条件（一般称为分保建议书或分保条）及有关资料通知或送给接受人。

（2）分保安排方法。合同分保的安排与临时分保的安排，其不同之处是合同分保是按年度安排分保的，而临时分保则要逐笔安排。因此，合同分保简单、省时、省费用。但合同分保的协商也因此要比临时分保复杂得多。合同分保和临时分保一般都由分出公司在所在地或国外市场与分保接受人直接联系，但也有通过其代表机构或分保经纪人与国外市场进行联系的。

2）分保条的编制和项目

合同分保的正式文件一般由分保条、合同文本及附约所组成。

分保条又称分保建议书，是在分保协议过程中，由分出人编制提供给接受人的分保条件。分保接受人接到分保条后应对所列项目和分保条件进行审核和考虑，然后回复分出人是否接受，如以函电确认接受成分后，分保即已成立。然后，在一定时期内，分出人才发送正式合同文本给接受人签字。分保条的一般项目有分出人名称、合同名称、合同期限、承保范围、分保佣金、合同限额和自留额、保费和赔款、准备金、盈余佣金和现金赔款数额等。

3）合同文本和附约的发送、签回和保管

合同文本是分出人和分保接受人之间具有法律效力的文件。一旦合同文本签订之后，双方的权利和义务就有了法律依据。在合同文本中，应把双方的权利和义务用双方都可以接受并有利于第三者理解的语言文字表达清楚。合同的内容和分保条的内容是相辅相成的。分保条是合同文本的基础和根据，合同是达成分保协议形成的正式法律契约。分保条、合同文本和附约是完整的一套。合同文本主要是根据分保条的约定条件加上一些国际习惯通用的条文，如仲裁条款、检查条款、共命运条款、错误或遗漏条款，以及盈余佣金计算方法等。合同和附约必须用挂号信寄送，一式两份，由双方各执一份。合同必须经双方签字并建立严格的保管制度，即使注销以后也要长期保管。

在一般情况下，分出人根据各接受人的不同成分，向接受人发送合同文本，接受人在收到合同文本后应及时签回。在文本签订之后，对已达成协议的规定，任何一方都没有理由改动，如有些条件需作改动的话，在下一年度续转时提出，并以批单形式附在合同之后，作为合同的组成部分。

4）赔款处理

在合同项下的业务发生赔款，一般是由分出人负责处理，如涉及分保接受人的责任，应迅速发送出险通知，并且对于按合同规定可能要求分保人用现金赔付的大赔案，要随时告知赔款协商情况、所估计损失的数字和发生的费用，使分保接受人对现金赔款的摊付有所准备。出险通知书的内容及格式如表 9-5 所示。

表 9-5　出险通知格式

出险通知

关于合同

船损失出险通知（用于船、货两种合同）

我们抱歉地告知你们，最近我们收到了关于上述赔案的损失报告，现将详细情况通知你们，请记录，我们今后会把有关此案的进一步情况不断向你们报告。

船名：

船上所载货物：

航程：

航期：

船舶总保额（如是货险不用此项）：

货物总保额（如是船舶险不用此项）：

纳入上述分保合同的数额：

估计赔款金额：

合同项下估计摊赔金额：

你方成分项下应摊金额：

损失原因：

损失通知本是原保险人的义务，但如果损失发生频繁，逐一向各个再保险人通知，则原保险人的工作会很烦琐。所以，一般规定损失超过某一额度后，要立即通知再保险人。其他小额损失，原保险人不必一一通知，但仍要以月报或季报表通知再保险人。

通常应用的火险溢额合同赔案通知条款如下。

“所有合同项下可能的索赔金额相等或超过附表所规定的数字时，必须立即逐笔通知分保接受人，说明赔案的详细情况，估计损失数字。分出人还应对可能影响损失的费用发展情况告知分保接受人。并要在赔案给付前，尽可能地向分保接受人或其代表进行合理的咨询。”

分保接受人有时要求分出人在处理赔案时与之进行合作，特别是在分出人是缺乏经验的新公司时。当然，对于这些分出人来说，在分保接受人的参与下，处理赔案会更加有利。另外，当赔案发生纠纷时，在采取法律行动前，也可与接受人进行协商。

关于对索赔案进行抗辩，分出人有权处理所发生的诉讼费用，分保接受人应予以分摊。分保合同关于诉讼费的典型条款如下。

“如果分出人断定其所进行的活动对保险方（原保险人和再保险人）是有利的，则他可以单独直接开始、继续抗辩、协议、结付、法律申诉及起诉，或者撤回申诉和对有关索赔采取一切行动。分保接受人须支付由此而产生的费用中他们应该分摊的成分。”

在每年终了，分出人应通知分保接受人关于未决赔款准备金的数字及递送一份未决赔款清单。未决赔款准备金的转移应分别列入账单中借贷方的有关项目。

现金摊赔（Cash Loss）是再保险的一个突出优点之一，在合同分保中常常运用，即在一次赔款，或者在“某一定时间”内的赔款累积达到某一额度时，原保险人随时可向再保险人请求以现金摊付赔款，以协助原保险人解决财务调度的困难。上述的“某一定时间”应根据合同的账务期间来定，每月结付账务的期间为1个月，每季结付的期间为3个月。

现金摊回的做法有两种：① 在原保险人理赔后，从再保险人那里摊回；② 在原保险人理赔前，先估计损失额，向再保险人摊回。一般在赔款额度巨大时，采取后者居多。合同一般规定，接受人在收到现金赔款通知后，应立即汇付，也有合同规定再保险人应于10天或两周内汇付的。具体汇付的期限，由双方商定后在合同中标明。

5）合同的注销

各种合同的期限在签订合同时已确定，其注销或终止方式也已明确，只需按规定办理即可。一般要注意特殊终止和注销的时间性。合同终了时，对于未了责任，包括未满期保费的转移和未决赔款的转移，均按议定的方式处理。

3. 预约分保的手续

由于预约分保对于分出人具有临时分保的性质，因此对分入合同的业务，分出人应每月或每季度提供业务清单，列明每笔业务的保户、保额和保费项目，以及赔款清单，以便接受人了解所承担的责任和对赔款的审核处理。

其他到期续转等手续大致与比例合同分保相同。

4. 信用证

关于未满期保费和未决赔款有要求提供信用证的，应填制申请表，并登录信用证登记簿，经核准后送会计部门办理开信用证手续。

9.3　分入再保险的业务管理

分出业务是保险公司将其所承担的风险或责任转让给其他保险公司，而分入业务正相反，是承担由其他保险公司所转让的风险或责任。由于分保业务具有国际性，因此分入业务的经营管理较之国内直接业务更复杂一些。如果经营不善，将导致严重亏损，所以应经常总结业务经营中的经验教训，改善经营管理，从而提高经济效益。

9.3.1　分入再保险业务管理的概念与原则

1. 分入再保险业务管理的概念

分入再保险业务管理是指为了平衡风险，增加保费收入，争取盈利，对分入业务过程的计划、调节和控制，以及对分入保险业务的质量、分出人的资信情况进行调查审核。分入业务经营管理涉及面较广，其内容既包括承保前对分入业务的质量审核、分保建议的审查、分保分出人和分保经纪人资信情况的调查与研究，又包括对分入业务承保后的核算与考核、已接受业务的管理、已注销业务的未了责任和应收未收款项的管理。

1）分入业务质量审核项目

承保前对分入业务质量的审核是再保险经营的重要环节，因为它是接受分入业务的依据，是分保成交的决定性工作。分入业务质量审核的项目如下。

（1）分入业务来源的国家或地区的政治、经济和有关法律环境状况。

（2）业务所在地区的市场行情和趋势、保险费率和佣金等情况。

（3）分出公司提供的有关该业务过去的经营资料。

审核上述内容的目的是避免风险因素大、风险集中和潜在损失巨大的业务分入。

2）接受分入业务的审核内容

在接受分入业务之前，对分出人提出的分保条件或建议，要认真分析和研究，然后再作出承保决定，具体审核的主要内容如下。

（1）分入业务种类，分保的方式与方法，承保范围和地区。

（2）分出公司的自留额和分保限额。

（3）分保限额或责任限额与分保费之间的比率。

（4）支付分保费的保证条件。

（5）估计分入业务收益。

（6）保费准备金和赔款金。

（7）首席承保人条件。

（8）其他。

3）对分出人资信情况的研究内容

对分保分出人和分保经纪人资信情况研究的内容如下。

（1）分出人的资金、财务力量。

（2）分出人在当地市场的地位和声誉。

（3）业务经营规模、分保策略。

（4）经营管理经验与业绩。

（5）其他。

通过上述审查、研究，分保接受人根据自身承保能力，确定承保限额，慎重接受分入业务。对资信情况欠佳的分出人，或者对分入人不利的分保条件应当拒绝；对资信情况好的分出人或条件较为优惠，并有获利可能的分保应积极接受。同时，在与分出人协商并达成一致意见的基础上，选择较有利的分保方式。

分入业务承保以后，要加强对业务成绩的考核，严格检验接受业务的质量，核对和审查合同文本，做好摘要表，审查账单和结算情况，做好登记和业务统计，赔款处理、未决赔款和未了责任记录，并将有关资料存档。必须与分出公司和经纪公司核对账务及办理结算。如果是通过经纪人办理结算，要特别注意账单寄送是否及时、有无截留保费支付，以及准备金返还时间等情况。对开出的信用证要加强管理，要注意货币兑换损益、兑换率的应用，密切注意通货膨胀对分入业务赔款计算的影响。

2. 分入业务经营的原则

与直接保险业务的经营管理相比较，分入业务的经营管理要更复杂一些，与分出业务的经营管理相比较，也有它的特殊性。因为，分入业务的要约方是分出人，分保接受人处于相对被动的地位。所以，分保接受人应经常总结业务经营中的经验与教训，加强管理，才能取得好的经济效益。若能遵循一些基本原则，往往可获得较理想的效果。归纳起来，分入业务的经营管理需要遵循以下各项原则。

（1）确定是在业务当地还是在其他地方接受业务。

（2）充分了解市场和分出公司的各项情况，加强人员之间的往来和接触，了解对方人员的作风、特点和技术水平等。

（3）对分入业务的接受应采取谨慎的态度，对确定接受业务的承保额度，一般要控制在资本额的1%左右。

（4）对经纪人进行详细的审查，审查的内容包括经纪人的资信、作风，特别是在付费方面是否迅速。

（5）认真审核每一笔赔款是否属于承保范围，是否符合承保年度等，不应盲目服从首席接受人的决定。

（6）制定和建立较为完备的业务统计制度，包括对每个合同的业务情况的统计和管理，以及各种业务的综合统计制度。随时掌握收付情况，了解各地区、各业务种类、各经纪人、分出人所分来业务的成绩。

（7）提存充足的准备金。

（8）对分入业务应有超额赔款的分保安排，对于易受巨灾袭击的地区性业务，要安排巨灾超额赔款的保障。

（9）对转分性质的分入业务应尽可能少接受或不接受。

（10）拒绝将承保权交由经纪公司或代理人，对代理人承办的分入业务应拒绝接受。

（11）严格审核合同文件的规定，严格控制批单和附约要求扩展的各项内容。

（12）制订全面的年度业务计划，建立在业务年度结束时进行核算的制度。

3. 分入业务管理的要点

分入业务的管理在电子数据处理，资料的输入、存储等方面的管理程序，必须与分出人同一规范运行，不能孤立进行。分出人提供的信息是接受人要加工的“原料”，但接受人绝不是完全被动的，它要在取得承担责任的资料和保费、赔款的信息，以及分出人提供的分保账务的记录和登记的基础上，通过主动的行动，决定和完成所承担的责任，监控可能的责任累积，获得风险总量的组成情况，并视具体情况寻求必要的转分保。

上述是再保险分入业务管理要注意的一般性问题，在管理程序中，直接与再保险承保有关的问题有以下 4 个方面。

（1）接受、管理和维持固定再保险合同。

（2）单独风险业务、临时分保累积责任的监控。

（3）转分保的管理。

（4）承担和转让业务的账务。

9.3.2 承保额的确定和运用

自留额是分出公司对于风险所能承担的限额，承保额是接受公司对于分出公司转让的风险或责任所能接受或承担的限额。由于分入再保险业务是间接承保，分保接受人对于承保风险的情况并不直接掌握，所以一般承保额比直接业务的自留额要低。

由于分入业务来源于国际市场，各个市场都有一些特殊的做法，这就要求负责分入业务的承保人必须具有对国际市场必要的知识和一定的业务水平与经验，要经过专业的训练，有能力结合本公司既定的接受分入业务的方针和原则，逐笔审查分入业务的质量，然后再确定承保额。

确定承保额所要考虑的因素很多，但基本的因素是资本金和保费收入。例如，某公司的资本金为 1 000 万元，年保费收入为 3 000 万元，如果确定每一风险单位的承保额为资本的 3%、保费的 1%，则每一风险单位的承保额以 30 万元为限。但对于不同的分保方式和业务种类，所考虑的因素还是有所不同的。现根据分保方式并结合业务种类予以说明。

1. 比例合同的承保额

对于比例合同的承保额，应按险别分别确定。以财产险承保额的确定为例，可以从两个方面考虑：① 合同分保限额；② 所估计的赔款额。具体步骤是先按规定的承保额分别计算出这两者的百分率，从而选择其中较低的百分率对分保限额加以计算，将得到的金额作为所接受的实际承保额。现举例说明。

例 9-1 接受公司对财产险比例合同的业务所规定的承保额为 30 万元，现由经纪公司介绍两笔财产险分保建议，对于所接受的实际承保额的计算如下。

第一笔，合同分保限额 500 万元，按规定的承保额 30 万元，是限额的 6%。

估计保费 200 万元，据分保建议中所提供的资料，赔付率估计可高达 150%。据此，估计赔款为 300 万元，承保额 30 万元，是赔款额的 10%。

选择两者中较低的百分率，即 6%，对分保限额 500 万元加以计算，算出的金额为 30 万元，即实际承保额为 30 万元。

第二笔，合同分保限额 500 万元，按规定的承保额 30 万元，也是限额的 6%。

估计保费 300 万元，最高赔付率估计为 200%，故赔款额可高达 600 万元，承保额 30 万元，是赔款额的 5%。

选择两者中较低的百分率，即 5%，对分保限额 500 万元加以计算，算出的金额为 25 万元，即实际承保额为 25 万元。但这笔业务的赔付率过高，在实际工作中应拒绝接受。

根据例 9-1 可以得出这样的结论：如果合同对于每个风险单位的分保限额较大，而业务量即保费较小，则可按分保限额来考虑接受的实际承保额；如果合同的分保限额较小，而业务量较大，则应按业务量和所估计的赔款额来考虑所接受的实际承保额。

其他财产险业务，如货运险、船舶险、航空险、建工险和石油险等均可参照这一办法来考虑承保额。对货运险还应考虑到港口和码头仓库的责任累积，承保额可规定的低一些。

对于人身意外险业务，应该按每一船只或每一架班机可能的责任累积来考虑承保额。

2. 非比例合同的承保额

根据不同的超赔方式，非比例合同的承保额的确定方式略有差别。下面分别予以简单说明。

1）险位超赔

关于财产险、水险、航空险和各种意外险的险位超赔，虽然合同的分保责任额是按每个风险单位或每次损失规定，但所接受承保额度的确定也应从两个方面考虑：① 按分保责任额；② 以所估计的年度最高损失额减去分保费后的可能亏损额。

例 9-2 某一财产险的险位超赔合同建议，分保责任额为超过 50 万元以后的 150 万元，按每次损失计算而无责任恢复限制，分保费为 100 万元，接受人所规定的承保额度是 30 万元。如上所述，对于所应接受承保额度的确定有两种计算方法。

（1）按承保额度对分保责任额的百分率。本例分保责任限额是 150 万元，规定的承保额度 30 万元，为限额的 20%。

（2）按承保额度对可能亏损额的百分率。如果本例估计年度的最高损失为 3 个责任限额，计 450 万元，从中减去分保费 100 万元，所余为可能亏损额，计 350 万元，规定的承保额度 30 万元，为亏损额的 8.5%。按分保责任额 150 万元的 8.5% 计算，实际承保额为 12.75 万元。

虽然这种合同的分保责任额是按每个危险单位或每次损失规定，但接受人应以合同作为一个整体或危险单位来考虑。因此，对该建议所要接受的承保额不应是责任额 150 万元的 20%（30 万元），而应是分保责任额的 8.5%（12.75 万元），后者较为合适。

2）事故超赔

事故超赔一般是分层次安排分保，接受公司为了承保的目的，可将事故超赔分为 3 个层次，即低层、中层和高层，分别考虑和确定所要接受的承保额度。层次划分的一般界限如下。

低层是指预计有损失发生，且可能每年有一次赔付的层次。

中层仅在有较大的巨灾事故时才会有对损失的赔付，预计 10～39 年的时间可能发生一次。

高层是在有严重的巨灾事故时才会有对损失的赔付，预计在 40 年或 40 年以上的时间可能发生一次。

根据对超赔层次的这种分类，如果接受公司对承保额度的规定一般为 30 万元，最高为 35 万元，则对各层次所能接受的承保额度的确定大致如下。

低层应在 10 万～15 万元，一般为 10 万元。因为，在一年中可能有两个或更多的全损发生，所以即使没有接受中层和高层，接受 30 万元也是不合适的。

低层和中层同时接受，则共计承保额度应在 15 万～25 万元，一般为 20 万元。如果低层接受 10 万元，则中层是所余的 10 万元。

对于高层，在没有接受低层和中层的情况下，可接受 30 万元或 35 万元。

如果所有层次都接受，累计承保额度最高不能超过 35 万元，一般为 30 万元。

上述承保额度的一般原则，在实务中要与责任累积的因素联系起来考虑，如认为有责任累积的可能，就对上述所确定的承保额度作适当降低的调整，以便所承担的责任在责任累积的限额以内。

3）损失中止超赔或赔付率超赔

从接受公司的承保目的出发，对这种超赔可分为两层，即低层和高层。对于低层，所接受的承保额度可确定为 10 万元，低层和高层同时接受，则最高不超过 30 万元。

由于赔付率超赔合同一般适用于农作物冰雹险和医疗事故险等，其赔付率的波动很大。所以，在实际工作中，特别是在当前国际市场赔付率普遍上升的情况下，对这种业务的接受应采取更加谨慎的态度。

3. 临时分保

临时分保所接受的承保额度的确定，可分为两种情况：① 按最大可能损失；② 按某个地点。由于临时分保业务的安排经常是在合同分保限额之外的部分责任，因此应考虑与合同业务发生责任累积的可能性。

4. 规定最高接受限额

以上按分保的方式和业务种类对于所接受的承保额度的确定进行了阐述，为了防止每个合同和每笔临时分保业务所承担的责任过大，还可规定以分保责任额的 10% 作为最高的接受百分率。

9.3.3　分入再保险业务的承保

分入再保险业务的承保是对由分出公司或经由经纪公司所提供的分保建议进行审查，从而作出是否承保的判断，考虑这一问题包括对一般情况的考虑和对具体分保建议的考虑两个方面。

1. 对一般情况的考虑

通常，分保业务的承保要考虑的情况包括下述 3 个方面的内容。

（1）业务来源国家或地区的一般政治和经济形势，特别是有关通货和外汇管制方面的情况。

（2）业务的一般市场趋势，这包括国际上和所在国或所在地区有关这种业务的费率与佣金等情况。

（3）提供分保建议的分出公司和经纪公司的资信情况，包括其资本、业务情况和经营作风等。

了解上述情况主要是依靠长期的、从各方面收集资料的积累，如报刊上有关保险市场的信息，出访和来访及参加国际会议所得到的资料，对分出公司和经纪公司的年报的分析研究，以及在日常业务工作中所掌握的情况，对于通过经纪人结算的分入业务，必须仔细核对原始资料的信息，从严掌握。

2. 对具体分保建议的考虑

对于具体的分保建议，主要考虑以下方面的问题。

1）业务种类，分保的方式与方法，以及承保范围和地区

对于可能分入的业务，首先要分别业务种类，如财产险或意外险等，其次是看分出公司的安排方式，是临时分保还是合同分保，是比例分保还是非比例分保。要考虑的因素还有业务是否由住家、商业和工业风险混合组成；是直接业务的分保还是分入业务的转分保；责任范围是否包括后果损失险或地震险等；地区是仅限于分出公司所在国家或地区，还是世界范围的。

2）分出公司时自留额与分保额之间的关系

了解这一问题，是为了掌握分出公司对分保安排的意图和预期功效。例如，分出公司安排95%的成数分保合同，而自留额仅有5%，是比较小的，这说明它对业务的经营缺乏信心，因而不是想从业务的承保方面谋求收益，而是将自己置于代理人的地位，打算以向接受公司收取佣金的方式得到利益，因而也很可能影响直接业务的承保质量。

3）分出人对业务的承保经验和理赔经验

分保接受人应该了解分出人对各种业务或某一类特殊业务的承保经验，如果证明分出人对业务有足够的承保经验，那么在再保险合同协商时，对分出人也是有利的。同时，接受人还应该了解有关分出人过去5～10年的保费收入情况，因为这涉及分出人的成长情况。相比其他信息，充分了解分出人的理赔经验对接受人来说显得更为重要，因为这直接影响一些再保险价格的确定，如非比例再保险中的保费划分、比例再保险分保佣金率的确定等。分保接受人仅仅了解某一笔业务是否发生损失是不够的，还必须了解其他的一些情况。例如，在非比例再保险中，原本在免赔额之下的赔偿金额，由于通货膨胀的影响，或者法律、法规的变化，以及法院在处理补偿性索赔时的不同态度，会使最后实际赔偿金额远远超过原来估计的金额。因此，分保接受人有必要获取与业务相关的所有理赔信息，或者至少是对那些赔偿金额超过再保险免赔额50%的理赔情况。在责任险（也叫长尾巴业务）中，由于索赔和理赔都需要一定的时间，接受人就有必要对每个承保年度的预期最终损失制订计划，这就需要一些统计损失数据。这些损失数据以某项业务的理赔为基础，在每年续约时，可以提供已经支付的赔款金额和未决赔款的金额。这些数据对确定再保险费率是很有价值的，同时接受人还可以借此充分了解分出人对赔款准备金留存的方式与技术。

4）分出业务的除外责任

分出人除了要向接受人提供标准除外责任条款，如核风险或战争风险除外责任条款等之外，还应该提供那些不能承保的业务或风险的详细情况，以及不需要再保险保障的业务情况，以便分保接受人明确分出业务的风险情况。同时，接受人还可以有自己的除外责任条款，特别是当分出人对分出业务的种类或具体情况没有作出明确说明时。

5）分保额与分保费之间的关系

掌握分保额与分保费的情况，分析这两者的相互关系，是审查分保建议质量的关键因素，所以接受公司对此必须十分重视。

在比例合同方面，分保额与分保费这两者之间的相互关系大致有3种情况。由于情况的不同，对接受公司的承保结果也就有所不同，现分述如下。

第一种情况，分保费过分小于合同分保额。例如，分保额为100 000元，分保费为20 000元，是分保额的20%。如果接受10%，则承保额为10 000元，分保费收入为2 000元。由于保费过小，风险不够分散，如有一个风险单位发生全损，就需要5年的时间才能得

到偿还，而且还要在这 5 年时间内保持同样的保费水平，而再无赔款发生。

上例说明，如果分保费与分保额之间的关系是分保费过分小于分保额，这种合同是不平衡的。因为，如果有一个风险单位的全损，就造成严重的亏损。但正因为保费较小，所以如果不发生全损而赔付率较高以致有亏损，或者赔付率较低有收益，其金额均较小，对整个业务的影响不大。所以，对于这种情况，应着重从每个风险单位的分保额这方面考虑。

第二种情况，分保费过分大于合同分保额。例如，分保额 35 000 元，分保费 260 000 元，分保费是分保限额的 8 倍。赔付率为 130%，则赔款为 338 000 元，约为 10 个风险单位的全损。

如果接受 10%，则承保额为 3 500 元，分保费为 26 000 元，赔款 33 800 元，业务亏损计 7 800 元。由于保费较多而赔款金额较大，故对整个业务是有影响的。

虽然，分保费过分大于分保额，但不能认为分保费可赔付几个全损而可能有较大的收益，而应注意到会产生严重的亏损。这种情况，应着重从分保费这一方面考虑。

第三种情况，分保费与合同分保额大致相当。下面举两个例子来看一下这个情况。

例 9-3　合同分保额 100 000 元，分保费 250 000 元，为限额的 2.5 倍，赔付率 103%，计赔款 257 500 元，亏损 3%，为 7 500 元。

如果接受 10%，责任为 10 000 元，保费 25 000 元，赔款 25 750 元，业务亏损 750 元。

例 9-4　合同限额 1 000 000 元，分保费 2 500 000 元，为限额的 2.5 倍，赔付率 103%，计赔款 2 575 000 元，即 75 000 元。

如果接受 10%，责任为 100 000 元，保费 250 000 元，赔款 257 500 元，业务亏损 7 500 元。

以上两个例子，分保费与分保额的比例关系是相同的，是较平衡的，但后一个例子中这两者的金额较大，所以其结果无论是收益或是损失，对整个业务的影响都是较大的。所以，这种情况对于分保费和分保额这两方面都应注意考察。

上述 3 种情况所举的例子，大都是财产险和海上货运险的成数合同与溢额合同的情况。一般来说，平衡的合同由于保费与限额大致相当，因而风险也比较分散，所以认为是较好的业务。但对于不同的业务种类和分保方式，分保费与分保额之间保持怎样的比例关系才被认为是相当或平衡的，对这一问题很难作出一定的规定，应从保险市场和业务的实际情况出发，并结合接受公司自己的经验视其具体情况而定。

在非比例合同方面，分保费与分保责任限额两者之间的关系，也可分为以下 3 种情况。

第一种情况，合同责任限额较大，分保费较少。这种情况往往是由于损失率较低，因而分保费对限额的百分率也较低。

例 9-5　分保责任限额为超过 100 万元以后的 100 万元，分保费 5 万元，为限额的 5%，无赔款记录。

例 9-6　分保责任限额为超过 200 万元以后的 300 万元，分保费 6.75 万元，为限额的 2.25%，无赔款记录。

这一般是事故超赔合同，对责任恢复次数是有规定的。所以，对于这种合同的分保建议，应着重考虑分保责任限额和责任恢复的规定。

第二种情况，合同责任限额较小，分保费较多。这种情况往往是由于损失发生率高，因而分保费对限额的百分率也高。

例 9-7 分保责任限额为超过 2 万元以后的 5 万元，保费 5.5 万元，为限额的 110%。但是，赔付率高达 310%，计赔款 17.05 万元，亏损 11.55 万元，亏损率为 210%。

例 9-8 分保责任限额为超过 1 万元以后的 3 万元，保费 3.6 万元，为限额的 120%，赔付率 80%，计赔款 2.88 万元。收益 7 200 元，收益率为 20%。

这一般是险位超赔合同，对责任的恢复次数，有的是无限制的。所以，对于这种分保建议，应着重考虑分保费方面和责任恢复的规定。因为保费越大，赔款可能越多，从而造成的亏损越严重。

第三种情况，分保合同限额较大，分保费较多。这是由于损失发生率较高，因而分保费对限额的百分率也高。

例 9-9 保费责任限额为超过 50 万元以后的 50 万元，保费 10 万元，为限额的 20%，赔付率 130%，计赔款 13 万元，亏损 3 万元，亏损率为 30%。

这一般是中间层次的合同，由于分保责任限额和分保费均较高，所以对分保费、分保责任限额和恢复的规定均应注意考虑。

6）分保条件

在对分保建议有关业务种类和承保范围，分出公司的自留额及分保限额和分保费是否平衡这些因素考虑之后，应对分保条件进行细致的审查。

对比例合同应审查的分保条件主要有分保佣金、盈余佣金、保费和赔款准备金，未满期保费和未决赔款的转移等。由于各个保险市场情况的不同，这些条件在合同中的具体规定会有较大的不同。所以，应结合所掌握的市场情况，审查在建议中对这些条件的规定是否恰当，如分保手续等是否符合当地市场情况。如果是续转业务，应结合过去的经营成果考虑。如果合同是亏损的，应对分保手续进行调整。

对非比例合同应审查的分保条件主要有分保费或费率，责任恢复的规定。分保费和责任恢复是有关接受公司的保费收入与责任的承担，所以应结合市场情况和在建议中所提供的资料，审查这些条件在合同中的具体规定是否恰当和符合市场情况。

7）对分入业务收益的估算

在分保建议中，分出公司一般应提供有关该业务过去的赔款和经营成果的统计资料。如果建议中缺少这些资料，接受公司可要求提供，以便对所建议的业务进行估算。对所提供的资料在审核时应注意以下问题。

（1）如对合同有分保安排，则所提供的数字应以未扣除分保前的毛保费和赔款为基础。

（2）要按所提供业务的同样条件编制，如所建议的比例合同业务有未满期保费和未决赔款的转出与转入，则统计资料也应同样处理，以便进行比较。

（3）毛保费、分保佣金、已付赔款、赔付率和盈亏率等项目应按业务年度进行统计，并至少要有 5 个业务年度的资料。

接受公司应根据建议中所提出的分保条件和资料，如果是续转业务还应结合自己的统计数字，对所建议的业务进行估价并结合对其他因素的考虑，最后决定是否接受。如果接受，作出接受多少为宜的判断。现分列不同情况举例说明如下。

例 9-10 火险第一溢额。

自留额：每个危险单位最高 600 万美元。

分保限额：为自留额的 5 倍，计 3 000 万美元，最大可能损失为 1 500 万美元。

佣金和费用：分保佣金　25%
税费　1%
经纪人佣金　2%
共计　28%

账单：季度账单，以已满期保费为基础。

资料：估计保费 4 000 万美元，5 年平均已满期保费为 2 800 万美元，发生赔款为 2 000 万美元；赔付率平均为 71%，最高 80%，最低 60%。

评估：保费 4 000 万美元，为限额 3 000 万美元的 133%，所以保费与限额的关系是平衡的，合同的佣金和费用率为 28%。因此，如赔付率为 60%～70%，则尚有收益 2%～12%；如赔付率为 80%，会亏损 8%，所以可考虑接受 1%，责任为 30 万美元，保费 40 万美元，可能有收益 8 000 美元至 4. 8 万美元，可能会发生亏损 3. 2 万美元。

例 9-11　火险第一溢额。

自留额：每个危险单位 150 万美元。

分保限额：为自留额的 5 倍，计 750 万美元。

佣金和费用：分保佣金　37. 50%
（如赔付率等于或少于 35%，再增加 2. 5%）
税费　4%
经纪人佣金　2. 5%
共计　44%

保费准备金：　40%

未满期保费转出：　35%

未决赔款转出：　90%

账单：季度账单，按毛保费计算。

资料；估计保费 4 000 万美元，8 年平均已满期保费为 1 890 万美元，发生赔款为 1 500 万美元；赔付率平均为 79%，最高为 120%，最低为 30%。

评估：估计保费约为分保限额的 5 倍，这表明有较多的保费收入，但也可能有较大的损失。该业务估计保费为 4 000 万美元，未满期保费转出为 35%，故已满期保费为 65%，计 2 600 万美元。佣金和费用率为保费的 44%，计 1 760 万美元，为已满期保费 2 600 万美元的 67%。因此，如赔付率为已满期保费的 35%，则与佣金和费用率 67%，共计为 102%，发生亏损 2%。在亏损的情况下还要增加 2. 5% 的分保佣金是不合理的。如赔付率为 79%，则加上佣金和费用率，共计为 146%，将会亏损 46%，所以只有在赔付率约为 30% 的情况下才会有收益。

该业务的分保佣金为 37. 5%，是较高的，实际上是减少了保费收入。加上税款和经纪人佣金，共计为 44%，加上扣存保费准备金 40%，合计为 84%，则尚余 16%，可用来支付赔款和分保接受公司的现金收入。

该业务质量较差，且分保佣金又较高，业务收益和现金运用的可能性较小，且有较大亏损的可能，故应拒绝接受。

例 9-12　火险成数合同。

责任限额：每个危险单位 500 万美元，分出 27. 5%，计 1 375 万美元。

佣金及费用：临时分保佣金 27.5%；赔付率等于或高于 70%时，佣金取最低值，为 20%；赔付率每减少 2%，佣金增加 1%；赔付率等于或低于 46%时，佣金取最高值，为 32%。

税款　　　　　1%

经纪人佣金　　2.5%

账单：季度账单，按毛保费计算，两年结清。

资料：估计保费 600 万美元。据向分出公司询问了解，尚另有 27.5%的成数分保，则共计分出 55%，自留 45%，计 225 万美元，但自留部分还有超赔保障，净自留额仅 10 万美元。5 年平均毛保费为 1 660 万美元，发生赔款为 1 256 万美元，赔付率平均为 75%，最低为 62.5%，最高为 90%。

评估：估计保费与责任限额的关系为 120%，还是平衡的。但自留额过小，这可能由两种情况造成：① 业务质量较差；② 资本的限制。分保佣金采取递增的办法，如赔付率在 70%左右，分保佣金为 20%，加上税款和经纪人佣金 3.5%，共计 93.5%，尚有收益。如赔付率达 80%，就会亏损。

因此，如果对分出公司的资金等情况有所了解，且分出公司资信较好，则可以考虑接受一部分，否则应拒绝接受。

例 9-13　财产险险位超赔合同。

责任限额：每个危险单位超过 50 万美元以后的 50 万美元；每次事故 150 万美元。

保费：费率 1%

最低保证保费 50 万美元，分 4 季预付。

减除额：15%

税款：1%

资料：估计已满期保费 6 500 万美元。据统计，7 年保费为 32 500 万美元，赔款为 210 万美元，赔付率为 0.64%，附加费用为 34/66，据此计算费率约为 0.95%。

最近 5 年的保费为 25 000 万美元，赔款为 113 万美元。赔付率为 0.524%，附加费用为 34/66，据此计算费率为 0.79%。

在这 7 年中，合同项下的平均赔款为 30 万元，最多的一年有两次赔付，共计 64 万美元；最少的一年有一次赔付，计 10 万美元；并且有一年是无赔付。

评估：按 7 年和 5 年的资料计算，费率分别为 0.95%和 0.79%，故费率为 1%较合理。

估计保费为 6 500 万美元，按 1%的费率计算，分保费为 65 万美元，扣去减除额 15%，计 9.75 万美元，尚有余额 55.25 万美元，可赔付一次全损。

因此，如赔付 100 万美元至 150 万美元，相当于两次或三次的全损，在扣除分保费后，最多亏损 100 万美元，如赔款为 30 万美元，或者从长期考虑是有收益的。

所以，可接受 5%，则责任为 25 000 美元，保费按最低保证保费计算，为 25 350 美元，约与责任相等，可赔付一次全损。

例 9-14　火险超赔合同。

第一层如下。

责任限额：每次损失或每次事故中超过 30 万美元以后的 70 万美元。

责任恢复：一次无加费，一次 100%加费（无经纪人手续费）。

保费：最低保证保费 20 万美元，费率 8.5%。

减除额：10%

第二层

责任限额：超过100万美元以后的200万美元。

保费：最低保证保费25 000美元，费率1%。其他项目与第一层相同。

资料：估计保费310万美元，最高自留额（保额，不是最大可能损失）50万美元。保额超过30万美元的地区有500多个，据5年的统计资料，合同项下的赔款共计90万美元，平均每年为18万美元，一次赔付最高为30万美元，最低为10万美元。

评估：

第一层，平均赔款18万美元，如加上附加费用，则平均每年赔付成本为24万元。

估计保费310万美元，按费率8.5%计算，分保费为26.35万美元，为责任限额70万美元的37%，并略高于赔付成本，因此费率是较合理的。

每个危险单位的最高自留额为50万美元，如发生一个危险单位的全损，本合同项下的赔付是20万美元。又据5年统计，最高赔付为30万美元，由此如将责任限额分析为超过30万美元以后的30万美元，分保费24万美元，是责任限额30万美元的80%，尚有超过60万美元以后的40万美元的责任，保费为所余的2.35万美元，为责任限额40万美元的5.8%。据统计资料，该层次在过去的5年中无赔款，可作为巨灾性质，费率较为合适。

第二层，估计保费310万美元，按费率1%计算，分保费为3.1万美元，为责任限额200万美元的1.55%。本层次为巨灾超赔，是超过两个最高自留额以后的4个自留额。

在分保费与责任限额的关系上，第一层较恰当，而第二层较低，且有赔付的可能。所以，对第一层可接受4%，责任为2.8万美元，分保费按最低保证费20万美元计算，为8 000美元，按调整保费26.3万美元计算是10 540美元。对第二层可不接受。

例9-15　非水险超赔合同。

第一层

责任限额：超过125万美元以后的250万美元，每次事故分出公司自留5%。

地区：全世界，但美国和加拿大除外。

责任恢复：一次全部恢复，100%加费，仅按金额比例计算，而不考虑时间。

保费：最低保证保费5万美元，分4次交付，费率0.15%。

减除额：10%

第二层

责任限额：超过375万美元以后的300万美元，每次事故分出公司自留5%。

保费：最低保证保费2万美元，费率0.06%。其他条件与第一层相同。

第三层

责任限额：超过675万美元以后的325万美元，每次事故分出公司自留5%。

保费：最低保证保费1.2万美元，费率0.04%，其他条件与第一层相同。

资料：估计保费4 300万美元。每个危险单位最高自留额100万美元。

地段	地震险责任限额	最大地震险责任
2	250万美元	70万美元
5	600万美元	60万美元
6	300万美元	50万美元，
8	250万美元	55万美元

评估：估计保费有 4 300 万美元；据此计算分保费及与责任限额的关系如下。

（单位：万美元）

层次	费率	分保费	责任额	百分率
1	0.15%	64 500	2 500 000	2.58%
2	0.06%	25 800	3 000 000	0.86%
3	0.04%	17 200	3 250 000	0.54%

从分保费与责任限额的关系来看，总的费率是偏低的。

第二层减除额是 125 万美元，仅为最高自留额 100 万美元的 125%。所以，虽然过去的最大赔付是 70 万美元，为减除额的 56%，但如果对各个地段的责任限额按 70% 估计最大可能损失，如地段 2 为 175 万美元，所以当有地震发生时，第一层有赔付的可能。

地段 5 和地段 6 的责任限额共计为 900 万美元，按 70% 估计最大可能损失为 630 万美元，第二层有赔付的可能。

第三层的减除额为 675 万美元，看来是为了保障对最大可能损失的估计有误或有特大的损失。

由于整个合同的费率偏低，应予以拒绝接受，但对第三层因赔款的可能性较小，所以如费率能有所增加，可以考虑接受一些成分。

9.3.4 责任累积和转分保

1. 控制累积责任

从多渠道接受分保业务，即使十分谨慎地决定接受限额，也可能会发生内在的、不可知的风险累积。这种许多个别风险累积一起的分保责任，在一次事故中所遭受的赔款金额远远超过原来估计的额度是常有的。对此，分保接受人应从以下 4 个方面加以控制。

（1）检测容易累积的风险。

（2）系统地估计这种风险。

（3）相应决定自留额。

（4）安排转分保。

2. 转分保

转分保分为两种。第一种称为“深层分保”或叫“转分保本体”，是由分保接受人转让给他的转分保接受人接受其所承担风险的一个比例成分，或者以原条文和条件签订转分保合同，通常使用溢额或成数方式。

第二种是“分保接受人的分保”，也叫“转分保”，做法相似于一般分保，主要是为了保障分保接受人所承受的累积责任风险的巨额责任，一般用超额赔款方式，与原分保本体无直接联系。

对于国际分入临分业务和超赔业务，特别是高层的超赔业务责任大、保费少，可按承保能力的需要，安排几个不同等级的成数转分保合同。例如，财产险，每个风险单位的自留额为 30 万元，所需要的最高承保能力为 120 万元，则可安排 4 个等级的成数合同如下。

第一级，承保能力为 1 个半自留额，金额 45 万元，自留 66.66%，计 30 万元，分出 33.33%，计 15 万元。

第二级，承保能力为 2 个自留额，计 60 万元，自留 50%，计 30 万元，分出 50%，计 30 万元。

第三级，承保能力为 3 个自留额，计 90 万元，自留 33.33%，计 30 万元，分出 66.66%，计 60 万元。

第四级，承保能力为 4 个自留额，计 120 万元，自留 25%，计 30 万元，分出 75%，计 90 万元。

当所接受的国际财产险业务在 30 万元以下时，可全部自留，超过 30 万元，在 120 万元以内时，可分别归入各个不同等级的成数合同。

对于国际财产险业务的责任累积，可安排巨灾超赔保障，对每个风险单位的自留额一般确定为资本的 3%，如资本为 1 000 万元，自留额为 30 万元。巨灾超赔自留额一般不超过资本的 7.5%，计 75 万元。但由于在一年内可能有若干次事故发生，以及可能通过转分保返回而又由分出公司自己承担一些责任，所以应低于 7.5%，可确定为 50 万元。如所需总的超赔保障为 2 000 万元，可安排 3 层保障如下。

第一层，超过 50 万元以后的 150 万元，每次事故；

第二层，超过 200 万元以后的 300 万元，每次事故；

第三层，超过 500 万元以后的 1 500 万元，每次事故。

有些国家在保险业务的经营管理上，对民营保险公司有强制性的规定，必须向国有保险公司分保一定成分或比例的业务。国有保险公司对这种分入业务的转分保可以组织分保集团，将一部分业务返还给民营公司，而将所超过的部分在国际上安排转分保，其目的是减少对外分保从而节约外汇支付和发展本国的保险业。

9.3.5　分入业务的手续

分保手续在分出公司与接受公司之间有密切的联系。分出公司提出分保建议和编制账单等是发出的一方，接受公司对建议的审查和账单的登录等是接受的一方，在此基础上对分入业务进行管理。现对分入业务的手续进行分述。

1. 对分保建议的审查和填制摘要表

当分入公司接到分出公司或经纪公司函电提供的分保建议，并经审查后，如不同意接受，应以电复委婉拒绝；如同意接受，应电告接受成分，并进行登记和填制摘要表。

摘要表是对所接受业务的有关情况的摘录，如分出公司、业务种类、分保方式、责任限额、接受成分、估计保费和经纪公司等。其具体形式如表 9-6 所示。

表 9-6　分入合同摘要表

编号：	国家：	接受日期：
业务种类		日期：从________到________ 注销：每年底________月前通知
被保险人		
合同方式和名称： 地区：		

续表

分保线数或成分：
最高责任：
估计合同保费收入：

手续费：	累进手续费：	纯益手续费：
转分手续费：	赔付率：	分保接受人的费用：
费用：	临时手续费：	亏损转入下期：
账单：	现金赔款：	保费准备金：
未了责任转入：	未了责任转出：	赔款准备金：
保费：	保费：	
赔款：	赔款：	利息：

接受成分	最大责任		估计保费收入		折合率
	原币	美元	原币	美元	
承保线数					
签字线数					

经纪人：	经纪人手续费：	编号：
续转新号码：	原号码：	

说明和注意事项：

经手人：　　　　复核人：

现对表 9-6 中某些栏目进行说明。

（1）编号。摘要表的编号应与业务统计结合考虑，以便进行业务的分析管理。编号的第一位应表示业务种类，如火险为 F；第二位是分保方式，如比例合同为 T；其次为顺序号，如为 1103；最后两位是业务年度，如为 88，则该摘要表的编号为 FT1103-88。如截至 1988 年的年终时，顺序号编至 1500 号，则 1989 年业务年度的第一个顺序号应为 1501 号，所以编号为 FT1501-89，如果 FT1103-88 编号的业务在 1989 年续转，只需要变更最后两位的年度编号而顺序号不变，所以为 FT1103-89，这表明是 1988 年承保的业务，在 1989 年续转。在 1990 年续转时，其编号为 FT1103-90，以表示该合同业务的连续性。该合同连续转 3 个业务年度，顺序号始终是 1103，而仅变更年度号为 88、89 和 90，这有利于该合同业务的统计分析。

（2）评估。在该栏目中，应填明接受该业务所考虑的因素，以便总结经验，提高承接业务的水平。在续转时同样也应填明。对于拒绝接受业务，也应作出评估，另行归档备查。

（3）转分。如果所接受业务是由比例转分合同安排，应进行登记编号，并在转分栏内填明转分合同和编号，以便汇集转分资料，编制转分报表。

（4）变更记录。对于摘要表各个栏目的内容如有变更或有其他需要登录的事项，应在变更栏内登录，以便查考。如已建立电子计算机系统，可将摘要表各个栏目的内容输入电子计算机储存备查。

2. 分保条、合同文本和附约的审核、签署和管理

对于分出公司或经纪公司寄来的分保条、合同文本，接受公司要认真核对，签署后，一份自留归档，其余退还。当接到有关修改合同条文和承保条件等的函电，经审核后，应电复证实，并对摘要表有关栏目进行更改和登录。对寄来的附约，经审核后一份自留，与合同一并归档备查，其余归还。

3. 现金赔款的处理

收到现金赔款通知后，应填制现金赔款审核表（见表 9-7），并登录现金赔款登记簿，经审核批准后送会计部门结付。

表 9-7　分入合同业务现金赔款审核单

编号：　　　　　　　　　　　　　　　　　　　　　　年　　　月　　　日

(1) 分保经纪人名称：			
(2) 分出公司名称：			
(3) 险别：	合同名称：	业务年度：	我方接受成分：
(4) 赔案内容摘要：			
(A) 原保户名称：			
(B) 保额：	分出公司自留额：	列入合同数额：	
(C) 赔案发生日期及地点：			
(D) 损失内容摘要：			
(E) 合同应摊付赔款数额：			
(F) 我方应摊付赔款数额：			
(5) 我方应摊付赔款请即交汇：	上述分保经纪人	上述分出公司	
(6) 有关原始索赔文件：			
(7) 注：			

批准：　　　　　　　　　　　　　　复核：　　　　　　制表：

4. 到期续转和注销

接受公司为了争取主动，在合同到期前，在合同规定的期限内，向对方发出临时注销通知。如经双方协商同意续转，可将临时注销通知撤回；如不同意续转，可将临时注销通知作为正式通知，于是合同就告终止。

分出公司为了有利于分出业务的安排，收到发来临时注销通知时，应电复证实。如经洽商同意续转，由对方收回临时注销通知，合同继续有效。

5. 归档

关于上述分入业务的函电文件的归档可以有两种情况。① 分散归档，即一部分由业务部门归档，如承接业务的函电、合同文本和出险通知等；另一部分由会计部门归档，如业务账单等。② 集中归档，特别是在已建立电子计算机系统时，业务账单是由业务部门输入而

无须送交会计部门的情况下，可全由业务部门按合同分别归档。

分出公司和接受公司有时可能对分入业务发生争执甚至进行诉讼。在有必要查阅原始函电文件和核对有关业务数字的情况下，集中归档比分散归档较易查找，从而有利于搞清情况和解决争执。

9.3.6 分入业务的转分手续

经营再保险业务的公司，出于责任累积和保障的考虑，也要安排分保。因而，当转分保规划确定后，应与分出部门联系在国际上进行安排，这就有必要对有转分保合同安排的分入业务规定一定的手续以便于管理。

1. 比例转分保合同手续

（1）对于有成数转分保合同安排的分入业务，在接受时即应进行登记和编转分号，并在摘要表上填明。

（2）对于有溢额转分保合同安排的分入业务，应进行限额管理，当超过规定的限额时，要将放入溢额转分保合同的业务进行登记和编转分号，并在摘要表上填明。

（3）根据转分合同的规定，如每季或每半年，按转分号汇集转分业务的资料，如保费、已付赔款和未决赔款等，编制转分业务报表送交分出部门，据以编送业务账单。

2. 非比例转分保合同手续

（1）对于在超赔合同范围内的重大赔案应进行登记，包括已付赔款和未决赔款。

（2）当汇总金额有可能超过起赔额或已超过起赔额时，应编制赔案报表送交分出部门，据以通知转分接受公司，或者编制赔款账单要求对方赔付。

9.4 再保险业务的统计分析

统计分析是再保险业务管理的一项重要工作。统计分析是将实际发生的各类数字加以归纳和系统地整理，据以分析分出合同的业务趋势和成绩，总结所确定的自留额和制定分保规划的执行情况，从而找出业务的发展规律，以便决策者更好地对业务的发展进行研究和进行改进。

9.4.1 分出业务的统计分析

分出人的统计资料构成分出分保建议的一个部分，也是内部工作的重要参考资料。分出人所据有的资料越充分，就越有利于接受人作出决定和确定合同组织得是否合适。因此，世界各国的保险和再保险公司都在保险的科学管理方面下功夫，力争提高服务质量。人们认为，未来的保险业的竞争不仅是业务方面的竞争，也是人才和管理水平方面的竞争，其中统计工作将是管理的最主要环节。

分出分保业务的统计分析，要以业务年度为基础分险别进行核算。由于各类再保险业务都有其本身的特点，责任延续时间也不同，有长期业务和短期业务的区别，如财产险基本在二三年后未了责任就可以结束，而责任险则要长得多，有的长达10年、20年，水险业务共同海损理算时间拖延也很长。在办理分出业务时，为了正确核算、分析业务规律、改进工作、以合理的分保费求得最大的分保保障，必须建立良好的、完善的统计制度。

1. 分出分保合同的业务统计

分出分保合同的统计可以分为以下两大类。

1）原始数据统计（基础统计）

原始数据是以业务报表和合同账单作为基础统计出来的。原始数据的统计是供分出人自己记账、划分业务、确定保费和赔款摊分时使用的，其统计的项目有保费、分保佣金、赔款、经纪人佣金、准备金和余额等。原始数据统计一般使用原货币，使分出业务分析排除汇率的影响。

2）参考数据统计（综合统计）

参考数据是分出分保统计人员根据各种资料及信息中的数字提炼出的与业务有关的统计分析数据，其实质是依据基础统计所提供的资料，按一定的分类或层次将其汇总以反映全面的结果和各种业务的经营成果。参考数据统计应以某种货币为单位，如美元，并规定各种货币对美元的兑换率为记账汇率。

分出分保业务的统计分析的主要内容有两个方面：① 业务损益；② 分保费和赔款的现金流量、资金效益，即保险费运用的记载和分析。业务成绩主要根据账单数字，现金流量、效益则需要依靠账务处理和统计分析。应该注意的是，分出分保业务的统计，单看每一年的合同账务是不够的，还必须考虑其他别的因素，特别要注意按各业务年度的承保结果的历史记录进行统计分析，不要把不同年度的收付数字混合在一起。会计收付数字需按业务年度分列，业务统计不能将以前各年度的保费和赔款记入本年度的统计表中。例如，1998 年支付 1997 年的赔款，应列入 1997 年的业务统计项下，从表 9-8 中可以观察到业务成绩和资金运用的情况。

表 9-8　某公司船舶险分保合同统计表　　单位：元

业务年度		第 9 个月	第 21 个月	第 33 个月	第 45 个月
1994	保费	32 526 324	40 063 170	38 951 598	39 709 049
	赔款	2 595 484	14 286 752	19 303 275	22 140 369
	未决赔款	26 191 483	13 330 888	9 694 378	1 568 259
		—	—	—	—
	结果	3 739 357	12 445 530	9 953 945	16 000 421
1995	保费	37 435 958	44 877 218	46 054 918	
	赔款	2 110 699	20 299 581	26 848 604	
	未决赔款	30 187 350	14 608 301	8 247 246	
		—	—	—	
	结果	5 137 909	9 969 336	10 959 068	
1996	保费	41 090 405	48 850 174		
	赔款	4 771 308	20 037 054		
	未决赔款	29 724 444	17 390 281		
		—	—		
	结果	6 594 653	11 422 839		

续表

业务年度		第 9 个月	第 21 个月	第 33 个月	第 45 个月
1997	保费	42 381 560	47 982 863		
	赔款	4 654 281	23 182 258		
	未决赔款	31 658 899	16 820 000		
		—	—		
	结果	6 068 380	7 980 605		

表 9-9 是某公司对超额赔款再保险合同中各类业务保费和赔款的收支情况统计表。其中，栏内的数据为各年中赔款支出和纯保费收入各占其总数的百分比。从表 9-9 中可以看出，火险和水险的保费及赔款在 3 年内基本结清，而意外险则至少在 5 年以后才能确定大概成绩，而且还要留下很长时间才能处理结案的未决赔款。

表 9-9　某公司分类业务统计表

单位：%

年序	火险		意外险		水险		航空险	
	赔款	纯保费收入	赔款	纯保费收入	赔款	纯保费收入	赔款	纯保费收入
1	29	66	5	50	6	28	6	19
2	62	34	7	37	37	60	31	63
3	9		13	7	29	11	15	18
4			16	2	13	1	18	
5			16	2	6		6	
6			12	2	2		11	
7			10		3		6	
8			8		1		3	
9			5		2		2	
10			3		1			
11			2					
12			1					
13			2					
总数	100	100	100	100	100	100	100	100

2. 分出合同的统计分析

分出业务的统计是实现管理目标的手段，而统计的分析和使用才是真正的目的，这一点无论是对分出人还是分保接受人都是一致的。例如，分出的业务设计人员要了解财产险合同中工业风险和商业风险的平均费率及各部分所占的比例，以及自留额和分保限额的比例，统计人员就要把原始保单逐笔分类登记，在此基础上提出所需的数据。业务人员把这些数据加工整理后才能判断费率是否合理，二者之间的差距是否适当，确定自留额和分保额的保费是否足够和合算。通过对一系列问题进行分析研究，如发现有不合理之处，就应研究调整措施。又如，做转分保统计时，还要注意转分的额度是否恰当，超赔保费支付的效益如何，转分保接受人对业务来源、转分业务透明度的反馈意见等。以上可概括为统计分析对业务损益核算的主要内容和目的。统计分析的另一个重要作用是在资金管理和运用方面，对分保费和现金流量、资金效益（保险费和赔款的时间差）、分保费现金价值的记载和分项核算。业务成绩的统计分析主要是根据账单数字来进行，会计考核、现金流量、资金运用效益核算则需要依靠财务管理和统计分析，它们构成再保险管理统计分析的整体目标，完整地反映分出再保险的经营成果。

3. 电子数据的处理

1）电子数据处理在分出业务管理中的运用

电子数据处理给再保险业务管理带来了很大方便。随着分出分保方式的多样化，几种分保方式的结合使用，以及巨灾分保要求的基础资料繁多，传统手工操作难以应付繁杂的数字统计工作。电子数据处理对于分保业务管理克服这一难题创造了条件。电子数据处理在分出分保业务中的运用主要有以下方面。

（1）对保险申请书的考核和管理。

（2）搜集和存储原始资料。

（3）决定在每一风险（或索赔）中再保险的成分。

（4）向分保接受人传送资料。

例如，当接受一笔新业务或续转业务时，首先要查核是否要求再保险，所需保障的成分是什么，然后才可以通过电子数据处理得到资料。以溢额合同为例，必须得到以下个别业务的数据。

① 决定许多张保单的风险累积，累积风险必须清晰地在保单中标明“同险号”（Same Risk Number or Common Risk Number），电子数据处理协助用代号和追溯地址，通过电脑终端审查保单是否有特定的累积风险的一部分。

② 在划分危险单位和计算累积风险后，计算分出人的自留额和合同分保的成分。

③ 确定是否需要使用临时分保。

在分出业务管理中，电子数据处理除满足分出业务自身要求外，同样应用于向接受人提供必须了解的补充项目。例如，① 再保险部门为了估计风险要求的材料（决定限额表中规定自留额的资料）；② 累积保单的风险数字；③ 临时分保成分，以及分保接受人名单；④ 对分保接受人风险估计所需要的基本资料。

2）电子数据处理在分出业务管理中运用的趋势

计算机系统进入保险市场，有利于保险业管理服务质量的提高。目前，计算机已广泛应用于再保险建议和协商、账务结算、分保摊赔、财务和统计各个方面。

计算机在分出分保管理中的应用主要体现在宏观管理和微观管理两个方面。

在微观业务管理方面，首先，体现在一般意义上的办公自动化。作为服务性行业，微观业务管理分为内部和外部的文档管理两个方面。通过计算机实现内部单证和外部文档的收集、整理存储、查询、传送等全面自动化办公。例如，对于公司的保单内容可以通过电子邮件来接收、存储并传送相关文件。

其次，当分出保险业务方案宏观决策作出后，进行直接相关的微观实施。表现为分出业务的账务统计工作和接受人资信的监控。在账务统计方面，计算机可以实现保费、赔款的迅速分摊和统计，从而有可能实现对账务和统计工作更为严密准确的管理，提高出账单的速度，适应分保市场对账单期和出账单期日益缩短的需要。

最后，计算机广泛应用于科学合理划分风险单位。这是分出业务管理中技术性很强的基础工作。目前，世界上大的专业再保险公司、经纪公司都用专用计算机系统分析风险单位。

在宏观业务管理方面，计算机系统可以在分出分保的业务规划和巨灾风险的监控两个方面发挥重要作用。分出业务规划的根本目的是使分出公司以最经济的价格获得所需的再保险保障。在完整的保单和赔款资料的基础上，提出各种不同自留额和限额的方案，运用计算机系统强大的计算能力迅速对保额、保费和赔款进行分摊加总，作出虚拟统计数字，使人们可以在不同方案之间进行明确清晰的比较，在考虑市场等各种因素后提出正确的分保方案。

巨灾风险责任的监控管理水平与分出公司的财务稳定密切相关。国际分保市场接受人越来越重视对巨灾责任的限制，分保条款中的合同巨灾责任限制（Cession Limits）和事故限制（Event Limits）也越来越普遍。因此，外部市场和内部管理两个方面都要求分出公司严格进行对诸如台风、洪水、地震等巨灾风险的监控，只有依靠计算机系统才能运用相关的大量数据进行收集、整理、分析，对巨灾的发生及可能造成的保险损失作出科学合理的估计，使人们对分出业务所承担的巨灾风险，在时间和空间的分布有清晰、客观的认识，并以此为基础作出相应的分保安排。

总之，电子数据处理在分出业务管理方面发挥着重要作用，并随着电子软件系统技术的开发、研制，分出业务管理的水平、业务成绩都将取得长足的进展，以适应保险市场竞争的需要，适应世界经济发展对分保业务的需要。电子数据处理在保险业务方面的应用是历史发展的必然趋势。

9.4.2 分入业务的统计分析

分入业务统计不仅应反映一般的业务情况，而且还要为业务的承保、管理和分析提供必要的资料，以达到改善经营管理和提高经济效益的目的。因此，分入业务的统计是经营管理方面的一个重要环节。从统计工作这一要求出发，分入业务统计制度的制定和建立应包括两个部分：① 基础统计，这是对每个合同和每笔业务的统计，以及经营成果的计算；② 综合统计，这是在上述统计的基础上，按业务年度、业务种类和分保方式，或者其他要求，如按国家和地区的综合统计。

1. 基础统计

基础统计的项目有保费、分保佣金、赔款、经纪人佣金、准备金和余额等。货币单位应按原币，使业务不致受汇率变动的影响。资料来源是分出公司或经纪人送来的业务账单、现金赔款通知和出险通知等。其手续是依据这些资料所提供的数字在统计表格的有关项目内进行登录，在会计年度终了时将之加总，并按规定的汇率折成统一的货币，如美元，以便汇总进行综合统计。

当合同的责任终了，账务结束时，应依据这些统计资料计算合同的经营成果。由于业务性质的不同，关于经营成果的计算有两种不同的基础或方式：① 结清方式，即所承担的责任截至业务年度的结束就终止，而将未了责任结转入下一业务年度，如火险业务；② 自然满期方式，即所承担的责任延续至自然终了，而不受业务年度结束的限制。采用这种方式的业务，如水险，一般要延续 3 年或 5 年才能最后计算经营成果；责任险一般要延续 7 年至 10 年或更长一些。

通过基础统计，对于分入业务的管理主要有以下 9 个方面。

（1）如果分出公司未按合同的规定及时发出业务账单，接受公司应抓紧催询。

（2）接受公司对业务账单上的接受成分必须与摘要表上所填明的成分进行核对，如有不符应立即查询。

（3）对于保费应与估价保费核对，如有较大的差别，应向对方查询。如保费过小，会影响收入；如保费过大，虽可增加收入，但质量较差的业务可能会造成较大的亏损。

（4）对于出险通知应进行登记和汇总，以便估计未决赔款，并应在统计表格内登录。

（5）对于信用证的开出和调整应登记，并在统计表格内登录。

（6）由于分出公司扣存的准备金是接受公司的资产，但是否按规定退还，会计上如果没有按合同的分户记录是无法掌握的，因此业务部门应加强对准备金退还的查核。

（7）接受公司对于由分出公司提供的统计数字应与自己的统计资料进行核对，如果有较大的差别，应向对方了解。

（8）承保部门除了全面掌握分入业务经营成果，分析上表数字外，还应与会计部门密切联系，了解账务结算情况，注意支付是否及时。

（9）根据统计资料计算合同的经营成果，对于经营成绩良好、运营正常的合同应给予支持，并维持长期的互利业务关系。

2. 综合统计

综合统计是依据基础统计提供的资料按一定的分类或层次将其汇总，以反映全面的和各种业务的经营情况。

基础统计的货币是以原币为单位的，但为了便于汇总，综合统计应以某种货币为单位，如美元，并规定各种货币对美元的兑换率作为记账汇率。

综合统计的分类或层次基本上有以下 6 种情况。

1）按业务年度、业务种类和分保方式统计

这是指按业务年度，而不是按会计年度，分别业务种类和分保方式进行的统计。在业务分类方面，一般可分为火险、水险、建工险、航空险和责任险等。在分保方式上，可分为临时分保业务和合同分保业务。每一分保方式内，又有比例业务和非比例业务之分。比例业务可进一步分为成数或溢额分保业务；非比例业务可进一步分为低层、中层和高层。

交换分入业务，可与其他分入业务分别统计，以便对业务情况的了解。

以火险业务为例，统计格式如表 9-10 所示。

表 9-10　火险业务统计表

业务年度________　　　　制表日期：

货币单位：

分保方式方法			保费	佣金和费用	赔款	余额
临时分保	比例					
	非比例					
	小计					
合同分保	比例	成数溢额				
	非比例	低层				
		中层				
		高层				
	小计					
共计						

2）按合同经营成果统计

这是根据基础统计方面的合同经营成果，按业务种类和分保方式的汇总统计，以便进一步了解业务经营盈亏的全面情况。其统计格式如表 9-11 所示。

表 9-11 火险比例合同经营成果汇总统计表

会计年度 1997　　业务年度 1996　　单位：万美元

盈亏额度		合同数	已满期保费	佣金及费用	发生赔款	余额	占满期保费/%
盈余额	5 000 美元以下	70	250	80	160	10	4
	5 000 美元至 1 万美元	18	130	41.6	78	10.4	8
	1 美元以上	2	20	6.4	11	2.6	13
	小计	90	400	128	249	23	5.75
亏损额	5 000 美元以下	6	50	16	37	-3	6
	5 000 美元至 1 万美元	3	40	12.8	30	-2.8	7
	1 万美元以上	1	10	3.2	8	-1.2	12
	小计	10	100	32	75	-7	7
共计		100	500	160	324	16	3.2

这种综合统计对业务的经营管理有一定的作用。如果不进行这种分析，仅能了解 1996 年业务年度的火险业务的保费收益是多少。现根据这种统计所提供的资料，可进一步了解到虽然总体是有收益，但尚有 10% 的合同亏损，且个别合同的亏损还是较严重的，超过了 10 000 美元。对这些合同，可结合当地市场情况和分出公司的业务情况做进一步的了解，如亏损是由于重大灾害事故造成的，还可以继续给予适当的支持，如要求改善分保条件和减少接受成分，否则应注销这项合同。对于有收益的合同也应进行分析了解，以巩固这种业务关系。

3）按会计年度的统计

在基础统计方面，对于各种业务情况，是按业务年度进行统计的，而按会计年度统计，是在会计年度终了时，分别业务种类，将各个业务年度情况给予汇总的统计，以便了解该会计年度各种业务的情况。现以某公司的责任险为例，将会计年度的统计举例如表 9-12 所示。

表 9-12 会计年度汇总统计表

业务种类：责任险　　会计年度：1998　　单位：美元

项目	1992	1993	1994	1995	1996	1997	1998	合计
① 保费	—	100	—	100	9 000	27 500	63 300	100 000
② 手续费及费用	—	—	—	—	1 000	2 800	6 200	10 000
③ 发生未报赔款转入	30 700	6 000	7 700	16 300	21 000	28 100	—	109 800
④ 未决赔款转入	110 300	20 000	21 400	27 000	21 000	17 800	—	217 600
⑤ 汇价调整	-14 400	-2 400	-1 200	-1 000	-1 800	-3 600	—	-24 400
⑥ 共计准备金转入（③+④+⑤）	126 600	23 600	27 900	42 300	40 300	42 300	—	303 000

续表

项目	1992	1993	1994	1995	1996	1997	1998	合计
⑦ 已付赔款	1 800	4 300	2 200	4 700	3 000	5 400	1 400	39 000
⑧ 发生未报赔款转出	25 000	5 000	6 600	9 300	13 800	21 400	32 400	113 500
⑨ 未决赔款转出	83 000	16 800	17 900	26 600	31 400	40 700	22 800	239 200
⑩ 共计准备金转出（⑧+⑨）	108 000	21 800	24 500	35 900	45 200	62 100	55 200	352 700
⑪ 发生赔款（7+10−6）	−16 800	2 500	−1 200	−1 700	7 900	25 200	56 600	72 500
⑫ 余额（1−2−11）	16 800	−2 400	1 200	1 800	100	−500	500	17 500

4）按国家和地区的统计

这是指分别国家或地区的统计，以便了解各地区发展趋势和机构设置。

5）按经纪公司的统计

这项统计是为了便于了解经纪人介绍的分入业务情况，以便调整对经纪人的使用。

6）按分出公司的统计

这是为了便于了解某个分出公司的业务情况，由经纪人介绍来的分入业务，亦应以各分出公司进行统计。

以上是一般的分类方法，接受分保的公司可视其接受业务的实际情况，参考上述分类和统计表格，制定合适的统计制度和统计表格。

9.5 再保险准备金与再保险基金的运用

9.5.1 再保险准备金

补偿损失是保险的基本职能，保险业的经营主要是为了应付保险事故发生时履行赔偿，以及弥补营业投资损失等。为确保被保险人利益，政府或保险公司章程或企业自身规定必须提存准备金。

保险企业扣存准备金，① 为了作为企业自身确保能够依约支付未了责任（包括自留额和再保险两部分的未了责任）；② 政府规定要求扣存准备金。我国《保险法》第九十三条规定："对人寿保险业务外的其他保险业务，应当从当年自留保险费中提取未到期责任准备金；提取和结转的数额，应相当于当年自留保险费的百分之五十。经营有人寿保险业务的保险公司，应当按照有效的人寿保险单的全部净值提取未到期责任准备金。"第九十四条规定："保险公司应当按照已经提出的保险赔偿或者给付金额，以及已经发生保险事故但尚未提出的保险赔偿或者给付金额，提取未决赔款准备金。"

以下介绍 3 种主要准备金。

1. 未到期责任准备金

会计年度终了，对当年尚未到期的保险（再保险责任），分出公司对分保接受人必须扣存一定比例的保费准备金，结转到下一会计年度，以备支付下年度发生的赔款。提存的金额一般为分保费的40%，但也有按分保费的35%或50%提存的。

2. 未决赔款准备金

未决赔款准备金是为了保障已发生但在业务年度终了尚未结算的赔款。除自留额部分外，分出人根据再保险合同的规定，在应付给分保接受人的分保费中扣存已经提出的保险赔偿或已经发生但尚未提出的保险赔偿，分保接受人分担部分的未决赔款准备金。前者采用逐案估计法，后者只能根据业务总量按业务分类，估计一个准备金的比率。

3. 巨灾事故准备金

巨灾事故包括洪水、台风、地震等自然灾害，以及大火、爆炸、民变、环境污染等意外事故，一般属于非常性质，在计算保险费危险成本时，很难核算，因此只能根据综合因素提取特别准备金，以调节偿付能力。巨灾事故准备金对于再保险人来说比原保险人更为重要。

9.5.2 再保险基金的概念

再保险基金的要领是以建立保险基金的理论为基础的。保险基金是一种补偿自然灾害和意外事故所造成损失或因人身伤亡、丧失工作能力等引起的经济需要而建立的专用资金。同样，再保险人也要根据再保险的特点，从其所收入的再保险费或其资产中提留一定的比率，作为履行再保检未来赔偿责任的基金。

再保险基金的构成，除了上述几种准备金之外，还包括资本金等。这些资金在用于偿付之前由再保险人管理并不断积累和扩大。

9.5.3 再保险基金的运用原则

将再保险基金进行投资是为了获取收益从而使资金增值，根本目的是持续履行再保险人的义务，始终保证可靠的偿付能力。对再保险人而言，保险收入和赔款支付的时间差给再保险人运用资金带来便利及一定的利息，但在这过程中也包含着赔款成本提高的风险，特别是通货膨胀时期，赔款成本和费用随着物价和生活指数的上升而增高，这样就要依靠投资收益来弥补业务亏损，用以往累积来垫补当前支付。

再保险基金的运用原则，主要有以下内容。

1. 安全性

再保险基金主要是来自于准备金，这要求再保险投资必须注意安全性，对各种风险级别的投资项目要有适当的比例限制。

2. 收益性

再保险基金运用的目的之一是提高公司自身的经济效益，从而增强偿付能力和扩大业务规模。

3. 流动性

再保险基金要保持一定的流动性，以应付不确定的赔偿。

4. 多样性

投资应尽量分散，结构多样，合理搭配。一方面可以减少投资风险；另一方面也可以使再保险人的资产和负债相匹配。

5. 社会性

再保险人的投资同样要考虑社会效益，以扩大公司的影响和提高全行业的声誉。

6. 寿险与非寿险准备金分开

我国法律规定保险公司不能兼营产寿险业务，但对再保险公司则没有相关的规定。再保险公司可以兼营产寿险的再保险业务，由于此两类业务的不同特性，再保险公司必须将其准备金分开管理。

此外，由于再保险的国际性，再保险业务活动往往受到许多国家外汇管理、汇率变动的影响。因此，再保险的资金运用还必须适合承保险别、区域范围的保值原则，对某一货币或货币区的责任（负债）保持同一货币相应的资产，以避免汇率变动的损失。

9.5.4　再保险公司资金的投向

再保险资金投向是指对投资项目的选择和投资比例的确定。再保险资金运用方式主要根据资金闲置时间的长短来确定，一般有中短期贷款、抵押贷款、对国家建设项目贷款，购买公债、国库券及其他地方债券和国家重点建设项目的债券，以及各种资信度高的企业债券、股票，购置房地产等。

我国政府对保险资金投向控制较严，我国《保险法》第一百零四条规定："保险公司的资金运用，必须稳健，遵循安全性原则，并保证资产的保值增值。

"保险公司的资金运用，限于在银行存款、买卖政府债券、金融债券和国务院规定的其他资金运用形式。

"保险公司的资金不得用于设立证券经营机构和向企业投资。

"保险公司运用的资金和具体项目的资金占其资金总额的具体比例，由金融监督管理部门规定。"

我国《保险法》实施以后，随着保险市场的发展，国家对保险资金的运用渠道逐步放宽，除了上述方式外，保险资金还可用于买卖中国保监会指定的中央企业债券，进入同业拆借市场，通过购买证券投资基金间接进入股市。

复习思考题

一、概念题

业务管理　财务管理　分保建议　分保条　附约　承保额　基础统计　综合统计

二、思考题

1. 概述再保险的经营管理。
2. 分出业务的管理要注意哪些方面？掌握哪些重点？
3. 简述分出业务的过程。
4. 分入分保的经营思想及工作要求是什么？
5. 简述分入再保险的过程。
6. 如何统计和分析分出再保险业务？
7. 简述分入业务的统计分析。
8. 如何运用再保险基金？

第10章 保险信息与保险信息管理

随着人类跨入信息时代，人们逐渐认识到信息在生产和生活中日益凸显的重要性；随着世界保险市场的发展与变革，人们也逐渐认识到保险信息对于保险业发展和保险公司的经营管理发挥着越来越重要的作用。

10.1 保险信息概述

10.1.1 保险信息的概念及特征

1. 保险信息的概念

按照信息的发生领域，信息可以划分为物理信息、生物信息和社会信息。其中，社会信息是指社会上人与人之间交流的信息，包括一切人类社会运动变化状态的描述。社会信息又可分为科技信息、经济信息、政治信息、军事信息、文化信息等。保险信息就是经济信息的重要组成部分。

从微观上看，保险信息是用以消除保险信息的需求者对于保险行业、保险市场和保险公司经营管理的不确定性的东西。例如，监管当局对于投资连结保险业务的暴增心存疑虑，就需要经营此类产品的保险公司提供有关投保人、销售渠道、费用提取、投资盈利预测等方面的详细信息，以判断此投资连结保险的增长是否存在异常现象，并在此基础上，作出监管决策。

从宏观上看，保险信息是保险公司适应外部世界，并把这种适应反作用于外部世界过程中同外部世界进行相互联系、相互作用、相互交换的一项内容。保险行业和保险公司不是生活在真空中，信息交换是其在社会大系统中生存的一种必需：通过信息交换，既表明其存在的必要性，也证明其运作方式的合理性；还通过信息交换，对其不适应客户、监管、社会、时代等的部分发出变革信号等。

2. 保险信息的特征

保险信息有其区别于其他类型信息的本质特征，主要表现在以下方面。

1）保险信息更多地被视为一个管理概念

保险信息虽有其上述本质和普遍的意义，但在实务中却更多地被视为一个经营管理的基本工具，以此研究保险信息与保险业务、保险公司间在管理上的互动关系。

2）保险信息以数据为基础

保险信息的获取都是从采集基础数据开始，通过去粗取精、去伪存真获得初步信息，再通过信息的加工整理，结合必要的系统内其他信息与外部信息，才能形成有价值的信息。因此，数据的基础建设非常重要。

3）保险信息受技术进步的影响非常大

计算机普及之前，保险信息非常不精细、不完整、不及时，这直接决定了保险公司的经营与管理都是非常粗放的。随着信息技术的突飞猛进，保险信息的需求与应用也日新月异，信息与技术的结合越来越紧密。

4）保险信息的可共享性在保险公司的经营和管理中占有越来越重要的地位

以前，出于各种考虑，保险信息大多处于封闭和隔绝的状态，共享程度较低。随着计算机技术的普及和市场竞争激烈化程度的提高，保险信息共享的范围逐渐扩大，其对保险业务的拓展和保险公司管理水平的提高影响也越来越大，与此相对应，保险信息安全的重要性也日益凸显。

10.1.2　保险信息的功能

从宏观上看，保险信息的功能主要表现在以下 6 个方面。

1. 保险信息是保险主体认识客体的中介

保险主体要想真正的认识客体，必须通过中介的作用。而保险信息正是与保险有关的事务之间互相联系、互相作用不可缺少的中间环节。它是物质与意识、实践与认识、主体与客体之间的中介。保险信息的中介功能贯穿于有关保险的认识活动的始终，有关保险的认识过程本身就是一个以保险信息为中介的保险信息运动过程。人们的保险行为，就是一个不断从客观世界获得保险信息，并对保险信息进行加工处理，形成新的认识结构，然后通过特定的实践活动反作用于客观世界的过程。保险信息作为中介，始终贯穿于保险主体的认识过程。

2. 保险信息是保险主体思维的材料

所谓思维，是指发生在人脑中的信息变换，也就是人脑对信息的加工处理过程，思维有 3 项基本要素，这就是思维主体、思维工具和思维材料。思维主体是人脑及存在于其中的意识；思维工具就是逻辑（包括形式逻辑、归纳逻辑、数理逻辑和辩证逻辑）；思维材料就是自然界、人类社会所提供的大量客观事物的形象。而客观事物的形象是通过信息被人脑感知的。思维是人脑对客观事物的反映，但人脑不是直接反映客观对象，而是通过接受与处理有关客观对象的信息来反映对象的。直接接触客观对象信息的是人的感官，感官把外部事物的信息摄取下来，人脑及其意识处理的是感官神经系统送来的信息。信息不仅是思维的原材料，而且还推动着思维活跃的发展，决定着思维的方向和结果。没有信息，人类的思维活动就不能开展。因此，保险信息是保险主体思维的材料。

3. 保险信息是保险监管人员及保险经营管理人员科学决策的依据

所谓决策，是指个人或组织为达成既定目标，从若干个可供选择的行动方案中挑选出最优方案并付诸实施的过程。随着社会的进步和保险业的快速发展，保险监管人员和保险公司的经营管理者对决策的要求越来越高，仅凭个人的直接经验和主观认识的经验决策，也越来越多地被依靠科学程序与技术方法的科学决策所取代。科学决策是一个动态过程，其程序一般包括发现问题、确定目标、制订方案、评估选优、实施决策、追踪反馈等环节。为保证每一个环节的科学性，必须辅之有效的技术方法，如调查研究、预测技术、环境分析、智囊技术、决策技术、可行性分析、效用理论等。保险信息活动贯穿于保险监管人员和保险公司管理者科学决策的全过程，并渗透到决策过程的每一个环节。在每一个环节上所运用的决策方法也无一不是建立在保险信息基础之上的。因此，及时获取决策活动所必要的、完整的、可靠的保险信息是保证保险监管人员和保险公司管理者决策成功的前提条件。决策者只有迅速准确地获得保险信息，充分有效地利用保险信息，才能把握决策时机，提高决策效益。

4. 保险信息是在保险活动中进行有效控制的关键

所谓控制，是指施控主体对受控客体的一种能动作用，这种作用能使受控客体根据施控主体的预定目标而动作，并最终达到这一目标。控制是一种与信息密切相关的作用，是利用信息来实现预定目标的行为，或者说为了达到预定目标，根据信息来适应和调节变化，不断克服不确定性的行为。实现控制的手段是信息方法，主要是信息反馈方法。没有选择就没有控制，控制活动的完成离不开选择，而信息正是选择得以进行的基础。正是在选择这一点上，控制和信息达到了耦合。因此，控制过程实际上就是信息的选择运用过程。控制的核心是反馈，而反馈过程就是信息借助于反馈回路的运动过程。没有信息，任何客体对象都无法进行控制。从控制的实现过程可以看出，信息贯穿于整个控制过程的始终，是一切控制赖以存在和实现的基础。因此，保险信息是在保险活动中进行有效控制的关键，控制是保险信息运动的目的，控制与保险信息是不可分割的。

5. 保险信息是保险组织系统秩序的保证

系统的功能是“过程的秩序”，在表达系统的外部活动，即系统与环境之间进行物质、能量和信息交流的变换关系和相互作用。由此可见，保险信息对于保险组织是不可或缺的，保险组织整个系统正是通过保险信息的联系和作用才形成了整体的秩序。无论是保险组织内部联系还是外部作用，都是通过保险信息交流而得以实现的。保险信息是保险组织的“黏结剂”，是高效率的重要基础。一个保险组织如果缺乏保险信息，那么它必然要走向混乱无序状态，直至最后消亡。

6. 保险信息是保险组织发展的资源

信息虽然很早就被人类运用于生产生活中，但其利用范围和规模都是十分有限的。现代信息技术的飞速发展，极大地增强了人类生产、处理、传递和利用信息的能力，随着社会信息数量迅猛增长，大量的信息聚集起来就形成了一种宝贵的社会资源。与其他资源相比，信息资源具有特别重要的意义。这种意义在于信息资源是人们借以对其他资源进行有效管理的工具。也就是说，人类对各种资源的有效获取、有效分配和有效使用，无一不是凭借对信息资源的开发利用来实现的。信息资源在推动社会经济发展、促进人类社会进步等方面正发挥着日益重要的作用。对于保险组织来说，保险信息资源对于提升管理水平、促进业务发展、提高盈利能力也发挥着越来越重要的作用。

10.2 保险信息的分类

保险信息按不同的标准有不同的分类。这里按内容的不同将保险信息分为保险公共信息、保险行业信息和保险公司信息。

10.2.1 保险公共信息

保险公共信息是指在保险行业以外产生，但与保险行业、保险公司运行环境相关的各种信息。其主要职能是在保险公司和保险监管部门作出决策时作为分析保险行业外部条件的依据，进而确定行业或企业中长期战略目标和计划。保险公共信息主要包括以下内容。

（1）宏观社会环境信息。这包括国内政治经济形势、社会文化状况、法律环境等信息。

（2）科学技术发展信息。这包括与保险行业发展相关的科学技术发展的信息。这些信息往往展示保险产品、服务和管理升级的方向，在保险公司的经营管理中发挥着重要作用。

（3）资源信息。对于保险行业，最主要的资源是资金和人才。这方面的信息包括对保险业感兴趣的资金数量及构成、可能投身保险业的人才数量及结构等。

10.2.2 保险行业信息

保险行业信息是指与整个行业的发展相关的各类信息，具体包括以下内容。

（1）市场需求信息。它涉及以下方面的内容：社会购买能力，如购买保险客户（包括个人客户和单位客户）的数量与收入情况、客户的构成、客户的各种分布等；购买动机信息，反映产生客户购买动机的各种原因，如各种偏好等；潜在需求的信息。

（2）竞争信息。市场经济的主要特征是竞争性，竞争信息主要反映了市场竞争状况，这对保险公司制定正确的经营策略具有十分重要的意义。竞争信息包括市场分布信息，它反映了保险市场的基本结构，反映了各种保险产品的市场占有率；同业公司的基本情况，如同业公司的数量、机构分布、保费规模、盈利状况、市场占有率、经营策略与手段、管理与服务水平等信息。

（3）客户信息。这包括客户的基本情况和潜在客户的分布状况，客户的主要特点和支付能力、信用程度等方面的测评。

10.2.3 保险公司信息

保险公司信息是指保险公司内部产生的各种信息，它是反映保险公司当前基本状况和经营管理活动的信息。保险公司信息主要包括以下内容。

（1）业务信息。即反映保险公司业务情况的信息。其主要包括营销信息，是指营销渠道及与之相联系的市场需求、人力投入、资源配置等方面的信息；产品信息，是指保险公司向保险市场提供产品的信息；运营信息，是指保险公司业务运转过程中产生的多种信息，包括承保、理赔、客户等各类信息。

（2）财务信息。这包括会计信息和投资信息。会计信息主要是指资产、负债、权益、收入、费用和利润及相互关系的信息；投资信息主要是指当前公司投资的数量、结构，国家关于保险资金运用政策的变化、资本市场的变化趋势等方面的信息。

（3）公司内部资源支持信息。这包括信息技术信息、人力资源配置信息和物控信息等。信息技术信息是指公司在信息技术方面的规划、投入、硬件配置、软件开发、数据维护等方面的信息；人力资源配置信息是指公司员工的基本情况、结构、分布、使用等情况的有关信息；物控信息是指物品保障、采购、印刷、职场等方面的信息。

10.3 信息管理的概念与原理

10.3.1 信息管理的概念

信息管理是个人、组织和社会为了有效地开发和利用信息资源，以现代信息技术为手段，对信息资源实施计划、组织、指挥、控制和协调的社会活动。这一定义概括了信息管理的3个要素：人员、技术、信息；体现了信息管理的两个方面：信息资源和信息活动；反映了管理活动的基本特征：计划、组织、控制、协调等。

同时，还应当认识到，信息管理是一种社会规模的活动，它反映了信息管理活动的普遍性和社会性。它是涉及广泛的社会个体、群体和国家参与的、普遍性的信息获取、控制与利用的活动，只是规模大小不同、管理水平不同罢了。信息管理具有高技术的特点，它是涉及领域广泛、运用多种复杂技术与方法的活动领域。按照英国信息管理专家马丁与霍顿的看法，信息管理包括数据处理、文字处理、电子通信、文书和记录管理、管理信息系统、办公系统、图书馆和情报中心等技术与要素，涉及信息科学、管理学、计算机科学等多门学科和多种技术的领域。

此外，信息管理作为一种社会活动，又涉及许多相关问题。

1. 观念问题

必须把信息看作是组织的战略性资源，作为组织赖以生存和发展的智力财产。信息共享应是组织成员最基本的共识，只有这样才能对组织拥有的信息资源进行有效管理。

2. 信息管理必须把业务活动和信息管理活动结合起来进行

组织中的业务管理活动必须与信息处理、交流和分析研究结合起来，才能有效地进行，并带来效率与效益。组织的战略规划必须是在有效的信息管理基础上作出的科学决策。

3. 必须对信息管理的各种技术与方法进行优化和集成管理

例如，信息处理技术和通信技术、网络技术、信息系统设计等的集成和优化。在数字图书馆建设中，就体现了数据库技术、信息处理和通信等技术的集成与优化。

4. 信息管理必须具有明确的规范

规范包括信息管理的职责规范、权利与义务规范和信息共享规范等。

5. 信息管理必须体现信息增值的活动目标

必须把提高信息质量、促进信息交流、实现信息效用作为信息管理的根本宗旨。

10.3.2 信息管理的原理

信息管理活动包括保险信息管理在内，一般都要遵循以下原理。

1. 信息管理的服务原理

信息管理服务原理的基本特点如下。

（1）信息管理活动的所有过程、手段和目的都必须围绕用户信息满足程度这个中心。方法、手段的采用，工作的安排，技术的运用，信息系统的设计等，都必须具有方便、易用的服务特色；信息系统设计和技术开发的方向都必须以提高服务为根本宗旨。

（2）信息资源建设的每一步骤都在性质上提高了信息的可用性和易用性，信息管理在本质上是服务。信息管理机构的生存与发展取决于其服务手段、方法和质量。

（3）信息管理的服务本质不但是信息管理工作的中心环节，而且是信息技术发展的目标和方向。“傻瓜”计算机、菜单查询、面向用户的程序设计，无一不是服务原理的体现。

2. 信息管理的增效原理

信息管理是一种服务性管理，它本身并不直接创造价值，也不会直接提高社会活动效率。信息管理是通过信息提供和开发，来提高人的智力水平和社会活动的效率与效益。信息管理通过对系统中信息流的控制实现对物质和能量的节约。信息管理在本质上是为了提高个人、组织和社会活动的效率，这是由信息和信息管理的特殊性决定的。首先，信息管理的服务原理表明，信息管理是为了节约个人、组织和整个社会查询与使用信息的费用而工作的。信息管理通过节约用户的时间、金钱而提高了信息活动效率。其次，信息资源和信息产品都是一种智力产品，它们都是为了使使用者减少行为的不确定性，或者提高活动的效率而开发出来的。信息资源及其信息产品的价值就体现在它能够使人们的行为更有目的性、更有效率。从信息管理、资源开发到知识管理，都体现了信息管理的增效原理。信息管理是现代社会节约成本、提高效率、实现可持续发展的有效手段。

3. 信息增值原理

信息管理活动的目标衡量、价值标准和中心任务，是实现已有信息的增殖和增值。实现信息价值的关键是建设信息资源体系和信息系统网络，开展信息活动，实现社会信息流从生产者到使用者的有序流动和有效利用。信息数量的增加（增殖）主要通过对零散信息的识别、采集和长期积累而成；信息的增值则要依赖对信息资源的筛选、组织与开发来实现。总体来说，信息管理的所有活动都是为了实现信息的价值增加，而信息管理活动的每一步骤，也都是为了实现信息增值。信息管理的效率是由信息增值的量作为衡量标准的。信息增值主要是指信息内容的增值和活动效率的提高。它是通过对信息的采集、存储、加工、传递和利用实现的。信息的增值体现为信息内容能够帮助人们提高他们的行为和决策效率。

10.3.3　CIO 在保险公司管理中的地位和职能

1. CIO 的概念

CIO（Chief Information Officer，CIO）是指负责制定公司信息政策、标准，并对全公司的信息资源进行管理控制的高级行政官员①。

CIO 是随着信息资源的管理热潮的兴起而诞生的，从 20 世纪 80 年代起，为确保信息资源的充分开发和有效利用，人们对信息资源管理问题给予了高度的重视。

保险信息建设的目标是提高保险组织管理的效果。如果不从管理问题出发，而只是强调技术因素，保险信息系统建设就很难取得成功。据中国台湾统计，以往信息系统建设的主管人员通常来自两个专业：一个是计算机技术专业；另一个是企业管理专业。但在推行计算机信息系统的过程中，出身于企业管理专业的主管，其成效一般会好于出身于计算机技术专业的主管，这可能与企业管理专业出身的领导更加重视管理的目标有关。在任何情况下，目标都应当重于手段。因此，保险信息系统建设必须紧密围绕保险组织经营管理的目标来展开。

---

① 1981 年，美国学者辛格和戈拉伯在《信息资源管理：80 年代的机会和挑战》一书中，首次给 CIO 以明确的定义。

也就是说，需要有一个能够对信息系统资源进行合理组织和有效配置，把信息系统建设与组织经营管理的目标紧密结合起来的首席信息官。

2. CIO 在保险公司管理中的地位

作为组织中的高级管理人员，CIO 与以前的信息管理职位有很大的不同。过去，组织机构中从事信息工作的人员大都处于从属或配角地位，他们经常被称为领导决策的“耳目”、组织经营的“参谋”，信息中心的负责人充其量也只是一个部门级领导。CIO 职位的出现，在很大程度上改变了这种情况。1994 年，加拿大对信息管理人员需求现状进行了一次调查，其中关于信息管理人员在组织机构中应处在何种位置的问题，有 75% 的人指出，最高级的信息管理人员可以处在总裁、总经理的位置，或者是处在总裁之下、部门业务经理之上的位置，即置于组织的高级管理层。这表明，人们对 CIO 在组织管理中的地位和作用已经有了相当明确的认识，对组织信息管理的系统结构和人员角色有了较为清晰的划分，从而形成了以 CIO 为首的组织信息管理新体制。

在一个组织中，CIO 是全面负责信息工作的主管，但又不同于以往只是负责信息系统开发与运行的单纯技术型的信息部门经理。作为组织高级管理决策阶层的一员，CIO 直接向最高管理决策者负责，并与总裁或首席执行官（CEO）、财务主管（CFO）一起构成组织的“CEO-CFO-CIO 三驾马车”。

3. CIO 在保险公司管理中的职能

CIO 是既懂信息技术，又懂业务和管理，且身居高级行政管理职位的复合型人才，其在保险公司中的主要职能有以下 8 个方面。

1）参与高层管理决策

CIO 作为保险公司管理决策的核心人物，当然有权参与保险公司的高层管理决策活动。但是，CIO 参与高层管理决策具有自身的特点，这就是运用掌握的信息资源武器帮助最高决策者制定保险公司发展的战略规划，通过充分有效地开发利用保险公司内外信息资源，寻求保险公司的竞争优势，或者强化保险公司的竞争实力。CIO 不只是负责信息资源管理范围内的决策活动，而且必须参与讨论保险公司发展的全局问题。为此，要求 CIO 必须对影响整个保险公司生存与发展的各方面问题都要有全面和清楚的了解。

2）制定保险公司的信息政策与信息活动规划

CIO 的一个重要任务是发掘信息资源的战略价值。作为统管整个保险公司信息资源的最高负责人，CIO 应该根据保险公司发展战略的需要，及时制定或修订保险公司的信息政策和信息活动规划，以实现行政管理的战略意图。当保险公司管理策略发生变化时，CIO 要及时投入信息技术力量和必要的资源条件来响应这种变化，使保险公司的信息资源开发利用策略与管理策略更加协调一致。

3）管理保险公司的信息流程，规范保险公司信息管理的基础标准

作为信息管理专家，CIO 要主持拟定保险公司信息流程的大框架，建立信息管理的基础标准，如数据元素标准、信息分类代码标准、用户视图标准、概念数据库标准和逻辑数据库标准等，抓好数据重组工作，改造杂乱无序的数据环境。组织信息管理的实践证明，只有以数据集成为基础，以总体数据规划为中心，面向信息流程进行应用系统开发，才能取得信息系统建设的主动权。

4）负责保险公司的信息系统建设规划与宏观管理

作为保险公司信息系统建设的直接领导者，CIO 对信息系统的开发计划、运行管理、安全管理、人员配备、经费预算等要进行宏观控制和协调，统筹考虑系统建设的硬件、软件和应用问题。同时，代表本公司与信息系统开发者、技术设备供应商打交道，建立与信息技术服务商的“战略协作伙伴关系”，并根据保险公司的业务和管理需要，对他们提出的信息技术“全套解决方案”进行审议，行使否决权。

5）为保险公司经营管理提供有效的信息技术支持

管理和技术是保险公司发展的两大关键。在当今时代，相对而言，管理问题是比较稳定的，技术热点则变化得非常之快。作为信息技术专家，CIO 必须密切注意信息技术的发展变化，分析新技术对保险公司经营管理与竞争战略的影响，以便及时作出快速反应。

CIO 还必须加强信息技术和保险业务的有机结合，积极提出业务处理的新思路，以提高工作效率。例如，由于扫描仪作为输入手段的可行性，可将有关单证（附签章）扫描到计算机中，便于迅速查询。随着网络技术和电子商务的发展，可考虑安全稳妥地发展网上保险，将投保人（单位）与保险公司及银行、公安局、医院等联网，共享资源，大大提高工作效率。

6）评估信息技术的投资回报问题

面对眼花缭乱的信息技术，CIO 必须注意研究信息技术的投资回报问题，在信息技术投入和组织管理效益之间寻求某种平衡，这是一个 CIO 能够在现代组织日趋激烈的技术竞争中立于不败之地的重要条件。信息技术的先进性和可用性都是毋庸置疑的，但是如果脱离本组织的实际情况，盲目地、片面地、甚至是赶时髦地去引进和实施这些新技术，而不考虑其投资回收期和成本与效益关系，就会把自己置于被动，丧失在高层管理决策中的地位。

7）宣传、咨询与培训

作为分管信息技术部门和信息服务部门的最高负责人，CIO 在行政管理层次上要宣传信息部门及人员的作用，让保险公司的高层领导充分认识信息资源对于战略决策或组织发展的重要性，同时应指导高层管理人员更有效地利用保险公司内部和外部的信息资源，为他们提供信息或信息技术咨询服务；在运作层次上，CIO 要帮助信息人员及保险公司各部门的业务人员和用户转变观念与认识，并对他们的意见、询问和求助都给予很好的反馈。同时，CIO 还要负责保险公司全体人员对信息资源开发利用的教育与培训工作。

8）信息沟通与组织协调

一方面，CIO 是保险公司高层管理决策者与信息部门的联系人，负责把公司管理的策略、意图和实施方案等传递给信息部门，同时又把信息部门的成果、生产能力和发展方向报告给行政管理班子；另一方面，CIO 还要承担整个保险公司各部门、各环节之间，以及内外环境的信息沟通与协调工作，实现组织的协同作业和信息资源共享。

CIO 作为一个跨部门、跨技术的高层决策者，应充分利用保险公司内外可控制的信息资源来不断完善其信息基础结构，并注意协调好组织管理与信息技术的关系。在传统的组织体制下，管理与技术是相对封闭的，管理者大多不知道信息技术究竟能够为管理决策做什么，而信息技术人员只是从技术标准和设备性能来考虑问题，不大清楚组织的目标，也不能有效地支持决策。CIO 则是从组织管理的角度，有意识地选择和运用信息技术，通过对信息资源的充分开发和有效利用，促进组织管理机制的变革和业务结构的调整乃至重组，从而提高保险公司的管理决策水平，增强保险公司在日趋激烈的竞争环境中的快速反应能力。

因此，一个合格的 CIO 必须是管理与技术兼备的复合型人才。CIO 的工作重点是通过充分开发和有效利用保险公司内外信息资源来强化组织的竞争优势，改进高层管理的战略决策活动。概括来说，CIO 应具备的基本素质要求包括管理经验、技术才能、经营头脑、信息素养、应变能力、表达能力、协调能力、领导能力等。

10.4 保险公司信息化的整体策略管理

保险公司信息化整体战略分 3 个部分：第一部分信息化整体策略的需求，即保险公司为什么需要一个信息化的整体策略，保险公司信息化整体策略的原则是什么；第二部分是信息化整体策略的含义，信息化策略包含什么样的内容，保险公司如何来执行制定的信息化策略；第三部分是保险公司信息系统规划与实施的最佳实践策略。

10.4.1 信息化需要整体策略

保险公司的信息化整体战略是保险公司对于实现公司运营信息化的整体观点和策略，用于指导公司的各项信息化建设，使信息化过程成为一个支持企业战略的持久过程。

1. 保险公司信息化的一般步骤

具体来说，保险公司信息化的一般步骤如下。

第一步：实现业务流程的信息化，核心目标是提高保险公司业务流程的效率和规范程度。

第二步：实现产品和服务的信息化，即精算的信息化和客户服务信息化。

第三步：实现管理的信息化，主要是提供数据仓库和统计分析系统等有关的应用。

第四步：决策支持信息化，主要是指决策支持系统。

在建立上述信息系统的基础上，公司还会考虑信息安全问题，并进而制定一整套的信息化策略。

在实现信息化的整个过程中，还存在着诸多风险，如信息技术建设与业务发展割裂的风险；在信息技术建设上不求实效、盲目投资的风险；公司各个部门相互脱节，形成“信息孤岛”的风险；信息技术建设基础薄弱，盲目上马电子商务的风险等。为避免发生这些风险，必须在考虑观念、管理、技术等因素的基础上，建立一个全局的信息化策略。

2. 保险公司信息化策略的原则

保险公司信息化是指企业利用现代信息技术，通过对信息资源的深度开发和广泛利用，不断提高生产、经营、管理、决策的效率和水平，从而提高企业经济效益和提升企业核心竞争力的过程。保险企业信息化是一个宽泛的概念，是对企业的集成化、系统化、规范化、创新性管理思想的体现。

研究者认为，信息时代保险公司信息化的特征是客户主导、快速反应、持续完善。而工业化时代的信息化特征则是产品主导、单相度调整、阶段升级。信息时代的商业模式，在企业之间表现为“竞合”多于“竞争”，企业加强与客户的联系，以个性服务的口号颠覆工业时代“标准化生产”的价值观。标准化生产在信息时代将更深地隐蔽于后端，为前端千变万化的客户服务提供平台。企业工业时代的信息化，主要反映在生产流程和财务管理，而信息时代的信息化，要求实现 IT 智能管理，不但控制企业生产，更重要的是科学地指导企业生产。因此，中国保险公司信息化总体战略应该是“协调发展、分步实施、业务为本、效益为先”。这一原则同样可以作为保险公司信息化策略的制定原则。

10.4.2　信息化整体策略的要求与应用

企业信息化策略主要包括以下部分：① 明确公司信息化总体战略；② 在信息化整体战略思想指导下，制定企业的信息化规划；③ 据此确定一个信息系统整合和发挥信息系统作用的步骤；④ 在这个步骤的指导下制定相应的策略，并且了解相关的信息技术。

1. 保险公司信息化总体战略

信息化总体战略不是抽象的，而是要符合企业的具体需要。保险企业对未来竞争优势的取得将集中在产品质量、推出速度、服务成本、服务质量、响应方式等要素的一个或几个方面，而影响这些要素的内部因素相当多，为了制定正确的业务目标和业务策略，必须抓住关键的因素。从业务的角度就是要抓住关键的业务流程。信息战略目标的确定应立足于企业未来的竞争要素和影响这些要素的关键业务流程，同时还应考虑信息技术支持这些要素和流程的可能性。保险公司信息战略目标的导出过程如图 10-1 所示。

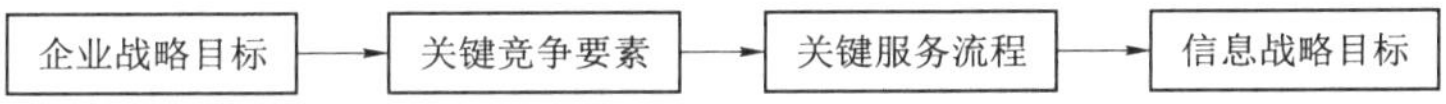

图 10-1　信息战略目标的导出过程

2. 保险公司信息化规划

保险公司信息化规划的第一部分是形势分析，它是规划的依据。这部分首先要明确保险公司的发展目标、发展战略和发展需求，明确为了实现企业的总目标，保险公司各个关键部门要做的各项工作。其次要研究整个行业的发展趋势和信息技术产品的发展趋势，不仅分析行业的发展现状、发展特点、发展动力、发展方向和信息技术在行业发展中起的作用，还要掌握信息技术本身的发展现状、发展特点和发展方向。要了解竞争对手对信息技术的应用情况，包括具体技术、实现功能、应用范围、实施手段，以及成果和教训等。最后要了解保险公司目前的信息化程度和信息资源。信息化程度分析包括现有技术水平、功用、价值、组织、结构、需求、不足和风险等。信息资源分析的内容包括基础设施（如网络系统、存储系统和作业处理系统）、信息技术架构（如数据架构、通信架构和运算架构）、应用系统（如各种应用程序）、作业管理（如方法、开发、实施和管理）和企业员工在技能、经验、知识和创新等方面的能力及水平。

规划的第二部分是制定战略。根据第一部分形势分析的结果，制定和调整企业信息化的指导纲领，争取企业以最适合的规模、最适合的成本去做最适合的信息化工作。首先，根据本企业的战略需求，明确企业信息化的远景和使命，定义企业信息化的发展方向和企业信息化在实现企业战略过程中应起的作用。其次，起草企业信息化指导纲领。它代表着信息技术部门在管理和实施工作中要遵循的企业条例，是有效完成信息化使命的保证。然后，制定信息化目标，它是企业在未来几年为了实现远景和使命而要完成的各项任务。

规划的第三部分是设计信息化总体架构。它是基于第一部分与第二部分而设计的信息化工作结构和模块。它的层次化结构涉及企业信息化的各个领域，每一层次由许多的功能模块组成，每一功能模块又可分为更细的层次。

规划的第四部分是拟定信息技术标准。这部分涉及对具体技术产品、技术方法和技术流程的采用，它是对信息化总体架构的技术支持。通过选择具备工业标准、应用广泛、最有发展前景的信息技术，可以使保险公司信息化具有良好的可靠性、兼容性、扩展性、灵活性、协调性和一致性，从而提供安全、先进、有竞争力的服务，并且降低开发成本和时间。

规划的第五部分是进行项目分派和管理。这部分根据第二、第三部分和第四部分，首先对每一层次上的各个功能模块，以及相应的各项企业信息化任务进行优先级评定，统筹计划和项目提炼，明确每一项目的责任、要求、原则、标准、预算、范围、程度、时间，以及协调和配合。然后选择每一项目的实施部门或小组。最后，确定对每一项目进行监控与管理的原则、过程和手段。

上述各部分既是保险公司信息化战略规划的一个高度概括，又是一个工作框架。保险企业可根据自己的实际情况去丰富每一部分的内容，深入每一部分的工作，制定具体、系统的保险企业信息化战略规划，从而切实保证信息化对企业发展的贡献。

3. 保险公司信息化的执行步骤

保险公司信息化是一项长期的工作，其目标要着眼于提高企业的能力，尤其是提高关键竞争能力这一层面。同时，面对现状，保险公司应从实际出发，从提高企业运作效率出发，逐步去实施企业的信息战略。一般而言，保险企业的信息化过程可以分为 4 个阶段：局部开发阶段、系统集成阶段、流程重组阶段和外部集成阶段，如图 10-2 所示。

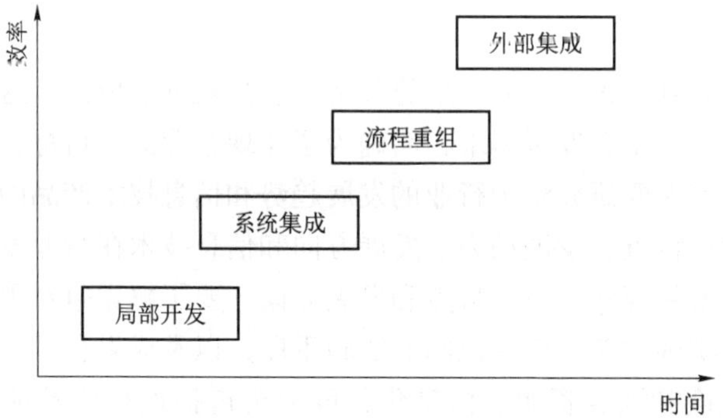

图 10-2　保险企业信息化过程的四个阶段

局部开发阶段是保险公司信息化的初级阶段，目前我国绝大多数保险公司都处于这一阶段。值得一提的是，很多保险公司还停留在分散开发局部的事务处理系统等，甚至还处于单机应用的水平，这种情况可以算是局部开发的原始阶段。局部开发的特征是保险公司已经建立了一些比较完整的基于网络的业务应用系统，但各个系统之间相互独立，依靠人工接口，只实现了局部的信息集成，信息共享性较差，信息余度大。

系统集成是将原有的应用系统集成起来。系统集成并不是局部系统的简单叠加或建立接口，而往往要引入新的系统实现原有系统之间的集成，或者引入的系统在原来的基础上扩展应用（如引入 Internet 系统扩展信息查询，对外发布等方面的应用），所以系统集成就是要建立一个框架，将已有的或准备建立的应用系统都考虑进去，并有机集成，实现信息的集成和共享，提高保险公司的整体运作效率。

如果说系统集成阶段以前主要考虑保险公司运作效率的提高，那么流程重组阶段将关注保险公司能力的提升。这是业务流程和信息系统相互优化组合、调整、改造的阶段，是管理与技术有机集成，最大限度发挥信息技术作用的阶段。通过流程重组，使企业面貌发生根本改变。

外部集成阶段将使保险公司的信息系统扩展到顾客、供应商、合作伙伴等企业面对的基本外部环境，实现保险公司内部信息与外部信息的集成与共享。在信息系统外部集成的情况下，保险公司可以随着获取顾客需求、竞争态势、供应行情等信息的变化，并据此及时调整企业的策略，使企业在瞬息万变的市场竞争环境中处于不败之地。信息系统外部集成也使企业实现敏捷制造、电子商务、供应链等成为可能。此时的企业运营已经和整个电子化、信息化社会紧密结合，并且适应这种新的环境。

10.4.3　保险公司信息系统规划与实施的最佳实践策略

1. 保险公司的期望与实施能力的差距

保险公司的高层管理者和股东要求 IT 系统的采购及实施做到既要快，又要好，又要价格低。这三者选择关系的市场规律，即所谓的“金三角定律”（见图 10-3）是三者不可同时兼得，只能着重选择两者。如果硬要求三者兼得，实际实施的结果往往是有一者不可控制地掉下去，这比有计划地着重选择两者的结果还要差。

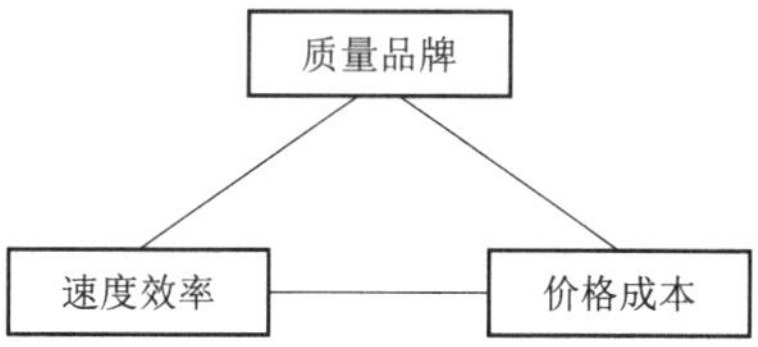

图 10-3　“金三角定律”

2. IT 系统的实施办法与选择

虽然新的保险公司创建时规模很小，但是保险公司信息系统的要求却是“麻雀虽小，五脏俱全”。从核心业务系统、财务系统、主机系统到网络系统，有十几项 IT 系统都要做。中国保监会对新批筹的保险公司有具体的验收要求：第一步要过验收关；第二步要准备开业；第三步要实施业务系统的客户化，满足保险公司业务营运的需求。这时需要考虑实施方法，是一步到位好，还是分阶段实施好。

现实情况是：① 资金少，股东不愿多花钱；② 上线要快，快过验收关，迅速开业，股东不愿久等；③ 业务需求分析，差异化分析，业务流程制造。

在筹备期间，业务人员不足，现有流程是零，已往的经验也是基于其他保险公司的情况，三面夹击，实施一步到位非常难，风险也比较大。

美国的企业文化比较能够接受技术专家的意见，业务系统的选型和实施一般能够接受三角选择关系中侧重两个角的方案。

中国的企业文化比较习惯于领导意志胜过专家意见。业务系统的选型和实施，要按照上级的要求办，既要快，又要好，又要价格低。领导要求三角选择关系中的三个角全要，还说：“人定胜天!”

当领导不接受只侧重两个角的方案时怎么办，这个三角选择关系的定律是一个市场规律，依然存在。

聪明的解决办法是将这个三角选择关系的定律立体化运用，规划业务系统分阶段实施，每个阶段侧重两个角的实施。但是，需要有系统的战略规划，既要符合公司的短期要求，又要照顾公司的长期目标，将两者匹配起来，制定公司的业务系统发展战略，分阶段侧重两个角的实施，组合成兼顾三个角的解决方案。这就是解决这一难题的最佳实践办法。

这方面的最佳实践办法是分阶段实施。

第一阶段：外包软件的开发，零客户化的快速实施，快速通过中国保监会的验收关。第一阶段选择国内软件厂商的业务系统软件，其性价比稍好一些，快速上线的可行性高于国外软件。

第二阶段：中国保监会验收后，要尽快完成开业初期主要产品和基本业务流程的实施。第二阶段系统与第一阶段系统应该相同，即开业前客户化的实施。

第三阶段：开业运行 3 ～ 6 个月后，简化客户化的问题随着业务的增长、需求的增多而逐渐显现。第三阶段是第二阶段客户化的深化和完善，第三阶段的客户化要花费比前两个阶段更多的人力和财力。如果前面没与选中的外包软件服务商谈好协议，就会面临深化客户化实施的费用是否包含在已签的总费用中的问题。除非有明确的规定，这也是一个问题和费用的陷阱。

第四阶段：业务快速成长，现有业务遇到“瓶颈”时，业务流程再造。那时，应该进一步评估是外包合作开发，还是买成熟的软件。依据支持业务发展的需要，第四阶段是选择和实施国外先进的业务系统的阶段。

3. 业务系统客户化的问题和解决方案

当新保险公司开业初期专业人员不足、业务人员不到位时，进行完整的业务需求分析和业务系统差异化分析是很难的，勉为其难作出硬性要求也是不可行的。缺乏业务专业人员的业务分析，业务系统的实施如果按照软件厂商或业务系统集成服务厂商的意愿来进行就会太简单化，不能满足业务要求；如果按照内部业务管理人员的意愿来进行又会过于复杂化，造成业务系统的实施难度大、成本高，导致业务系统实施的失败。

聪明的办法是导入第三方的业务专家，对最佳方案的实施给予指导，帮助完成差异化分析和业务需求分析。这样做弥补了内部人员专业经验的不足和时间不够的缺口。

核心业务系统的实施情况，既关系保险公司业务操作流程的科学有效性，又决定了公司管理质量的高低。就目前情况而言，业界使用的保险业务系统大多是一个公司一个模式。套装的业务系统软件，尽管具备基本功能模块，但都需要客制化，以适应这些模块对应的保险公司业务流程。业务流程设计的科学性和适应性，关系保险公司的经营生产效率和风险管理效果。业务系统的需求分析与客制化管理，决定了核心业务系统实施的成败。

针对新保险公司缺乏业务管理专业人员和大部分业务管理人员还未到位的情况，实施业务系统软件只能借鉴信息技术的专业经验去规划和实施。就业界已有的经验和教训来看，缺乏资深业务专家指导的业务系统实施往往会导致以下不良后果。

(1) 针对性和适应性不足。过于简单化地照搬已有套装软件标配的模式与流程，导致不具备适合公司具体情况的客制化实施条件的情况出现。

（2）过于复杂的客制化。各部门的需求会有矛盾或不匹配的情况，客制化的修改过多，耗时耗费过大，导致核心业务系统实施的失败。

为了避免上述问题的发生，将业务系统软件客制化的实施导入最佳实践的轨道，达到又快、又好、又省的要求，聘用资深的业务专家作为业务系统实施的顾问是一个聪明的解决办法。这样的业务专家应具有业务系统的专业知识、业务流程的管理经验、保险公司业务系统实施和管理的综合经验。由这样的业务专家针对新保险公司的业务系统，参照国内、国外保险业的经验，尤其是国际先进经验，提出业务流程制造和核心业务系统实施的最佳实践指导计划，并参与业务系统实施的项目管理。

10.5　保险信息化外包管理

10.5.1　外包战略的兴起

保险信息化外包是指保险公司整合利用其外部最优秀的专业化资源，由内部开发信息系统转变为从外部供应商处购买，从而降低成本、提高效率，充分发挥自身核心竞争力和增强保险公司对环境的迅速应变能力的一种管理模式。外包战略的实质是保险公司重新确定公司定位，截取保险公司价值链中比较窄的部分，缩小经营范围，重新配置保险公司的各种资源，将资源集中于最能反映保险公司相对优势的领域，构筑自身的竞争优势，使保险公司获得持续发展的能力。

保险信息化外包的兴起有以下深刻的社会经济原因。

首先，保险信息化外包可以精简公司规模，提高对竞争的反应速度。研究表明，保险公司规模与保险公司组织的官僚性之间有很大的相关性和必然性，因此要提高保险公司的反应速度，在时间上获得竞争优势，就必须尽可能地精简公司规模，确保公司业务顺利开展，提升保险公司的竞争能力。而外包战略正好能很好地满足这些要求。

其次，为保险信息化提供服务和支持的相关行业发展趋于成熟。相关行业主要是指各种信息系统开发商或供应商所组成的行业。随着保险信息化相关行业的日趋成熟，保险信息化外包的市场交易成本大大降低，外包的规模会越来越大。

再次，竞争日益国际化的发展，使市场范围大规模扩大，这将促使专业化进一步发展。社会专业化发展的过程必定伴随着的企业调整（主要是缩小）其经营范围，以便更好地利用社会分工所带来的好处。从保险公司的战略角度考虑，将信息化系统外包正是适应专业化发展的趋势。

最后，市场成熟和体制健全也降低了保险公司与信息系统专业开发商之间交易的不确定性，提高了保险公司信息化外包的效率，使外包战略的运营成本大大降低。

10.5.2　竞争优势

保险信息化外包的竞争优势主要体现在以下几个方面。

首先，通过将信息系统开发外包给开发商，保险公司可以集中有限的资源，建立自己的核心能力。“外包”其实是工业经济时代已经形成的社会分工与协作组织在当今知识经济条件下的发展与演化。我国保险公司在信息化建设过程中应借鉴和使用这种新的模式。

其次，通过将信息系统开发外包给开发商，保险公司可以减小公司的规模，精简公司的组织，从而减轻由于规模膨胀而产生的组织反应迟钝、缺乏创新精神等问题，使组织更加灵活地进行竞争。

最后，保险信息化外包能降低信息系统自主开发的风险，并能与合作伙伴分担风险。在迅速变化的市场和技术环境下，通过外包，公司可以与相关信息系统开发商建立战略联盟，利用其战略伙伴的优势资源，缩短信息系统从开发、设计、安装到使用的时间。此外，由于战略联盟的各方都利用了各自的优势资源，将有利于提高信息系统的开发质量，提高信息系统开发的成功率。而且，采用信息化外包战略的保险公司还可以与其战略伙伴共同开发信息系统，达到共担风险的目的，从而降低了由于信息系统开发失败给保险公司造成巨大损失的可能性。

我国保险公司的实力普遍较弱，外包的传统理由更具有实际意义。信息化外包战略将是我国保险公司在信息化建设方面获得竞争优势的一个重要途径，保险公司信息化建设的外包化将成为我国保险公司再造的重要方向。

10.5.3 风险与成本

1. 保险信息化外包的风险

首先，保险信息化外包使保险公司的信息技术人员没有介入系统的开发过程，因此可能会造成后期系统维护，尤其是功能更新的困难，这容易导致保险公司对信息系统开发商的依赖。

其次，保险信息化外包所产生收益分配的不确定性，会使保险公司承担很大的盈利风险。

再次，保险信息化外包有可能对保险公司的信息技术人员产生负面效应。由于担心失业，公司的外包行为会使那些没有被解雇的信息技术人员士气低落，降低了他们的职业道德标准。他们有可能逐步丧失对公司的归属感和责任感，失去做好工作的内在动力，导致整个公司生产效率降低。

另外，保险信息化外包战略可能会使保险公司面临丧失有关公司学习机会和核心能力培养机会的潜在风险。因此，许多在信息化建设方面采取外包战略的公司还保留一定的开发能力，并使公司的系统开发与外包开发商保持紧密的联系，以便保护和发展这种深层次的、跨职能的整合竞争能力，而这些能力是企业取得未来成功的关键。

最后，外包商自身的不足也可能给保险信息化外包带来风险。外包商所提供的服务若未经过精雕细琢和详细策划，则无法满足客户的需要。另外，大多数新兴的应用服务供应商（ASP）所使用的商业模型过于粗糙，外包的服务质量缺乏保障。

当然，从外包业务失败的具体案例来看，外包所存在的问题并非全是外包商的责任，那些在慌乱之中寻求外包业务的公司管理者更负有不可推卸的责任。有些保险公司信息部门的管理者在保险公司陷入重重危机时，就想到将难题甩给外包商去解决，可以说是“濒临失败的 CIO 们的最后一搏”。但事实上，保险公司信息化建设本身问题重重，绝不是简单外包就能解决的。

2. 保险信息化外包的隐性成本

除了支付合同上的费用外，保险信息化外包还存在诸多隐性成本。

首先，寻找目标、签订合同的成本。

其次，移交成本。保险公司自己的信息技术人员花费时间帮助外包商的过程产生了移交成本。成本来自行使合同的最初阶段，外包商无法快速掌握保险公司的业务。因此，业务越复杂、越特殊的保险公司所花费的移交成本就越高。有时，移交过程还需要保险公司将部分信息技术人员派驻到外包商那里。

再次，管理成本。这包括 3 个方面：监控信息化外包商完成合同规定义务的情况；与外包商讨价还价；就需要的合同变更内容进行谈判。

最后，更换外包商的成本。此种隐性成本来自更换外包商或重新在保险公司内部进行信息化建设。

10.5.4　运作方式

1. 保险信息化外包运作方式评估

保险信息化外包的运作方式主要包括“外包什么”和“怎样外包”这两个问题。根据上述外包获得的竞争优势和外包引起的风险分析，可以认为，保险信息化战略制定者首先应针对每一个可能外包的环节和相应的外包方式（主要是指外包合同所规定的双方的权利和义务），从以下 3 个方面对其进行评估。

（1）在考虑交易成本的前提下，针对某个环节，外包战略可能给公司带来的竞争优势是什么。

（2）该项活动被外包出去后，由于市场失灵和合同的不完备对公司造成的可能伤害有多大。

（3）通过合同条款的设计，使公司对外包的活动有较好的控制，并有一定的灵活性，以适应最终市场的需求变化。

通过外包能给保险公司的信息化建设带来很大的竞争优势，同时公司也由此承担了不同程度的风险，因此公司应对信息化外包实施相应程度的控制。从本质上说，任何保险信息化外包的决策都不是在利用外包与自己独立开发之间进行选择，而是在开发商的独立程度与发包者的控制力之间建立有利于双方的平衡，即在激励开发商与确保发包者的安全之间建立有利于双方的平衡。如果双方在设计外包的治理机制时，过多地强调了开发商的独立性，这将使开发商有更大的行动空间，有更多的激励去对生产或开发活动进行管理，但是这却会伤害发包者的控制力，从而提高发包者的风险，降低发包者通过外包所获得的收益，最终将影响到发包者的积极性。当发包者和供应商之间的关系处理得不太合理时，必然会破坏两者的平衡，造成一方收益的增加和另一方收益的减少，并且一方获得收益的增加量小于另一方收益的减少量，没有实现资源的最优配置，因此需要适当调整治理机制，以期增加双方的收益，并降低外包的风险。

2. 外包内容的选择

关于外包内容的选择应遵循以下 4 条原则。

（1）公司不应外包那些利用了自己核心能力的业务。

（2）公司不能把那些对整个业务的顺利开展具有决定性影响的业务外包出去。

（3）公司战略的决策者不应把那些有可能使公司形成新的竞争能力和竞争优势的学习机会的业务外包出去。

（4）把价值链的某环节外包出去，并不意味着彻底放弃。另外，有时为了能与承包商配合默契，也应在自己外包的环节上有所保留。

3. 承包商的选择

保险公司在确定外包的内容后，接下来就要考虑如何选择承包商。首先，选择比较时不能仅以价格作为唯一的标准，因为报价仅仅是外包成本的一部分，承包商的信誉、质量等也会影响后续的成本及整个项目的发展。此外，保险公司还需根据市场的竞争程度及自身的状况，考虑所选承包商的强弱。太强有力的承包商可能会反过来控制保险公司，最终可能会使保险公司遭受巨大的损失；承包商过于弱小，又无法提供良好的产品或服务。

保险公司选择外包方式时，要考虑的因素有外包内容的战略定位、外包资源的专用性程度、交易频率、承包商市场的成熟度、保险公司自身实力及其他一些不确定性因素等。保险公司应据此选择适合的外包方式，在承包商的独立程度与本保险公司控制力之间建立有利于双方的制衡，使风险和收益得到理想的平衡。

最后，保险公司必须认识到，外包战略并不是孤立的，它的有效实施还需要保险公司的内部管理与之配套；外包战略也不是静态的，需要保险公司动态地去控制、考评和不断修正。

复习思考题

一、概念题

保险信息　　信息管理　　CIO　　保险信息化外包

二、思考题

1. 什么是保险信息？保险信息有哪些特征？
2. 保险信息有哪些功能？
3. CIO 在保险信息管理中有何地位？
4. 保险信息化外包有哪些竞争优势？
5. 信息管理一般要遵循哪些原理？

第 11 章 保险企业的人力资源管理

人力资源是保险企业的第一资源，它对保险业的发展起着决定性作用。因此，对人力资源的管理是现代保险管理的核心内容之一。

11.1 保险企业人力资源管理概述

11.1.1 保险企业人力资源和人力资源管理的概念

1. 保险企业人力资源的概念

保险企业人力资源是指能够推动保险企业和行业业务发展的，能为保险企业及行业发展创造物质财富和精神财富的所有员工。

人力资源是保险企业最重要的资产，是保险企业发展的必要条件，直接关系企业的命运和前途。

2. 保险企业人力资源管理的概念

保险企业人力资源管理是对保险企业人力资源的取得、开发、保持和利用等方面所进行的计划、组织、指挥和控制的活动。人力资源管理又称为现代人事管理，是研究组织中人与人关系的调整、人与事的配合，以充分开发人力资源，挖掘人的潜力，调动人的积极性，最大限度地提高劳动效率，从而取得最大经济效益的管理活动。

11.1.2 保险企业人力资源管理的任务与职能

1. 保险企业人力资源管理的任务

保险企业人力资源管理的基本任务是根据保险企业发展战略的要求，通过有计划地对人力资源进行合理配置，加强企业职工的教育培训和人力资源的开发，建立各种激励机制，激发职工的积极性，充分发挥职工的潜能，做到人尽其才、才尽其用，从而推动整个保险公司各项工作的开展，确保保险公司战略目标的实现。具体来说，保险公司人力资源管理的任务主要有以下 4 项。

（1）通过规划、组织、调配、招聘等方式，保证以一定质量和数量的劳动力和各种专业技术人才，来满足保险公司业务发展的需要。

（2）通过有计划、有针对性地对本企业员工及代理人的科学培训，不断提升他们的专业素养和业务技术能力及水平。

(3) 结合员工的具体生涯规划和发展目标，做好员工的选拔使用、考核和奖惩等工作，创造一个能有效发现人才、合理使用人才和充分发挥人才作用的环境平台及组织机制。

(4) 根据现代企业制度的要求，做好工资、福利等工作，注意协调劳资关系，不断增强企业员工的向心力和凝聚力。

2. 保险企业人力资源管理的职能

现代保险企业人力资源管理的职能主要体现在人力资源规划、工作分析、招聘和使用、培训与开发、绩效管理、薪酬和福利，以及沟通和激励等职能性工作中。每部分即相互独立又有机结合。

1) 人力资源规划

人力资源规划是保险企业整体规划的一个有机组成部分，是联系企业整体规划和具体人力资源活动的桥梁。根据保险公司的发展战略、发展目标和保险公司内外部环境的变化，提供具体的人力资源的行动计划，如人员招聘计划、人员使用计划、人员提升计划、教育培训计划、工资计划、保险福利计划、退休计划等。通过人力资源规划的制定，确保保险公司在适当的时间和不同的岗位获得适当的人选（包括数量、质量、层次、结构）。一方面，满足保险企业对人力资源的需要，保证人力资源管理活动与保险企业的战略方向及目标相一致；另一方面，保证人力资源管理活动的各个环节相互协调，最大限度地开发利用保险企业现有职工的潜力，使保险企业和职工的需要得到充分满足。

2) 员工的招聘、选择和人事安排

保险企业人力资源部门针对人力资源所需要增加的人才，制订人才招聘计划，具体包括预测各年度所需人才，并计算考察可由内部晋升调配的人数，确定年度必须向外招聘的人才数量，根据所需招聘人员的质量与数量制订招聘计划，确定招聘方式，并对所聘人才合理安排工作职位，以防止人才流失。当然，如果公司现有职工大于所需数量，也可以制订裁员计划。人员的招聘可以保证公司人力得到充足的供应，对新成立的保险公司来说，如果不能招募到符合公司发展目标的人员，完不成公司最初的人员配备，公司就无法正常运营；对于已经运作的保险公司来说，人力资源的使用配置也会由于企业计划、任务和组织结构的变动，以及某些自然原因而处于经常的变动中，需要定期招聘补充职工。因此，选择最合适的求职者并录用安排在适当的职位上，是保险企业人力资源管理的一个重要内容。

3) 员工结构的合理配置

保险企业员工结构的合理配置是指保险企业根据自身的经营目标和工作任务需求，按照分工协作的原则，将不同类型和不同层次的员工进行合理配置和有机结合，以充分调动员工的工作积极性，使员工以满腔热情投入工作。

员工结构的合理配置包括以下3个方面。

(1) 保险企业的正常运营需要各部门的协调与配合。保险企业可以根据自身实际情况设置市场企划部、营销部、承保部、精算部、理赔部、客户服务部、法律部、信息管理部、投资部、人力资源部、财务核算部、审计部等，对各部门的员工结构进行合理配置。员工结构可分为年龄结构、知识结构、能力结构和性别结构。年龄结构是指老、中、青不同年龄层次的员工结构；知识结构是指按员工受教育程度和受教育的专业分类；能力结构是指根据不同员工的能力和适用性将员工分为管理型、实干型和公关型3类；性别结构是指男女员工的比例配置。保险企业的人力资源管理部门根据各部门的职能和特性，将员工按员工结构合理配置。例如，营销部门应配备一些年富力强，富有开拓和闯劲的员工，并且男女员工应保持适当的比例；精算部应配备理工类，对整个宏观经济、保险经营内部环境和风险有比较敏锐洞察力的员工等。

（2）员工结构的合理配置还要求各部门所拥有的员工之间保持一个合理的数量比例。一般来说，业务部门的员工应多于行政后勤工作的员工，营销部门的员工应多于承保部门的员工，投资部门的员工应多于财务核算部门的员工。各险种业务的员工也应按险种业务量的大小合理分配。

（3）员工结构的配置要有利于调动员工的积极性和创造性，使员工真正做到人尽其才、才尽其用。保险企业的人力资源部门应根据保险企业既定的经营目标和企业存在的员工结构问题，做好员工招聘、晋升和培训工作；根据保险企业经营战略目标变化和内外环境的变化调整员工结构；了解每个员工的兴趣、特长、能力和价值观等，将员工配置到最能发挥作用的部门和岗位上。

保险企业员工结构的配置是否合理，不仅关系保险企业各项工作能否很好地配合和衔接，而且还关系员工的主观能动性和工作积极性的发挥，最终影响保险企业经营活动的正常进行。因此，对保险企业的各项工作配备不同类型的员工，使各类员工之间保持一个合理的数量关系，是保险企业人力资源部门的重要任务。

4）员工的教育、培训和开发

保险行业的业务性和技术性强，新险种的开发、保险条款的制定、保险费率和责任准备金的精算、风险管理的加强、IT 技术的广泛应用等都必须有专门的人才进行管理。不仅如此，还由于保险业务涉及面广，公共性和社会性强，尤其是在科学技术突飞猛进的今天，更要求保险企业一般的业务工作人员都必须具备较高的业务素质。因此，加强对员工的继续教育和培训，使员工能够了解和接受最新的科技知识，提高员工的职业道德素质和服务精神，直接关系保险企业的经营管理水平和劳动效率。

5）员工工作评价和考核

考评是对企业员工的业绩进行评价并确定其优劣程度的一种手段，是保险企业人力资源使用和配置的重要环节，也是加薪、奖励、调配、晋升的基础。通过对员工的评价与考核，不仅可以帮助企业公平地决定员工的地位和待遇，提高和维持企业的经营效率，而且可以促进企业人力资源的开发和合理使用，协调企业与员工的关系。

6）员工职业生涯开发

保险企业人力资源部根据员工个人的性格、气质、能力、兴趣、价值观等特点，结合保险企业的发展需要，为员工制订一个事业发展计划，不断开发员工的潜能和创造性。

7）工资福利

保险企业根据员工工作绩效的大小和优劣，给予不同的报酬和奖励，以激发员工的工作积极性。

11.1.3　保险企业人力资源管理的原则与意义

1. 保险企业人力资源管理的原则

保险企业人力资源管理是一项政策性和科学性很强的工作，要真正发挥人力资源部门的作用，人力资源管理时必须遵循以下6项原则。

1）协调原则

协调原则，一方面要求保险企业的人力资源管理体制与国家的政治、经济、文教等体制的发展相协调，以保证保险企业人力资源管理的统一性、政策性和适应性；另一方面在保险企业经营管理过程中，保险企业经营的各个环节、各个部门及每个职工之间的关系要协调和衔接，使全体员工分工协作，紧密配合，各尽所能，充分发挥职工的积极性和能动性。

2）任人唯贤原则

任人唯贤原则是保险企业人力资源管理的根本指导原则，尤其是竞争焦点集中在人才竞争的今天，任人唯贤原则对保险企业人力资源管理尤为重要。只有把有才能的人提拔到能真正发挥他们能力的岗位上，才能充分发挥他们的主观能动性，创造良好的经济效益。

在贯彻任人唯贤原则时，对员工的信任和尊重也是非常重要的。信任是最高的奖赏，信任会使人产生荣誉感，激发责任心。保险企业的人力资源管理部门要充分信任担任着繁重业务和管理工作的全体保险员工，相信他们有能力完成各自承担的任务。尊重是人类的基本需要之一，对员工的尊重体现在对其品格、能力、工作态度和劳动业绩的正确评价，也体现在员工工资、奖励、晋升等方面，根据个人的专长分配相应的工作，评聘相应的职称，委任相应的职务，并对员工的业绩和失误进行奖惩。

3）能位相宜原则

能为相宜原则的“能”是指才能、能力；“位”是指职位、岗位。它要求保险企业的人力资源管理部门根据每位员工的才能，把他（她）放在相应的工作岗位和职位上，或者根据不同工作岗位和职位对能力的要求，配备具有相应能力的员工，保证工作岗位的要求与人的实际能力相一致。能位适宜度越高，说明能位匹配越适当，位得其人，人适其位，不仅可以提高工作效率，还能促进员工能力的提高和发展。因此，知人善任，按照岗位、职业的要求，量才使用，才能取得最佳的能位适应度。

4）群体合力和互补原则

群体合力和互补原则是指充分发挥每位员工的特长，采用协调与优化的方法，扬长避短，聚集团体的优势。根据群体合力和互补原则，保险企业的人力资源管理部门，一方面要在保险企业经营目标的指引下，恰当地将不同的个人协调地组合成一体，处理好员工之间的人际关系，努力消除他们之间的矛盾，把群体内的内耗降到最低程度，把群体内的内耗力最大地得到扼制，使全体员工团结一致，齐心协力，充分发挥团队的强大合作力；另一方面每一个员工不可能十全十美，但作为群体，可以相互结合，取长补短，通过个性的互补、年龄体力的互补、知识技能的互补、组织才干的互补等，组合成最佳的结构，最大限度地发挥群体作用，实现个体不能达到的目标。

因此，保险企业的人力资源管理部门在组建人力资源结构时，必须充分意识到这种互补效应。只有具有互补效应的人力资源结构，才能充分发挥个体优势和集体力量，进而产生最佳效应。

5）激励原则

保险企业人力资源管理的中心任务是如何激励每位员工的工作积极性和创造性，使他们切实感受到才有所用、劳有所得、功有所奖，自觉努力地为企业服务。在人力资源管理中，实行激励原则的目的是满足员工的各种需要和顺利实现企业的经营目标，它是挖掘人力潜力和提高人力利用效率的主要条件。根据激励原则，保险企业人力资源管理部门要根据员工的心理需要，制定激励政策，运用精神激励和物质激励相结合的工作方法，使激励措施与员工的行为规范相一致，通过工资、奖金等经济杠杆来调节员工的行为，使员工的劳动报酬与企业的经营效益挂钩，发挥员工的积极性和创造性，达到充分利用人力资源，提高保险企业经济效益的目的。

6）动态适应原则

一切事物和现象都处在变动之中，人与事相适应是相对的，是在动态过程中实现的。动态适应原则，要求保险企业人力资源管理部门在动态中用好人、管好人，充分利用和开发人的潜能和聪明才智。随着企业经营状况的变化，企业的员工也处在变动中，员工要有上有下、有进有出、有升有降，根据变化的情况不断调整，合理流动。只有对人力资源实行动态化管理，才能充分发挥每位员工的潜力和优势，使企业和个人受益。

2. 加强保险企业人力资源管理的意义

1）提高保险企业的劳动效率和经济效益

保险企业经营管理的目的是提高保险企业的劳动效率和经济效益。为达到这一目的，保险企业会想方设法改善经营管理，改进保险经营技术，努力降低保险经营成本。要做好这一切，关键在于人，在于保险企业员工的文化技术素质和精神思想素质。保险企业对人力资源的运用和开发、配置和管理，直接关系保险企业的经营效益。因此，科学的人力资源开发管理是提高保险企业经济效益的途径；同时，不断提高的经济效益，又是保险企业人力资源开发管理的目的。

2）促进保险企业员工的全面发展

员工现代化素质的提高与积极性的充分调动和发挥，是实现保险企业经济效益的决定性因素。科学的人力资源管理不是为管理而管理，而是挖掘员工的潜能，运用适当的激励机制，充分调动员工的积极性和创造性，提高员工的生活水平，促进员工全面发展，使各类员工适得其所，真正实现自身的价值。

人力资源管理是保险企业管理的一项重要任务，只有做好人力资源管理工作，企业的发展才有保证。并且，企业发展的结果和效益的提高，又成为充分调动劳动者潜能和积极性，使之全面发展的物质保障。因此，获取最大经济效益、促进劳动者全面发展应作为保险企业的双重任务，两者相互促进、相互推动，使保险业的发展步入良性循环的轨道。

3）有利于建立现代保险企业制度

科学的企业管理制度是现代企业制度的重要内容，而人力资源管理是现代企业管理中最重要的组成部分。因为，人力资源是现代科技的发明创造者和载体，人力资源所表现的凝聚力、创造力是企业的动力和活力所在。作为保险企业来说，只有拥有一流的人才，才会有一流的计划、一流的组织和一流的领导，才能充分有效地应用一流的现代管理技术，才能开发一流的保险产品。要提高保险企业的经营管理水平，关键是提高保险企业员工的素质。因此，加强对保险企业人力资源的管理，是实现保险企业管理由传统管理向现代管理和科学管理转变的不可缺少的一环。随着现代保险企业制度的建立，保险企业人力资源管理的重要性将越来越明显。

为适应现代保险企业制度的需要，充分发挥人力资源管理的作用，首先，保险企业人力资源管理部门的领导必须是优秀的管理专家或心理学家、出色的组织者，同时又是企业的决策人物之一；其次，人力资源管理部门必须拥有专家组成的智囊团，为企业人力资源的开发献计献策；再次，人力资源部门的管理方式应由单纯的管人方式向发现人的潜力、开发人的潜力、追踪人的发展、促进人的发展的方式转变，对各类人员的配置使用、劳动报酬、绩效考核、业务培训、工作条件和环境等方面实行预见性的管理，明确保险企业人力资源管理的核心实质是挖掘人的潜能，充分调动人的积极性、创造性，把员工的心凝聚到企业的事业中。

11.2 保险企业人力资源规划与岗位管理

11.2.1 保险企业人力资源规划

人力资源规划是人力资源管理的初始环节，是人力资源管理活动的起点。搞好人力资源规划对于搞好整体人力资源管理、确保企业生存发展过程中对人力资源的需求、保障人力资源管理工作的有序化等具有重要作用。

1. 人力资源规划的概念

人力资源规划是指保险企业从自身的发展目标出发，根据其内外部环境的变化，科学地预测、分析人力资源供给和需求状况，制定必要的政策和措施，以确保公司在需要的时间和需要的岗位上获得各种合适的人力资源（包括数量和质量）的过程，使公司和员工个人获得长期的利益。

（1）保险企业人力资源规划要考虑环境。无论公司的内部环境还是外部环境，都是不断变化的。公司对人力资源的需求和市场上人力资源的供给也是不断变化的。这就要求保险公司必须动态地对人力资源供需情况进行科学的预测和分析。

（2）保险企业应制定必要的人力资源政策和措施。人力资源部门应在公司战略与公司总体人力资源规划的指导下，通过各人力资源子系统的作用，保证人力资源的供求平衡，确保公司对人力资源的需求能够及时满足。

（3）在保险企业发展过程中，必须兼顾员工个人利益。关心员工个人目标的实现，使个人目标与企业目标有机结合起来，让企业和员工个人均能获得长期的利益。

2. 保险企业人力资源规划的内容

人力资源规划有两个层次：第一层次，总体的人力资源规划，主要是关于保险企业人力资源开发和利用的总的战略目标、总的政策措施、总的筹划安排、总的实施步骤和总的预算方案，从方向上对人力资源的开发和管理做出安排；第二层次，具体的人力资源规划，亦称人力资源计划，是人力资源总规划的分解，包括人员补充计划、人员配置计划、接替提升计划、培训开发计划、薪酬激励计划、员工关系计划和退休解聘计划等。这些具体的计划都由目标、任务、政策、步骤和预算构成，从不同角度保证人力资源总体规划的实现。

表 11-1 列出了人力资源规划及其具体内容。

表 11-1　人力资源规划的内容

计划类别	目　标	政　策
总规划	总目标：人力资源供需平衡、绩效提升、员工满意度提高等	基本政策：扩大、收缩、保证稳定等
人员补充计划	类型、数量、层次、人员素质结构改善	人员资格标准、来源范围、起点待遇
人员配置计划	部门编制、人员结构优化、职位匹配、轮换	任职条件、职位轮换范围和时间
接替提升计划	后备人员数量保持、结构改善	选拔标准、提升比例、对提升人员安置等
培训开发计划	培训的数量和类型、提供内部的供给	培训计划的安排、时间和效果的保证
薪酬激励计划	劳动力供给增加、士气提高、绩效改进等	工资政策、激励政策、激励方式等
员工关系计划	劳动效率提高、员工关系改善、离职率降低	民主管理、加强沟通
退休解聘计划	编制合理、劳动力成本降低、生产率提高	退休政策和解聘程序

11.2.2　保险企业岗位管理

1. 保险企业岗位管理的原则

（1）战略与工作导向原则。根据公司的总体战略，并结合公司的价值取向、关键流程和组织架构，基于工作的需要，合理设置、科学管理各工作岗位。

（2）统一规范、动态管理原则。按照相对统一的标准对岗位序列和级别体系进行系统、规范的管理，并根据实际情况的变化适时进行调整。

（3）分类分级管理原则。根据各岗位的工作性质、工作特点及所担负的职责等，科学评估岗位价值，将岗位划分为不同的序列和级别，实施分类分级管理。

2. 岗位设置与岗位序列

保险企业因经营的业务种类不同、规模不同、发展的阶段不同，其岗位设置存在差异。例如，保险企业可以根据工作性质与特点和职责不同，将岗位划分为管理类和非管理类。管理类又进一步划分为经营决策类和一般管理类；非管理类又进一步划分为专业技术类、销售类和操作类等。对各类岗位，根据工作难易程度、责任轻重和所需任职资格条件等，分别设定不同的层级，建立不同的岗位序列。

××××寿险分公司和支公司岗位序列划分如下。

（1）经营决策类岗位。此类岗位主要是指担负经营决策责任的各级机构的经理室成员，包括分公司、支公司和营销服务部的总经理、副总经理、总审计师、总经理助理等。其中，分公司本部决策类岗位由总公司管理，支公司和营销服务部的决策类岗位由分公司管理。

（2）一般管理类岗位。此类岗位主要是指从事行政管理、销售管理、业务管理等后台支持工作的岗位。根据与业务销售的关联程度，又分为销售管理类（团险、个险、中介等销售管理部门的岗位）和非销售管理类（与业务销售非直接相关的其他部门的岗位）。分公司本部管理类岗位设督导员、部门总经理（副总经理）、资深主管、主管、协管、主办、经办等层级；支公司和营销服务部管理类岗位可设立资深主管、部门经理（副经理）、主管、主办、经办等层级。

（3）专业技术类岗位。此类岗位主要是指承担专业技术领域的具体工作，以独立完成权限内的专业技术任务为主要工作内容的岗位，包括精算、信息技术、财务、核保、核赔、讲师等。

精算类岗位设高级精算分析师、精算分析师、精算分析员等层级；信息技术类岗位设高级系统工程师、系统工程师、助理系统工程师等层级；财务类岗位设高级财务分析师、财务分析师、助理财务分析师等层级；核保类岗位设高级核保师、核保师、助理核保师等层级；核赔类岗位设高级核赔师、核赔师、助理核赔师等层级；讲师类岗位设高级讲师、讲师、助理讲师等层级。

分公司本部可设立高级、中级、初级专业技术类岗位。基层公司设置专业技术类岗位需报分公司审批。

（4）销售类岗位。此类岗位主要是指直接从事保险销售业务（不包括个人代理人的营销业务）的岗位。销售类岗位可设立销售部经理（副经理）、首席客户经理、资深客户经理、高级客户经理、客户经理、客户代表等层级。

（5）操作类岗位。此类岗位主要是指具体承办辅助性工作，以服务质量和劳动数量等为主要工作成果的岗位，包括业务结算、出纳、收发、文印、安全保卫、后勤保障和业务处理等操作性岗位。操作类岗位统称为协办。

3. 岗位评估

岗位评估是指在岗位分析的基础上，综合考虑各方面因素，按照科学、系统的方法，对岗位的责任大小、工作强度、所需资格条件等特性进行评价，从而确定岗位之间相对价值的过程。

岗位评估需要考虑的主要因素如下。

（1）知识技能方面，包括知识经验、管理技能、人际关系技能等。

（2）解决问题的能力方面，包括解决问题需要思考的环境和创新的挑战等。

（3）责任性方面，包括采取行动的自由度、工作成果所影响的范围与性质等。

11.2.3 保险企业人员招聘与员工培训

1. 保险企业人员的招聘

1）保险企业人员招聘的含义

保险企业人员招聘是指保险企业通过招募、选拔、录用、评估等一系列活动，实现所招聘人员与待聘岗位有效匹配的过程。

一般来说，人力资源招聘的前提有两个：① 人力资源规划，从人力资源规划中，公司可以得到人力资源的净需求，准确了解需要招聘的部门、职位、数量、时限、类型等因素；② 工作描述与工作说明书，主要是为人力资源录用提供主要的参考依据，同时也为应聘者提供关于该工作的详细信息。根据人力资源规划和工作分析，公司就可以制订具体的招聘计划，详细指导招聘工作顺利地开展。

人力资源招聘过程包括招募、选拔、录用、评估等一系列环节（见图 11-1）。

（1）招募。招募是保险企业获取人力资源的第一个环节，也是人员选拔的基础。其内容包括根据公司所需人员拟订招聘计划、上报上级审批、招聘信息发布和接受应聘者申请等。

（2）选拔。选拔是企业从人、事两个方面出发，根据所招募工作职位的特点和要求，

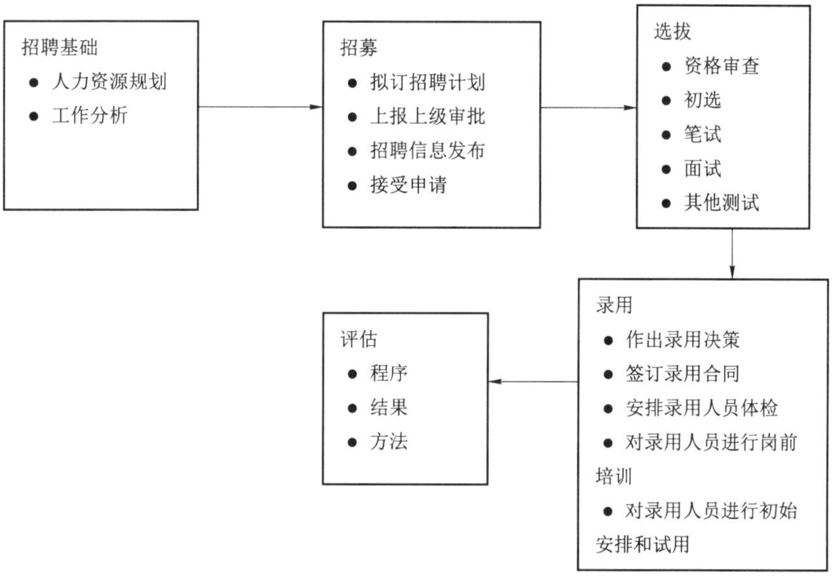

图 11-1　人力资源招聘环节

选择恰当的选拔测评方法，以最低的成本，确保人与职位的最佳匹配。选拔包括资格审查、初选、笔试、面试与其他测试等。

（3）录用。保险企业通过选拔过程产生的信息，确定每一位应试者的素质，根据预先确定的人员录用标准与录用计划进行录用决策。其主要包括作出录用决策、签订录用合同、安排录用人员体检、对录用人员进行岗前培训、对录用人员进行初始安排与试用等。

（4）评估。评估是保险企业对整个招聘活动的效益与录用人员质量的评估。其主要包括招聘程序的评估、招聘结果的评估、招聘方法的评估等。

2）保险企业人员招聘的途径

保险企业人员招聘的途径可以分成内部招聘和外部招聘两种基本类型，相应地，招聘渠道也可以分为内部渠道和外部渠道。保险企业可以根据自己的需求和实力，选择合适的招聘渠道。

（1）外部招聘。外部招聘是面向社会，向公司以外的一切合适人选开放，按照公平竞争的原则公开招聘人员。

① 通过人才交流会招聘。人才交流会是目前招聘员工的主要途径之一。公司在人才交流会上摆摊设点，以便应征者前来咨询应聘。这种招聘方法的主要优点是无私人纠葛，可公事公办，按标准招聘。从人才交流会上可直接获取应聘人员有关资料，如学历、经历、意愿等。这种招聘可以节省时间和精力，见效快。

② 广告招聘。广告招聘是被广泛使用的外部招聘方法。该方法利用各种广告媒体和宣传媒介广泛向外界发布招聘信息，吸引社会的人才前来应聘，并对应聘者进行一系列的资格审查、能力考核和测试后选拔出能胜任该职务的人。最常见的广告媒体是报纸、电视、广播、有关专业期刊等。这种途径费用低，又有可保存性，且发行量较大，信息扩散面广，可吸引较多的求职者，备选比率大，并可使应聘者事先对本公司情况有所了解，减少盲目应聘。

③ 网络招聘。随着信息技术和互联网的发展，越来越多的公司开始通过互联网招聘人才。人事经理发现，他们可以接触更多的人，选择的幅度也更大，可以选择需要的人才类型。网络招聘方便，回应和周转快，使用容易且成本低。

④ 校园招聘。校园招聘是指公司到大专院校或职业学校挑选合适人员的方式。这种方式越来越成为保险企业常用的招聘手段。校园招聘与社会招聘有很大的区别，它的招聘周期较长，从供需洽谈会的见面到人事关系的结转一般需要半年左右的时间。这种渠道招聘员工有以下优点：能够比较集中地挑选员工；大学生由于受过良好的高等教育，并系统地学习了专业方面的理论知识，为今后的培训奠定了基础；大学生往往因为刚刚参加工作，对工作充满了热情，一般较为积极主动；从薪金上，比招聘具有工作经验的员工代价要小些。

⑤ 人员举荐。人员举荐一般是由本公司员工或关系单位主管推荐公司外部人员来填补职位空缺的外部招聘办法。由于是针对空缺岗位的具体要求进行推荐，一般都具备担任该职位的能力，这样能够避免在用其他方法招聘时，由于许多完全不符合招聘条件的应聘者前来应聘，而给招聘人员带来额外的工作量。因为是熟人推荐，在事先已有进一步的了解，可以节约招聘双方程序和费用。尤其对一些关键岗位的职位空缺人员，如专业技术人员和管理人员，可以使用此种外部招聘方法。

外部招聘除以上途径外，还有其他渠道，如职介所、猎头机构等，这里不一一叙述。

（2）内部招聘。内部招聘是由保险企业内部员工自行申请适当位置，或者由他们推荐其他候选人应聘。许多规模较大、员工较多的公司有时采用这种方式。这种招聘主要是挖掘内部人才潜力，让人才各得其所。利用这一渠道有许多优点。

① 能够简化招聘程序，减少招聘费用。人力资源部门对应聘者都有一定了解，可通过多种渠道获取该员工是否符合招聘职位要求的相关信息，可以减少岗位培训费用。

② 降低招聘风险。从选拔的有效性和可信度看，不存在逆选择问题。尤其是招聘一些关键的管理人员时，企业可以通过选拔内部成员来规避由于对应聘者缺乏了解而承担的风险。同时，应聘者由于已对工作及公司的性质有相当的了解，工作时可以减少因生疏而带来的不适应和恐惧，从而降低退职率。

③ 有效地激励员工，为员工提供更好的成长发展机会。

④ 便于沟通，有利于提高工作效率。被录用者与企业员工比较熟悉，彼此有责任要把工作做好，相互容易沟通，利于提高团队的工作效率。

2. 保险企业员工培训

1）保险企业员工培训的含义

员工培训是指保险企业为了实现自身和员工个人的发展目标，有计划地对全体工作人员进行培养和训练，使之提高与工作相关的知识、技能、态度等素质，以适应并胜任职位工作。

这一定义具体包括以下4个方面的内容。

（1）培训的最终目的是实现公司和员工个人的发展目标。

（2）培训的直接目的是提高员工的素质，使之适应和胜任职位工作。

（3）培训是一项涉及全体员工的制度化的人力资源管理活动。

（4）培训是一项需要精心筹划的系统工程，因为培训必须服务于企业发展的战略目标，培训与其他部门的工作密切相关，培训本身又涉及诸多决策问题，如决定培训人员、确定培训目标、设计培训内容、区分培训种类、选择培训方式、评价培训效果等，所有这一切都需要系统安排。

2）保险企业员工培训的基本原则和目标。

（1）保险企业员工培训的基本原则。

① 坚持培训与使用相结合。员工培训与员工成长、公司发展紧密相关。在选拔使用人才时，要将培训部门的继续教育档案和本人运用知识的能力作为重要的考核内容，实行先培训后上岗（转岗、晋升）及上岗后的继续教育，建立人才培养与使用相结合的员工终身教育体制。

② 坚持按需培养，学以致用。以市场为导向，以公司发展目标和员工需求为依据，科学确定培训内容和方法，提高培训的针对性、实效性。

③ 突出培训重点。围绕公司业务发展战略和总体目标，注重岗前员工培训，经营管理岗位人员和专业技术岗位人员的培训，达到加强素质教育及紧缺急需人才培养的目的。

④ 坚持培训创新，提高培训质量。遵循人才培养规律，创造性地开展工作，在培训内容、方法、手段与管理方式等方面融入改革和创新意识，逐步建立与现代保险企业相适应的培训机制，实现培训由知识型向能力型、由普通型向提高型、由传统型向创新型转变，加强教学管理，强化保证措施，严格考核评估，使培训的产出与投入之比达到最大化。

（2）保险企业员工培训工作的目标。

① 公司培训的宗旨是使员工的知识结构和技能能够适应变化的经营环境和管理平台，增强公司竞争能力。

② 开展多层次、多形式、教学方法各异的员工培训活动，满足各级各类培训的需求。

③ 培训既要注重近期实效性，又要考虑长期性的员工潜能开发和知识储备。

④ 建立分级分类培训制度，重视考核，持合格证上岗。

3）保险企业员工培训的主要形式及其内容

（1）入职培训。入职培训是指公司在新员工已经进入企业之后所从事的提高这些员工价值的人力资源管理活动。入职培训的主要目的是让员工尽快熟悉公司、适应环境和形势。入职培训主要强调基础性培训、适应性培训和非个性化培训，使员工对新的工作环境、条件、人际关系、应尽职责、规章制度、组织期望有所了解，使其尽快融合到组织之中。

（2）岗位培训。岗位培训是公司员工培训的一种基本形式和工作重点，强调按职务岗位需要进行培训，以确保员工上岗任职的资格和能力为出发点，使其达到本岗位要求，其实质是提高从业人员总体素质。

岗位培训按照岗位工作性质可分为以下 3 种。

① 专业技术岗位培训。专业技术岗位培训是指对各级从事保险业务运作的人员进行培训。例如，寿险公司包括从事下列工作的各级人员：精算、业务管理、个险、团险、健康险、资产管理、资金运用、风险管理、计划财务、信息技术等。对这类人员，要求其在一定时间内实现培训考试合格后持证上岗。培训形式除了举办各种脱产培训班外，还可以选拔优秀骨干到国内外学习。鼓励参加社会上的各种资格考试等，重点加强核保理赔、计算机应用、业务管理等专业人才的培训，使其及时掌握相应专业的新知识、新技能，不断提高专业水平，打造出一支较强的专业技术人员队伍。

② 经营管理岗位培训。经营管理岗位培训是指对各级从事经营管理工作的人员进行的培训。对各级管理人员的培训可以通过举办各种培训班，或者与高校举办研修班和定期轮训

等多种形式。吸取和借鉴国外保险的经营管理经验，提高科学经营管理水平，提高管理层的学历结构、知识结构和领导才干。

③ 综合管理岗位培训。综合管理岗位培训是指对各级从事公司内部管理工作岗位人员进行的培训，如对行政管理、发展规划与研究、人力资源管理、教育培训、稽核，党（团）务、纪检监察、工会、后勤保障等部门工作人员的培训。主要通过定期、不定期举办培训班，专题讲座，以会代训等各种形式的培训，充实新知识、新观念、新技能。

11.3 保险企业的绩效管理与薪酬管理

11.3.1 保险企业的绩效管理

1. 绩效与绩效评估

1）绩效及其特征

绩效是指个体或群体的工作表现、直接成绩和最终效益的总和，即保险企业员工在工作过程中表现出来的工作业绩（工作的数量、质量和社会效益等）、工作能力、工作态度和个人品德等。

绩效具有以下 4 个显著特征。

（1）多因性。绩效的多因性是指绩效的优劣不是取决于单一的因素，而是由多种因素共同决定的。影响员工工作绩效的因素主要有能力、技能和环境。其中，能力和技能为员工自身所拥有，属于主观因素，直接对绩效产生影响；而环境则是客观因素，对绩效产生间接影响。

（2）多维性。绩效的多维性是指员工的工作绩效是通过多方面表现出来的。例如，在考评保险企业业务人员的绩效水平时，不仅要考评保费收入，而且要考评保单质量，还要考评该员工的出勤情况、团结意识、服务意识、纪律意识等。在考评时，应全面考评，综合分析，通过综合评价各种指标才能得出比较正确的结论。

（3）动态性。绩效的动态性是指员工的绩效在不同时期会有所差异。原来较差的绩效可能会变好，原来较好的绩效可能会变差；一段时期可能具有较高的绩效水平，另一段时期可能具有较低的绩效水平。公司应用动态的眼光来考评员工，而不能一成不变地观察和考评员工。尤其是在确定考评周期时，应充分考虑绩效的动态性特征，具体情况具体分析，从而确定恰当的绩效周期，保证公司能根据评价的目的及时掌握员工的绩效情况，并减少不必要的管理成本。

（4）差异性。绩效的差异性是指员工从事不同的工作会产生不同的绩效，不同的员工从事相同工作的绩效也截然不同。例如，保险企业对管理岗位员工而言，主要考评其管理能力和经营绩效（规模、利润）、团队建设和员工发展；对技术岗位员工而言，主要考评其专业能力和工作目标的完成；对展业岗位员工而言，主要考评保费收入和业务质量等。

2）绩效评估及其作用

绩效评估是根据一定的目标、程序，采用一定的方法，对员工在一个既定时期内的绩效作出评价的过程。绩效评估要从工作成绩的数量和质量两个方面对员工的绩效进行系统的描述。绩效评估涉及观察、判断、反馈、度量、组织介入，以及人们的感情因素，不仅是一个包含人和数据资料在内的对话过程，而且是一个信息获得和应用的过程，既涉及技术问题，也涉及人的问题。

绩效评估具有 3 个特点：① 综合性，考评是面向公司所有员工和所有环节的；② 动态性，考评不是一成不变的；③ 连续性，在考评周期内的每一天，对员工所从事的每一项工作都要进行连续的考评。

绩效评估的目的是保证员工目标和公司目标相匹配，并为人力资源决策提供全方位的信息，给公司和员工带来效益，发挥多元化作用。绩效评估的作用具体表现在以下方面。

（1）提供任用依据。以绩效为标准择优选拔是公平的人才选拔方法，合理有效，可以避免其他方法的一些偏差。公司内部员工职位的变动必须有科学的依据，全面的绩效评估可以判定员工是否符合职位对其素质和能力的要求，可以觉察员工的素质和能力是否正在发生变化，从而及时予以调整和改变。绩效评估获得的信息为准确判断员工是否符合任用标准提供了依据。

（2）提供报酬依据。报酬是员工履行职责并完成任务后，公司给予的回报。公司根据员工工作的完成情况给予回报，以此激发员工的积极性，满足员工的需要。如果没有考评，报酬就没有依据。

（3）提供培训依据。员工培训是人力资源开发和管理的一个关键环节。保险企业正在向学习型组织转变，员工培训将逐渐成为公司发展的核心所在。但是，培训要有针对性，为此必须准确了解员工的优势和劣势、素质和能力。而这些内容可以通过对员工的绩效评估来获得。同时，绩效评估还可以用来判定培训的效果。

（4）丰富激励手段。绩效评估本身就是一种激励因素。通过考评，可以肯定成绩、鼓舞斗志、坚定信心、催人奋进；通过考评，可以指出不足、明确方向、促其进取、争创佳绩。员工可以从绩效评估过程中看到自己的成绩和不足：企业可从绩效评估过程中发现存在的问题，为激励制度的完善提供依据。

2. 保险企业绩效管理的原则和内容

保险企业绩效管理是根据公司的战略发展目标和核心价值理念，按照一定的程序与方法，对被管理者的工作成果与贡献进行科学评估和有效管理的持续循环的过程。

1）保险企业绩效管理的原则

（1）绩效导向原则。以绩效评估结果为依据，将业绩表现与薪酬、岗位调整及培训等相结合，奖优罚劣。

（2）层层负责原则。明确绩效管理的责任主体，采取层层负责制，直接主管负责对下属的绩效进行计划、辅导和评价等。

（3）持续沟通原则。管理者与被管理者共同制定目标，定期回顾目标实现的情况，通过及时的反馈和辅导提高被管理者的绩效。

2）保险企业绩效管理流程及其内容（以××××保险公司为例）

保险企业绩效管理包括绩效计划（知道要做什么）、绩效辅导（有能力去做）、绩效评估（有办法知道结果）和绩效激励（有动力去做）4 个环节。其流程为制订绩效计划、实施绩效辅导、组织绩效评估和进行绩效激励等。

（1）绩效计划。绩效计划是指在每个绩效管理周期的初期，各级管理者与其下属员工在充分沟通和协商的基础上，共同确定业绩目标的过程。

设定业绩目标按照以下程序进行。

① 在对公司经营目标进行层层分解的基础上，结合岗位职责，确定关键结果领域和关键业绩指标。

② 确定各关键业绩指标的衡量标准和获取评估信息的主要来源。

③ 按照对业绩目标贡献的大小、重要程度及优先性，赋予各关键业绩指标不同的权重。

关键业绩指标应是具体的、可衡量的、可达到或可实现的、相关的和有时限的，同时还应体现经济性、挑战性和可控性等。不同岗位的关键指标是不相同的。例如，对于保险企业经营决策岗位的绩效管理，具体指标可包括战略类指标——公司战略的前瞻性和可行性、关键岗位员工的流失率、市场份额、品牌认知度等；财务类指标——净利润增长率、新增销售业务的利润、现金周转率、资本回报率、投资回报率等；销售类指标——保费增长率、首年标准保费增长率、新产品的保费占总保费的比例、新产品利润占总利润的比率等；营运类指标——单位员工的运营成本收入比率、信息系统的完善程度、客户满意度、员工满意度等。

管理者应与下属员工就业绩目标进行充分沟通，双方达成一致意见后签订业绩目标合同，具体包括岗位名称和所在部门、绩效时限、关键结果领域、关键业绩指标、指标权重、指标说明、考核评分标准等。

(2) 绩效辅导。绩效辅导是指在绩效管理周期内，管理者通过持续的沟通，对下属员工的绩效进行监督与指导，收集绩效信息并调整下属员工的绩效计划的管理过程。

在每个绩效管理周期的中期，管理者对下属员工要进行一次绩效辅导，肯定其在执行业绩目标合同中的成绩，指出存在的主要绩效问题，并分析原因，指导制订改进计划。

管理者应及时了解下属员工的工作进展情况，对其在工作过程中表现出的不足提供及时的指导和相关的培训，给予必要的支持。管理者可根据内外部环境和其他客观情况的变化，与下属员工共同改进和调整绩效目标。管理者应注意通过有效方式收集与下属员工绩效相关的数据信息资料，定期记录其绩效表现，为绩效评估和反馈提供事实依据。

绩效辅导样表如表 11-2 表示。

表 11-2 ××××保险公司绩效辅导表（样表）

岗位名称：________ 所在单位：________

任职者签名：________ 直接主管签名：________

绩效时限：________年________月至________年________月

辅导日期：________年________月________日

序号	业绩突出领域	具体表现	如何保持（行动计划）
1			
2			
3			
序号	主要绩效问题	原因分析	行动计划（谁，做什么，何时完成）
1			
2			
3			

任职者签名：____________ 直接主管签名：____________

（3）绩效评估。绩效评估是指在绩效目标确定和持续有针对性的绩效辅导的基础上，管理周期末，管理者与下属员工通过沟通，按照预先设定的业绩目标和衡量标准，对下属员工的绩效表现作出评价的过程。

绩效评估应采取自我评估与直接上级评估相结合、间接上级监控的方式。绩效评估按以下程序进行。

① 收集业绩信息。根据业绩目标合同，直接主管收集员工绩效结果方面的相关数据，通知下属员工进行自我评估并给予指导，回顾下属员工的业绩表现，征询同下属员工一起工作的其他员工的意见，对下属员工的绩效表现作出初步评价。

② 沟通业绩表现。直接主管与下属员工进行沟通，针对每项业绩目标，将绩效结果同绩效计划进行比较，评估该项目标完成的程度并分析原因。

③ 确定绩效结果。根据各关键绩效领域的结果等级和既定的权重，直接主管计算、填写下属员工的绩效得分和总体绩效评价表（见表 11-3）。直接主管与下属员工应就评估结果进行沟通，双方需在总体绩效评价表上签字确认。

表 11-3　××××保险公司总体绩效评价表（样表）

岗位名称：________所在单位：________

任职者签名：________直接主管签名：________

绩效时限：________年________月至________年________月

辅导日期：________年________月________日

总体绩效得分（业绩得分加总×20）	绩效考核结果
主管评语	
该任职者绩效表现优秀之处：	
该任职者主要绩效问题：	
解决绩效问题的措施和建议：	

管理者对各关键结果领域进行分析，确定单项指标绩效等级（根据实际结果分为 5 个等级）。

5——极大地超出绩效目标（或定量指标>120%）；

4——超出绩效目标（或定量指标为 100%～120%）；

3——达到绩效目标（或定量指标 = 100%）；

2——达到大部分绩效目标（或定量指标为 80%～100%）；

1——未达到绩效目标（或定量指标 < 80%）。

3. 绩效激励

绩效评估结束后，管理者应通过沟通对下属员工的目标完成情况进行诊断反馈，帮助其对绩效目标未达成的原因进行分析，找出问题和不足，确定绩效改进目标、个人发展目标和相应的行动计划。

绩效评估结果主要应用于以下 5 个方面。

（1）作为绩效改进与制订培训计划的主要依据。

（2）作为制定员工职业生涯发展规划的参考依据。

（3）作为晋升和岗位调配的主要依据。

（4）作为薪资调整和绩效工资支付的直接依据。

（5）公司认为可应用的其他领域和方式。

11.3.2 保险企业的薪酬管理

1. 薪酬的内涵与功能

1）薪酬的内涵

薪酬是指员工从事劳动、履行职责并完成任务之后所获得的经济上的酬劳或回报。狭义来说，它是指直接获得的报酬，即工资，如基本工资（含岗位工资）、绩效工资（奖金）、成就工资（红利、利润分享、股票期权）、津贴等；广义来说，薪酬还包括间接获得的报酬，如福利。因此，薪酬是一个较为复杂的构成体系。

2）薪酬的功能

薪酬管理是公司给员工传递信息的渠道，也是公司价值观的体现。它告诉员工，公司为什么提供薪酬，员工的哪些行为或结果是公司非常关注的，员工的薪酬构成是为了对员工的哪些行为或结果产生影响，员工在哪些方面有提高时才能获得更高的薪酬等。

由薪酬构成的薪酬体系具有以下功能。

（1）保障功能。员工必须通过劳动获得薪酬来维持自身和家庭的生活需要，同时也要满足自身和家庭成员发展的需要。

（2）激励功能。首先，合理的、有一定吸引力的薪酬体系能够调动员工的工作积极性，激发员工的潜力，促进员工提高工作效率；其次，较高的薪酬可以吸引公司所需要的各方面人才来为公司工作，扩大人力资本存量；最后，有效的薪酬系统可以通过各类薪酬的合理构成来增强公司的凝聚力和吸引力，增强员工的归属感，留住人才，用好人才。

（3）调节功能。薪酬差异是人力资源流动与配置的重要“调节器”。在通常情况下，公司一方面可以通过调整内部薪酬水平来引导内部人员流动；另一方面可以利用薪酬的差异对外吸引急需的人才。

2. 保险企业薪酬设计原则和影响薪酬的主要因素

1）保险企业薪酬设计原则

一般认为，进行有效的薪酬设计应遵循以下原则。

（1）对外具有竞争力。支付等于或高于劳动力市场水平的薪酬，确保企业的薪酬水平与行业、类似公司的薪酬水平相一致，虽然不一定完全相同，但是相差不宜太大，因为公司薪酬水平太高，会增加公司的人力成本，太低则会使公司失去对人才的吸引力。

（2）对内具有公正性。在公司内部，不同岗位的薪酬水平应当与这些岗位对公司的贡献相一致，否则会影响员工的工作积极性。薪酬的设定应该对岗不对人，在同一岗位上工作都应当享受同等的薪酬。它的前提是每位员工都是按照岗位说明书经过严格的筛选被分配到该岗位的，岗位与员工相匹配。

（3）对员工具有激励性。要适当拉开员工之间的薪酬差距。根据员工的实际贡献付薪，并且适当拉开薪酬差距，使不同业绩的员工能在心理上觉察到这个差距，并产生激励作用。这能使业绩好的员工认为得到了鼓励，业绩差的员工认为值得去改进绩效，以获得更好的回报。

（4）管理的可行性。这主要是指薪酬体系必须进行科学规划，保证薪酬体系能够得以有效运行，确保前 3 项原则的实现。管理可行性主要是通过计划、预算、沟通、评估等手段来实现。此外在考虑前 3 个原则的前提下，公司要根据自身的财力进行成本控制。

2）影响保险企业薪酬的主要因素

保险企业员工薪酬系统的确定，主要受到以下不同因素的影响。

（1）外部因素：国家政策和法律、劳动力市场供求状况、行业工资水平、当地生活费用和物价水平等。

（2）内部因素：企业支付能力、经营理念和企业文化、岗位及职务差别、工作技能、工作绩效等。

3. 保险企业薪酬结构设计

1）薪酬结构的含义

薪酬结构是指一个公司的平均薪酬水平，以及公司内各种职务或职务等级之间的相对薪酬水平。

保险企业内部通常存在多个不同的职务类型，如技术类、管理类、销售类等。每种职务类型的价值不同，对公司的贡献也不同。即使是相同的职务，也不存在着两个员工的任职资格完全相同或工作做得完全一样好。因此，公司需要设计不同的薪酬水平来承认这些差异的存在，否则优秀的员工会觉得自己的价值没有得到充分的承认而不满意。把公司中的这些不同的薪酬水平结合在一起时，就形成了组织的薪酬结构。

2）薪酬结构的类型

根据薪酬结构的设计依据不同，可以将薪酬结构的类型分为以职务为基础的薪酬结构和以任职者为基础的薪酬结构，这两种方式可以结合使用。

以职务为基础的薪酬结构是根据员工所承担职务的复杂程度、工作难度和责任大小等职务特征来确定组织的薪酬结构。这种类型与职务评价联系在一起，是在实践中运用最为广泛的一种类型。相对于传统的以职务为基础的薪酬结构而言，近年来，又逐渐兴起了一种以任职者为基础的薪酬结构，它产生于适应企业新的生存环境和帮助企业解决成长和发展中的一系列问题的过程中。这种类型的薪酬结构是基于技能或知识等任职者个人特征为基础建立的。

3）保险企业薪酬结构（以××××保险公司为例）

员工薪酬=目标薪酬（岗位工资+绩效工资）+福利

员工的目标薪酬根据当年公司经营预算情况、岗位层级及岗位价值的高低等因素，每年年初由人力资源部统一核定。目标薪酬由岗位工资和绩效工资构成。岗位工资是员工的固定现金收入。绩效工资是根据公司目标完成情况和员工个人业绩表现而支付的浮动现金收入，由分公司根据公司总体效益和个人的绩效评估结果按既定的支付比例确定（见表 11-4）。

表 11-4　××××保险公司绩效工资支付系数参考表

公司年度目标完成情况 / 个人目标完成情况	>120%	<100%～120%	<90%～100%	<80%～90%	<80%
绩效优秀	130%	120%	110%	100%	70%
绩效良好	120%	110%	100%	90%	60%
绩效合格	110%	100%	90%	80%	50%
绩效待改进	80%	70%	60%	50%	0
绩效不合格	0	0	0	0	0

员工福利包括法定福利和公司福利。其中，法定福利是指公司根据国家规定为员工缴纳的基本养老保险、医疗保险、失业保险、工伤保险和基本公积金等福利项目；公司福利是指公司根据国家有关政策并结合自身实际为员工建立的福利项目，可包括补充医疗保险、团体人寿保险、补充公积金、带薪休假、教育培训等。

复习思考题

一、概念题

人力资源　　人力资源管理　　人力资源规划　　人力资源招聘　　保险企业绩效管理

薪酬管理

二、思考题

1. 什么是保险企业人力资源管理？其任务及职能是什么？
2. 保险企业人力资源管理的原则有哪些？保险企业人力资源管理的意义是什么？
3. 保险企业绩效管理的原则有哪些？
4. 保险企业薪酬设计的原则有哪些？其影响因素是什么？

第 12 章 保险行业从业者的职业生涯规划管理

保险业是经营无形产品的金融服务业，本身具有跨学科、跨专业的特性，涉及保险、金融、法律、精算、人口、统计、医学、工程等学科。可以预见，高素质的职业人员将成为推动保险业发展的中坚力量，欣欣向荣的保险业也将会为致力于该行业的有识之士提供广阔的发展空间。

对广大的保险从业人员和准备加入保险业的人员来说，从业生涯的定位和规划是自我发展的目标导向。对于保险行业人力资源管理部门及顶层领导来说，科学设计、规划优秀人才的培养，使其成为训练有素的职业人员既是保险业发展的需要，也是广大保险从业人员十分关心的问题。

本章将着重介绍保险从业人员的职业价值取向，概括地展现保险业多领域和多环节的机会与希望，以期达到为广大从业人员指明规划方向，以引导他们满怀希望地从事保险事业的目的。

保险业界从业人员的职业岗位主要有保险代理人、保险经纪人、保险公估人、保险核保师、保险会计师、保险精算师、保险注册金融分析师、保险律师、保险理财师、保险理赔师、保险管理师等。

12.1 保险代理人与保险经纪人

12.1.1 保险代理人

1. 保险代理人的含义

保险代理人是指从事保险代理业务的组织或个人。我国《保险法》第一百一十七条将保险代理人定义为："根据保险人的委托，向保险人收取佣金，并在保险人授权的范围内代为办理保险业务的机构或者个人。"由此可见，保险代理人基于保险人的利益办理保险业务，同时保险代理人的行为也会影响投保人的决策。保险代理人的主要工作是销售保单、收取保费，其权利来自于保险代理合同的授权，保险代理人实施代理行为而产生的法律后果由被代理人（即保险人）承担。

2. 保险代理人的形式

国际上通常将保险代理人分为总代理人、营业代理人、特别代理人、独立代理人、专门代理人、保险再代理人和劳合社代理人。我国的代理人分类与国际上有较大不同，我国的保险代理人分为专业代理人、兼业代理人和个人代理人 3 种形式。

3. 保险代理机构

保险代理机构包括专门从事保险代理业务的保险专业代理机构和兼营保险代理业务的保险专业代理机构。

我国《保险法》对设立保险人代理机构规定的条件是：保险代理机构，应当具备国务院保险监督管理机构规定的条件，取得保险监督管理机构颁发的经营保险代理业务许可证，并凭借“许可证”向工商管理机关办理登记，领取营业执照。

保险兼业代理机构也要凭保险监督管理机构颁发的许可证，向工商行政管理机关办理变更登记。

4. 保险代理人的职业道德和法律责任

保险代理人是根据保险人的委托，向保险人收取手续费，在保险人授权的范围内代为办理保险业务的单位和个人。保险代理人这种特殊的中介地位，其行为是否规范，直接关系保险合同当事人、关系人的权益，也关系整个社会秩序、经济秩序的稳定。

1）保险代理人的职业道德

职业道德是从事一定职业的人们在自身特定的工作中所必须遵守的行为规范的总和。保险代理人的职业道德是指从事保险代理职业的单位或个人在保险代理工作中所应该遵守的行为规范。

保险代理人的职业具有两个显著特点，即保险代理职业的二重性特征：① 保险代理人是投保人和保险人之间的中介，是保险服务供求关系的纽带；② 保险代理人既要履行保险代理合同，又要以保险人的名义向被保险人提供服务、履行合同义务。这些特征决定了该职业具有不同于其他职业的职业道德原则，具体包括以下方面的内容。

（1）诚实守信的原则。诚实守信的原则是保险代理人的第一职业道德要求。保险代理人应站在维护保险代理职业群体声誉的立场上自觉做到既对保险人诚实守信，又对被保险人诚实守信。因为，诚实守信与否不仅直接关系保险人、被保险人的权益，也直接影响保险代理人自身的发展，同时影响保险业的发展。

一方面，保险代理人要对保险人诚实守信。因为，法律将保险代理人与保险人视作同一人，保险代理人以保险人的名义与投保人签订的保险合同所产生的一切权利与义务都由保险人享有和承担。所以，如果保险代理人在开展代理业务的过程中不对保险人诚实守信，对不符合投保条件的客户进行承保，或者在理赔时使赔付的金额超过应该支付的金额等，这些都是对保险人权益的侵害，是违背保险代理职业道德的。

另一方面，保险代理人要对投保人、被保险人诚实守信。保险代理人应向投保人如实介绍保险公司的业务情况、保险险种、保险条款内容含义，不应作夸大不实的宣传，不应为了赚取保费而曲解保险条款，或者为客户选择高费率的险种等。对投保人、被保险人的不诚信不仅损害保户的利益，也损害保险人、保险代理人的信誉和长远利益。

（2）遵守合同的原则。保险代理人与保险人签订的保险代理合同，以及保险代理人以保险人名义与投保人签订的保险合同都是经济合同。合同主体之间的权利与义务在合同中载明，具有民事法律效力。合同的产生、变更、解释、执行和终止都属于严肃的法律行为。保险代理人的职业行为应建立在诚实信用地履行这两种合同的基础上，否则将使一方或多方的权益受到损害。

（3）公正、公平、公开的商业原则。

公正是指保险代理人要站在公正的立场上，维护保险合同双方当事人（保险人与被保险人）的利益，而不能片面地偏袒某一方或故意损害某一方的权益。

公平是指保险代理人在业务活动过程中应该相互尊重、互相学习、共同提高，而不是互相贬低、互相拆台。在业务上，保险代理人要公平竞争，反对不正当竞争。

公开是指保险代理人应在业务活动中向客户公开客户应当知道的信息（特别是有关险种的信息），而不是刻意隐瞒。同时，保险代理人要公开接受保险公司、保险监督管理部门的合理监督。

（4）为客户保密的原则。保险代理人要成功地成为联系保险人与被保险人的纽带，就必须取得双方当事人的信任。如果保险代理人不为保险人保守秘密，就会失去保险人的信任，那么保险代理合同也就失去了坚实的基础。同时，如果保险代理人不为投保人（或被保险人）保守有关保险金额、赔付额、受益人等私人资料的秘密，很可能会给投保人（或被保险人）带来生活或工作上的麻烦。

（5）廉洁自律、加强修养的原则。保险代理人在保险代理活动中必须从业清廉，注重自身修养，维护自己的良好形象。一般而言，保险代理人的收入主要由保险人根据保险代理人的代理行为所形成的保费，按规定比例提取的佣金构成，保险代理人不得直接从投保人、被保险人和受益人处获得任何形式的劳务费、回扣或其他名目的报酬；否则，公众就会动摇对保险业的信心，从而造成恶劣的影响。

此外，保险代理人还要不断地深入学习保险业务知识、金融知识、法律知识，熟悉所在地区的保险市场基本情况，努力成为保险方面的专家。这样，保险代理人就能运用自己多方面的综合知识，辅之以高超的人际交往技巧，推动自己的事业不断前进。

2）保险代理人的法律责任

任何人违反了法律规定都必须要承担相应的法律后果，保险代理人也不例外。保险代理人的法律责任是指保险代理人因为违反法律规定而应该承担的法律上的强制性责任。

保险代理人受保险人的委托，享受民事主体资格，其必须是有完全民事行为能力的法人或自然人。在保险人授权的范围内，保险代理人以保险人的名义开展业务，行使代理权，法律将保险人与保险代理人视为一体。为了防止代理人的不当行为损害委托人（被代理人即保险人）的合法权益，根据我国《民法通则》的有关规定，保险人对下列情形不承担责任。

（1）保险代理人越权代理、无代理权或代理权终止后的行为，只有经过被代理人追认，被代理人才承担民事责任；未经追认，由行为人承担民事责任。例如，保险代理人没有签发保单的权利。因为，保险代理人虽然是为保险人的利益而工作，但是保险单的签发要承担很大的责任，因此应由保险人自行签发。保险代理人若越权代理了该项工作，则自行承担相应的民事责任。

（2）保险代理人不履行职责而给被代理人造成损害的，保险代理人应当承担民事责任。

（3）保险代理人与第三人恶意串通，损害被代理人利益的，由保险代理人与第三方共同承担民事责任。

（4）第三人知道行为人越权代理、无代理权或代理权已终止，仍与行为人实施民事行为而给他人造成损害的，第三人和行为人共同承担责任。

保险代理人的违法行为可能涉及行政责任、民事责任、刑事责任。由于保险代理业的特殊性，代理人的违法行为应该如何处理、处罚，不可能完全包括在一般的法律、法规中。《保险法》《保险专业代理机构监管规定》都对保险代理人的法律责任问题进行了明确的规定。

5. 成为保险代理人的路径

要成为一名合格的保险代理人必须满足严格的要求或条件，如个人素质、知识结构、资格要求等。

1）保险代理人的素质

无论做什么职业，首先要做一个合格的人。作为推销保险产品的保险代理人，与社会的联系比一般的营销人员更密切，因为所推销的产品是以面临风险的人身或财物为标的，保险产品本身的质量与后续服务直接关系到一个人、一个家庭的幸福，关系到一个组织的生存与发展。因此，保险代理人仅仅具备推销技巧是远远不够的，其还要具有关爱社会、关爱他人的心灵，他的爱心应该体现于保险代理活动的各个阶段，这样保险产品、保险代理人才会被客户和社会公众认可。总的来说，一名合格的保险代理人应该具备健全的人格、优良的心理素质、丰富的社会知识和不断进取的敬业精神。

（1）健全的人格。所谓健全的人格，是指一个人在正确的世界观、人生观的基础上所形成的道德修养与品质。保险代理人直接面对的是纷繁复杂的保险市场，公众的差异不仅体现在对保险产品的具体需求上，也体现在他们对保险的认识程度上。因此，保险代理人不能像推销其他产品一样，简单地投顾客所好，以签单为第一目标，而应该认识到自己推销保险的目的是给客户以帮助，要以一种对客户、对社会负责的态度实事求是地向客户传达正确的信息，树立自己良好的形象。这个观念应该是保险代理人对保险代理职业的最基本认识，而这种认识不是由一个人的知识水平决定的，而是由一个人的道德修养与道德品质决定的。

（2）优良的心理素质。这主要涉及两个方面：性格问题和挫折问题。

性格分为外向型和内向型两种。性格外向的人，比较开朗活泼，常常对外部事物表示出关心与兴趣。保险代理人需要与社会各行各业的人打交道，外向的性格有助于彼此之间的接触与沟通。保险代理人如果具有外向的性格，就比较容易吸引人、影响人，从而有利于自己的展业活动。

保险代理人在面对挫折、打击时要具有宽容的心理。保险代理人在展业的过程中要与不同层次、不同素质的顾客交往，遭受挫折打击在所难免。在这种情况下仍应保持冷静的态度，坚持完成工作。这是保险代理人必须具备的素养。

（3）丰富的社会知识。社会知识并不是哪一种专门的学科知识，而是对所处社会的了解与理解。广大的人民群众还不太了解保险代理制度，甚至有一些误解，这并不意味着他们不需要保险保障。如果保险代理人能够根据客户的不同家庭环境、文化背景作出相适合的解释，那么两者之间的沟通就容易得多。因为，保险代理人是两者之间沟通的主动者，这给保险代理人提出了社会知识方面的要求。保险代理人如果对对方的工作、生活、学习背景有相当的了解与理解，就能够在交流中游刃有余，从而积极地引导对方投保。不同的客户要求保险代理人具备不同的社会知识，从这方面说，不具备丰富社会知识的保险代理人很难与形形色色的顾客打交道。

如果保险代理人掌握了足够的社会知识，就站在了一个制高点上，就能够更好地了解、满足客户的保险需求，使自己成为受人尊敬的保险代理人。

（4）不断进取的敬业精神。敬业精神是保险代理人取得优良业绩的根本保障。“逆水行舟，不进则退”，在竞争日益激烈的保险市场上，如果没有不断进取的敬业精神的话，不要说发展，想维持现状都难。能够成功地争取到一个客户固然很不容易，但代理人的工作不能仅仅停留在这个程度，售后服务是满足客户需要的重要方面，同时也是保险代理人自己能否获得续保收入的一个重要环节。

不断进取的敬业精神不仅是争取客户、发展业务的需要，而且也是培养合格的保险代理人顽强意志的需要。只有将事业的成功放在第一位的人，才能愈挫愈坚，不轻言放弃。保险代理人不断地经历成功与挫折的洗礼，每天怀着关爱客户的信念去迎接工作，就能取得一个又一个的胜利。

2）保险代理人的知识结构

合格的保险代理人应该具备丰富的保险知识和金融知识，以及必要的法律知识和足够的心理学知识。

（1）丰富的保险知识和金融知识。一个合格的保险代理人首先是一个保险方面的专家，为客户提供的服务首先应该是一个专家的咨询服务。顾客在购买任何商品之前都会经过认识、了解阶段，在购买保险产品时同样如此。保险代理人有义务详细准确地让客户了解有可能购买险种的有关知识，如保障范围、保险费率、赔付方式、条款解释等。如果这个阶段不能有效地完成，就不能进行营销的下一步（如合同订立）的程序。

不同的险种有不同的特性。例如，寿险产品不同于其他保险保障产品，从长期性和金融性看，它也是一种投资品，不仅关系客户的当前利益，而且与客户的长远利益密切相关。保险代理人要运用自己丰富的保险知识和金融知识，从客户的角度出发，列出各种不同的保障方式、投资方式，帮助客户分析利弊，在比较中介绍保险产品，把最后的决策权交给客户。保险代理人如果没有丰富的金融知识和保险知识，是不可能完成这些程序的。

（2）必要的法律知识。从某种意义上说，保险本身就是一种民事行为。保险代理人代表保险公司与客户签订保险合同是一种法律上的代理行为。在代理过程中，为了维护自身、保险公司、被保险人三方的利益，保险代理人必须严格按照合同法和保险法办事，必须了解自己的权利与义务，必须了解合同有效的条件，必须熟悉保险合同订立、变更、终止的程序，必须知道违约责任及发生合同纠纷的仲裁、诉讼程序等。为此，保险代理人只有掌握了必要的法律知识才能合法、高效地开展代理业务，才能从法律的角度协调好自己、保险公司、被保险人三方的权利与义务关系，才能维护自己的权益。

在保险这种民事活动中，相对于保险公司来说，广大的保险客户属于非专业人员，再加上保险合同条款是由保险公司拟订的，保险客户一般没有能力理解这些条款的利弊，因此一旦发生纠纷，客户往往处于不利的局面，这也是现在公众对保险心存疑虑的原因之一。为了尽量避免纠纷的发生，更有效地开展保险代理业务，保险代理人要在保险合同签订之前，运用自己掌握的丰富法律知识，在对保险合同研究的基础上，实事求是地向客户解释条款并切实履行保险代理人的职责。这样既能维护客户的利益，也能维护保险公司的形象，在提高承保质量的同时，促进保险事业的健康发展。

(3) 足够的心理学知识。推销工作的实质并不是我要卖什么，而是了解客户需要什么。保险代理人每天面对许多素不相识的人，要在比较短的时间内洞悉对方的心理活动，了解对方的需求，没有足够的心理学知识是不行的。

人都希望被理解，渴望被关怀。精通、利用心理学知识无疑有利于保险代理人掌握顾客的心理，但是利用客户的弱点从而诱使其签单却是保险代理人在开展业务中的一个误区。保险代理人应该知道保险产品是一种关爱人类、保护人类的产品，它存在的价值是让人类最大限度地摆脱恐惧、忧虑的困扰，因此任何推销的技巧与方法都是为了一个目的——共同建设美好生活。

3) 保险代理人的从业资格

鉴于保险的技术性与专业性，各国法律一般都规定，保险代理人应该具备法律规定的条件，经过考核和政府主管部门的批准方能取得代理资格。

我国法律规定，具备大专以上学历且完全民事行为能力的中华人民共和国公民均可参加保险代理人资格考试。通过保险代理人资格考试者可获得中国保险监督管理委员会颁发的《保险销售从业人员资格证书》(以下简称《资格证书》)，从而取得从事保险代理业务的资格。

《执业证书》由中国保监会统一监制，由保险代理机构负责核发。保险代理机构不得向未取得《资格证书》的员工核发《执业证书》。保险代理机构的从业人员开展保险代理业务，应主动出示《执业证书》。

12.1.2 保险经纪人

1. 保险经纪人的含义

保险经纪人是基于被保险人的利益，为投保人与保险人订立保险合同提供中介服务，并依法收取佣金的单位或个人。我国的《保险经纪机构监管规定》将单位限定为有限责任公司或股份有限公司。更具体地说，保险经纪人是指代表被保险人在保险市场上选择保险人或保险人组合，同保险方洽谈保险合同条款，为被保险人代办保险手续及提供相关服务的中间人。保险经纪人是客户的风险管理顾问，不仅有能力让客户用最少的钱买到最合理、最全面的保障，而且有能力指导客户最大限度地远离风险、化解风险。

2. 保险经纪人与保险代理人的区别

保险经纪人与保险代理人同属于保险中介，但二者有所区别。保险代理人好比是保险公司与客户的桥梁，保险经纪人则是客户与保险公司之间的润滑剂。有时候，保险经纪人兼作保险代理人，保险代理人也充当保险经纪人，其身份要以在具体业务中的地位决定。两者的主要区别如下。

1) 利益关系不同

保险代理人是受保险人的委托，代表保险人的利益办理保险业务，实质上是保险公司的触角；保险经纪人则是被保险人的代理人，代表被保险人的利益，为其提供各种保险咨询、风险评估服务和设计保险方案等。

2) 收入来源不同

保险代理人一般都是按照合同的规定向保险人收取代理手续费；而保险经纪人则是根据被保险人的要求向保险公司投保，保险公司接受业务以后，向保险经纪人支付佣金，或者由被保险人根据保险经纪人提供的服务质量，给予一定的报酬。

3）法律地位不同

保险经纪人是被保险人的代表。我国《保险法》规定，保险经纪人在办理保险经纪业务过程中因过错给投保人、被保险人或其他委托人造成损失的，由保险经纪人依法承担法律责任。而保险代理人的行为则被视为保险人的行为，我国《保险法》规定，保险代理人根据保险人的授权代为办理保险业务的行为后果，由保险人承担。保险经纪人在进行经纪活动时，可以以自己的名义，也可以以委托人的名义。而保险代理人只能以被代理人的名义从事保险代理活动。

4）业务范围不同

保险经纪人的业务内容非常广泛，如为客户提供全面的风险评估方案、风险管理计划，为客户制订投保方案，办理投保手续，办理索赔等，保险经纪人的服务贯穿保险的全过程，涵盖保险的方方面面。而保险代理人由于自己是保险人的代理人，其业务一般局限于推销保单、代收保费等。

3. 保险经纪人的种类

我国保险经纪人分为两类：原保险经纪人（直接保险经纪人）和再保险经纪人。

1）原保险经纪人

原保险经纪人是指与投保人签订委托合同，基于投保人或被保险人的利益，为投保人与保险人订立保险合同提供中介服务，并按约定收取中介费用的保险经纪人。按业务性质的不同，其又可分为寿险经纪人和非寿险经纪人。

2）再保险经纪人

再保险经纪人是指与原保险人签订委托合同，基于原保险人的利益，为原保险人与再保险人安排再保险业务提供中介服务，并按约定收取中介费用的保险经纪人。虽然，保险公司自己经营保险业务，但是对其他保险公司的财务状况、承保能力所知较少，这一点不如保险经纪人，所以在寻求再保险时，保险公司需要借助再保险经纪人。按照国际惯例，一些技术难度大、风险高的保险业务（如卫星发射、核电站等），都是通过熟悉保险管理技术、市场行情，并与众多保险人、再保险人保持广泛联系的再保险经纪人进行的。

4. 保险经纪人的组织形式

按照国际惯例，保险经纪人的组织形式一般分为 3 种：个人保险经纪人、合伙制保险经纪人和保险经纪公司。

5. 保险经纪人的职业道德和法律责任

1）保险经纪人的职业道德

保险经纪人不同于保险代理人等其他保险中介组织的特点，决定了市场对保险经纪人的较高要求。保险经纪人不仅需要有广博的专业知识和丰富的经验，还需要有良好的职业道德。也正因为如此，很多国家和地区对保险经纪人的发展与监管是相当严格的。保险经纪人应该具有以下职业道德。

（1）高度的敬业精神。保险经纪从业人员的敬业精神，不仅关乎被保险人、保险人利益的实现，而且直接关系整个保险业的发展前景。由于从事保险经纪需要很高的专业技能，所以要求从业人员以高度的敬业精神不断学习，钻研业务，增强责任感、事业心，为客户提供优质的服务，为保险业的发展作出贡献。

（2）坚持最大诚信原则。最大诚信原则不仅是对保险人、投保人的要求，也是对保险中介人的要求。保险经纪人将投保人与保险人紧密联系在一起，如果保险经纪人因为自己的利益违反了诚信原则，虽然可能得到一些暂时的利益，但最终会失去信誉、失去客户，最终受害的是保险经纪人自己和保险业。保险经纪人对保险人不诚信会导致保险人的承保风险增加，对投保人不诚信将导致客户在支付保费的同时却得不到保障。诚信原则对保险经纪人来说极为重要。

(3) 坚持公正、公平、公开的商业原则。

公正是指保险经纪人要站在公正的立场上，维护保险合同双方当事人（保险人与被保险人）的利益，既不能损害保投保人的利益，也不能损害保险人的合法权益。

公平是指保险经纪人在业务活动中，同行之间要相互尊重、公平竞争，而不是相互拆台、恶性竞争。

公开是指保险经纪人应向投保人公开相关保险产品的重要信息，如保险责任公开是指保险经纪人应向投保人公开相关保险产品的重要信息，如保险责任、除外责任等；向保险人公开保险标的的重要风险信息，如保险标的的真实价值、使用年限等。公开也指保险经纪人应向客户公开自己办理该客户的业务所获得的佣金收入。

(4) 廉洁自律，加强修养。保险经纪人除获取自己应得的佣金收入、服务咨询收入以外，不能额外向当事人索取财物、回扣，不能接受当事人的礼金。保险经纪人不得擅自提高佣金标准，不得同时向保险人和投保人收取佣金，否则就侵犯了当事人的合法权益。

(5) 忠于投保人。保险经纪人是投保人的代理人，这就需要保险经纪人充分考虑投保人的实际保险保障需要，帮助投保人以最少的保险开支获得最大的保险保障。保险经纪人不能单纯为了获取佣金而盲目介绍并不适合于投保人的保险产品。保险经纪人不能没有依据的推荐某个保险公司或贬低某个保险公司，影响投保人的选择意向。

保险经纪人不得与保险人串通一气欺骗投保人，如在理赔时与保险人串通，故意扩大除外责任，损害投保人的权益。如果投保人将保费交给保险经纪人，让其代缴，则保险经纪人不得挪用侵吞客户缴付的保费。在发生赔付时，如果是保险人将赔款交给保险经纪人，让其代交给投保人，则保险经纪人不得挪用侵吞保险金。

(6) 保守客户的秘密。保险经纪人为了在风险咨询、风险管理分析、保险安排等事项中为客户提供优质服务，应对投保人的个人及企业的信息有充分深入的了解。只有这样才能对症下药，为客户设计最佳的保险方案。如果保险经纪人不能为客户保守秘密，必然会给投保人的生活、经营造成巨大的损害。在现实的保险经纪活动中，主要涉及保险金额、人寿保险的最高给付额、收益人的信息。保险经纪人必须根据保险法及一般的商业准则，严格为客户保守秘密。

(7) 客观评价保险人。保险经纪人向客户介绍、推荐保险公司的同时，往往会在一定程度上影响投保人的选择。保险经纪人不能因为自己的好恶而借机诋毁、贬低某个保险公司，或者不负责任地夸大某个保险公司的优点。

保险经纪人的工作主要是实事求是地帮助投保人选择好的保险公司，使投保人享有最好的保险服务。保险经纪人如果不能客观地评价保险公司，很可能会打击了先进，支持了落后，不利于保险市场的优胜劣汰，不利于保险业的发展，最终也不利于保险经纪业的发展。

2) 保险经纪人的法律责任

(1) 保险经纪人承担法律责任的原因分析。保险经纪人是保险业务活动的中介人。按照我国的法律规定，保险经纪人必须是有限责任公司，所以它以独立法人的地位从事经营活动，对自己的行为承担法律责任。其原因如下。

① 保险经纪人在法律地位上是独立的。保险经纪人必须是组织机构，有一定的资本金作保证，能以自己的名义享有民事权利、承担民事义务，必须经国家有关部门批准方能营业。

② 在保险业务活动中贯穿保险经纪人责任自负原则。由于保险经纪人是具有法人资格，并能独立进行保险中介活动的经济实体，因此它可以接受多家投保人的委托，同时也能将所争取到的业务自行选择向哪家保险公司投保，而不是依附于某个保户或某家保险公司。保险经纪人的独立性相对于保险代理人而言要大得多，因此在它的活动中必须贯穿责任自负原则。

③ 保险经纪人的行为属于民事法律行为，必须受民法的规范。在保险市场营销中，保险经纪人与保险代理人发挥着重要的作用。任何保险公司都可以通过各种保险中介人的活动，促进保险商品的营销，推动保险业务的发展。投保人对保险公司的了解及自身的风险管理、投保选择也大都依靠中介人来实现。这种保险活动，体现的是一种民事法律行为，因此必须遵守民法的基本原则，保证自愿、诚信和不损害投保人利益，保证保险活动的合法性和有效性。

（2）保险经纪人承担法律责任的事由。保险经纪人不得有下列行为，否则将承担行政责任、民事责任，直至刑事责任。

① 违反规定，擅自设立保险经纪机构的。

② 保险经纪业务的申请人提供虚假材料或采取其他欺骗手段而获得中国保监会批准开业的。

③ 保险经纪人超出批准的业务范围从事保险经纪活动或违反规定异地开展保险经纪活动的。

④ 保险经纪人与非法从事保险业务或保险中介业务的机构或个人发生保险经纪业务往来的。

⑤ 保险经纪公司违反规定发放《执业证书》的。

⑥ 保险经纪人利用行政权力、职务或职业便利，以及其他不正当手段强迫、引诱或限制他人订立保险合同，或者采取非正当手段进行不公平竞争的。

⑦ 保险经纪人违反规定，挪用、侵占保险费、保险金或赔款的。

⑧ 保险经纪人与客户串通骗取保险金的。

⑨ 保险经纪人在业务经营中散布虚假信息，损害他人信誉，造成不良影响的。

⑩ 保险经纪人超越授权范围、损害委托人的合法权益，或者串通他人欺诈委托人的。

⑪ 保险经纪人向客户披露虚假或不实信息，误导客户投保的，或者向客户隐瞒与保险合同有关的重要情况，不如实向投保人转告投保声明事项，欺骗投保人、被保险人或受益人的。

⑫ 保险经纪人未按规定缴存营业保证金或投保职业责任保险的。

⑬ 违反规定，拒绝或妨碍中国保监会依法监督检查的。

对保险经纪人之过失的处罚，是维护投保人、被保险人利益，维护保险市场正常秩序的必要手段和重要保证。为了保证这一措施的兑现，避免保险经纪人无力承担经济损失责任的发生，我国《保险法》还规定，保险经纪人要向监督管理部门缴存保证金或投保职业责任保险。

6. 成为保险经纪人的路径

1）保险经纪人应具备的职业素质

（1）保险经纪人必须具有过硬的风险、保险专业知识，应该具有丰富的风险管理、保险实践的经验。

（2）保险经纪人应该具有扎实的综合知识，包括法律知识、金融知识、财务知识、统计学知识等。只有这样，保险经纪人才能为投保人提供良好的诸如风险管理咨询、风险分析等服务。

（3）保险经纪人应该具有良好的公关协调能力。保险业是服务行业，了解客户的真正需求，使客户满意，是保险经纪人的必备能力。保险经纪人只有具备了这项能力才有可能使客户与保险公司在保险合同上达成一致。

（4）保险经纪人应该具有良好的职业道德。

2）保险经纪人的从业资格要求

相对保险代理人而言，保险经纪人的业务范围更广，担负的责任更大。一般来说，保险经纪人不仅帮助投保人寻找保险人，还基于客户利益设计和安排风险管理方案，提供咨询服务，帮助客户进行索赔等。因此，对保险经纪人的要求比较高，管理上也比较严格。也正因为如此，很多国家和地区对保险经纪和人的发展和监管是相当严格的。我国按照《保险经纪从业人员、保险公估从业人员监管办法》坚持高起点、严要求的原则，实行保险经纪人资格考试，对保险经纪人实行许可证制度，同时加强对保险经纪人的监督和管理。

我国《保险经纪从业人员、保险公估从业人员监管办法》，对保险经纪从业人员的资格规定如下。

保险经纪从业人员应当通过中国保监会统一组织的保险经纪从业人员资格考试。具备大专以上学历和完全民事行为能力的人员均可报名参加考试。

凡通过保险经纪从业人员资格考试者，均可向中国保监会申请领取《资格证书》。

符合中国保监会规定的保险经纪从业人员资格条件的，中国保监会可直接授予其《资格证书》。

《资格证书》由中国保监会统一印制，禁止伪造、涂改、出借、出租和转让。

《资格证书》是中国保监会对保险经纪从业人员基本资格的认定，并不具有执业证明的效力。

获得《资格证书》的人员必须接受保险经纪公司的聘用，由保险经纪公司负责向其核发中国保监会统一监制的《保险经纪从业人员执业证书》（以下简称《执业证书》）后，方可从事保险经纪业务。《执业证书》是保险经纪从业人员从事保险经纪活动的证明文件。

保险经纪公司不得向未取得《资格证书》的员工核发《执业证书》。

保险经纪从业人员在开展保险经纪业务时，应主动出示《执业证书》。

因违反有关法律、行政法规、规章而受到处罚，并被禁止进入保险行业的人员，已获得《资格证书》的，保险经纪公司不得颁发《执业证书》；已颁发《执业证书》的，保险经纪公司应负责收回《执业证书》。

有《执业证书》的保险经纪从业人员终止从事保险经纪业务或转聘至另一家保险经纪公司时，保险经纪公司应将其《执业证书》收回。

12.2 保险公估人与保险核保师

12.2.1 保险公估人

1. 保险公估人概述

保险中介市场上存在三大支柱——保险代理人、保险经纪人和保险公估人。保险代理人代表保险公司的利益，为保险公司拓展业务，代理保险公司出立保单、收缴保费、对客户进行售后服务等。保险经纪人则代表着投保人或被保险人的利益，为客户寻求、安排最大的保障。保险公估人在保险中介市场上则是保持中立的主体，既不代表保险公司，也不代表投保人。

1）保险公估人的概念

保险公估人是接受他人委托，为保险当事人提供有关保险标的的评估、查勘、鉴定、估损、理算等服务，并出具公估报告，向委托人收取劳务费的保险中介服务机构。

2）保险公估人的特征

保险公估人既不属于保险人一方，也不属于被保险人一方，它是连接保险人与被保险人的中介服务机构，与保险代理人、保险经纪人共同组成完整的保险中介市场。保险公估人与保险代理人、保险经纪人既有联系又有区别。其存在与发展的特征如下。

（1）经济性。保险公估人是独立的法人组织，其目标是追求经济效益的最大化。保险公估人接受保险当事人（保险人或被保险人）的委托，提供公估服务，收取合理的费用，它的服务是有偿的。

（2）独立性。保险公估人与保险代理人和保险经纪人相比，其地位显得更为独立。保险公估人是处理保险事务的第三者，独立于保险合同当事人之外，它既可以接受保险人的委托，也可以接受被保险人的委托。保险公估人以“独立公正”的身份参与保险事务，以科学事实为依据作出公估结论，不偏袒任何一方，从而缓解了保险合同双方当事人的矛盾，维护了保险合同的有效性、严肃性。

（3）专业性。保险公估人为保险当事人提供的服务领域很广，公估人要具有不同的专业背景，同时应熟悉法律、经济、金融、财务、工程等专业知识。在当今高科技时代，保险公估业需要更多高新技术的专业人才。同时，由于保险公估人的公估结论直接关系保险合同双方当事人的切身利益，因此要求保险公估从业人员具有相当的专业水准。一般而言，保险公估人都由某个行业的专家组成，专业性相当强。

（4）不可替代性。保险公估人与保险合同双方没有利害关系，处于中间地位，是保险中介市场不可或缺的部分，其活动不能为其他市场主题所替代。这种不可替代性可以从保险公估人与市场其他主体之间的比较后得到验证。

3）保险公估人与相关机构人员的区别

（1）保险公估人在处理保险事故方面与保险人的区别。

① 两者的立场不同。在对保险标的进行评估、查勘、理赔时都是以保险人的利益为第一位，这很可能造成对被保险人的不公。而保险公估人独立于保险合同的当事人，既可以接

受保险人的委托，又可以接受被保险人的委托，在处理保险事故时处于中立地位，不偏袒任何一方。保险公估人的这种立场，保险人、被保险人都能接受，利于保险业务的顺利开展。

② 两者的处理方法不同。保险人对于发生频率高而损失相对较小的一般保险事故的处理有丰富的经验，但对一些巨灾风险和高科技风险，保险公估人具有更明显的优势。

（2）保险公估人与保险代理人、保险经纪人的区别。

① 三者的利益关系不同。保险代理人代表着保险人的利益；保险经纪人代表着被保险人的利益；保险公估人独立于保险合同之外，以事实为依据出具评估报告，不偏袒任何一方。

② 行为所产生的法律后果不同。保险代理人的代理行为产生的法律后果由保险人承担；保险经纪人和保险公估人都以自己的名义从事业务活动，其行为产生的法律后果由自己承担。

③ 三者的组织形式不同。从各国的惯例看，保险代理人可以是单位或个人；保险经纪人也可以是单位或个人；保险公估人一般是机构，不能是个人。

（3）保险公估人与一般资产评估机构的区别。

资产评估机构主要根据工程或设备的原值、年限、寿命和残值对标的进行价值评估，无须了解灾害的特征和风险因素。而保险公估人不仅要对保险标的的价值进行评估，更要进行风险的评估、定损、损失原因分析、明确责任等工作。

（4）保险公估人与产品质量检验中心的区别。

产品质量检验中心只负责检验产品的技术性能、安全程度是否符合有关标准，而保险公估人关心的是价格、出险责任、潜在风险等因素。

（5）保险公估人与司法公证人的区别。

保险公估人的公证属于经济范畴，而司法公证人的公证属于司法范畴。司法公证不对受损标的进行鉴定、估损、理算、归责等工作，只对各类合同、文书的真实性和合法性予以法律证明，其公证文书具有法律效力。保险公估人就保险标的出具的公估报告不具有法律上的约束力。保险合同的当事人如果不接受保险公估的结论，可以另请其他公估人再行公估或采取法律诉讼途径解决争议。

通过上述5点比较可以看出，保险公估人具有其他保险市场主体不可替代的特点，其自身的特点又决定了保险公估人在处理保险事务方面比其他的主体更具有优势。

4）保险公估人的分类

从不同的角度对保险公估人有不同的划分。

（1）按保险业务活动的顺序分类，保险公估人可以分为承保公估人和理赔公估人。

① 承保公估人。承保公估人对保险标的进行现时价值评估和承保风险评估。保险人根据承保公估人提供的公估报告，评估保险标的的风险，审核自身的承保能力。

② 理赔公估人。理赔公估人是在约定的保险事故发生以后，处理保险标的的检验、估损、理算的公估人，包括损失理算师、损失鉴定师、损失评估师。

（2）按业务范围分类。根据保险公估人处理保险业务的险种，可以将其分为海上保险公估人、汽车保险公估人、火灾及特种保险公估人、责任保险公估人4类。

（3）按委托性质分类。保险公估人可以分为雇用保险公估人和独立保险公估人。雇用保险公估人长期受聘于某一家保险公司，根据该保险公司的委托或指令处理各种公估事宜，一般不接受其他保险公司的委托。独立保险公估人不但可以同时受聘于多家保险公司，也可以同时接受被保险人的委托开展业务。独立保险公估人与客户之间的雇用关系是暂时的，一旦公估人完成委托的业务，他们之间的雇用关系即告结束。

（4）按委托人分类。根据委托人的不同，保险公估人可以分为接受保险公司委托的保险公估人和接受被保险人委托的保险公估人。

5）保险公估人的组织形式

保险公估人的组织形式是指依法设立、登记，公估业务为主的机构形式。其主要有以下几种。

（1）保险公估有限责任公司。保险公估有限责任公司的简称是保险公估有限公司，是指股东以其出资额为限对公司承担责任，公司以其全部资产对公司的债务承担责任，并开展保险公估业务的企业法人。这是西方发达国家的保险公估人采用的主要组织形式。

（2）合伙制保险公估行。合伙制保险公估行是指由各合伙人订立合伙协议，共同出资、合伙经营、共享收益、共担风险，对合伙企业债务承担无限连带责任，并开展保险公估业务的营利性组织。

（3）合作制保险公估行。合作制保险公估行是指两个以上的劳动者或投资者，以合作企业合同为基础共同举办的开展保险公估业务的营利性组织。

我国《保险公估人管理规定》明确规定，保险公估机构的组织形式可以是合伙企业、有限责任公司或股份有限公司。

2. 保险公估人的工作、业务与报酬

1）保险公估人的地位与作用

保险公估人一般都由经验丰富的风险、保险、财务、工程专家组成，他们不仅具有丰富的专业知识，而且经过严格的培训及考试。从总体上看，保险公估人的执业水平受到保险公司及社会公众的肯定和信赖。虽然他们的公估报告书并不具有法律效力，但仍然是保险合同当事人处理保险事务（承保、理赔等）的重要参考依据。在一些国家和地区，保险公估人的服务已经延伸到风险控制等领域。

保险公估人的地位实际上是由保险公估人的不可替代性决定的。保险公估人的作用主要体现在以下 3 个方面。

（1）保险公估人能帮助保险合同的当事人解决许多技术性或专业性较强的问题。保险公司可以自行处理一般的保险承保或保险理赔，但是随着经济的发展，科学技术的进步，保险承保的业务技术含量越来越高，保险人往往对这类保险标的的承保感到困难。由各行各业的专家组成的保险公估人能够很好地协助保险公司解决好在承保、理赔领域中的专业性、技术性强的问题，促进保险业务的良好运作。

（2）保险公估人有助于缓解保险人与被保险人之间的矛盾。保险人与被保险人作为保险合同的双方，均具有自身的利益，往往会发生矛盾，这种矛盾主要体现在理赔阶段。保险公估人以中立的身份协助处理有关的保险事务，本着公平、公开、公正的原则，不偏袒任何一方，出具双方都能接受的公估报告，使双方的利益都能公平地实现，从而大大减少保险人与被保险人之间的纠纷。

（3）保险公估人能促进保险工作的专业化分工，促进理赔技术的提高。一方面，保险业的发展要求保险人的承保范围不断扩大；另一方面，由于各种原因决定了保险公司无法完全依靠自己的力量解决承保和理赔中遇到的所有问题。因此，越来越多的保险公司将理赔工作交由保险公估人去完成，从而可以专心于市场开拓、风险控制、资金运用等主要事务。保险公估人在促进保险专业化分工的同时，也促进了保险理赔技术的提高。

2）保险公估人的业务种类

保险公估人是接受保险当事人委托，专门从事保险标的的评估、勘验、鉴定、估损、理算等业务的机构。因而保险公估人的业务种类与保险人的业务经营范围联系紧密、相辅相成。在理论上，保险公估人与保险人的业务种类大体一致，分为财产保险公估、工程保险公估、责任保险公估、机动车辆保险公估和海上保险公估。在实务操作中，由于从事保险公估的人员必须是集机械、电子、地质、工程等专业技术知识和保险知识于一身的专家，所以他们一般只可能精通某一种保险类型的公估业务。由于我国的保险公估机构规模有限、经验有限，不可能包罗所有险种的公估专家，某一家保险公估机构的业务范围主要定位于某一种或几种险种的承保、理赔公估。

保险公估人的经营业务种类和服务主要集中于财产保险领域，很少涉足人身保险领域。这是因为人身保险一般都是保险合同双方协议好的定额保险，当保险事故发生时，只要有保险人认可的相关部门（如公安部门、医疗机构）出具的死亡证明、医疗鉴定、残疾证明、相关凭证资料等，保险人就能按保险合同的约定给付保险金。这一程序简单、明了，并不涉及除医疗之外的任何技术知识，因而保险当事人无须再委托保险公估人进行公估。具体而言，保险公估人的业务包括以下内容。

（1）狭义财产保险公估。这包括企业财产保险公估、家庭财产保险公估等，不包括责任保险公估和海上保险公估。

（2）工程保险公估。由于现在的各种工程建设项目逐渐增多，所以工程保险业务也蓬勃发展，需要保险公估人介入工程保险领域。

（3）责任保险公估。

（4）机动车辆保险公估。汽车产业现在已经成为我国国民经济新的增长点，汽车消费日益增长，交通事故也日益频繁。汽车保险业务占据世界非寿险业务的60%以上，所以保险公估人格外重视机动车辆保险的公估。

（5）海上保险公估。

3）保险公估人业务的主要内容

（1）承保公估。承保公估是指保险公估人在被保险人投保时接受委托人的委托对保险标的的价值和风险进行评估。保险公估人在对保险标的的价值进行评估时要对保险标的物进行查勘、检验，在科学分析、计算的基础上确定合理的保险价值和保险金额。保险公估人对承保风险的公估是对保险标的物在投保前客观存在的风险进行检查、分析、预测；对标的物的性质进行分析，对责任范围作出科学的界定。

承保公估业务流程如图12-1所示。

（2）理赔公估。理赔公估是指保险标的在发生保险事故以后，保险公估人受保险人、投保人、被保险人或法院的委托，对保险标的和保险事故进行查勘、检验、鉴定和估损，确定事故发生原因、保险标的受损情况和事故责任归属的保险公估活动。其核心工作是确定责任、损失程度、损失金额和赔偿金额。在实际的业务中，保险双方当事人往往会因为赔偿数额之间的差异而发生纠纷和冲突，因此保险公估人在进行理赔公估时，要站在公平、公正的

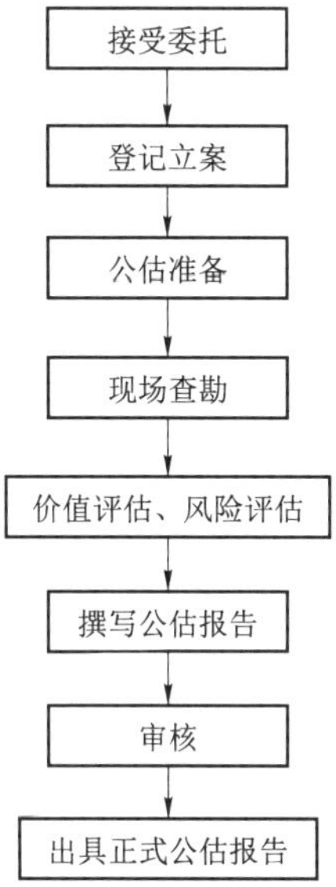

图 12-1　承保公估业务流程图

立场上，利用先进的技术和设备对受损标的进行损失的评估，努力提供令保险人和被保险人都信服的公估报告。

如果保险公估报告初稿未能通过，则需要根据问题的具体情况进行修改，或者重新指派公估人，或者重新查勘、鉴定保险标的和重新书写公估报告。

如果在出具正式的保险公估报告以后，保险公司进一步要求保险公估人代为进行理赔工作，则保险公估人可以增加服务项目。保险公估人甚至可以替代保险公司向第三者责任方追偿。

理赔公估业务流程如图 12-2 所示。

（3）参与防灾防损。防灾防损是指事先对保险标的采取各种措施和技术，避免或减少事故的发生或在事故发生以后减少损失程度的手段。如果说保险是社会安定的稳定器，那么防灾防损就是保险经营的稳定器。对保险人而言，有效的防灾防损可以减少赔付，提高自己的效益；对被保险人而言，事前预防优于事后重建。保险公估人在进行承保公估时，对保险标的进行风险识别，对存在的风险隐患及时提出合理建议，避免损失的发生，确保企业、个人生产与生活的顺利进行。同时，也能减轻保险公司的赔偿责任，提高保险的社会效益和经济效益。

（4）监装监卸。监装监卸是指对运输工具的装卸进行监视和鉴证，这主要与海上运输货物保险的货物检验有关。由于在运输过程中发生损失的原因有很多，情况比较复杂，有时甚至要考虑道德风险因素，还要判断是否属于保险责任范围。因此，划分责任归属和估算损失就非常重要。

监装监卸的主要任务是检查货物在运载时是否符合合同约定，确定损失程度，分清发货人、承运人、其他人的责任，为保险公司正确、及时理赔提供依据。这些工作显然需要立场公正、效率较高的人员来完成，而保险公估人满足了这方面业务的需求。

（5）残值处理及其他事务。保险公估人在参与理赔公估以后，可以给予委托人处理残

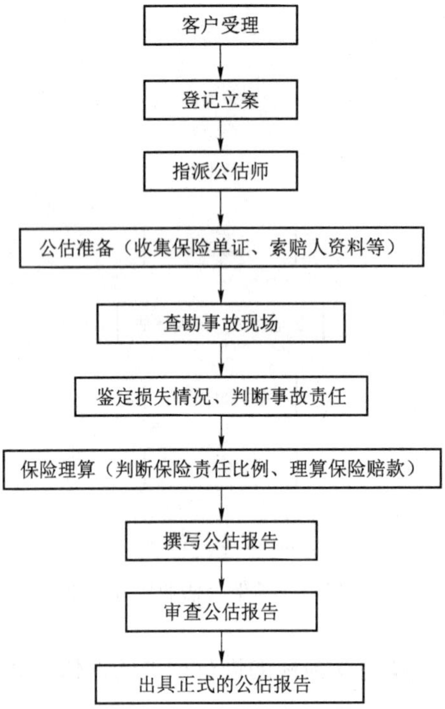

图 12-2 理赔公估流程图

余物质或价值的建议。保险公估人可以接受委托人的委托，通过拍卖、折价出售、租让等形式对标的的残余价值进行处理。此外，保险公估人还可以接受保险公司的委托代为理赔、代为追偿。

(6) 信息咨询。保险公估人凭借自己的专业技术优势，能够为公众、企业、机关提供风险咨询、防灾防损咨询、检验定损咨询等。

4) 我国对保险公估人业务经营的有关规定

经中国保监会批准，保险公估机构可以经营的业务如下。

(1) 保险标的承保前的检验、估价及风险评估。

(2) 对保险标的出险后的查勘、检验、估损及理算。

保险公估机构应当建立公估业务的详细记录制度。

保险公估机构各类业务资料的保管期限，自保险合同终止之日起，不得少于 10 年。

保险公估机构应当按规定及时向中国保监会报送有关报表、资料。

5) 保险公估人的报酬

保险公估人是独立的法人组织，接受客户的委托开展各项公估业务，为委托人提供服务，向委托人收取合理的服务费。

保险公估人应与客户签订书面的委托协议。协议在明确保险公估人义务和业务的同时，也应该明确约定保险公估人报酬的数额、计算方式和支付方式。保险公估机构依法办理业务，应按双方当事人的约定收取报酬。当然，保险公估人不得擅自提高自己应得服务报酬的水平。

由于保险公估师受聘于保险公估公司，保险公估师个人得到的收入将少于与客户签订的业务委托协议中约定的数额。

3. 保险公估人的职业道德和法律责任

1）保险公估人的职业道德

保险公估人有自己的特点，除了要做到高度敬业、廉洁自律、加强修养、最大诚信、保守客户秘密以外，保险公估人在从事保险标的的评估、勘验、鉴定、估损、理算等业务时还应当严格坚持客观、公正、公平的原则。因为，保险公估人的公估结论直接影响保险双方的利益。保险公估人做到客观、公平、公正，则公估报告就会得到保险人和被保险人的信服，化解他们之间的矛盾；如果保险公估人不能做到客观、公平、公正，公估报告则不被当事人接受；如果保险公估人因自身过错给保险当事人造成了损害，还将依法承担相应的法律责任。

2）保险公估人的法律责任

保险公估人在法律地位上是独立的。保险公估人必须是组织机构，有一定的资本金作保证，能以自己的名义享有民事权利、承担民事义务，必须经国家有关部门批准方能营业。

保险公估人在业务活动中应贯彻责任自负原则。保险公估人是具有法人资格，并能独立进行保险中介活动的经济实体，它可以接受多个被保险人的委托，同时也能接受多家保险公司的委托，还可以接受法院的委托，而不是依附于某个被保险人或某家保险公司。保险公估人的独立性相对于保险代理人、保险经纪人而言要大得多，因此在活动中必须贯穿责任自负的原则。

保险公估机构因自身过错给保险当事人造成损害的，应当依法承担相应的法律责任。为了确保法律责任的履行，保险公估机构应按其注册资本或出资额的 5% 缴存营业保证金，或者按中国保监会的规定购买职业责任保险。未经中国保监会批准，保险公估机构不得动用其缴存的营业保证金。

保险公估机构在执业过程中不得有下列行为，否则将承担行政责任、民事责任，直至刑事责任。

（1）与非法从事保险业务或保险中介业务的机构或个人发生保险公估业务往来。

（2）超出中国保监会核定的业务范围和经营区域。

（3）超越授权范围，损害委托人的合法权益。

（4）向保险合同当事人出具虚假的公估报告。

（5）伪造、散布虚假信息，或者利用其他手段损害同业的信誉。

（6）利用行政权力、职务或职业便利，以及其他不正当手段强迫、引诱或限制他人订立保险公估合同。

（7）串通投保人、被保险人或受益人恶意欺诈保险公司。

（8）保险公估机构向未取得《资格证书》的人员发放《执业证书》。

（9）保险公估机构向委托人披露虚假或不实信息，误导客户。

（10）拒绝或妨碍中国保监会依法监督检查。

（11）法律、行政法规认定的其他损害投保人、被保险人或保险公司利益的行为。

4. 成为保险公估人的路径

我国的《保险经纪从业人员、保险公估从业人员监管办法》明确规定，保险公估机构从业人员应当通过中国保监会统一组织的保险公估从业人员资格考试。具备大专以上学历和完全民事行为能力的人员均可报名参加考试。

凡通过保险公估从业人员资格考试者，均可向中国保监会申请领取《资格证书》。

12.2.2 保险核保师

1. 保险核保及其在保险经营中的地位

保险核保是指保险公司对风险进行选择和分类，进而决定是否承保，以及以什么条件承保的过程。保险核保师根据保险公司制定的核保标准，评估投保标的（人或物）的风险状况，将风险程度相同的个体划分到同一被保险集合当中，就不同风险程度的集合确定相应的费率水平和承保条件。对具有平均风险程度的被保险集合按标准费率承保，对低于或高于平均风险程度的被保险集合可相应调整费率和承保条件，而对风险程度很高的个体则拒绝签发保单。

1）对保险核保的理解

保险核保的关键是通过风险选择和分类来决定其费率，使费率与风险大小相匹配，从而达到保证保险标的的实际损失与预期损失相一致，以维持保险公司稳定经营的目的。可以从以下两方面来理解保险核保。

首先，从保险经营的数理基础来看，保险产品的费率厘定需要考虑的假定之一就是预期出险概率，如果实际出险概率高于精算师假定的预期出险概率，或者说收取的保险费不足以支付保险金，则保险公司将面临亏损。由于影响投保标的风险状况的因素很多，且处于变化之中，因此实际出险概率不可能完全与保险公司的预期出险概率相等，如果保险公司不对投保申请进行风险审查，则保险公司一旦承保了一组高风险保单组合，其实际出险概率将高于预期值，就会出现收取的保险费不足以支付保险金的情况。因此，为了承保一组能够盈利的保单组合，核保师必须对投保风险进行筛选。

风险选择并非拒绝承保所有高风险的标的，只承保安全的标的，否则将违背保险公司经营风险的性质及大数定理的原则。保险公司希望承保大量的介于风险非常大与风险非常小之间的标的，使被保险集合具有理想的损失分布。因此，经过风险选择被筛选出来的大量投保标的的风险程度是各异的，如果都按统一的费率承保，要么费率定得过高，影响保险公司的市场竞争能力，要么费率不充足，会使保险公司遭遇经营亏损的困境。所以，核保师应该将投保标的划归到不同风险等级的被保险集合中，按各个风险等级对应的费率水平收取保费，使费率能够最恰当地反映实际出险概率，既满足投保人的保障需求，又能使保险公司获得利润。

其次，从保险经营中的信息不对称来看，保险市场上存在着一个固有的信息不对称问题，其中的一个重要方面，即投保人或被保险人清楚自身的风险情况，而保险公司却由于不能完全获得有关投保标的的真实信息，很难甚至不能根据投保标的的出险概率对其进行区分，只能对所有投保人适用大致相同的保险费率。这一信息不对称问题致使逆选择在所难免。逆选择是指那些猜测或知道自身出险概率大于平均水平的人，表现出积极的投保趋向，更愿意以平均费率购买保险，而这一平均费率却不能真实反映这类投保标的超过平均程度以上的风险成本部分。一方面，逆选择的存在使保险公司用平均费率承保了大量高风险业务，最终实际损失将大于预期值，收取的保险费不足以支付保险金；另一方面，对不同风险程度的标的采用相同的费率，意味着风险低的投保人对风险高的投保人给予了补贴，这种对被保险人的不公平待遇最终将使保险公司失去市场竞争力，甚至导致经营的崩溃。因此，为避免逆选择，需要尽量搜集投保标的的信息，对风险因素进行评估，将不同风险程度的投保标的进行分类，针对不同风险状况制定能反映其真实风险成本的费率，这正是保险核保的目的所在。

2）保险核保在保险公司中的地位与作用

保险核保是一项基本的保险业务管理活动，它决定哪些风险保险公司可以承保，哪些风险必须被拒之门外，对于控制保险公司的经营风险和保证其财务稳定有重要的意义。在国外，保险公司的许多业务活动，如营销、损失控制、费率厘定和理赔等，通常都可以委托给公司外的个人或机构来完成，但核保工作因其对保险经营的重要性，一般都不会委托出去，而由公司自己的核保部门来完成。核保在保险公司中的地位与作用具体表现在以下 3 个方面。

（1）确保保险公司的财务稳定和经营安全。保险公司经营有其自身的特点，与一般工商企业最大的不同是：一般工商企业的成本发生在其产品销售出去之前，因此可以根据实际发生成本来定价；而保险公司的实际成本，除营销费用之外大部分都发生在保单售出之后若干年，保单定价只能建立在预期成本的基础上。因此，若保险公司的实际成本超过了预期成本，将导致亏损甚至影响到其偿付能力，保险公司必须努力将实际成本控制在预期成本之下。核保工作通过风险分类，使费率与风险大小相匹配，保证实际损失与预期损失相当，从而减少收取的保险费不足以给付保险金的情况，增强保险公司的财务稳定和经营安全。

（2）有利于提高保险公司的市场竞争力。通常认为，核保与营销之间是相对立的，如果核保政策很严格，那么许多投保人都会被拒保，而且过分严格的核保制度和激进的营销策略将共同提高保险公司的经营费用。但事实上，保险核保与营销之间却是相辅相成的，优质的核保工作将有利于保险公司的市场拓展。通过核保，保险公司对不同风险的投保标的按不同的费率承保，达到了投保人保费负担的公平合理，对于吸引风险小的投保人有积极作用。通过费率与风险的匹配，维护了保险公司的安全经营，确保了偿付能力，使保险公司在市场竞争中及时履行保险合同义务，树立良好的公司形象。而且，良好的风险选择所带来的效益（如死差异的增加）可由客户共享，提高了保险公司的信誉，巩固了业务来源。同时，核保师还可以根据投保人的具体风险情况，协助销售人员为客户制订保险计划，使保单更易于销售。核保师对于那些风险超过标准的投保人并非一概拒绝，而是通过修改承保条件、提高费率或风险控制等方法积极促进承保。由此可见，优质的核保工作是提高保险公司市场竞争力的保证。

（3）有助于保险经营中其他环节的运作。核保工作与保险经营中的其他环节都有紧密的联系。核保师经过多渠道的信息搜集，认真地进行风险选择与分类，制定恰当的费率与承保条件，这样能更好地避免理赔纠纷，使保险金能够迅速、及时、准确地给付，提高了客户服务质量，并增强了客户对保险公司的信任感。核保师通过在日常工作中掌握的大量投保人的保险需求信息，熟悉消费者更需要哪些类型的保险保障，了解投保金额的平均状况，以及与个人财务状况的关系等情况。核保师可以将这些信息传递给负责保单设计的精算师，使公司的保险产品更具有竞争力。

2. 保险核保师及其主要工作

1）保险核保师及其类型

保险核保是保险公司中具有挑战性的工作之一，从事保险核保工作的专业人士称为保险核保师。其实，对投保标的的风险选择并非仅由保险公司的专职核保师来完成，在投保单递送到保险公司之前，销售人员已经对投保人进行了第一次筛选。销售人员通过与客户的接触，对其一般风险状况、投保动机、被保险人的基本情况都有一定的了解，销售人员可以拒绝那些明显具有道德风险或风险特别大，不符合保障要求的投保申请。销售人员可以因此为保险人节约评估风险的费用，而且销售人员将其搜集的关于投保标的的风险信息传递给核保师，还将有助于高效核保。

销售人员完成第一次风险核保之后，才由保险公司的专职保险核保师对投保单进行风险评估，并决定是否承保及具体的承保条件。根据核保工作的不同分工，保险核保师可分为决策核保师（Staff Underwriter）与业务核保师（Line（or Desk）Underwriter）。决策核保师是专门负责制定核保政策及编写核保手册的工作人员，通常由核保负责人担任。核保政策确定了风险因素变化的一般标准，借此被保险人可被归为事先设立的风险类别中的某一类。核保政策为核保决策程序制定了一个框架，如规定了各险种的具体风险状况要求、不同风险条件下准许的最大保险金额、险种的地区适用范围等具体核保规则。业务核保师是分公司或支公司中专门从事核保工作的专业人员，主要是根据核保手册对每一投保人及续保保单的风险状况进行评估，作出承保决策。由于保险公司中从事核保工作的人员主要是业务核保师，因此这里主要介绍业务核保师的职业情况。

在保险公司中，业务核保师通常按照其职责权限进行核保。保险公司根据核保师的专业技能和经验、公司规模大小，以及险种来分配核保师的核保权限。核保权限包括可以审核的保险金额和风险等级。保险公司的核保工作人员可被分为等级是核保实习生、初级核保员、核保员、高级核保师、首席核保师、核保总监等。各个等级的核保人员可以审核的保险金额和风险等级都有一定限制，超过了这一限制必须由更高级别的核保人员来审核。如果核保人员作出调整费率或修改承保条款的核保决策，那么这一核保决策也需要通过上一级核保帅审批。如果是拒保，则必须由首席核保师或核保总监复审。具有较高核保权限的核保师可以对权限较低的核保师作出的核保决策进行否决。

2）保险核保师的主要工作

业务核保师的主要工作内容包括选择保险标的、进行风险分类、确定恰当的保障条件和决定适当的费率或定价。这也是核保师工作的主要程序。

（1）选择保险标的。核保师必须认真选择保险标的，如果核保师不仔细，就有可能导致风险高的保险标的所支付的保费不足以反映其真实的风险状况，良好的风险选择可以使保险公司在承保能力准许的范围内，通过不同地理区域的分散、不同风险种类和大小的组合，以及不同险种的搭配，获得最佳的风险分布。风险选择是一个持续的过程，一旦承保了某一业务，就应该继续跟踪其风险状况的变化，观察其是否仍然属于可保风险范围。如果发现已承保的业务其风险增大或存在逆选择，就应采取必要的措施。

核保师对投保标的进行风险选择会拒绝一部分不可保业务，因此常认为核保师的工作是一种消极行为。但风险选择过程也有积极的一面，核保师通过对风险的评估可以为投保人设计符合其风险状况的风险管理方案和保险计划，这也能吸引不少客户。

（2）进行风险分类。恰当的风险分类对于确定风险大小和为保单定价而言是必需的步骤。正确的风险分类可以保证被保险人集合的实际损失频率和损失程度与预期值一致，保证保险人按恰当的费率收取到足够的保险费，以支付保险金和经营费用，并且获得利润。风险分类不当而导致费率不合理可能带来许多不利后果，如收取的保费不足以支付损失赔偿和费用；由于费率比竞争者的费率高而使保单销售困难；由于费率不当视作不公平交易遭到监管当局的处罚等。

核保师进行风险选择和风险分类主要依据核保手册，核保手册对不同险种核保时需要考虑哪些风险因素，如何搜集相关的信息资料，如何计算风险等级，以及如何对不符合标准承保风险的个体进行加费承保等都给出了明确的规定。核保师主要考虑的风险因素如下。对财产保险来说，核保师需考虑投保标的所处的环境，占用性质，建筑物的结构与材质，安全防范措施及各种安全管理制度的制定和落实情况等。同时，还应对投保人进行选择，考虑其保险利益，是否具有道德风险和逆选择。例如，对机动车辆核保时，保险公司对驾驶员的年龄、驾驶技术、以往的肇事记录都要进行严格的审核。对人寿保险来说，核保师需考虑保险利益，被保险人的职业、业余爱好、生活习惯等非健康风险因素，还应考虑收入、财产等财务状况因素，以及年龄、性别、体格、既往病史、家族史等健康风险因素，必要时还要通过体检和向主治医生询问以获得进一步的信息。核保师获得信息的渠道有许多，包括投保单、保险代理人或经纪人的意见、风险调查报告、与被保险人本人或其熟悉的人进行会谈、财务证明资料等，寿险核保资料还包括体检报告、病历等。在国外，核保师还可以从一个叫作医疗信息局（Medical Information Bureau，MIB）的组织处获得有关被保险人的信息。该医疗信息局向加入该组织的保险公司提供有关被保险人在该组织中其他保险公司投保时已发现的健康风险信息。

（3）确定恰当的保障条件。为投保人设计最符合其保险需求的保障条件通常是保险销售人员的职责，核保师也能对此提供有价值的帮助。例如，投保人和销售人员在决定其保险计划是否满足投保人的保障需要时，核保师经常能提供很好的建议。假设一投保人为其厂房投保建筑物和个人财产保险，该保险计划提供了广泛的保障范围，但当核保师在审阅调查报告中记载的投保人经营情况时，发现投保人还有一个可保的运输风险没有考虑到，核保师会对投保人提出投保建议。这个例子说明，核保师的工作对于促进承保，向投保人提供最完善的服务起到积极的作用。又如，核保师在核保过程中常常会发现销售人员通常为投保人申请的保障范围要大于保险人能够提供的保障范围，在这种情况下，核保人不是拒绝该业务，而是通过提高被保险人的自负比例或减少保障范围向投保人提供一个范围受到限制但有足够保障能力的保险。

（4）决定适当的费率或定价。适当的费率水平不仅能使保险人收取到足够的保费以获利，而且还能使保险公司在同行中具有竞争力。因此，在确定适用费率时，应当遵循一些通用的原则，这些原则包括对被保险人公平，即要确保每位被保险人缴纳的保险费如实反映了其风险程度，从而保证被保险个体之间的公平性；对保险人公平，即要求保险人收取的保险费能够支付所有合理的保险赔款或给付，不能为了占有市场而任意降低费率或任意抬高费率，损害投保人的利益。对于大多数险种而言，只要进行正确的风险分类就可以自动决定恰当的费率。这要求费率调整的依据必须是核保师能够确切获得的信息，核保师必须公正地评估风险，不带任何偏见。

3. 保险核保师的职业素质和发展前景

1）保险核保师应具备的职业素质

保险核保是保险经营中的重要环节，核保师需要对纷繁复杂的风险进行甄别，并在权衡各方利益的情况下作出最恰当的承保决策。如果由于保险核保师素质不高而作出不明智的决策，将直接影响保险公司的经营安全。因此，保险核保师应当具有较高的素质，以胜任这一具有挑战性的工作。具体来说，对保险核保师的素质要求大致包括过硬的专业技能、较强的判断力与直觉、良好的沟通技巧和职业道德素质等方面。

（1）专业技能。核保的主要任务是对风险进行评估，掌握这一技术需要具备专门知识。保险行业是一门技术性较强的边缘性学科，涉及知识面广，随着保险品种的日益繁多，涉及的行业、知识不断扩展，对机械、化工、电子、冶金、建筑等方面的知识要求越来越高。在财产保险核保中，核保师需要考虑影响投保标的风险程度的多种因素，这些因素涉及许多领域的知识。例如，在进行汽车保险核保时，需要掌握有关汽车的原理、最新技术等知识；在进行责任保险核保时，又需要熟悉国内的法律、法规；在人寿保险核保中，主要考虑被保险人的健康风险因素，这要求核保师必须具备医学知识。因此，世界发达国家的保险公司汇集了各方人才，包括核能专家、飞机技师、计算机专家、汽车专家、医学专家、法律专家等。核保技能虽然专业性非常强，但可以通过学习来掌握。

（2）较强的判断力与直觉。核保既是一门技术也是一门艺术。核保过程中随时都需要核保师作出各种判断与决策。核保师可能随时会问自己很多问题，如投保单上填写的某一项内容的真实性是否值得怀疑，被保险人的主治医师是否隐瞒了某些重要信息，花较多时间搜集更多资料从而可能让投保人被其他保险公司抢走是否值得，这样的承保条件投保人会不会接受等问题。任何一个问题的回答都关系最终的承保决策是否客观、恰当。在这一决策过程中不仅需要核保师的专业素养，更多的是依靠判断力和直觉，这一能力来源于丰富的实践经验，甚至可能是核保师的天赋。虽然，如今核保工作大量使用了信息技术，但计算机只能处理一些程序化的问题，明智的判断仍然是核保师赖以成功的关键。

（3）良好的沟通技巧。核保师如果作出加费承保或拒保的承保决策，就可能会影响销售部门的成绩。面对这种情况，核保师面临的最大挑战是如何向销售人员和投保人得体而令人信服地解释对投保单加费承保或拒保的理由，以使销售人员和投保人满意并相信核保决策是公平的，避免日后在理赔工作中出现纠纷。因此，核保师应具有良好的沟通能力才能使承保决策得以顺利执行。另外，核保师的工作离不开保险公司其他部门的支持，如销售部门会向核保师提供许多有关投保人的重要信息，理赔部门也应将理赔中发现的风险情况告知核保师，利于以后的风险审查和经验积累，核保师会在承保决策时征求精算师的意见，等等。核保师良好的交流能力将会使其与各部门之间的沟通更加顺畅。

（4）良好的职业道德素质。核保部门是保险公司中控制经营风险的关键岗位之一，如果核保质量不好，保险公司可能会面临无力支付保险金的局面，因此核保师首先必须具有强烈的责任感，谨慎仔细地完成每一风险个体的核保工作。在各保险公司的核保手册中都对核保师应具备的职业道德素质作出了规定。国外的核保师团体，如美国特许财产与意外保险核保师学会，要求正在进行核保师资格考试的学员，以及已经获得核保师头衔的会员遵守学会的职业道德规则。核保师应遵循公平原则，不应出于主观的原因随意放宽或降低核保标准。利用有限的资料作出恰当的风险评估是核保工作的难点，核保师应该谨慎地对待风险，科学地评估风险。核保师在工作中应严格遵循公司规定，不得擅自变更核保规则。核保师应为保户严守秘密，任何情况下都不得将相关客户资料及客户告知事项向他人泄露。

总之，优秀的保险核保师应乐于接受挑战，将自己的决策推荐给销售人员，并且有持续学习的动力，在这个受人尊重的岗位上不断提高技能、扩展知识，培养判断能力和对决策有效的交流能力。

2）我国保险核保师职业的发展前景

自我国保险业恢复以来，保险公司无论从机构数量、保费收入，还是资产规模等方面来看，都有很大的发展。但因为我国保险市场处于发展的初级阶段，保险经营中存在不足之处也就在所难免，而核保工作在保险业的非理性扩张中也存在着被忽视和不完善的问题。我国保险核保工作中的问题，首先表现在保险公司粗放式的经营观念上，这使得风险控制往往屈服于业务发展，保险公司为了提高市场份额，超能力承保、通融承保、欠费承保、以赔促保等不规范行为时有发生。其次是核保机构不健全，许多保险公司的基层公司尚未设立独立、专门的核保部门，核保与展业在业务管理体系上没有完全分离。再次是核保制度不健全。我国的核保制度绝大多数是引进国外经验，而较少考虑我国的实际情况，缺乏实践的指导。最后是核保人员素质较低，而且核保人员相应的考核、上岗、定级、监督等制度还有待完善。

这些问题的存在制约着保险核保师职业的发展，核保师的地位在保险公司追求市场占有率的大环境中被低估，并未真正起到为保险公司控制风险的作用。但是，随着社会、经济和保险市场环境的变化，保险公司集约化经营观念的形成，以及对风险管理的日益重视，保险核保师将受到更多的重视，具有很大的发展空间。

首先，我国加入 WTO 后，中外资保险公司将共同争夺我国保险市场，市场竞争更加激烈。为迎接挑战，过去粗放式的经营观念要向集约化经营观念转变，保险公司势必要加强自身的经营管理，重视核保在风险控制中的重要作用，保证公司的偿付能力，以提高核心竞争力。保险经营主体的增多使投保人有了更多的选择，如果保险公司作出有违被保险人公平原则的承保决策，保险公司将很容易丢掉市场。竞争的加剧对保险公司的服务质量提出了更高的要求，核保师将利用其专业优势，协助销售部门对客户的风险状况进行科学的分析，设计满足客户风险保障需求的保险计划。

其次，伴随我国生产力的进步，许多新风险随之出现。技术进步所带来的新物质、新的生产方式等极大地改变了诸如企业财产保险、建筑工程保险这类传统保险险种的风险因素；科学发展也为人们的生产和生活创造了许多新的风险，如网络风险。另外，在影响人的健康风险因素方面，人类疾病谱也与原来相比发生了较大变化，新的疾病风险还在不断出现；我国法制社会建设步伐的加快将促进法律体系的逐步完善，从根本上影响着产品责任保险、职业责任保险和雇员补偿保险这类险种的风险因素。所有这些变化都对核保师的专业素质提出了更高的要求，因此保险公司急需有一技之长的核保专业人士。

最后，在保险费率市场化的条件下，保险公司对风险的定价将受到监管部门的监督，也影响到保险公司的竞争能力。保险费率市场化要求核保师考虑更多风险因素，使费率更准确地反映投保标的的实际风险程度。核保师是否有能力为风险准确定价对保险公司有着重要影响，这对核保师也提出了新的要求。

目前，我国保险公司已经制定出各自较全面的核保手册，同时也开展了公司内的核保师等级资格考试。随着外资保险的进入，其完善的核保制度体系也会被逐步引入。相信这些努力对于指导和规范核保工作将起到重要作用，对我国核保师职业的发展也会有积极的促进作用。

4. 成为保险核保师的路径

要成为一名优秀的保险核保师需要具备多方面的素质，国外有不少与核保师有关的协会，这些协会组织的保险核保师资格考试制度已经比较完善，为那些正在从事或有志于从事保险核保事业的人士，以及从事保险行业其他工作的人士提供了一个学习核保技能与提高自身素质的机会。在我国，核保师制度的建立作为专业化制度尚处于摸索阶段，还没有相应的核保师资格考试。保险公司核保师制度建设中的一个重要内容就是必须设立专职的核保人员队伍，并经过严格的各级核保人员资格考试，对核保人员进行定期的业务培训，提高他们的业务水平和风险识别评估能力。并借鉴国外核保师资格考试的经验，以加强我国核保师制度的建设。

12.3 保险会计师与保险精算师

12.3.1 保险会计师

1. 保险会计师概述

1）保险会计师的概念及其工作目标与职能

保险会计师是从事保险会计工作的专业人士，保险会计师的工作目标是为公司的会计信息使用者提供真实、相关的会计信息，而这一目标的达成有赖于保险会计职能的充分发挥。保险会计师的工作任务正是保险会计职能的具体表现。

一般来说，会计主要有反映与监督两大核心职能，在此基础上，又衍生出会计的预测、决策、分析等职能。保险会计遵循会计的原理和准则，当然也应具有这些职能。反映职能又称为核算职能，是指对保险活动的过程和结果进行确认、计量、记录和报告等活动，也就是通常所说的记账、算账和定期编制会计报表。监督职能又可称为控制职能，是指通过各种专门方法对预期可能发生的及已经发生的各种经济行为进行控制。例如，严密的会计核算程序本身就能起到保证会计信息的正确性和真实性的作用；通过参照相应的规定和标准，监督控制保险活动的合法与合理性；还可以通过会计核算提供的信息，发现实际与计划或预算的偏差，以明确应如何完成计划，并便于修订计划或预算。预测职能是依据会计信息和其他有关信息，运用一定的技术方法，对保险经营各个方面的发展趋势或状况作出客观而科学的测算和估计，为经营决策提供信息支持，同时也为编制预算或计划提供依据。决策职能是指保险会计参与、支持决策，并非代替决策，主要是利用所掌握的丰富信息资源，对决策可供选用的各种方案进行深入的可行性分析。特别是从各方案的财务影响方面比较得失，权衡利害，帮助企业决策者客观地掌握情况，据以作出正确的判断和选择，以促进企业决策最优化。分析职能是以会计信息为依据，结合其他信息，对企业的财务状况和经营过程及其成果进行分析研究，以总结经验，巩固成绩，改进工作，提高效益。

保险会计所具有的上述职能是通过保险会计师的具体工作表现出来的。正如前讲述，保险公司的会计信息使用者可以分为内部信息使用者（主要是保险公司的管理人员及其员工）和外部信息使用者（包括投资者、政府监管部门、税务部门、代理人和经纪人等）。不同的信息使用者对会计信息的内容有不同的要求，据此会计被划分为财务会计和管理会计两大分支。财务会计通过会计核算，编报财务会计报告，向外部信息使用者提供反映企业财务状况和经营成果的相关信息；而管理会计是通过利用财务会计信息并结合其他非财务信息，评价企业经营业绩，规划经济未来，参与经济决策，控制经济过程，以达到为企业内部管理部门的最优化决策提供有用的财务与管理信息的目的。因此，保险会计师的主要工作可以概括为财务会计工作与管理会计工作两个方面，共同为保险公司的内、外部财务信息使用者提供决策有用的信息。

2）保险会计师的工作内容

具体来说，保险财务会计工作主要是进行业务核算与编制会计报表，管理会计工作主要包括预算、税收规划、投资管理、内部审计等内容。图12-3展示了一家人寿与健康保险公司财务会计部门的组织结构，说明了保险会计师的主要工作内容。

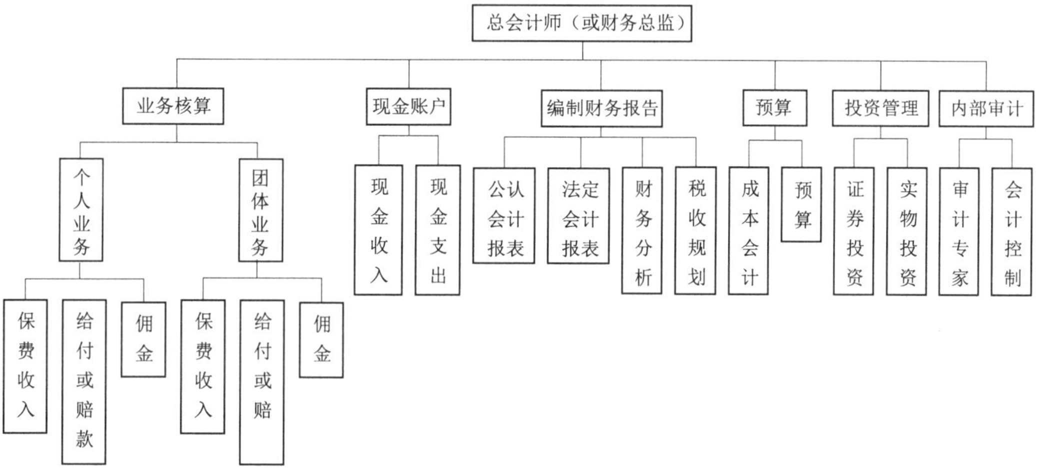

图12-3　人寿与健康保险公司财务会计部门的组织结构

（1）业务核算。业务核算是会计工作的基础，是指保险公司根据实际发生的经济业务事项，按照国家统一的会计制度的规定填制会计凭证，登记会计账簿，确认、计量和记录资产、负债、所有者权益、收入、费用、成本和利润。保险公司与外部关系人，以及保险公司内部之间凡涉及资金流动的经济活动都应该进行会计核算，包括保费收入、保险金给付或赔款支出、佣金的支付、有价证券的买卖，以及其他款项的收付，财物的收发、增减和使用等。

在我国，保险会计核算必须遵守《中华人民共和国会计法》和《企业会计制度》及有关财务制度的规定，同时还要遵守《保险公司会计制度》和《保险公司财务制度》这两个行业规定。行业规定专门适用于保险公司会计，对保险业务涉及的特有经济活动的会计处理作出了规定，并对保险会计中的特殊账户的核算方法也给予了说明。《保险公司财务制度》详细规定了资本和负债、流动资产、固定资产、无形资产、递延资产及其他资产、资金运用、成本和费用、营业收入、利润及分配、外币业务、公司清算等会计核算内容的具体操作规则。

（2）编制会计报表。保险会计与其他企业会计有一个很大的不同点，即保险会计要遵循两个会计准则：公认会计准则和法定会计准则。公认会计准则是所有企业会计都需遵循的，在我国即为《企业会计准则》，以及专为保险公司制定的保险行业会计准则；法定会计准则是为了满足保险监管部门对保险公司偿付能力的监管而制定的。两个准则在会计假设、负债、收入、费用的处理等许多方面都存在不同之处。因此，保险会计师需要按照两个准则分别编制财务会计报表和法定会计报表，以满足不同信息使用者的需要。在实际工作中，保险会计的日常核算按照公认会计准则进行，编制财务会计报表，然后再根据保险行业法定会计准则调整为法定会计报表。在保险业发达的国家，均制定了完善的法定会计准则，并成为保险监管部门对保险公司进行偿付能力监管的依据。

(3) 预算。预算是依据当年的经营目标，结合历史会计信息、市场预测及其他相关信息，对保险公司未来的经营和财务状况进行事先的估计与具体安排。预算可以作为工作目标和业绩考核标准，是控制经济活动的依据和衡量其合理性的标准，当实际状态和预算出现较大差异时，有助于查明原因并采取措施。同时，预算还有利于指导保险公司各种资源的有效配置，如根据预算结果发现资金短缺，可以提前做好筹资工作。因此，预算工作能够发挥保险会计师的预测与控制职能。

预算在传统上常被视为控制支出的工具，因此成本费用预算是保险公司预算工作的重点。保险公司的预算编制通常是先由最高管理层提出下年的总目标，并下达规划指标，如制订下年的保费收入计划，然后根据总保费目标在各分支公司层层分配，由分公司的保险会计人员针对成本费用项目自行草编预算，这样可使预算较为可靠和符合实际。之后，总公司汇总各分公司及分支机构的成本费用预算，由预算委员会审查、平衡，编制总公司的成本费用总预算。保险公司需要编制的成本费用预算包括赔款支出、给付支出和退保金、代理手续费支出，即佣金支出、业务宣传费、业务招待费、固定资产折旧费、提取坏账准备金、利息支出，以及职工工资、差旅费、会议费等多种业务管理费等项内容。在此基础上，保险会计师还需编制现金预算、预计损益表和预计资产负债表，从总体上控制保险公司的资金、成本费用和利润总量情况。

(4) 税收规划。保险会计师的税收规划工作有以下两个方面。

① 依照税法规定进行税收会计处理。财务会计和税收会计分别遵循不同的原则，服务于不同的目的。财务会计核算遵循一般会计原则，其目的是能真实、完整地反映企业的财务状况和经营成果及其变动情况。而税收会计是以课税为出发点，达到保证国家税款征收和维护纳税人的经济、合理、公平，以及促进竞争的目的。财务会计原则和税收法规在具体规定上的主要区别是确认收益实现和费用扣减的时间，以及在费用的可扣减性方面有所不同。因此，保险会计师在进行税收会计处理时需要熟练掌握税法与会计准则的不同规定，对相关会计核算按照税法规定进行调整，计算保险公司的应缴税款。目前，我国保险公司应纳的主要税种是营业税、企业所得税，另外还有房产税、城市维护建设税、城镇土地使用税、印花税等其他税种。

② 进行税收筹划。保险会计师可以在税法许可的范围内，通过对其经营或投资活动的适当安排，在不妨碍正常经营的前提下，实现税赋最小化的目标。保险公司税收筹划的基本实质就是节税，但它是在遵守现行税收法规制度的前提下进行的，与偷税、漏税、逃税、骗税等违法行为具有本质的区别。税收筹划一般是在应税行为发生之前规划、设计和安排的，具有超前性，它可以事先测算出节税的效果，当存在多种方案可选择时，可以选择税赋最低的方案。因此，保险会计师的税收筹划工作有利于保险公司在符合国家政策指引的条件下增

强自身的资金实力，这不失为提高保险公司竞争力的有效途径，同时也是保险公司、国家、社会的共同目标。

（5）内部审计。保险会计师进行内部审计不仅要保证会计资料的真实完整，还要通过内部审计完善保险公司的内部控制，进而起到防范保险公司经营风险，实施风险控制的作用。

内部审计是由公司内部设置的专门机构或人员实施的审计，它作为公司内部的一个经济监督机构，不参与经营管理活动，与所审计的其他职能部门相对独立。保险会计师进行的内部审计工作主要监督检查本公司的财务收支和经营管理活动，对其是否真实、合法、合规及其效益情况进行审查和评价。保险会计师需要对各种提供财务收支和经营管理活动情况的会计资料及其相关资料进行审计，主要包括会计凭证、账簿、报表等会计资料，以及相关的计划、预算、经济合同等其他资料。同时，内部审计的另一个重要内容是检查各项内部控制的执行情况，并提出改进措施。内部控制通过对内控制度的了解与测试，评价各项规章制度的合理性、完备性和有效性，发现经营管理流程中的控制薄弱环节，揭示风险概率较大的关键控制点，提出改进建议，防范因缺乏控制而产生的风险。

保险公司与风险打交道，在其自身经营中必然带有许多不确定性。例如，保险公司的保单销售先于实际成本的发生，因此面临着产品定价风险；保险资金投资是保险公司经营管理中的重要内容，而利率的变动，资本市场的动荡，甚至政策的改变都会影响到投资收益；由于资产管理不当，当保险公司没有足够的现金支付保险金的时候，不得不面临低价变卖资产或高利率举债以应付现金短缺的风险，等等。因此，保险公司在经营中一直非常重视风险管理，而完善的内部控制是保险公司进行风险管理的有效途径。内部控制是企业的内部管理控制系统，包括为保证企业正常经营所采取的一系列必要的管理措施，它将起到保证会计资料的真实、合法与完整，以及促进保险公司经营管理的目的。然而，内部控制的有效实施需要内部审计的监督，内部审计将提高内部控制的执行效率，利于保险公司的风险管理。

2. 保险会计师的职业素质和发展前景

1）保险会计师应具备的职业素质

保险会计师肩负着向保险公司管理层和外部信息使用者提供真实、完整、及时的财务信息的任务，因此保险会计师作为公司财务信息的制造者，其工作质量将直接影响保险公司的经营管理效果，以及保险公司有关利益各方的判断和决策。会计工作一直以来都被视为知识含量高的职业，从业人员往往需要具备一定的教育背景和专业胜任能力，而保险公司业务流程和经营管理的特点使保险会计较之普通会计又有其独特之处。因此，保险会计的重要性及其复杂性决定了保险会计师应当具备相应的素质才能胜任这一工作。具体来看，保险会计师的职业素质主要有职业道德、专业技能和职业判断能力等方面。

（1）职业道德。职业道德是保险会计师应当具备的首要素质。会计行业之所以在现代社会中产生和发展，是因为它能够站在客观的立场将企业真实的财务状况和经营成果展示给企业内外的利益方，作为这些信息使用者进行决策的依据。财务信息的真实与否是决策正确与否的前提，提供客观真实的财务信息，不仅是对使用财务信息的决策者负责，有利于社会有限资源的有效配置，同时也是会计职业的立身之本。信息使用者是在相信财务信息的真实性的基础上利用信息并进行决策的，会计师主要社会功能的实现有赖于会计职业的社会公信力。在当今信息时代中，更多的人将根据可靠的信息作出正确的判断，如果信息使用者对会计师乃至会计行业的公信力产生怀疑，经济活动中各方互不信任，这将使会计职业无法立足，对社会经济的正常发展，甚至公众信心的树立也都将带来阻碍。

因此，保险会计师要扮演好这种社会角色，必须具备相应的职业道德素质，如服务责任心、正直、客观。“服务责任心”是最重要的会计职业道德素质，它要求会计师将服务对象的利益置于自身利益之上，这种责任心是对他人、对社会，或者是对某种目标、信念和观点所持的态度。“正直”意味着真实地表达个人观点和意见，不受他人的影响和操纵，离开了正直，其他素质都会失去意义。“客观”则是一种思维状态，它要求从利益冲突中独立出来，根据事实和能力进行分析、判断。保险会计师在工作中需要培养这些素质和理念，将其作为一种思维方式和工作习惯，以特定的角色为社会服务。

世界各国均通过立法对会计从业人员的职业道德进行规范，这些法规是会计师从业时必须遵循与谨记的基本原则。世界大公司和国际著名会计师事务所不断发生的会计丑闻使会计职业道德问题受到了更多关注，各国都对会计职业道德给予重新审视，并制定了更为严密的规定。我国《会计法》规定，会计人员应当遵守职业道德，提高业务素质。对伪造、变造会计凭证、会计账簿，编制虚假财务会计报告，贪污，挪用公款，职务侵占等与会计职务有关的违法行为制定了法律责任。另外，为了规范我国注册会计师职业道德行为，提高注册会计师职业道德水准，维护注册会计师职业形象，还特别制定了《中国注册会计师职业道德基本准则》，规定注册会计师应当恪守独立、客观、公正的原则，应当实事求是，不为他人所左右，也不得以个人好恶影响分析、判断的客观性。应当正直、诚实、不偏不倚地对待有关利益各方。注册会计师考试也涉及会计职业道德的相关问题。

（2）专业技能。保险会计师要提供高质量的财务信息，除必须具备良好的职业品德外，还需具有较强的专业能力。会计是一门专业性很强的职业，会计师需要对纷繁复杂的经济现象的实质进行判断，需要熟练运用会计准则，选择最恰当的方法来记录并反映，以明确有关各方的利益和责任。因此，并不是每一个人都能够胜任保险会计工作的。保险会计师必须具备全面而系统的专业素质。首先，作为一名会计人员，保险会计师应当具有与会计密切相关的管理学、经济、金融、税法、经济法、计算机信息系统等方面的知识。在会计专业知识方面，应掌握财务会计、管理会计、财务管理、税法、国际会计、会计理论等知识，还应具备分析财务数据的能力，并能够为管理层提出合理的建议。其次，作为一名保险会计师，应该掌握保险学知识，并熟悉保险公司的经营运作，掌握保险会计的特性和保险财务指标的分析，以及保险财务报表与法定财务报表的不同编制方法等。这是保险会计师与其他行业会计师最大的不同，也是保险会计师的优势所在。

保险会计师可以通过正规学习、资格考试和后续教育来获得专业技能，并不断提高。

通过正规学习，未来的会计师可以系统掌握会计理论和会计实务，以及经济、管理、法律等全面的基础知识，并培养较强的自学能力和良好的思维方式。具有正规教育背景已成为取得注册会计师资格的基本条件之一。例如，美国许多州要求考生必须接受过相当于 4 年本科教育加上 1 年研究生教育的学时，才能获得注册会计师资格；我国的《注册会计师法》也规定，具备高等专科以上学历，或者会计或相关专业（审计、统计、经济）中级以上专业技术职称条件的才能报考注册会计师资格考试。

资格考试可以在一定程度上有助于提高从业者的专业素质。各国的注册会计师考试的内容几乎涵盖了注册会计师从业应该具备的所有基础知识和专业知识，而且考试有相当的难度和广度，需要长期充分的准备。法律上将通过资格考试作为衡量会计师专业素质的标准之一，如我国的《会计法》规定，从事会计工作的人员必须取得会计从业资格，持有会计从业资格证书。在评定会计师职称时，也要求通过初级或中级会计专业技术资格考试。

（3）职业判断能力。保险会计师经常面临许多不确定情况，需要依据一定的职业规则和自身经验，对这些情况进行分析、判断，选择最合适的会计处理方法，应对经常变化的客观环境，这就是职业判断能力。

作为一个高水平的会计人员，其职业判断能力的形成，除了具备一定的专业和基础知识，以及不断地吸收新知识外，还必须具备较高的理论素养。保险会计师对于任何一个会计处理，要学会分析、判断、综合、总结，养成一种良好的思维习惯。所以说，保险会计师的职业判断能力其实是知识与经验的累积，保险会计师必须通过持续、不间断地职业培养和职业训练，经过长期积累才能形成并得以不断提高。

2）保险会计师的职业发展前景

会计总是在一定的环境下运行的，会计环境是会计产生、存在和发展的土壤和条件，它与会计之间存在着相互依存、相互制约、相互促进的关系。会计环境主要有社会环境、经济环境、法律环境和科学技术环境。保险会计的产生与发展同样受到保险业发展这样一个大环境的影响，我国保险业的发展正展现出一派欣欣向荣的景象，保险会计作为保险公司的管理职能部门，肩负着更为重要的责任，保险会计师这一职业也有良好的发展前景。

3. 成为保险会计师的途径

保险会计师职业素质要求较高，这意味着所有正在从事保险会计工作及希望加入这一行业的人士都必须通过多种渠道提高自身的专业优势。其中，经过资格考试，可以学习较为系统全面的知识，并且获得进入这一行业的资格证明。下面介绍一些国内外与保险会计师有关的资格考试情况，可以从中对保险会计的职业发展要求获得一些了解，并作为提升专业素养的一种参考。

1）国内资格考试

国内资格考试主要是会计方面的资格考试，保险会计虽有其特殊性，但由于发展时间短，暂还没有独立的资格考试。国内的会计资格考试主要有两类：会计专业技术资格考试；注册会计师考试。

（1）会计专业技术资格考试。会计专业技术资格考试分为初级资格和中级资格两个级别。参加初级资格考试报名必须具备教育部门认可的高中毕业以上学历，持有会计从业资格证书（从事会计工作的人员必须持有会计从业资格证书，凡具备教育部门认可的中专（含中专）以上会计类专业学历或通过会计从业资格考试，并符合相关规定的人员可以取得会计从业资格证书）。中级资格考试报名除须持有会计从业资格证书外，还必须具备大学专科以上学历并具有相应的工作年限。初级资格考试科目为初级会计实务和经济法，考生必须在一个年度内通过全部科目的考试。中级资格考试科目有中级会计实务（一）、中级会计实务（二）、财务管理及经济法，考生必须在连续的两个考试年度内通过全部科目考试。会计专业技术资格考试原则上每年举行一次，考试日期一般为每年 5 月的最后一个星期六、星期日。

考生取得初级资格并且符合国家有关规定，可以担任助理会计师职务；考生取得中级资格并且符合国家有关规定，可以担任会计师职务。

（2）注册会计师考试。注册会计师考试是为了选拔优秀人才加入注册会计师队伍，提高会计从业人员的业务素质和执业水平而制定的考试制度，具有一定的难度。注册会计师可以在会计师事务所作为执业会员从事审计和会计咨询、会计服务工作，也可以在企业作为非执业会员从事会计财务工作。

具备高等专科以上学历，或者会计或相关专业（审计、统计、经济）中级以上专业技术职称都可以报名参加注册会计师考试。考试科目为会计、审计、财务成本管理、经济法、税法，单科合格成绩在连续 4 次考试中有效。全科成绩合格者，如在事务所工作并有两年的执业经历，可申请获得执业注册会计师资格，并且注册成为中国注册会计师协会会员；如果没有两年事务所工作经历或不在事务所工作，可以申请注册成为中国注册会计师协会的非执业会员。考试一般于每年 9 月举行。

2）国外资格考试

ACCA 和 CGA 会计师资格认证是目前国际上比较权威的注册会计师资格考试。此外，保险业发达国家还专门设置了有关保险会计与财务的资格考试，如美国的 AIAF，即保险会计与财务资格考试。

（1）ACCA——英国特许公认会计师资格考试。英国特许公认会计师公会（the Association of Chartered Certified Accountants，ACCA）成立于 1904 年，是目前世界上最大且最有影响力的专业会计师组织之一，在全世界拥有学生和会员超过 25 万人，在 160 多个国家设有 300 多个考点。经过 ACCA 的 14 门考试并具有 3 年财务及会计相关工作经验者可以获得会员资格，其资格在英国、欧洲及许多国家具有法定会计师的地位。ACCA 考试课程全面、完善，现已被联合国采用作为全球会计课程的蓝本。

具备大专以上学历或高等院校在校生，以及其他申请者提交其学位/学历证明、英语水平证明（CET-6 、TOEFL 550 分、GMAT 550 分或 ITES 6.5 以上）等证件，并交纳 50 英镑注册报名费，即可办理注册手续，成为 ACCA 正式学员，并报名参加考试。考试共有 14 门课程，分为 3 个部分：第一部分主要涉及基本会计原理和管理方面的问题，包括财务报表编制、财务信息与管理和人力资源管理 3 门课程；第二部分涵盖了专业财会人员应具备的核心专业技能和法律知识，具体课程有信息系统、公司法与商法、企业税务、财务管理与控制、财务报告、审计和内部控制共 6 门；第三部分着重培养财会人员进行企业战略管理的能力，设置了 4 门选修课程，可从中选择 2 门，它们是审计和认证业务、高级税务、业绩管理和企业信息管理。另外还有 3 门必考的核心课程，分别是战略经营计划与开发、高级企业报告和战略财务管理。

考试于每年 6 月和 12 月举行两次，每次最多报考 4 门课程，必须按顺序报考，所有课程必须在 10 年内完成。具有教育部承认的大专以上学历的学员，或者具有相关学位/学历的学员，以及全部通过中国注册会计师协会 5 门考试的学员，可以免试相应科目。ACCA 的考试费用较高，除了 50 英镑的注册报名费外，每年需交纳 52 英镑的年费。另外，第一部分课程每门 30 英镑，第二部分课程每门 38 英镑，第三部分课程每门 46 英镑，且免试和补考课程需与考试课程缴纳相同费用。我国目前已在上海、北京、天津、武汉、大连、广州、深圳、长沙、南京、福州和成都 11 个城市设立了 12 个考点。

（2）CGA——加拿大注册会计师资格考试。加拿大注册会计师协会（Certified General

Accountants Association of Canada，CGA-Canada）成立于 1908 年，是国际会计标准委员会（IASC）、泛美会计学会（IAA）、亚太会计师联合会（CAPA）和国际会计师联合会（IFAC）4 个国际性会计师组织的活跃成员，目前在全球拥有 6 万多名会员和学员。加拿大注册会计师职称享有极高的国际公信力，清华大学、上海财经大学、南开大学、中山大学、西南财经大学等高校已把 CGA 的部分课程作为其会计专业本科的必修课程。

（3）AIAF——美国保险会计与财务资格考试。美国保险会计与财务资格考试（Associate in Insurance and Finance，AIAF）主要涉及有关保险公司会计与财务的基本原理和实务操作程序方面的内容。通过 AIAF 考试，考生可以掌握保险公司会计信息系统，保险会计师在计划、预算及管理中的作用，法定会计准则及其与公认会计准则、税收会计的区别，成本核算、保险公司资产负债管理等知识。

AIAF 考试不仅是针对从事保险会计与财务工作人士的一门考试，其他希望通过评价财务信息来了解保险公司经营状况与财务状况，并以此进行决策的人士都可以从这门考试中获益。

目前，我国还没有引进 AIAF 考试，相信随着我国保险业与国际市场的接轨，更多国际保险公司将其经营管理经验带到我国的同时，也会将这些有益的考试制度介绍进来。

12.3.2　保险精算师

1. 保险精算和保险精算师

1）精算和保险精算制度

精算是依据经济学的基本原理，利用现代数学方法，对各种经济活动未来的财务风险进行分析、估价和管理的一门综合性应用学科。精算方法和精算技术是对现代金融、保险和投资进行科学管理的有效工具。精算起源于保险。最初，保险组织的经营缺乏严密的科学基础，向所有的投保人收取同样的保费。这不仅不能反映不同保险标的所面临的不同风险，而且极大地限制了承保标的的扩大。因此，保险标的风险的估算和保费厘定成为精算研究的原始问题。随着保险业的发展，精算在保险产品开发、责任准备金核算、利源分析和动态偿付能力测试等工作中占据了重要地位。第二次世界大战以后，精算的应用范围逐渐扩大。精算在社会保险、投资、人口分析、经济预测等领域的作用越来越大，并与相关领域结合形成了投资精算、人口精算等新的分支。但是，目前精算运用最重要的领域仍然是保险业，即保险精算是精算最重要的分支。

保险精算是运用数学、统计学、金融学、保险学和人口学等学科的知识，定量地解决保险经营中需要精确计算的项目，如保险费率厘定、准备金计提和业务盈余分配等，以保证保险经营稳定和安全的学科。

保险精算制度是指保险公司通过保险精算师，利用专业的、科学的技术手段，核定保险产品的费率及责任准备金等事项的制度。一般来说，一套比较完整的保险精算制度至少应该包括精算师认可制度、精算报告制度和指定精算师（或委任精算师）制度 3 个方面。

（1）精算师认可制度。精算师认可制度，即精算师资格取得的制度，是保险精算制度的基础。目前，世界上大体有两种精算师认可制度。① 考试认可制度，即设定一系列考试科目，无论什么教育背景，只要通过全部考试，即可获得精算师资格。在考试认可制度中，精算师考试一般分为准精算师考试和精算师考试两个层次。准精算师考试内容为精算人员必须掌握的精算理论和技能，以及基础的精算实务知识；精算师考试内容以高级精算专业课程和精算实务为主，内容涉及保险公司运营、公司财务、投资、公司偿付能力管理等诸多内容。考试认可制度以北美精算师协会和英国精算师协会的考试最为典型，属于这种类型的国家有英国、美国、加拿大和日本等国家。② 学历认可制度，通常在大学设立精算专业，类似于准精算师和精算师水平，分本科和研究生两个阶段，精算专业研究生毕业，即可获得精算师资格。属于这种类型的有德国、法国、意大利、瑞士、西班牙、荷兰、巴西、墨西哥等国家。

（2）精算报告制度。精算报告制度是指保险公司应该定期（如年末或季末）向保险监管部门提交由公司的指定精算师（或委任精算师）签署的有关精算报告，其基本内容包括提供各项准备金评估时所采用的精算假设、计算方法，并列明各项准备金结果；公司的偿付能力、财务稳定性分析和利源分析；模拟、测算不同运营环境下公司现金流量状况，以保证公司的偿付能力，等等。

我国《保险法》第八十五条明确提出："保险公司应当聘用经国务院保险监督管理机构认可的精算专业人员，建立精算报告制度。""保险公司应当聘用专业人员，建立合规报告制度。"同时，第八十六条中又提出："保险公司应当按照保险监督管理机构的规定，报送有关报告、报表、文件和资料。""保险公司的偿付能力报告、财务会计报告、精算报告、合规报告及其他有关报告、报表、文件和资料必须如实记录保险业务事项，不得有虚假记载、误导性陈述和重大遗漏。"

目前，我国已经初步建立了寿险精算报告制度。中国保监会已经制定了寿险传统产品的费率厘定、准备金评估等精算规定。同时，寿险公司在报备保险产品的条款时，必须报告产品的精算基础和精算说明。此外，在每个会计年度结束后，寿险公司都必须依据寿险精算监管标准递交包括准备金提取、利源分析和偿付能力额度等内容的精算报告。

随着寿险市场的快速发展，我国的精算报告制度也在不断修改和完善。由于分红保险、投资联结保险和万能保险等新型寿险产品在我国保险市场上占据了越来越重要的份额，加快制定新型寿险产品的精算规定，为精算报告制度提供科学的技术规范显得越来越迫切。新型寿险产品的费率厘定、准备金计算、现金价值设计等技术问题的精算规定将逐步颁布实施。

（3）指定精算师（或委任精算师）制度。"指定精算师"一词译自英文 appointed actuary，在我国以前的许多文献资料中译为委任精算师。由于我国已经明确提出建立指定精算师制度，在此使用指定精算师这一称谓。指定精算师制度是指保险公司根据法律的要求，聘用经保险监管机构考核批准的精算师，赋予其对保险公司进行监管和报告的权利，以加强保险公司内部控制的制度。

指定精算师制度的产生是因为作为外部监管者的保险监管机构，要把握和监控保险公司的经营战略和风险管理能力，需要保险公司建立健全内部控制机制，同时还要明确规范公司高层精算管理人员的责任。指定精算师制度最早产生于 1975 年的英国，这项制度对保险监管的实践发挥了重要作用，并成为国际保险业广泛借鉴的范例。

指定精算师除了必须是某个精算职业组织的正式会员以外，一般还需要接受保险监管者对其以下方面的考核：① 诚实、廉正和声誉；② 工作能力；③ 职业生涯是否有不良记录等。指定精算师可能是保险公司精算部门的负责人、精算顾问公司的精算师、公司主管甚至首席执行官。理论上，指定精算师可以担任上述任何职位。实践中，指定精算师一般是保险公司的雇员或顾问精算师，由保险公司支付报酬，但却必须站在客观公正的立场上为监管者、保险公司股东、保单持有者和社会公众等不同利益群体服务。

指定精算师的法定职责在各国有所不同，但一般都包括以下内容。

① 向不同的利益群体公开出版或披露精算评估的计算方法和评估结果，包括保单负债、偿付能力和资本充足情况。

② 对公司财务状况进行年度调查，包括提交给董事会的调查报告及同时向监管部门送交的副本。

③ 对利润和资本的分配提出建议，对归属于不同利益群体（保单持有者和股东）的净利润和资本要分别处理。

④ 在公司的各种商业行为实施之前提出参考意见，包括对于人寿保险合同在保单术语、保单条件、设计的退保价值和基金单位定价方面；对再保可能出现的结果提供建议。

⑤ 对公司的收入和支出的合理分配提出建议。

当保险公司向监管者提交指定精算师同意的财务情况报表时，还要同时提供有关指定精算师个人利益的说明。

为了保证指定精算师完成上述法定职责，保险监管机构一般都会制定相应的法规，要求保险公司向其提供必要的信息和计算机系统支持，并且要保证所提供的信息真实可靠，如果误导了指定精算师，保险公司要承担相应的法律责任。而且，指定精算师向保险监管机构提供必要的关于保险公司的信息，可以免除泄露保险公司机密的法律责任。

由于目前我国精算师整体队伍还很年轻，经验不足，职业规范有待进一步完善，中国保监会率先在寿险公司中推行了精算责任人制度。2000 年 2 月中国保监会发布的《人身保险产品备案管理暂行办法》中首次出现了“精算责任人”的概念，其主要职责是对人身保险产品的精算合理性和合规性签字负责，对寿险责任准备金报告和新型寿险产品的信息披露材料等出具精算声明书。精算责任人的必要条件是“中国精算师”。精算责任人制度是向指定精算师制度方向迈出的重要一步，随着我国保险业的发展和精算师队伍的成熟，由精算责任人对产品和准备金的责任范围负责将会扩展到由指定精算师对保险公司的偿付能力和风险状况签字负责。

需要指出的是，首席精算师（总精算师）和指定精算师是有区别的。首席精算师是公司内部精算部门的总负责人，在公司重大决策方面及部门内部的精算分工上有决策权，类似于部门经理；而指定精算师主要负责在公司的产品和准备金的充分性方面签字并承担法律责任，又叫签字精算师。我国目前的签字精算师也是精算负责人，其资格要求必须是中国精算师，而我国很多保险公司的首席精算师是外籍资深精算师，并不是中国精算师，因此首席精算师（总精算师）不一定同时也是指定精算师。

2）精算对保险公司经营的重要意义

保险公司是经营风险的经济组织。尽管单个保险标的的风险具有偶然性和随机性，但大量同质保险标的的集合却能揭示风险发生的一定规律，这是大数法则应用于保险经营的基本出发点。保险风险的可测性是指在过去大量相似风险发生率经验数据的基础上，运用数理统计原理和分析方法测定与评估未来同类风险发生的概率，以较为准确地估算保险经营中承担风险责任的成本。由此，决定了精算在保险经营中的重要意义。

3）保险精算师

（1）保险精算师的含义。保险精算师是运用精算方法和技术解决保险经济问题的专业人士，是评估保险经济活动未来财务风险的专家。保险精算师作为一种专门的职业，有自己的职业组织，即精算学会或精算师协会。通常所说的某人是保险精算师，是指这个人是某精算职业组织的正式会员（Fellow），如英国精算学会（IOA）、北美精算学会（SOA）、美国非寿险精算学会（CAS）和我国的保险精算工作委员会等精算职业组织的会员。

作为一名精算师，不仅需要有扎实的数理基础，能熟练地运用现代数学方法处理经验数据，对未来变化的趋势进行分析、判断，同时也需要具有坚实的经济理论基础，对法律、税务制度、财务会计、投资有透彻的了解，特别是要具有对风险敏锐的洞察力和处理各种可控风险的能力。

从国际上的做法来看，保险精算师的培养有以下 3 个层次。

① 通过学校的精算教育，学习和掌握精算理论。

② 通过在保险公司中有经验的精算师指导下学习、工作和积累精算实际工作经验。

③ 接受精算师职业团体的再教育，不断提高精算实务经验和掌握新知识，适应行业发展的需要。

在精算师的培养中，最重要的环节是学习和积累精算实际工作经验。精算师的培养，一般采取理论学习与实践经验积累同步进行的方式，需要较长一段时间。例如，在采取考试认可制度的美国，要通过精算师资格考试，平均需要 5 ～ 7 年的时间。

（2）国内外保险精算职业状况。许多人对保险精算师的了解都是从听说这是一种高薪的白领职业开始的，更有人称其为“金领职业”。从职业制度的角度看，包括职业操守、职业资格和职业标准的质量，精算师无疑是最成功的职业之一。当然其薪酬收入也是较高的。

我国一些重视精算的保险公司还专门制定了精算人员发展纲要，明确了精算发展战略，确立了精算人员的核心地位，帮助精算人员实现其职业生涯规划。保险公司根据专业化发展的原则，建立了从精算助理到总精算师的梯级专业技术职级，实行严格的专业技术任职资格制度，不同专业级别的精算人员可以享受相应级别的行政待遇，其晋升与职称评定根据工作表现和精算考试成绩定期进行，从而避免了千军万马过独木桥的局面，保证了每位精算人员都有充分的发展空间。同时，精算管理也实行专业化管理的原则，设立总精算师办公室，由总精算师办公室负责公司精算事务的全面管理，统一制定精算发展规划，统一调配资源，统一招聘与培训人员，统一进行考核与晋级。实行总精算师负责制，精算人员逐级向总精算师负责，总精算师向董事长负责。

2. 保险精算师在商业保险公司中的作用

精算被一些人称为保险公司的守护神，保险精算师则被一些保险公司誉为公司最重要的财富。精算师在保险公司中究竟能在哪些方面发挥作用，虽然不同的精算师因受到各国的传统、法律与法规、有关监管部门的监控力度、就业机会，以及聘用精算师的公司本身的管理体制和决策层的思维模式等诸多因素的影响，其作用有所不同，但一般地，精算师主要在以下方面发挥作用。

1）保险产品的开发、定价、推广和评估

（1）保险产品的开发。保险精算师可以根据政治经济环境的变化、市场需求的波动、长期利率的走势和保险公司的发展战略等研究和开发新的不同品质的产品。同时，在产品开发过程中，精算师还要考虑将不同性质、不同期限的传统型与非传统型产品进行组合，以避免公司承担的风险过于集中。

（2）保险产品的定价。当一个新产品开发后，需要在正式销售以前确定其市场价格，为此精算师要进行以下工作。

① 对影响产品价格的各种因素作出经验分析。精算师要在数据共享和统计积累的基础上，对本公司的收益率，解约情况，费用分布，预算状况及保户、保额分布等情况归纳其特点，为市场销售决策和定价决策提供依据，计算出产品的初步成本。

② 对保险产品进行适销性分析和利润分析。根据经营目标（如资本增值率等）、公司经营特点（如再保险的安排、现金价值的制定、投资业绩等），以及市场特点（如客户群的构成、目标市场的影响力等）进行每个产品销售的可行性分析，为产品定价打下基础，并以此为依据进行整体的成本和利润分析。

③ 精算师和销售管理人员，以及其他相关部门共同决定合理的产品销售价格。

由于精算师进行产品定价一般都要结合公司经营的年度目标和中长期规划，因此可以有效地避免保险产品的费率随市场利率的调整而不断变化。

需要说明的是，保险产品的开发和定价是密切联系的过程，只有合理的定价才能使产品开发真正获得成功。

（3）保险产品的推广。在新产品正式销售以前，精算师还要面向某些特定群体进行保险产品的价值演示及保全作业服务。例如，在产品说明书或保单上展示适当的保单现金价值，作出红利示意，以及为保额变更进行处理等。新产品正式销售后，精算师也需要对潜在的客户或保单持有人进行条款解释。

（4）保险产品的评估。在保险产品正式销售以后，精算师还要继续参与产品管理，最主要的是进行追踪分析和评估。精算师通过建立一套合理的跟踪评价指标体系，对主要的风险发生率、实际保费收入与预期的比较，以及在公司内各产品中所占的比重、在整个市场上的份额及其竞争性等进行全方位的评估，并决定是否对现有产品的费率水平进行调整，或者停止销售。

2）财务管理

与一般企业财务管理只需要经过专门训练的会计人员负责不同的是，保险公司的财务管理必须有精算人员的参与。

（1）费用管理。在对保险公司各部门、各分支机构发生的各种费用进行调查的基础上，精算师按照合理的费用分摊方法，将所有费用分摊到每一个产品上。对寿险公司而言，还可以继续将费用分摊到各产品的首年、续年，然后在此基础上计算各产品的费差损益。这样，便于公司管理层明白费用超支、节约的源头，进而采取相应的措施对费用管理进行调整，也为公司的全面预算管理提供最直接的依据。

（2）准备金评估。准备金分为非寿险责任准备金和寿险责任准备金。非寿险责任准备金又分为保费准备金、赔款准备金和总准备金三大部分。保费准备金是指当年未满期的保单对应的保费，又叫未了责任准备金或未满期保费准备金。赔款准备金包括未决赔款准备金、已发生未报告赔款准备金和已决未付赔款准备金。总准备金则是用于满足年度超常赔付、巨额损失赔付和巨灾损失赔付的需要而提取的责任准备金。寿险责任准备金率是指保险公司把投保人历年缴纳的纯保费和利息收入积累起来，作为将来保险给付和退保给付的责任准备金。

准备金的评估对保险公司的价值评估非常重要，尤其是寿险公司，这是影响公司评估价值最重要的决定因素。如果保险公司要上市，准备金的评估将直接影响公司的上市价格。因此，在评估时，除了正常的准备金评估需要考虑的因素外，还要考虑可能的死亡率、退保率变化所带来的保费收入波动，以及可能遇到的费用通胀（影响公司的费用节余）、长期的投资收益率水平和长期的风险贴现率等，其中许多因素都取决于精算师的经验判断、职业操守，以及对保险公司的熟悉和了解程度。精算师要比较和分析各种准备金计算方法，针对各类产品，选择最适合该类产品特性和公司目标，以及有关政策规定的方法。在合法的前提下，分析评估假设变化对公司现状和未来的影响，选择最有利于公司经营目标的评估假设。

（3）现金流量管理。一个管理良好的保险公司必须持续地进行短期和长期的现金流量规划，并以此指导公司策略的制定。未来实际的现金流量与精算师事先的评估并不能保证完全一致，差异总是不可避免的，重要的是分析和了解差异产生的原因。当出现差异的迹象时，公司高层必须认识并理解这些未来可能出现的变化而有所准备。精算师则要利用对差异的分析结果来评价公司对产品的管理情况，从而将财务管理与产品管理的过程联系在一起。

（4）利源分析。精算师要在综合考虑全年经营的情况下，评估公司全年的经营利润。对寿险公司而言，实际投资收益率与预定投资收益率、实际死亡率与预定死亡率、实际费用率与预定费用率的差异构成了公司年度利润的主要来源。在此基础上，精算师应对各主要产品的效益进行综合评价，清理效益低下或亏损的产品，将公司的有限资源分配到更有效益的产品上。然后，还要根据公司的发展情况，确定对股东的分红额度。如果产品是分红保险，还要确定应分配的红利额。这就要求分析该类产品的红利来源，并按照公平、公正的原则将红利额分摊到每一个被保险人的账户上。

3）承保风险的评估和控制

对保险公司来说，关键是控制好承保风险，保证符合正常承保条件的客户利益不受影响。在理论上，没有不可承保的风险，关键是客户是否愿意付出相应的成本。也就是说，几乎每个人在某种程度上都可被承保，即使是那些曾经有过严重健康问题的人，只要支付相当于其额外风险的附加保费之后，仍可以被承保。评估承保风险一部分责任在于医务人员、工程技术人员及受过相关专业训练的人士，精算师也可能参与这一过程，但他们更经常参与的是根据保险标的的信息确定其风险系数的工作。

4）资产负债管理

对寿险公司来说，对客户承担的都是长达几十年的责任，如何保证在到期或保险责任发生时履行给付责任，最大限度地发挥社会稳定器的作用，是每个寿险公司所面临的共同问题。通过对不同条件下现金流量的个案分析及其对公司财务的影响，通过分析业务组合中不同到期年限、不同的资金成本，通过对资产的收益性、安全性及其可能的期限安排，尽量使资产与负债能够在期限、收益与成本等方面进行动态匹配，以应付可能出现的风险。

5）其他方面

精算人员还要参与投资结构及其策略的研讨和制定，参与保险公司的财务报告的准备，利用经验对主要的风险率进行研究、计算，准备保单红利及被保险人的个人账户余额，以及推动公司内部的信息化和其他金融风险的管理等。

需要说明的是，以上在阐述精算师在保险公司中的作用时侧重于寿险公司，但这并不是说财产保险公司不需要精算。实际上，将精算技术用在非寿险领域，使产险的费率厘定建立在更加科学合理的基础之上，对整个保险业都是非常有意义的。

3. 保险精算师的职业素质和行为规范

1）保险精算师应具备的职业素质

精算师在保险公司的重要作用决定了其必须具有较高的素质。一名优秀的保险精算师应该具备以下 3 个方面的素质：① 知识结构；② 能力结构；③ 品格和修养。三者缺一不可。

（1）知识结构。知识结构主要包括数理统计的基础知识和技能、经济金融的宏观和微观知识，以及保险理论，还有把这些知识应用于实践的基本手段，如计算机编程能力等。保险精算师应能对以上知识融会贯通，灵活使用。

（2）能力结构。对保险精算师在能力方面的要求是基于对上述所需知识的全面掌握，包括独立思考和创新能力、分析比较能力、协调和表达能力。

所谓独立思考和创新能力，要求保险精算师不仅运用现有技术解决当前问题，还要不断引进和发展先进的精算理念。由于我国保险精算制度建立的时间还很短，很多情况下精算人员在遇到难题时都难以找到可以完全依赖的套路或经验，因此独立思考和创新的能力尤为重要。

由于历史的原因，目前我国对保险业相关数据的统计分析还很少，怎样运用有限的资料作出最有效的成绩，很大程度上取决于精算师的分析比较能力。从某种意义上，订立一个适合的目标和一套合理的假设比正确计算更重要。因此，需要精算师对未来作出一个有相当程度把握的预测，也就是运用数学手段作经济学方面的展望，其建立的基础是在对过去经验的搜集总结和纵向横向的比较分析之上。

协调能力就是与他人进行沟通的能力，它之所以重要，是因为保险公司的精算部门不是一个孤立的部门，它要了解的许多信息都依赖于其他部门，而它的分析结果和政策的落实往往需要与相关部门，如财务、营销等部门进行广泛的讨论。因此，精算师在保险公司的位置越高，在管理和协调上需要花费的时间越多，也越需要有较好的表达能力。即用尽可能简单明了的语言，将自己的工作目的或工作结果作出报告，或者根据自己的预测巧妙地说服决策者采取更为有效的策略。良好的表达能力对实现精算师风险管理的职能，提高精算师在公司中的发言权具有重要的影响。

（3）品格和修养。除了必要的知识和能力之外，品格和修养对于保险精算师能否有所作为和有多大作为具有更重要的影响。一名优秀的精算师必须具备强烈的责任心、脚踏实地的作风、谦虚谨慎的品质和努力奋进的精神。精算师的责任心表现为实事求是地工作并反映实际情况，即使遇到困难和阻力，也一定要有勇气锲而不舍地把真实状况反映给公司高层管理者，并尽力说服决策层采取果断措施。精算虽然是一个重要的岗位，但同样要从非常简单的小事做起，如果一个精算人员缺乏脚踏实地的精神，可能一辈子也做不成一件大事。资深的保险精算师，不仅具备很高的理论水平，而且都是通过精算实践的训练一步一步走过来的。此外，由于大多数情况下保险精算师所从事的都是一种面向未来的计算和分析，其准确性在短期内很难被检验，因此虚心谨慎的品质对精算师尤为重要。在目前我国大多数保险公司的精算软件系统不太先进的情况下，精算师在工作时更要广泛听取意见，小心谨慎，对工作结果反复检验，以保证有较高的准确性。

2）保险精算师的职业行为规范

对保险精算师职业行为的约束一般有3个层次：国家颁布的法律、监管机构颁布的法规和规章，以及精算师职业组织制定的精算职业行为规范。其中，以后者最为详尽。由于精算师的工作涉及保险公司对社会公众的责任，同注册会计师协会、律师协会等职业组织一样，各国的精算职业组织，如精算学会或精算师协会都颁布有自己的职业行为规范，为精算师的工作确定了职业道德标准和行为规范。在2003年3月举行的中国精算师（准精算师）职业道德教育暨2002年度准精算师颁证大会上，中国保险行业协会精算工作委员会宣布，将逐步完善精算师职业道德教育课程，形成一套完整的精算职业道德与行为规范体系，还将推出《中国保险精算职业道德规范守则》，以此强化行业自律管理。虽然，各国的精算职业道德和行为规范体系有所差异，但一般都包含有以下方面的内容。

（1）职业道德准则。精算师应该诚实、正直地工作，正确运用精算技术提供精算服务，维护精算职业的声誉。精算师在不同的地域或业务范畴内工作时要注意遵守或选取不同的精算实务标准。精算建议、意见和观点应该是精算师通过谨慎的职业判断得到的结果，精算师不能提供虚假、不实和带有误导性的结论。如果精算结果有可能被错误地解释和引用，精算师必须意识到风险的存在并进行精算结果控制。

（2）精算师资格标准。精算人员只能在取得某种头衔或获得某种资格，并随时保持职业后续教育和通过定期检查后才能从事精算工作，并且其工作质量也应该符合相应的要求。如果所从事的工作与精算无关，就不能使用精算师头衔和资格。

（3）信息的披露与保密。精算师应该根据工作的性质充分、及时地披露其工作成果并明确自己对该结果负责，同时，还要提供信息的来源和作出判断的假设条件。此外，如果不是法律要求或经过保险公司授权，精算师不能将公司的保密信息透露给他人。

（4）精算师工作的合作。精算工作涉及假设基础和计算方法的选择，不同的精算师可能有不同的判断，这就需要精算师之间进行善意的工作讨论和合作。如果一名精算师的工作中途被他人接替，精算师要将其在工作中利用的资料、假设基础、计算方法和已经得到的结论向接替者交接清楚。

（5）附带义务。如果精算师根据自己的工作经验意识到所从事的工作内容有涉及违反法律、法规或职业道德和行为规范的，只要不泄露公司的机密信息或违反法律，应该立即向有关部门报告。如果是接受监管部门的问询，精算师应该积极、主动、全面地汇报其所了解的相关情况。

（6）其他方面。各国的精算职业组织在精算师利用专业知识进行广告宣传和精算工作涉及精算师本人的直接利益等方面，也根据各种情况制定了相应的规定。

4. 如何成为保险精算师的途径

在国际上有许多著名的“精算师资格考试组织结构”，如进入中国最早的“北美精算师协会（SOA）”，设有“准精算师（ASA）”和“精算师（FSA）”资格的考试。目前，英国精算师资格、美国精算师资格共同构成了国际上保险精算师资格的三大支柱，其在国际保险界享有极高的声望。

中国精算师资格考试分为准精算师和精算师两部分。准精算师部分考试共9门必考课程，考生通过全部9门课程考试后，将获得准精算师资格。精算师部分考试计划设置10门课程，其中包括必修课和选修课，获得准精算师资格的考生，通过5门精算师课程的考试并满足有关精算专业培训要求，答辩合格后，才能取得精算师考试合格证书。

中国精算师考试一年举办1次，时间在9月中旬，一般在每年6月初报名。目前已有北京、天津、上海、武汉、广州、成都、合肥、西安、重庆、南京、大连、济南、厦门、长沙、哈尔滨15个考点。

12.4 保险注册金融分析师与保险律师

12.4.1 保险注册金融分析师

1. 注册金融分析师（Chartered Financial Analyst）

1）注册金融分析师的概念

金融分析师即作金融分析的专家。当今在美国、英国、日本等资本市场发达的国家里，被称为金融分析师的人，大多已开始在宽泛的金融分析意义上称为参与不同投资决策过程的相关专业人员。按照美国投资管理与研究协会（AIMR）的章程定义："职业投资分析人是指从事作为投资决策过程的一部分的工作，对财务、经济、统计数据进行评价或应用的个人。"此外还定义："投资决策过程就是指财务分析、投资管理、证券分析或其他类似的专门实务。"由此可见，所谓金融分析师，不仅包括那些基于企业调研进行单个金融分析评价的狭义金融分析师（典型如Research Analyst），还包括那些从事证券组合运用和管理的投资组合管理人、基金管理人、提供投资建议的投资顾问，甚至包括经济学家、企业战略家、技术（图表）分析师等一系列广泛职业的人。

世界金融市场的成长带来了对合格投资专业人员前所未有的需求。投资人和雇主比以往任何时候都更需要一个标准来衡量个人的知识、诚信和专业化程度，并依赖他们来管理金融资产。因此，注册金融分析师就应运而生了。

2）注册金融分析师的相关职业及工作内容

注册金融分析师主要参与证券市场分析、投资与风险管理、投资银行及财务分析等相关的分析决策过程，并在投资机构的各个领域中扮演主要领导的角色。进行金融分析相关工作的人包括投资组合管理人、基金经理人、分析师、经济学者、财务计划人员、证券交易员、会计师等。除了专业的金融机构外，有更多的注册金融分析师任职于上市公司或企业。（目前CFA中有约37%的人任职于专业金融机构并服务于个人投资者，其余则任职并服务于企业。）

以下是CFA常见的职业及相关工作内容。

（1）注册投资顾问、股票经纪人和小额（存放）银行经纪人。在这3个业务范围内，金融分析师的主要职责是帮助个人实现他们的投资目标。金融分析师为客户制订各种金融计划，包括推荐各种金融产品，如股票、债券、共同基金、抵押和保险。

（2）调查分析家。金融分析师可以致力于分析一个企业或公司是否是一个好的投资对象。共同基金管理师和股票经纪人使用这些信息进行投资组合，或者为他们的客户推荐适合的股票。拥有多余资金的公司也可以利用这些信息进行投资。

（3）投资银行家。金融分析师可以和其他公司、政府或代理人一起发行新的股票或债券。

（4）共同基金或年金计划投资组合管理师。从事这个职业的金融分析师可以决定共同基金或年金计划投资组合。从事此项工作的金融分析师要求具有较高的水平且收入在所有金融分析师中是最高的。

（5）市场主管。在金融管理公司，如共同基金公司中金融分析师大多从事市场主管的职业。他们主要负责公司业务的发展和公司与客户间的沟通工作。

（6）其他职业。不动产咨询师——金融分析师可以评估不动产计划的现在和将来的价值；审计师——金融分析师可以为一个代理人、经纪人或经销商工作，依据商业准则和职业道德对分支机构进行审计；评论家——金融分析师还可以为一个投资时事通讯社工作；仲裁人——金融分析师可以为处于法律纠纷的经纪人和投资者进行仲裁。

2. 注册金融分析师的职业素质和职业组织

1）注册金融分析师应具备的职业素质

（1）全面的知识结构。CFA 计划内容广泛的自学课程使投资专业人员在该行业各核心领域掌握投资原理的使用知识，这些领域包括从投资组合管理、资产评估到衍生股权和定量分析。为了获得使用 CFA 名衔的权利，候选人必须证明对核心领域有系统理解，以及将其应用到投资决策过程的能力。

CFA 计划的选题力求全面，以跟上全球投资行业不断变化的步伐。它包括 10 个一般性题目和近 90 个分类。平均而言，候选人需要花费 240 个小时来准备这个考核，即使这样，每年仍有一半左右的候选人无法通过考核。因此，即使是最有经验的投资专业人士，成功地完成 CFA 计划也是一项难以应付的挑战。取得这项成就的人在雇主、投资人之间乃至整个投资行业能赢得广泛的尊重。

（2）良好的职业道德。除了全面的知识素养外，良好的职业道德也是注册金融分析师必须具备的职业素养。

遵纪守法是对金融分析师的基本要求，本身就是职业行为规范的重要方面。作为一名金融分析师，必须遵守金融市场监管机构制定的各种法规，必须公平地将其研究成果提供给自己的客户，不能由于公司或个人的原因有意误导投资者。金融分析师同时也必须遵守公司内部的有关规定，保守客户秘密，不做损害公司利益的事。

但是，这种法令大多数是针对市场参与者的外在行为或其结果提出的标准，仅是禁止或限制最低限度不许做的事。由于实际证券市场具有复杂的利害关系，以及交易的多样化，只靠这些法律管制很有限。为了弥补这些方面的缺陷，使正确的投资行为得到保证，就必然需要职业伦理的约束。对金融分析师来说，就是要“立足于自己的专门能力，不受任何影响，以客观的分析和独立的判断，一为客户竭诚服务”。这就是金融分析师的自律规范。

金融分析师的自律规范相当严格。在美国，《职业行为道德准则守则》就是一本书，厚达 200 余页，对金融分析师方方面面的行为都提出了系统的规范。金融分析师必须完全遵守，否则将受到停牌、吊销资格、处以罚款、送交法律部门等处罚。而自律规范这部分内容在 CFA 考试中约占 10% 的比例，考生必须通过，否则无法获得资格。雇主与投资人对资产经理和金融分析师的信任是无条件的。投资专业人士要想赢得这种信任，必须永远坚持诚信。因此，要想赢得并保持使用 CFA 特许证照的权利，严格遵守 AIMR 的道德守则与掌握 CFA 计划的知识同等重要。

但是，与很多其他行业不同的是，在投资行为中，区分道德行为与非道德行为的界限并不总是十分清楚。只有清楚地理解如何应用这些规则、法规和道德，投资专业人士才能安全地避免道德纠纷，并正确地为他们的客户及雇主服务。在 CFA 特许证照拥有者每年必须签署的《职业行为伦理标准守则》中规定了很多职责，其中包括在投资决策过程的所有方面勤勉和一丝不苟的工作作风。CFA 证照拥有者和 CFA 的应考人员都要同意签署 AIMR 公布的《职业行为伦理标准守则》，该守则要求 CFA 证照持有者做到以下几点。

① 在处理与客户、上司、雇员、企业和合作管理者之间的关系时，必须遵循良好的行为准则，必须仔细领会法律的文字和精神，必须与监管机构、交易所和行业团体充分合作。

② 应想客户所想，不得有违背客户利益的行为。

③ 不得要求推荐其服务的他人支付费用或佣金。

④ 在借用其他分析师的资料时需十分谨慎，杜绝抄袭。

⑤ 不可通过刊登广告来宣传其称号以吸引他人等。

每年 CFA 证照持有者都要被重新审核裁定是否遵守这一守则。任何来自客户的与伦理相关的投诉一旦被披露，被披露者就有可能失去 CFA 称号。AIMR 对违规者的制裁非常严格，包括开除或取消 CFA 特许证照。由于美国金融业具有一套完整的淘汰机制，所以金融从业人员都非常珍惜这一称号。

还有其他职业准则对金融分析师的诚信也作了规定。例如，法国金融分析师有专门的《职业道德准则》作为金融分析师日常工作的行为准则，金融分析师的工作必须向投资者和分析企业负责。《职业道德准则》对金融分析师如何与上市公司接触，如何搜集信息来源，提供什么样的分析报告，金融分析师发布信息的形式和范围等都有比较明确的规定。对于金融分析师故意误导客户，或者工作失误导致重大损失的行为都有完善的法律监管和惩罚措施。另外，投资联合会国际协会（ICIA）也于 1998 年通过了《国际伦理纲领、职业行为标准》这一具有指导性质的协议，以作为各国金融分析师协会在重新认识自己的职业行为伦理时的参考。

（3）专业化的执业水平。在投资管理行业中，没有其他任何标志享有与 CFA 特许证照同样的崇高威望。在持有 CFA 特许证照的个人名单中包括一流投资事务所的首席执行官及合伙人、最主要的投资策略专家和在全世界享有盛誉的研究机构。在名字后面加上 CFA 名衔，投资专业人员便能够进入优秀的公司，并赢得投资行业所有领域的广泛尊重和信赖。

为了赢得 CFA 特许证照，候选人首先必须在投资决策过程中具有至少 3 年的合格专业经历。雇主在雇用、提升及在其公司内部委派附加职责的时候，应明智地运用 CFA 特许证照作为衡量能力和专业化程度的基准。越来越多的个人与机构投资人现在也认识到 CFA 计划所代表的高标准，并且在选择顾问时使用 CFA 名衔作为他们的标准。

通过 CFA LevelⅢ的及格者并不能马上得到 CFA 特许证照，除非他们已有 3 年以上金融分析师的任职经历，同时又是金融分析师联合会的成员。由此可见，CFA 要求既要有全面的金融理论知识，还要有实践经验和良好的职业道德。

（4）广泛的业内交流。注册金融分析师取得资格后，在从工作中不断获得从业经验的同时，还应经常在协会的组织下，不断更新自己的专门知识，再接再厉地提高能力，这被称为连续教育。协会为会员主办的连续教育，通常是围绕有关最新投资理论、技术，以及关于资本市场动向、经济、金融、产业等方面的比较切合时宜的选题，聘请国内外证券分析师、经济学家、学者等举行专题讲演和研讨会，或者举办进修班。注册金融分析师有时还要完成协会安排的包括尖端的投资理论和技术等主题的一定期限的学习课程，学完后，能获得结业证书。并且，应常在家里通过 Internet 学习一定课程，做相当数量的习题。另外，还要参与国际同行交流等，使注册金融分析师能够保持对经济发展与行业进步状况的最新把握。例如，AIMR 每年举办 10 多次与投资有关的专题会议，而且广泛地使用因特网和各种出版物直接向会员提供业内的最新动态和相关知识。同时，AIMR 也利用各种专业出版物，如 Financial Analysts journal（金融分析师杂志）、CFA Digest（CFA 文摘）、AIMR Advocate（AIMR 倡导者）等，定期向会员们传达投资界的最新动态。

2）注册金融分析师的职业组织

在世界各国，金融分析师一般都有自律性组织。这些组织基本上属于自发组织的非营利性的团体。会员可以是个人会员，也可以是由个人会员隶属的团体、公司构成的法人会员。会员从组织中享受各种方便和服务，同时要服从组织规定的职业道德纲领等自律规则。这些组织在维护提高金融分析师的能力和确保社会信赖上具有重要意义。至于其组织形式，世界上尚没有一个共同的统一标准，每个国家或地区根据证券交易和筹建社团的法律规定，以及证券市场状况、金融制度、大专院校的证券投资理论和企业财务理论等的教育情况等，选择适合自己特点，便于完成金融分析师团体目的的组织方式。各国的金融分析师组织的功能主要有以下 3 项。

（1）为会员进行资格认证。这种资格认证主要通过考试这种形式进行，也有不必通过考试认证的，但一般会在资格的称谓上加以区分。例如，在日本的证券分析师协会的个人会员中，通过协会考试的人为检定会员（简称 CMA），检定会员以外的具有“证券分析 3 年以上的实务经验者，或者证券分析的学术界知名人士，被承认为有充分的证券分析能办的人”为一般会员。

（2）对会员进行职业道德、行为标准管理。一般金融分析师协会都制定有各自的伦理纲领和职业行为标准，号召会员遵守。有的协会还把这些职业伦理作为分析师的考试内容。会员违反协会的有关规定，会受到相应的惩罚。

（3）金融分析师组织还会定期或不定期地对金融分析师进行培训，组织研讨会，为会员内部交流及国际交流提供支持等。

现在，许多国家都有自己的金融分析师组织，为了业务和交流的方便，还成立了区域性的分析师团体。

3. 保险注册金融分析师的职能和作用

1）保险注册金融分析师的职能及工作内容

保险注册金融分析师是金融分析师的一种，他们就职于保险公司，对保险公司的投资活动进行风险管理和投资决策分析，同时对客户提供风险管理咨询和理财咨询服务，在保险公司中具有举足轻重的作用。

（1）保险注册金融分析师的职能。金融分析师在美国刚出现时，主要是搜集有关债券的数据，进行债券分析。随着证券市场的发展和证券业务的扩大，金融分析师的工作职能不断发展。现在，金融分析师已是以自己的专业知识和技术，参与广泛的投资决策的投资专家（Investment Professional）。事实上，美国、日本等国的注册金融分析师广泛分布于证券公司、证券研究所、投资信托公司、投资顾问公司、信托公司、银行、保险公司等不同类型的企业。

总的来说，保险金融分析师主要有以下两项职能。

① 调查分析。最新的经济理论认为，金融中介机构除了具有信用代位和转换等传统职能以外，还提供金融方面的专业服务，特别是对于各种金融商品质量的评价与信息传递，起着十分重要的作用。有价证券是易于产生信息不对称的商品，即容易产生卖方（证券发行者）和买方（证券投资者）之间的信息差异。因此，现代证券交易实行信息公开化制度，规定即将在市场中筹集资金的证券发行者有义务准确、适时、公正地公开该企业的信息，以便让处于信息不利地位的投资者能够作出合理的投资决策。

但是，由于现实中的企业活动日益复杂化，证券发行者所提供的各种信息并不一定是投资者容易理解的，即使是具有分析能力的投资者也由于受成本费用的限制而很难全面地搜集和分析信息。这样，就需要一种专业人员持续地搜集发行者提供的信息，把信息加工为符合投资者投资目的且易于理解的形式并加以评价，再提供给投资者。保险金融分析师从事的就是这种工作，即在产业调查和企业调查的基础上，对股票、债券等个别证券进行分析和评估，然后对保险公司可以投资的其他方式进行评估，最后通过向保险公司投资机构提供调查报告等方法提供投资信息。

② 投资咨询。调查分析只是投资的第一步。由于投资是一项颇为复杂且风险甚大的活动，只向投资者提供相关的投资信息，而不向其提供明确的投资指导，在很多时候依然不能满足投资者的需求。特别是随着机构投资者的发展，投资基金规模的扩大，投资对象的多样化，追求与不同投资收益目标、不同投资风险容忍度相吻合的最佳投资组合，成为投资者的一项迫切需求。与投资组合选择相关的投资咨询也因此成为金融分析师的一项重要职能。

传统的调查分析家（Research Analyst）以调查研究为主要业务，通过分析企业的基本条件来判断股票的市场价格是否高于或低于企业的内在价值，进而判断新的上市公司是否适于投资。债务分析家（Bond Analyst）从债务的角度来评价债券不能兑现的风险性。战略分析家（Strategist）在经济学家对经济和金融资本市场分析的基础上，决定股票与债券及其他资产的最佳组合，也决定资金在投资上的不同分配比例。基金经理（Fund Manager），即证券组合经理（Portfolio Manager）主要从每个顾客对风险的不同容忍度的角度，以及从法律和税制等制约条件的角度，来帮助顾客设定最佳的证券投资组合。有专门从事股票组合的基金经理，也有专门从事债券组合的基金经理。另外，也出现了只对运营结果作评价的专家。

保险注册金融分析师在对资本市场和投资对象全面了解的基础上，确定保险公司投资的方向和投资的比例。同时，保险金融分析师也可以针对不同投保人的具体情况，在为其设计不同的投资产品组合，提供最佳的保险保障的同时，制定最优的财务规划。

（2）保险注册金融分析师的工作内容。由于各个国家证券市场不同，金融制度有别，保险注册金融分析师的任务不可能完全一致。以下仅就保险注册金融分析师对保险公司投资计划的制订所做的一般性工作进行介绍。

① 信息搜集。这是金融分析师在进行具体分析之前所必须完成的工作。保险注册金融分析师不仅要搜集所有有关上市公司的公开资料，而且还要通过政府主管部门、行业组织、上市公司或其他非正式部门获得上市公司的第一手资料。只有充分地占有资料，才能作准确和有价值的分析。

② 与上市公司沟通。保险注册金融分析师必须与自己研究的上市公司建立稳定而长久

的联系。一方面，可以通过每年的股东大会及对上市公司的直接拜访等实现交流；另一方面，保险注册金融分析师还应定期组织包括上市公司人员参加的分析师会议。在国外，由于上市公司一般都比较注重在二级市场的形象，因此通常都非常乐意金融分析师参加这样的会议。

③ 进行分析工作。这是保险注册金融分析师的核心工作，具体可以分为以下 3 个方面。

第一，宏观经济与行业分析。通过研究公司所处的宏观和行业环境，以及上市公司自身和其竞争对手内部的经营、管理机制，对公司过去和现在的发展作出判断，同时对公司未来的经营战略和发展状况作出预测。它涉及的内容非常广泛，一般的研究策略是从公司所处的宏观经济环境和相应的行业背景出发，着眼于公司的产品、管理、人事等方面对公司的影响作出判断。宏观经济与行业分析一般多采用定性分析的方法，尽管它对定量分析要求很强的投资决策的指导意义不大，但却是以后财务分析和投资分析的出发点，财务分析和投资分析中的许多假设前提实际上都是宏观经济与行业分析的结果。

第二，财务分析。其目的是利用源于各种渠道的公司财务信息（主要是公布的各种会计资料），通过一定的分析程序和方法，了解和分析公司过去及现在的经营情况，发现影响公司经营目标实现的因素，以及各因素变动对经营目标实现所起的作用。通过分析各影响因素的变动来判断公司未来的经营情况，从而研究公司股价的未来走向，为与公司有利益关系的内部和外部会计信息使用者提供决策信息。公司的财务分析主要包括利润分析、资产分析、权益分析、财务结构和综合分析等内容。

第三，投资分析。这主要是研究股市行情，估算股票的价格，目的是为保险金融公司股票的买卖提出建议。作为保险注册金融分析师，前面的经济分析和财务分析实际上都是为投资分析做准备工作。保险注册金融分析师必须通过全面的分析之后对股价的未来走向作出具体判断。在一个理性的股票市场中，股价的实际变动也是对金融分析师所做工作的最好检验。投资分析是保险注册金融分析师整个工作的最终目标。

2）保险注册金融分析师在保险公司中的地位和作用

（1）保险注册金融分析师关系到保险资金的投资运营和保值增值。目前，我国保险资金的运用渠道还只局限于银行存款、政府债券、金融债券，以及利用证券投资基金间接入市等。从目前我国资本市场的现状而言，这对于保证保险资金的流动性和安全性十分重要。但是，过于狭窄的保险资金运用范围，一方面限制了保险资金的盈利能力，使大量的长期资金不仅缺少投资途径，而且利率倒挂；另一方面也造成相当大的潜在市场风险。因为银行存款、政府债券、金融债券之类高信用级别的债务都属于利率产品，一旦利率波动，保险企业风险很大。另外，在股权投资方面，中国保监会规定，保险资金只能通过购买证券投资基金间接入市，动用资金不得超过公司资产的 15%，且所持资金不能超过资金总量的 10%。而在国外，保险资金一直是股市及证券市场的主力军，是资本市场最重要的参与者之一，西方保险企业主要靠投资组合实现保险资金的保值增值，弥补承保亏损，取得经营利润。由于投资作用的增强，使保险企业在保障功能的基础上又增强了投资融资功能。目前，在国外，投资业务已成为与保险业务并重的两大主导业务之一。从发达国家的经验看，保险资金可以通过多种途径实现与资本市场的对接，如发行定向保险投资基金、进行资产委托管理、组建产业投资基金、深化债券投资组合等。保险资金已经成为影响资本市场上一支举足轻重的力量。

保险业的发展已进入新时代，所以投资决策与管理人才，即保险注册金融分析师在保险公司中的地位非常重要。

（2）从保险公司的经营来看，保险注册金融分析师对提高公司的服务质量有重要的意义。

首先，中国加入 WTO 以后，各家保险公司积极调整战略重点，把保险客户作为其服务的重点，“以市场为导向、以客户为中心”的现代保险经营理念已经形成。保险注册金融分析师围绕保险客户的个人需要进行风险咨询，通过综合化和个性化的保险服务，为保险客户提供高质量的整体服务和附加服务。保险注册金融分析师向保险客户提供个人风险管理和理财咨询的过程，也是保险公司围绕客户的需要加快保险产品和服务创新的过程。同时，通过保险注册金融分析师的服务，不仅可以提高保险公司服务的质量，还可以与客户建立长期稳定的关系，增强保险公司的核心竞争力，大大促进保险管理体制的转轨，推动以客户为中心的经营机制的加快形成。

其次，由于保险产品的复杂化使保险注册金融分析师在保险公司的地位日益提高。例如，目前的投资联结型、分红型产品，由于近年来，银行连续降息后的利率持续低迷，传统的寿险产品受到了极大的冲击，具有投资、分红性质的非传统产品获得了极大的增长。一方面，由于非传统产品与投资市场紧密结合，保险产品复杂程度较高，而现有的保险代理人的素质普遍较低，对复杂产品的理解和诠释存在一定的困难；另一方面，一般的客户不具有识别和分辨各种产品优劣的能力，迫切需要有值得信赖的、具有高素质的专业金融理财人员为客户提供参考意见。而保险注册金融分析师为保险公司和保险客户之间的沟通起到了桥梁作用。由此可见，保险市场的快速发展为保险金融分析师的发展提供了广阔的舞台。

（3）从保险业的发展来看，保险注册金融分析师对保险公司适应金融全球化，提高保险公司核心竞争力有重要的意义。

随着经济全球化和金融自由化在全球的拓展，国际资本流动加快，国际金融市场的融资需求日益增加，为适应这种市场需求，资产证券化应运而生。资产证券化是经济全球化发展的大趋势。传统的通过商业银行的融资方式逐步让位于通过各种证券融资的方式。有人估算，在国际融资总额中约有 80% 是通过各种有价证券融资的。保险资产证券化和保险产品证券化对国家经济的发展，加强保险公司的竞争力，促进资本市场的健康发展等都有重要的意义。

保险证券化包括两个方面的内容：一方面，保险公司可以通过股份制改造和上市，实现保险资产证券化，解决以往保险资产质量不高和保险资本金不足的问题；另一方面，通过调整保险产品的结构，利用金融、证券衍生工具，开发保险新产品，分散保险投资风险，实现保险产品证券化，可以最终解决保险产品的利差损问题。因此，保险资产证券化和保险产品证券化是我国保险业可持续发展所面临的重大发展课题，是保险业迎接知识经济和入世挑战，以及改革创新的必然选择。而保险注册金融分析师在保险资产证券化中充当着重要的角色，对保险资产证券化风险的评估和保险产品证券化手段的选择都有重要的作用。由此可见，保险注册金融分析师对于提高保险公司的核心竞争力有重要的意义。

4. 成为注册金融（保险）分析师的路径

1）注册金融分析师现状概述

注册金融分析师（CFA）资格在西方一直被视为进军华尔街的入场券。中国加入世界贸易组织后，金融保险业面临与国际接轨的严峻挑战，培养熟悉国际惯例的金融专才的任务显得极为迫切。获取最具权威的CFA（注册金融分析师）这一国际“绿卡”，成为国内不少金融界人士的梦想。业内人士指出，CFA热是国内金融人才与国际接轨的标志之一。中国金融保险业的开放和发展，对与国际接轨的金融专才，如注册金融分析师的需求将越来越大。通过这一认证，可提高证券从业人员的职业道德操守和技术分析水平。CFA特别注重职业道德，每年对其会员进行跟踪考核，对违反职业道德的会员进行严厉惩处，这对于改进目前中国股票市场鱼龙混杂的现象有很大的帮助。同时，随着中国资本市场的发展与完善，对金融技术和风险管理水平要求的提高，必将要求国内在这方面的研究与国际接轨。CFA职业证照的考核正符合这一要求，它的重点是国际最前沿的金融技术和理论，并且会员通过资格后，会定期获得AIMR整理的国际金融领域最新的研究成果。通过借鉴国际先进的金融技术，非常有利于提高国内金融业的投资管理水平。

注册金融分析师是活跃在各个投资领域内的专业人员，包括基金经理、证券分析师、财务总监、投资顾问、投资银行家、交易员等。据了解，目前在中国内地拥有CFA证照的人不足百人，而且大多是“海归派”。中国香港有1 000多名，他们有50%就职于外资证券公司，45%在国内证券公司或基金公司，5%自主创业。有专家预测，未来两年内仅中国上海地区对CFA的需求量将达到3 000人。近年来，全球对CFA认证的需求越来越大，参加CFA认证的人数一直有增无减。

2）注册金融分析师（CFA）考试简介

（1）CFA的报考资格。要成为一名CFA，首先必须在3～7年间通过CFA Level Ⅰ、Level Ⅱ、Level Ⅲ 3个阶段的考试，且第一阶段考试必须在前3年内完成，考过前一阶段，才能参加次一阶段考试。

CFA考试在全球各个地点统一进行。考生必须依次完成3个不同级别的考试，考试时间一般在每年的5月或6月。

CFA的考试成绩通常在考试日后的90天内通过特快专递发放。AIMR不会给考生总成绩，也不会说明通过的分数线是多少，只通知考生每一部分答案的正确率是超过70%，在50%至70%之间，还是低于50%。一般来说，如果考生各个部分的正确率均达到70%以上，就会通过该级别考试。目前，在中国，CFA的考点只有北京、上海、香港3个地方。

（2）CFA的考试内容。CFA考试项目涉及范围很广，而且考试水平越高，范围就越广，题目也越难。为便于考生复习和准备；每年AIMR都会出一些CFA考试复习资料，针对不同考试水平给出不同的阅读材料，内容全部以原著形式或论文摘录形式出现。

12.4.2 保险律师

1. 保险律师概述

1）保险律师

保险律师是指从事保险代理业务或其他服务业务的律师。保险律师应具备律师资格，同时又是保险领域的专家，因此保险律师是一种复合型人才。近年来，随着我国法制进程和立法速度的加快，各种专业性极强的法律、法规大量出台，有关金融、证券、保险、知识产权、海事海商、涉外、房地产等方面的专业法律问题越来越复杂。面对纷繁复杂、专业性极强的法律业务，许多“万金油”式的律师已经感到力不从心。因此，律师服务向专业化方向发展是必然的趋势，保险律师正是其中的一个发展方向。虽然，我国目前还没有专门的保险律师的认证考试，但已经有一大批专门为保险公司提供法律服务的律师存在。而且，有理由相信，在不远的将来，保险律师一定会成为一个专门的职业，并且得到蓬勃的发展。

2）保险业中与法律相关的领域

保险是一种以保险合同为表现形式的劳务商品。保险业的特点决定了其各个环节均必须由法律加以调整和规范。保险业大体上可以分为保险组织、保险经营、保险中介和保险监管等方面，每一个方面都会涉及各种法律事项。

首先，保险组织主要由公司法来调整，保险法中关于保险组织从设立到清算的一系列规定，既是公司法中的特别法，同时又适用公司法的一般规定（包括中外合资企业和外商独资企业方面的法律规定）。

其次，保险经营主要适用保险合同的特别规定，也适用民法中关于合同的原则规定。保险经营涉及投保人、保险人、被保险人和寿险合同中的受益人，也涉及保险公司之间的再保险合同关系，还涉及保险公司和中介人（公司或个人）之间的代理关系。海上保险作为一种特殊的保险合同制度，成为海商法的一部分，也与海上运输及国际贸易合同相联系。

再次，保险中介，包括保险代理人、保险经纪人、保险公估人，既由公司法调整，也涉及民法上的委托代理合同关系。

最后，保险监管既有其特别规定的方面，也涉及行政法的一般原则性规定。由此可见，保险业的每一个组成部分和发展环节，其各个主体之间，都需要由不同的法律关系来加以调整。如各主体之间发生纠纷，则还要涉及民事诉讼法、刑事诉讼法和行政诉讼法，以及反不正当竞争方面的法律规定。由于保险兼具商品与法律两种属性，保险商品必须以保险合同为表现形式，除此以外，保险业需要多方面法律规范的调整，这使保险律师成为保险市场中不可或缺的专业人才。

3）保险律师在保险业中的作用

当前保险律师在保险业中的作用体现在以下 4 个方面。

（1）在保险监管方面，律师可以参与监管方案的设计和监管规则的制定。保险监管既要符合中国行政法的原则规定，又要符合 WTO 的规则。保险监管不仅是技术问题，也是法律问题，而且首先是法律问题。

（2）在保险组织方面，涉及管理与经营两方面的法律关系。管理是纵向法律关系，保险公司要处理保险监管方面的监管关系和内部管理关系。经营是横向法律关系，保险公司要处理保险公司之间的合作与竞争关系，保险公司与各方当事人的关系，保险公司与保险中介人的关系。此外，中国保险业从过去中国人民保险公司一枝独秀，到现在的多元化模式，是保险业发展的必然趋势。但中国保险业发展初期的多元化，同时也会导致保险公司的小型化。中国加入世界贸易组织这一重大事件，已经打破了保险公司各自依自己的轨迹从容发展的进程。为了和外国大保险公司抗衡与竞争，可以预见在不久的将来，保险公司会采取联合、参股、中外合资及上市融资等多种形式尽快扩大自身规模，进行低成本扩张，将多元化模式推向一个更高的层次。这个过程也是收购、兼并、资产重组的过程。律师在这些方面可以大有用武之地。

（3）在保险经营方面，律师可以参与保险条款的设计（保险费率的厘定属于精算师的工作），处理各类保险合同纠纷，直接参与保险理赔工作。对诸如责任保险和出口信用保险等较新的业务，律师也可以提供大量的法律服务。此外，加强保险公司自身竞争能力的重要方面是努力降低成本（如提高管理水平、保证理赔质量、禁止通融赔付、防止欺诈风险等），同时，在安全的前提下，扩大资金运用渠道，努力提高保险资金运用的经济效益。这将涉及更多的保险法律服务。

（4）在保险中介方面，律师可以为保险代理公司、保险经纪公司和保险公估人提供相应的法律服务，如委托代理方面的法律服务。

2. 律师的保险业务活动

律师的保险业务是律师在保险业务中的代理和其他服务活动。律师从事保险代理业务或其他服务业务，首先必须坚持依法原则，即在从事保险活动中，必须严格遵守我国现行的有关保险法律、法规，特别是保险业务的基本法《中华人民共和国保险法》（以下简称《保险法》）；其次必须坚持维护代理方利益原则，不能马虎了事，更不能串通欺诈。根据我国《律师法》的规定，结合我国保险业的现状，律师参与保险活动，主要有以下业务：① 投保方的代理活动；② 保险方的法律顾问活动；③ 其他有关保险的法律服务活动。

律师参与保险活动的重要作用是不容忽视的。首先，在代理投保方活动中，律师运用保险专门知识和专业代理能力，能更好地为投保方服务，维护投保方的利益；其次，在担任保险方法律顾问活动中，在完善保险公司保险操作制度，提高保险公司资金融通方面，无疑发挥着重要的作用；最后，从宏观上看，律师的一系列保险服务活动，将促进保险业务的开展，完善保险立法，促进经济的发展。

3. 律师的职业道德、执业纪律和法律责任

1）律师的职业道德

律师的职业道德是与其职业特点及对社会所负的特殊责任联系在一起的。律师在执业时要保持其自身应有的品格。为维护律师界的声誉和形象，律师应在执业时采取自律行为。律师的职业道德和执业纪律不仅为律师组织的有关章程和规则所规定，而且其中许多内容还被明确规定于国家立法机关制定的有关法律之中。2002 年 3 月 3 日司法部颁布的《律师职业道德和执业纪律规范》对律师职业道德的具体规定如下。

（1）律师应当忠于宪法和法律，坚持以事实为根据、以法律为准绳，严格依法执业。律师应当忠于职守，坚持原则，维护国家法律与社会正义。

（2）律师应当诚实守信，勤勉尽责，尽职尽责地维护委托人的合法利益。

（3）律师应当敬业勤业，努力钻研业务，掌握执业所应具备的法律知识和服务技能，不断提高执业水平。

（4）律师应当珍视和维护律师职业声誉，模范遵守社会公德，注重陶冶品行和职业道德修养。

（5）律师应当严守国家机密，保守委托人的商业秘密及委托人的隐私。

（6）律师应当尊重同行，同业互助，公平竞争，共同提高执业水平。

（7）律师应当自觉履行法律援助义务，为受援人提供法律帮助。

（8）律师应当遵守律师协会章程，切实履行会员义务。

（9）律师应当积极参加社会公益活动。

2）律师的执业纪律

律师的执业纪律是执业律师在执业活动中必须遵守的行为准则，违背了执业纪律，就要

受到惩戒。《律师职业道德和执业纪律规范》明确规定了律师的执业纪律。

（1）律师在执业机构中的纪律。

① 律师的执业活动必须接受律师事务所的监督和管理。

② 律师不得同时在两个或两个以上律师事务所执业。

③ 律师不得以个人名义私自接受委托，不得私自收取费用。

④ 律师不得违反律师事务所的收费制度和财务纪律，挪用、私分、侵占业务收费。

⑤ 律师因执业过错给律师事务所造成损失的，应当承担相应的责任。

（2）律师在诉讼、仲裁活动中的纪律。

① 律师应当遵守法庭和仲裁纪律，尊重法官、仲裁员，按时提交法律文件、按时出庭。

② 律师出庭时按规定着装，举止文明礼貌，不得使用侮辱、谩骂或诽谤性语言。

③ 律师不得以影响案件的审理和裁决为目的，与本案审判人员、检察人员、仲裁员在非办公场所接触，不得向上述人员馈赠钱物，也不得以许诺、回报或提供其他便利等方式与承办案件的执法人员进行交易。

④ 律师不得向委托人宣传自己与有管辖权的执法人员及有关人员有亲朋关系，不能利用这种关系招揽业务。

⑤ 律师应依法取证，不得伪造证据，不得怂恿委托人伪造证据、提供虚假证词，不得暗示、诱导、威胁他人提供虚假证据。

⑥ 律师不得与犯罪嫌疑人、被告人的亲属或其他人会见在押犯罪嫌疑人、被告人，或者借职务之便违反规定为被告人传递信件、钱物或与案情有关的信息。

（3）律师在处理与委托人、对方当事人的关系方面应遵守的纪律。

① 律师应当充分运用自己的专业知识和技能，尽心尽职地根据法律的规定完成委托事项，最大限度地维护委托人的合法利益。

② 律师不应接受自己不能办理的法律事务。

③ 律师应当遵循诚实守信的原则，客观地告知委托人所委托事项可能出现的法律风险，不得故意对可能出现的风险作不恰当的表述或作虚假承诺。

④ 为维护委托人的合法权益，律师有权根据法律的要求和道德的标准，选择完成或实现委托目的的方法。对委托人拟委托的事项或要求属于法律和律师执业规范所禁止的，律师应告知委托人，并提出修改建议或予以拒绝。

⑤ 律师不得在同一案件中为双方当事人担任代理人。

⑥ 律师应当合理开支办案费用，注意节约。

⑦ 律师应当严格按照法律规定的期限、时效，以及与委托人约定的时间，及时办理委托的事务。

⑧ 律师应及时告知委托人有关代理工作的情况，对委托人了解委托事项情况的正当要求，应当尽快给予答复。

⑨ 律师应当在委托授权范围内从事代理活动，如需特别授权，应当事先取得委托人的书面确认。

⑩ 律师接受委托后无正当理由不得拒绝为委托人代理。

⑪ 律师接受委托后未经委托人同意，不得擅自转委托他人代理。

⑫ 律师应当谨慎保管委托人提供的证据和其他法律文件，保证其不丢失或毁损。律师

不得挪用或侵占代委托人保管的财物。

⑬ 律师不得从对方当事人处接受利益或向其要求或约定利益。

⑭ 律师不得与对方当事人或第三人恶意串通，侵害委托人的权益。

⑮ 律师不得非法阻止和干预对方当事人及其代理人进行的活动。

⑯ 律师对与委托事项有关的保密信息，委托代理关系结束后仍有保密义务。

⑰ 律师应当恪守独立履行职责的原则，不应迎合委托人或满足委托人的不当要求，丧失客观、公正的立场，不得协助委托人实施非法的或具有欺诈性的行为。

（4）律师在处理同行之间的关系方面应遵守的纪律。

① 律师应当遵守行业竞争规范，公平竞争，自觉维护执业秩序，维护律师行业的荣誉和社会形象。

② 律师应当尊重同行，相互学习，相互帮助，共同提高执业水平，不应诋毁、损害其他律师的威信和声誉。

③ 律师不得以下列方式进行不正当竞争：不能贬低同行的专业能力和水平等方式招揽业务；以提供或承诺提供回扣等方式招揽业务；利用新闻媒介或其他手段向其提供虚假信息或夸大自己的专业能力；在名片上印有各种学术、学历、非律师职业职称、社会职务，以及所获荣誉等；以明显低于同行同业的收费水平竞争某项法律事务。

4. 律师执业责任和赔偿责任制度

1）律师执业责任

律师的执业责任是指律师在执业过程中违反国家法律和职业纪律规范所承担的法律责任。律师的执业责任从法律上可以分为以下两个方面。

（1）律师对国家的责任，也称公法上的责任。律师制度是国家司法制度的重要组成部分，律师违法执业必然会对国家司法制度造成损害，因此国家对律师执业行为从法律上作了严格的要求，律师违反这些规定必须承担法律责任。公法上的责任又可分为两种：一种是律师的刑事责任；另一种是律师的行业责任。确定公法上的责任的法律依据有《刑法》《行政法》《律师法》。

（2）律师对委托人的责任，也称私法上的责任。律师具体执业的前提条件是律师与委托人业已达成委托代理协议，即律师根据委托代理协议在委托人授权的范围内从事代理活动，律师与当事人之间具有民事上的法律关系。因此，律师在执业过程中因过错而给委托人造成损害的应承担相应的赔偿责任。确定律师执业责任的法律依据是《民法通则》和《律师法》。

2）律师赔偿责任制度

《律师法》第四十九条规定："律师违法执业或因过错给当事人造成损失的，由其所在的律师事务所承担赔偿责任。律师事务所赔偿后，可以向有故意或重大过失行为的律师追偿。"律师事务所承担赔偿责任，必须具备以下5个条件。

（1）责任主体必须是律师。如果仅是具备律师资格而未经批准执行律师职务的人或伪称律师的人进行律师业务活动，给他人造成损害的，只能视其损害程度依法追究刑事责任或一般的民事责任，而不能追究具有特定含义的律师赔偿责任。

（2）必须是执行律师职务。如果是律师职务以外的行为侵犯法人、公民的合法权益，律师事务所不能为其承担赔偿责任。

(3) 责任主体必须有过错。律师有过错才承担赔偿责任，没有过错不承担赔偿责任。过错包括故意和过失两种形式。律师只在发生故意或重大过失行为给当事人造成损失时才承担赔偿责任。

(4) 必须有损害结果的发生。律师承担赔偿责任的目的，主要是弥补当事人的财产损失，如果有律师过错行为，但是未给委托人造成损失的，也不承担赔偿责任。

(5) 损害结果与损害行为之间必须有因果关系。这是确定赔偿责任的重要条件。损害结果不是由于律师的违法行为和过错所造成的，即损害结果与律师的行为之间没有因果关系，律师也不承担赔偿责任。

只有同时具备上述要件，律师事务所才承担赔偿责任，依照有关的法律规定、内部规定或同当事人的约定进行赔偿。

对于赔偿数额，目前法律上尚无规定。是采用赔偿实际损失总数的全部赔偿，或者是采用根据实际损失数额按比例赔偿的限额赔偿，或者是采用事先约定的定额赔偿，有待于进一步研究并以立法形式明确。

关于赔偿金的来源，目前法律上也未规定。方法有以下 3 种。① 设立律师赔偿基金。以省或市律师协会为单位，各律师事务所以所收的律师费按比例上缴，作为律师赔偿基金，实行专款专用。国外普遍采用此种方法。② 律师费收入。即以聘请或委托事项所收的律师费数额为限承担赔偿责任。③ 投保律师工作责任险或律师信誉险。由国家保险公司按规定履行赔偿责任，这种方法被部分国家采用。

3) 律师违法行为处罚办法

1997 年 1 月 31 日，司法部颁发了《律师违法行为处罚办法》。此规则完整地规定了惩戒的种类、适用范围，是对律师违法行为进行处罚的法律依据。

(1) 处罚的种类。对律师的违法执业行为给予的处罚分为警告、没收违法所得、停止执业、吊销执业证书。

(2) 处罚适用的范围。

律师有下列行为之一，由住所地的省、自治区、直辖市司法厅（局）或设区的市司法局给予警告；情节严重的，给予停止执业 3 个月以上 1 年以下的处罚；有违法所得的，没收违法所得：① 同时在两个以上律师事务所执业的；② 在同一案件中双方当事人或有利害关系的第三人代理的；③ 在代理活动中，与第三方恶意串通，侵害当事人合法权益的；④ 以诋毁其他律师、律师事务所，或者支付介绍费等不正当手段争揽业务的；⑤ 利用司法机关、行政机关或其他具有社会管理职能团体的权力，对法律服务业务进行垄断的；⑥ 接受委托后，无正当理由，拒绝辩护、代理，或者不按时出庭参加诉讼、仲裁的；⑦ 泄露当事人的商业秘密或个人隐私的；⑧ 私自接受委托，私自向委托人收取费用、收受委托人财物，利用提供法律服务的便利牟取当事人争议的权益，或者接受对方当事人财物的；⑨ 承办案件期间，在非工作时间、非工作场所，会见承办案件的法官、检察官、仲裁员；向承办案件的法官、检察官、仲裁员，以及其他有关人员请客送礼的；⑩ 威胁、利诱证人，指使证人拒绝向对方当事人提供证据，或者转移、隐匿、毁灭证据，以及以其他方式为对方当事人合法取得证据制造障碍的；⑪ 扰乱法庭、仲裁庭秩序，干扰诉讼、仲裁活动正常进行的；⑫ 曾担任法官、检察官的律师，从人民法院、人民检察院离任后两年内，违反规定担任诉讼代理人或辩护人的；⑬ 违反规定，携带他人会见在押的犯罪嫌疑人、被告人，或者为犯罪嫌疑人、被告人传递信件、物品的；⑭ 为阻挠当事人解除委托关系，威胁、恐吓当事人或扣留当事人提供的证明材料的；⑮ 不履行法律援助义务的；⑯ 其他违反法律、法规、规章规定的行为。

律师有下列行为之一，由原颁发执业证书的司法行政机关吊销其律师执业证书：① 泄露国家机密的；② 向法官、检察官、仲裁员，以及其他有关工作人员行贿，或者指使、诱导当事人行贿的；③ 提供明知其为虚假的证据，隐瞒重要事实，或者威胁利诱他人提供虚假证据、隐瞒重要事实的；④ 律师因故意犯罪受刑事处罚的，应当吊销律师执业证书。

5. 保险律师的职业素质

要成为一名合格的律师首先应掌握一些基本的技能。例如，律师必须熟谙法律知识；必须善于分析问题，能较好地运用逻辑思维的方法，并具有综合、解析及概括的能力；要有敏捷的思维能力和较好的记忆能力；有一定的文学修养，熟谙法律文书的制作；还必须能言善辩，在不同的时候、不同的场合都能随机应变，以不同的方式表达自己的思想。

保险律师从事保险业务，还必须通晓和熟知与保险相关的法律、法规。律师从事保险业务应熟悉的保险法律如下。

（1）基本法方面，即《中华人民共和国保险法》。

（2）保险业法方面，包括《保险专业代理机构监管规定》《保险经纪机构监管规定》等。

（3）保险特别法，包括：①《财产保险合同条例》；② 中国人民保险公司颁发的各种保险条款，如《海洋运输货物保险条款》《家庭财产保险条款》《船舶保险条款》《简易人身保险条款》《国内船舶保险条款》《机动车辆保险条款》等。

（4）其他法律、法规中的保险规定，包括：①《民法通则》；②《合同法》中对保险合同的规定；③《中华人民共和国海商法》中有关“海上保险”的内容；④《中国海事仲裁委员会仲裁规则》和《共同海损理赔暂行规定》，以及国际惯例中有关保险的规定；⑤ 其他如《中外合作经营企业法》《外资企业法》等法规中关于保险的相关规定。

6. 成为保险律师的路径

世界各国对律师资格的取得及律师执业的条件均有严格的规定，我国对律师资格的取得及律师执业也有严格的规定。

1）律师的从业资格

律师是专业性很强的职业，律师的服务质量与当事人的利益密切相关，因此律师必须具备良好的业务素质和职业道德。为了确保进入律师行业人员的基本素质，许多国家都规定了严格的制度。司法部从1986年开始，在全国实行律师资格统一考试制度，目前已改为统一的司法考试。根据我国《律师法》第六条的规定：“取得律师资格应当经过国家统一的司法考试。具有高等院校法律专业本科以上学历，或高等院校其他专业本科以上学历具备法律专业知识的人员，经国家司法考试合格的，取得资格。”因此，取得律师资格的基本条件是要参加全国统一的司法考试，成绩合格。

2）律师执业的规定

（1）律师执业的条件。我国《律师法》第八条规定，拥护中华人民共和国宪法并符合下列条件的，可以申请领取律师执业证书：① 具有律师资格；② 在律师事务所实习满一年；③ 品行良好。

（2）律师执业证申办程序。

① 本人申请。本人用书面形式提出申请，并提供下列材料：申请书；律师资格证明；申请人所在律师事务所为其出具的实习证明材料；本人身份证明的复印件。

② 申报、批准。本人向律师事务所提出申请，由律师事务所对申请人的条件进行考察后，逐级报至省、自治区、直辖市以上人民政府司法行政部门审查批准。审查部门在审批中发现有下列情形之一的，不予颁发律师执业证书：无民事行为能力或限制民事行为能力的；受过刑事处罚的，但过失犯罪的除外；被开除公职或被吊销律师执业证书的。不予批准的，应当书面通知申请人，申请人对不予批准的决定不服的，可以依法申请行政复议或提起行政诉讼。

（3）律师执业证的注册。根据司法部制定的《律师执业证管理办法》的规定，执业律师所持执业证每年在省、自治区、直辖市司法厅（局）注册一次，未经注册的执业证一律无效。司法行政机关办理注册，经对持证人上一年的工作情况进行综合考察后，可以依据《律师执业证管理办法》作出予以注册、暂缓注册或注销律师执业证的决定，并对予以注册的律师在报刊上公告。

12.5　保险理财师与保险理赔师

12.5.1　保险理财师

1. 保险理财师概述

1）保险理财师的概念

保险理财师，顾名思义是保险公司内部帮人理财的专业人才。保险理财师通过了解客户的财产规模、生活质量要求、预期收益目标和风险承受能力等有关信息，为客户制订一套符合个人特征的理财方案。通过不断调整客户的存款、股票、债券、基金、保险、动产、不动产等各种金融产品组成的投资组合，设计合理的税务规划，以满足客户长期的生活目标和财务目标要求。保险理财师在为客户进行理财规划时，不仅要考虑财富的积累，还要考虑财富的安全保障。保险理财师的出现弥补了投资人金融知识缺乏，时间、精力有限的缺陷。这种个人化的理财服务在 20 世纪七八十年代已经在国际上较发达的城市拥有成熟的市场，个人理财师也已经成为一个很有吸引力的职业，但目前在中国仍然屈指可数。

2）保险理财师的主要工作

保险理财师的主要工作是针对客户在事业发展的不同时期，依据其收入、支出状况的变化，通过金融专家、税务师、保险师、不动产鉴定师等专家的协助，制订储蓄计划，保险、投资对策，税金对策，财产继承人及经营问题上的解决方案等。其具体包括以下 6 个步骤。

（1）建立并明确与客户之间的关系。保险理财师必须向客户具体说明自己或公司将要提供的服务并明确客户及自己的责任。

（2）搜集相关客户信息。需要搜集的信息包括客户的各种财务资源、有用的客户记录及文件等。在这一过程中，保险理财师需要了解客户的目标、要求及优先考虑的事项，了解客户的时间限制和风险承受程度。

（3）分析并评估客户的财务状况。这包括现金需求状况，风险管理情况，投资、税收情况，退休计划，员工福利情况，不动产的安排及其他需要。

（4）提供理财建议。保险理财师的建议需要满足客户的要求，反映客户的财务状况和风险承受能力。这一过程包括向客户提出建议，与客户沟通以保证这一建议能满足其要求。

（5）实施理财建议。保险理财师应帮助客户将理财规划的内容付诸行动。在这一过程中，保险理财师会与其他方面的专家协同工作，如会计师、律师、不动产理财商、投资顾问、股票经纪人和保险经纪人等。

（6）监督金融策划建议的实施。需要监督或关注的领域包括理财规划的合理性和客户实现的过程。这一过程同时也包括与客户讨论其个人状况的变化，考虑税法的变化，并且在新的情况下提出新的建议。

保险理财师在与客户接触的过程中需要帮助客户界定短期和长期目标，并明确其中哪一个对客户来说更重要；通过了解客户的财务状况后，确定实现目标的现实合理的策略，并协助客户将计划付诸实施；此外，还应当追踪客户的情况，以确保客户既定目标的实现。

3）保险理财师在保险市场上的作用

保险理财师的出现有利于促进保险市场，甚至是金融市场的完善，有助于保险公司业务的开展，具体表现在以下 4 个方面。

（1）促进金融市场的完善。一个成熟的金融市场必须具备货币金融、资本金融和理财金融三大功能。货币金融是为投资者提供流动性交易手段，资本金融是为投资者提供资本利得和风险收益，而理财金融则是在这两者的基础上，投资者根据市场信号的变动，通过金融机构的服务，调整自己的资产负债表，实现财产保值、增值的目的。与此同时，又产生活跃货币和资本市场交易的反作用。由此可见，理财师的出现使理财金融成为可能，促进了金融市场的完善。

（2）通过个人理财业务的开展，进一步密切了保险公司与客户的关系，提高了客户的忠诚度。过去，保险公司主要靠个人营销员来维持与保户之间的联系。个人营销制度从引进到发展至今，种种弊端初见端倪，而保险理财师的出现则大大改变了这种情况。保险理财师可以利用自身的专业知识，根据消费者的具体经济情况和需求为其进行合理的资金安排，设计贴身的保险保障，并且经常与客户保持联系，检查目标的实施情况，对原计划作出必要的调整，以满足顾客不断变化的需求。这样，一方面维持保单的有效性；另一方面也加深了保险公司与客户的感情，提高了客户的忠诚度。

（3）为客户提供差异化的服务，有利于保险公司扩大市场份额。据有关资料分析，各家公司险种结构的相似率达 90% 以上。这不仅使各公司在低水平上重复建设，而且导致过度竞争，造成社会生产力和资源的浪费。产品结构失衡、同构现象严重，获利途径单一和产品不适合销对路等，已成为保险公司适应新经济发展所急需解决的战略问题。而提供差异化的服务是保险公司业务较快增长和结构调整的关键环节，保险理财师的出现使这种服务成为可能。

（4）有助于提升企业形象。保险理财师凭借其全面的专业素养，站在客观、公正的立场上为客户提供全方位的理财服务；他们恪守“客户利益永远高于自身利益”的最高道德标准，为客户打造适宜的金融产品组合；他们经常进行客户回访和跟踪，以保证既定目标的实现；他们作为保险公司的窗口，以具有较高素质、客观、亲和的形象出现在公众的面前，全面提升公司形象。

2. 国内保险理财业的发展

保险理财师的出现与国内个人理财业务的发展密不可分，但其迅速成长有着自身行业的独特原因。

1）市场环境的变化促使保险理财师的需求量增加

中国加入 WTO 后，按照入世承诺将逐步开放保险市场，大量外资保险公司将涌入国内市场参与竞争。很多外资保险公司明确地表示把未来中国市场拓展的重点定位于个人理财业务。同时，国内的个人理财服务在多次降息、大量民间资金寻求保值和回报的情况下成为热点。国家经济景气监测中心公布的一项调查结果表明，就全国范围而言，约有 70% 的居民希望自己的金融消费有个好的理财顾问。一些城市，如上海、广州的抽样调查也显示，人们认为未经专家指导的自发理财方案有很大风险，他们一般会接受专家提出的理财建议。一部分市民还认为，应增加代理客户投资操作、提供专家服务，并希望能与理财专家建立稳定和经常性的业务联系。由此可见，个人理财业务市场空间广阔。正是基于以上两方面的原因，国内保险公司纷纷酝酿开展个人理财业务，从而使专业保险理财人员需求量大增。

2）保险产品的快速发展促使保险理财师的需求量增加

近年来，因具有投资、分红性质的非传统产品获得了极大的增长，这导致一方面，由于非传统产品与投资市场紧密结合，产品复杂程度较高，而现有的保险代理人的素质普遍偏低，对复杂产品的理解和诠释存在一定的困难；另一方面，一般的客户不具有识别和分辨各种产品的优劣的能力，迫切需要有值得信赖的、具有高素质的专业金融理财人员为他们提供参考意见。而理财师的出现同时解决了以上两方面的问题，促进了买卖双方的沟通。

3）保险营销体制的改革促使保险理财师的需求量增加

目前，我国寿险公司的销售，尤其是个人业务的销售主要通过与保险代理人签订代理合同来进行。但由于代理人数量众多、素质参差不齐，普遍存在管理难度较大，代理人误导客户或出现各种违规行为等问题，造成整个行业面临较大的诚信危机。这一点，已经引起各保险公司及保险监管部门的强烈关注和反思。寿险营销体制改革势在必行，而改革的主要方向，就是对代理人实行精兵制，以及通过聘用大量高素质的保险理财师来取代部分保险代理人的作用，即让保险理财师在向客户提供理财服务的同时推销本公司的产品。

3. 保险理财师的专业素质和职业道德

1）保险理财师应具备的专业素质

保险理财师需具备极高的专业素质。保险理财师不同于财务顾问，也不同于寿险营销员，不是为客户提供财务服务的产品，也不是向客户推销保险产品。保险理财师的工作强调的是整个理财的过程，而不仅仅是提供咨询服务的保险理财师提供的理财服务包括房屋的购买计划、长期或短期存款计划、风险资产的投资分析、子女教育计划、退休计划、遗产筹划、税务筹划等。因此，要求保险理财师对证券投资、房地产管理、预算、税收、风险管理、保险，以及国家的法律、法规都必须有比较清楚的了解和掌握。具体来说，需要掌握以下领域的知识。

（1）保险理财的基础知识。这包括个人或家庭在进行理财的过程中所涉及的基础知识和技能，理财工具的选择与使用，进行保险理财的具体步骤等。通过该领域知识的学习可以了解如何制订财务计划，如何评价客户的财务目标，区分财务资源和财务需求，并选择适当的金融投资工具，以帮助客户实现其目标。还需要了解保险理财师职业道德准则和中国金融市场法规等方面的知识。

（2）投资计划。作为保险理财师应该了解金融市场的种类和投资工具及其分析技术，以及个体投资者如何通过分析风险和回报的关系对金融资产的价值进行评估。保险理财师还应该了解金融市场各种投资工具的特点和适用对象、投资的风险与基本分析技术，掌握投资组合的概念和理论、投资组合的分析和风险管理技术，最终帮助客户进行投资计划选择、组合金融工具并进行管理，以实现一定的财务目标。

（3）保险计划。保险理财师应全面掌握保险计划的原则和具体技术，其中包括保险计划基础理论和有关风险管理技术，保险合同的制定及其责任范围分析，保险计划过程、功能和作用，保险市场监管及财务评估，保险计划工具，各种保险的适用范围和选择等，从而可以在对个人或家庭的资金管理上成功地运用保险计划，实现风险规避，增加个人财富。

（4）税收计划。保险理财师需要了解税收计划的基本原则和实务操作技术，中国的税收计划环境，各类税种的介绍，税收计划的一般性实务操作，税收计划风险管理和涉外税收计划等有关知识。保险理财师需要掌握的税收计划包括财产税计划、行为税计划、商品与劳务税计划、国际税收计划等。

2）保险理财师的职业道德

（1）国外相关领域职业道德的介绍。

在国外，对于专业人员的职业道德有非常严格的要求，下面介绍美国的金融策划师（CFP）的职业道德的有关要求。在美国，CFP 是理财领域最权威的认证，候选人为得到 CFP 的头衔，需要满足国际 CFP 理事会制定的职业道德准则。它要求 CFP 持照人员在为客户服务时达到诚信、公平、客观、胜任、守密、专业化和勤奋的高标准。若要取得 CFP 认证，需要认同并遵守 CFP 委员会的操守准则（Code of Ethics）、专业责任（Professional Responsibility）和金融策划师执业标准（Financial Planning Practice Standards）。在签署 CFP 认证考试的申请时，候选人须同意 CFP 委员会的操守准则和金融策划师执业标准，这就意味着金融策划师在为客户进行金融策划时，要以客户的最大利益为目标，并且坚持最高的道德标准和专业水平。在被授予 CFP 头衔之前，以及每一次更新认证之前，必须如实披露自己是否被牵涉到任何犯罪、民事诉讼、自律组织或政府机构的询问或调查之中。若被发现有这类事情发生，金融策划师将会暂缓取得 CFP 证照，在这一过程中，CFP 委员会将会对金融策划师进行调查，若情节严重，金融策划师将会被永久性地取消 CFP 头衔。调查将会持续几个星期至一年的时间，在这个过程中，金融策划师将不能使用 CFP 的标志。

（2）国内保险理财师职业道德的构想。国内目前尚无真正意义上的保险理财师，因此还没有成形的职业道德的规定。根据该职业的特点，并借鉴国外的相关规定，可以构想我国保险理财师应坚持以下道德标准，以保证客户利益的最大化：

① 诚实守信，坦率真诚。保险理财师在提供专业服务时应以诚信为本。坚持诚信是要求诚实与坦率，要求保险理财师在进行决策的时候以客户的利益而不是以自己的利益为导向，坚持“客户利益永远高于自身利益”的最高标准。

② 客观公正，不偏不倚。保险理财师在为客户提供服务时应坚持客观的标准，这是所有保险理财师应具备的核心素质之一。保险理财师在为客户制定理财规划的时候，应以客户的实际情况为依据，选择最适合的金融安排，而不应当将理财过程变成本公司产品的推销过

程。为坚持客观公正的要求，保险理财师在提供服务时还需要向客户说明可能的利益冲突。为了平衡利益冲突，要求保险理财师将自己的感受、偏见、愿望放到次要位置。

③ 坚持不懈，提升能力。保险理财师应为客户提供能力范围内的服务，并且不断提高自身的专业能力。只有当一个人取得并维持一定水平的知识和技能，并且将这些知识和技能有效地提供给客户时，才能被认为是有能力的。能力的认定还包括是否能发现自身知识的局限性，以及在恰当的时候为客户提供建议。虽然，对于保险理财师而言，取得该头衔就说明了其从事理财规划工作的能力。但是，除具备取得该头衔所需的基本知识及工作经验外，还应该继续提升专业水平。

④ 保护隐私，严守秘密。为了有效地提供服务和保护客户隐私，保险理财师在没有得到客户同意的情况下不应该将客户的信息泄露出去。在国外，只有当需要为理财师进行辩护，或者理财师与客户发生了民事纠纷时，才可以经过适当的法律程序，使用客户信息。客户在寻找保险理财师提供服务的时候，希望能在彼此之间建立一种相互信任的关系，而这种关系只有在保险理财师保守客户秘密的前提下才能建立起来。

⑤ 谦虚有礼，兢兢业业。鉴于保险理财师所提供服务的重要性，保险理财师在与客户、同行及其他专业人员交往时要不卑不亢、谦虚有礼，时刻体现出专业水平。要与其他保险理财师及其他专业人员一道维护其在公众中的整体形象。另外，保险理财师在提供服务时要兢兢业业。

4. 成为保险理财师的路径

为了促进保险理财师队伍的发展，有必要建立保险理财师培训及认证体系。然而，目前国内该领域还是空白。在国外，理财师这个职业经过十多年的发展已经相对成熟，相关制度也很完善，我国有必要借鉴，建立自己的保险理财师认证体系。

1）国外相关领域情况介绍

在国外，相关领域的从业人员被称为注册金融策划师，该头衔的取得需要参加国际注册金融策划师理事会举办的考试。考试要求报考人士具备跨行业的知识，包括金融策划、投资、保险、税务计划、退休计划和员工福利等。注册金融策划师的工作是应客户的需要，运用金融策划师程序设计及整理客户的资产分布及管理，帮助客户实现其生活目标。作为注册金融策划师，必须熟知证券、保险、基金、税制及会计知识，不但要通过专业考试，更需要至少 3 年的相关工作经验，才能得到认可资格。国际注册金融策划师理事会认为，如欲取得注册金融策划师的资格，必须具备“4E”，即教育（Education）、考试（Examination）、经验（Experience）、操守（Ethics）。只要具备相关工作经验，学位或非学位持有人都可以报考注册金融策划师。第一个“E”（Education）——教育，是指学员需通过金融策划师基本课程的教育训练，除部分专业证书持有人，如注册会计师（CPA）、特许财务分析师（CFA）、商学博士、经济学博士、管理学博士、执业律师可直接报考外，所有学员必须成功修读课程以符合第一个“E”的要求。继而可以进入第二阶段，报考注册金融策划师资格考试，即第二个“E”（Examination）。国际金融策划师理事会认为，通过全面的金融策划师知识考评，结合教育与第三个“E”（Experience）——经验，可以确保金融策划师具备适合的专业能力。同时，由于注册金融策划师证书是从业者可在无指导下提供金融策划师服务的证明，国际金融策划师理事会要求证书申请人最少有 3 年的相关工作经验，无大学学位者更需 6 年以上的工作经验。最后，证书申请人必须同意遵守专业操守（Ethics）的要求。如此便可申请成为注册金融策划师。

由于金融策划师的要求是随着经济环境的变化不断变化的，要求的知识也是综合且不断变化的。因此，为了保证注册金融策划师持续的胜任能力，各国或地区的注册金融策划师理事会相关机构制定了注册金融策划师的后续教育、持续进修制度。会员必须严格遵守专业操守，确保为客户提供具有专业水平的财务建议。取得注册金融策划师资格后，也必须每年上若干小时的相关进修课程，并获邀参加学会举办的有关讲座、论坛。

由于各国或地区的财经法律、规章、税制、监管体系等并不相同，注册金融策划师资格考试由国际金融策划师理事会授权各国或地区相关机构分别命题考试，考试形式多以多项选择题进行。我国目前还没有成立国际金融策划师理事会的分会，尚未获得授权开办中国注册金融策划师专业资格考试，但相关工作已在积极筹备当中。并且，国内已经有机构开办注册金融策划师的培训。

2）国际注册金融顾问协会（IARFC）

（1）国际注册金融顾问协会。国际注册金融顾问协会（International Association of Registered Financial Consultants，IARFC）最初于1984年在美国成立时名为国际注册金融策划师协会（IARFP），主要为符合其严格的教育、证照和继续教育要求的财务规划人员提供服务。IARFC主办学习研讨会，交流业内信息，提供可能参加到财务规划业的最新法令法规方面的资料。其首要目的是提供一批称职的专业人员，以供公众选择自己的个人财务顾问。获得认证的会员将会登录在IARFP的数据库中，以供公众就近选择合适的注册金融顾问。任何有意者都可通过IARFP总部，或者查询www. iarfc. org网站来获得相关信息。

（2）国际注册金融顾问协会认证简介。

① 认证宗旨。提高从业人员的专业能力及职业道德，并给予真正称职、坚持接受继续教育的从业人员应得的认证，便于公众选择专业而严守职业道德的金融顾问。

② 认证特色。由以实务经验卓越闻名的美国国际注册金融顾问协会（International Association of Register Financial Consultants）正式授权。课程按照IARFC要求，以实务训练为主，使学员能迅速提高市场实务操作能力。

③ 认证类别。RDA准注册金融顾问；RFC注册金融顾问。

12.5.2 保险理赔师概述

1. 保险理赔师概述

1）保险理赔师的概念

理赔是指保险公司在被保险人发生约定的保险事故后，根据保险合同有关条款的规定，承担保险责任，履行保险金给付义务的过程。

保险理赔体现了保险的补偿职能，是保险人履行保险责任和被保险人或受益人享受保险权利的具体表现。理赔工作是保险经营的关键环节。首先，理赔工作的质量关系到保险公司的声誉，从而影响保险事业的发展；其次，理赔是对承保质量的检验，承保选择不严格会导致赔案增多、赔款增加，承保手续不齐全则会增加理赔工作的难度；最后，通过赔偿处理，也可发现防灾防损工作中存在的问题和漏洞，作为加强和改进防灾防损工作的依据。

保险理赔师是指在保险理赔工作中，接受保险赔案，现场查勘，并依据国家有关的法规、保险合同条款及相关业务规定，在授权范围内，对受损标的保险责任、损失项目和损失费用进行审定，最后支付保险赔款的人员。

保险理赔师的历史悠久，最早的保险理赔师可以追溯到 17 世纪。1666 年伦敦市惨绝人寰的大火使伦敦市的建筑物毁于一旦，但却促进了火灾保险业的蓬勃发展。楼房建筑物的广泛承保，也使大量的专家介入到保险赔案的处理中。到 18 世纪末，世界上已成立了大量的火灾评估事务所。1941 年英国火灾保险协会的成立，使保险理赔师这一称号在世界上首次使用。随着保险业的发展，保险理赔师这一行业也越来越受到各界人士关注。

2）保险理赔师的构成

理赔主要有保险公司直接理赔和委托代理机构理赔两种方式。因此，保险理赔师也主要有两种人员。

（1）保险公司直接处理保险赔案的人员。保险公司内部一般都设立专门的职能机构和配备专职理赔人员，专门从事理赔工作。

（2）理赔代理人。理赔代理人已经成为处理赔案的一支主要力量，受到保险业界越来越多的关注。国外保险市场上还有许多专业理赔机构或理算组织，它们中有不少的专职理赔师从事保险理赔代理工作。保险理赔代理人始于船舶保险、海洋运输货物保险。由于船舶保险、海洋运输货物的保险标的都是处于流动之中，往来于世界各地，如仅靠保险公司直接派员去处理发生于世界各地的赔案，不仅在力量上办不到，而且经济上也不合算。因此，在国际保险市场上就出现了一种专门从事代为处理赔案和检验工作的代理人。这种代理人同时接受许多国家保险公司的委托，担任在某一地区的理赔检验代理，并按照代理工作中耗用的技术及劳务和开支收取代理、检验费用。英国的劳合社代理人是遍布世界较有影响的代理人。目前，我国保险公司在世界各国主要港口都委托有检验理赔代理机构。

3）我国保险理赔师的构成

目前，我国的保险理赔师主要来自于以下 3 个方面。

（1）保险公司的专职理赔人员。他们主要负责一些专业性要求不高的保险赔案的理赔工作。

（2）保险公估公司。保险公估公司可以负责对保险标的物的价值进行鉴定，对受损标的物进行检验、鉴定及估算残值，调停保险当事人之间对受损标的物的处理和理赔争议。

（3）保险经纪人。一般而言，保险经纪人主要是代表被保险人的利益在保险市场上选择保险人或保险人组合，洽谈保险合同条款，代办保险手续等相关事务。但有时保险经纪人也可以代表被保险人的利益参与保险理赔工作，可以对保险赔案的处理意见提出异议。

2. 保险理赔师的作用

（1）保险理赔师对合理体现保险的保障功能有重要的作用。保险理赔是保险补偿功能的具体体现，是保险人依约履行保险责任和被保险人或受益人享受保险权益的实现形式，是保险经营方针的重要体现。保险理赔师是对受损标的进行保险责任、损失项目和损失费用进行审定的人员。因此，保险理赔是保险功能的重要表现形式，而保险理赔师又对保险理赔质量具有重要的影响作用。由此可见，保险理赔师在保险公司具有重要的地位和作用。

（2）保险理赔师对保险企业的可持续经营有重要的作用。保险理赔师的正确有效工作决定保险理赔的合理性和准确性，从而保证保险公司经营的持续性和稳定性。同时，合理准确的保险理赔工作有利于树立保险公司良好的社会形象，保证保险公司可持续发展，提高其核心竞争力。

（3）通过保险理赔师对保险承保的质量进行检验有重要的作用。保险展业是否深入，承保手续是否齐全，保险费率是否合理，保险金额是否恰当，只有在实际赔案发生时，才能真正显现出来。从这个意义上，保险的理赔过程其实是对保险承保质量的一种检验。因此，保险经营企业应重视理赔师的工作，提高理赔质量，并就理赔过程中出现的问题仔细研究，及时改进承保工作和提供业务质量。

（4）保险理赔师对加强防灾防损工作有重要的作用。理赔和防灾防损，一个是事后补偿，一个是事前预防。事后补偿之所以能为事前预防提供依据的原因是理赔是防灾防损的一面镜子，为防灾防损提供重要的依据。保险理赔师可以通过赔案处理分析案情，了解防灾工作中的薄弱环节和问题，从而改进防灾防损工作，使其更加有效。

3. 保险理赔师的工作原则和内容

保险理赔师的职责是在本部门工作权限范围内，独立负责理赔业务质量的审核；对授权范围内的赔案进行复查、检验、核实，必要时可组织理赔小组查勘定损，提出赔款处理意见；对赔案处理过程中发现的承保质量等方面的问题及时反馈给承保人。保险理赔师对于理赔过程中发现的问题应及时向所在公司领导和上级公司有关部门提出书面报告。对于超过理赔权限的赔案，要由上级公司理赔人员请专家或检验机构进行检验、定损。

1）保险理赔师的工作原则

（1）重合同、守信用的原则。保险人和被保险人之间的权利和义务是通过保险合同建立起来的。保险理赔师在理赔时，要重合同、守信用，即按照保险合同中的条款规定办事。保险合同对风险责任、赔偿处理和被保险人义务等作了原则规定，保险理赔师要严格遵守合同条款，恪守信用，既不准任意扩大保险责任范围，也不能有惜赔思想。

（2）实事求是的原则。保险合同条款对赔偿责任作了原则规定，保险理赔师应该实事求是地处理保险赔案。但实际情况错综复杂，在许多情况下，要根据条款精神并结合具体情况来处理赔偿，既要有原则性，也要有一定的灵活性。例如，在出口货物运输保险中，由于外国保险公司与我国保险公司竞争激烈，对国外的一些信誉好、保额大、赔款少的老客户所提出的索赔可适当作些通融赔款，这样既能巩固同老客户的业务关系，也有利于争取新客户。

（3）主动、迅速、准确、合理的原则。“主动、迅速、准确、合理”是理赔工作的八字方针，同时也是衡量理赔质量的重要标准。这一原则是考察和检查保险理赔工作质量的标准，是保险企业信誉的集中表现，它是根据我国保险企业多年来的理赔工作实践总结出来的指导原则。所谓“主动”，就是要求理赔师办理保险索赔案件时要有满腔热情，积极主动受理，不推辞；“迅速”是办理赔案要快，不拖延时间，给付及时；“准确”是要求理赔师在对损失案件查勘、定责定损和赔款计算时，力求准确无误，不发生错赔或滥赔现象；“合理”是指理赔师根据保险合同规定和实事求是的原则，分清责任，合理定损，合情合理地处理赔案。

“八字”准则是辩证统一的，既不能单纯追求速度而使工作简单粗糙，又不能因讲求“准确”“合理”而使工作无限期拖延，影响保户的利益。

2）保险理赔师的工作内容

理赔师的工作内容要根据险种和案情而定，一般而言，主要包括以下环节。

（1）登记立案。登记立案是保险理赔师工作的第一步，具体工作有以下4项。

① 接案。出险报案是被保险人必须履行的义务。当被保险人获悉或发现保险事故的发生，应该马上通知保险公司或保单上规定的保险代理人。

报案的方式一般采用书面形式，如信函或电报等，有时也可以用电话口头通知，但事后必须补填书面通知。财产保险损失通知的主要内容有被保险人的名称、出险日期、地点、原因、保单号码、受损财产项目和损失程度等基本情况。

② 查抄底单。接到出险通知后，保险理赔师应及时填写“出险抄单通知书”，并送业务部门，由业务部门抄录或复印保险单副本和批单副本，并在所抄底单上注明抄单日期，加盖名章或签名，经复核人员复核盖章。保险理赔师不能抄单，以避舞弊行为之嫌。保险理赔师收到抄录或复印的保险底单后，要详细核对报案记录内容，如被保险人的名称或姓名是否相符，出险日期是否在保险责任有效期限之内，受损财产是否属于承保责任范围或被保险人所患疾病是否属于保险责任范围等。

③ 报告案情。保险理赔师应根据报案通知和保险单底内容，及时向本部门负责人报告，经负责人审核案情后，安排现场勘查或委托代理勘查。案情复杂或损失额较大的案件，需向本单位主管领导报告案情。对于超出核赔权限的赔偿，应迅速向上级公司报告。对于在外地出险的赔案，需委托当地保险公司代查勘时，应填制“代查勘委托书”一式两份，一份连同保险单底寄给受托公司，另一份自留附案卷内。

④ 编号立案。在查抄单底并向本部门负责人报告案情后，凡属可以受理的案件，保险理赔师应及时在“出险立案登记簿”上编号立案，立案编号要根据不同险别报案的先后顺序，冠以各险别及年度简称。一般来说，同一次出险属于两种或两种以上险别的，要按不同险别分别编号立案；凡同一险别一次出险，同时涉及几个投保人的，或者同一投保人先后发生多次事故的应分别编号立案；但同一投保人持有同一险别多张保单一次出险时，则可并立一案；或者单位、集体统保的团体人寿保险或家庭财产险因发生灾害事故，一次造成多户出险的，可按集体和单位合并立案。出险案件编号后，要分别建立案卷。编号立案的规则，因各保险公司业务统计的需要而异。

（2）现场查勘。现场查勘是理赔工作的重要环节之一，是了解出险情况、掌握第一手资料、处理赔案的重要依据。查勘工作的质量对准确合理定损起着关键性的作用。

保险理赔师在去现场查勘时，要尽可能做到两个或两个以上的人员共同查勘。为避免舞弊行为，保险理赔师遇有自己的亲友索赔时，应主动回避。查勘开始后，要尽快查看被保险人的会计账册和有关单证，掌握投保日及出险日各账面数据。如果不能及时检查，应会同被保险人暂时封存，以防更改账册，弄虚作假。对案情复杂、定损难度大的案件，应聘请有关部门或技术专家、工程人员协助作出技术鉴定。

（3）核定损失和赔偿金额。为了核定财产损失和赔偿金额，被保险人必须按保险公司的要求提交损失清单和各项施救、保护、整理费用清单，并根据需要向保险公司提供有关财务账册和单证。保险理赔师要查对账册，受损财产不止一项时，应分项理赔，对受损财产进行盘点和逐项估损。对不能逐项估损的财产，可采用分类平均估损的方法。在涉及医疗、健康的人寿保险的保险金核定中应注意准确地确定承保责任和理赔比例。

（4）支付保险赔款。赔款的支付方式大致有以下 3 种情况。

① 赔款金额已经确定且无其他未了事项，应根据我国《保险法》第二十三条第一款的规定办理。即保险人收到被保险人或受益人的赔偿或给付保险金的请求后，应当及时作出核

定，并将核定结果通知被保险人或受益人；对属于保险责任的，在与被保险人或受益人达成有关赔偿或给付保险金额的协议后10日内，履行赔偿或给付保险金义务。保险合同对保险金额及赔偿或给付期限有约定的，保险人应当依照保险合同的约定，履行赔偿或给付保险金义务。

② 责任明确，而核赔手续尚未办妥或具体赔案金额尚未核定的案件，应在估计赔款的一定幅度内先预付一部分。我国《保险法》第二十五条规定："保险人自收到赔偿或者给付保险金的请求和有关证明、资料之日起60日内，对其赔偿或者给付保险金的数额不能确定的，应当根据已有证明和资料可以确定最低数额先予以支付。"

③ 已经预付赔款的案件不足部分，在赔款额确定后，即赔付其不足部分。

不管用哪种方式支付赔款，赔款处理即告结束，理赔过程终结。

4. 保险理赔师的职业素质

保险从业人员的职业道德可概括为"热爱本职，钻研业务；礼貌待人，热诚服务；信守合同，笃守信誉；廉洁奉公，不徇私情"。保险从业人员的职业道德要贯穿到保险经营的各个环节中去。对保险理赔师而言，一般应具备以下职业素质。

1）品德优良，具有高度的敬业精神

品德优良和高度的敬业精神是各行各业对其从业人员的要求。由于保险行业是为被保险人或受益人提供一种保障，体现的是一种"人人为我，我为人人"的思想，因此优良品德和高度的敬业精神应作为保险从业人员首要的职业准则。保险理赔师处于保险经营的关键环节，更应遵守此条规定。

2）熟悉保险条款、理赔实务和有关的规章制度，并具有相关学科知识

保险是一门关于风险集散的学科，但同时又涉及金融学、经济学、心理学、法学、医学等相关学科，是一门综合性、边沿性的学科。因此，保险业对其从业人员有较高的要求，而处于保险经营核心环节的保险理赔师更应具有较广博的知识。

（1）熟悉保险条款、有关业务规定保险条款和有关业务规定，是处理赔案的理论依据，又是保险合同关系双方当事人权利和义务顺利实现的具体保证。因此，作为保险理赔师，首先必须熟悉保险条款的内容和有关保险业务的具体规定，切实理解其精神实质，以免理赔时出现误差。

（2）懂得有关专业知识。保险理赔是一项涉及面广、专业技术性较强的工作，而且保险标的性质和种类的多样性，风险事故的复杂性，都要求保险理赔师除具备保险方面的专业知识外，还必须懂得有关专业知识。

① 有关法律和法规方面的知识。保险合同是一种契约，当事人双方均受法律关系约束，而且理赔本身就是一种依法办事的行为，它必然涉及有关法律、法规方面的问题。因此，保险理赔师应尽可能地多学习法律知识，掌握各种相关法律规定，如民法、婚姻法、经济法、消防条例、运输法规、交通管理法规、海事处理规定、国际私法、海商法和医疗事故处理条例等，以便在处理赔案时有法可依。

② 财务会计知识和标的估算方面的知识。保险理赔计算的重要依据是保险标的的金额，它是由一系列账面金额汇总而成的。保险理赔师需要核查、计算保险标的的各种明细账目，以确定保险责任、赔付范围和损失金额。这就要求保险理赔师懂得会计学、统计学和成本核算、资产评估等方面的专业知识，懂得划分固定资产和流动资产的标准，懂得各种财产价格

构成的依据，以及如何计算折旧、估计损失价值，如何查阅资金平衡表、总分账及明细科目卡片等。只有这样，才能科学、准确地核定损失以计算保险赔款。

③ 建筑、设备、商品等方面的知识。在保险理赔过程中，保险理赔师时时处处都要与各种各样的保险标的打交道，要对受理的保险财产进行鉴定、估损、核算、处理。这就要求保险理赔师不仅要懂得一些建筑结构、估损、修缮和机器设备的保护常识，而且要熟悉市场上的主要价值，如商品的性能、类别、包装、储运、维修等，并了解商品的价值及其价格变动和计算等知识。

④ 相关的医学知识。人寿保险中常常涉及死亡、疾病、伤残的医疗费用分析和剔除计算。保险理赔人员只有具备相关的医学知识，才能合理地确定保险责任、正确的计算保险赔款。

3）有深入实际、联系群众和实事求是的工作态度

理赔过程中出现的问题和遇到的具体情况，往往比人们事先预计的复杂得多，这就要求理赔人员深入实际、联系群众，虚心向有关方面的专家请教。只有在掌握大量第一手资料和对其进行分析研究的基础上，才能实事求是地处理理赔过程中出现的问题，准确履行赔付义务。

4）树立廉洁奉公、以身作则的工作作风

理赔人员代表国家保险机构处理各种案件，政策性较强，且涉及大量的钱财和物资。因此，理赔人员不仅要有较强的政治责任感，而且必须树立廉洁奉公和以身作则的工作作风，杜绝理赔工作中的不正之风，树立良好的企业形象，保证理赔任务的顺利完成。

5）具有较强的思维能力、判断能力和表达能力

理赔是一项富有技术性的工作，需要理赔人员刻苦钻研业务知识；理赔是一项服务性工作，需要理赔人员具有热诚服务的工作态度与较强的表达能力；理赔又是一项实现保险的经济补偿职能的工作，需要理赔人员坚持理赔原则，同时具有较强的思维能力和判断能力，做到不滥赔、不惜赔，坚决杜绝损害保险公司的声誉和利益的行为。

5. 如何成为保险理赔师

保险理赔师是保险领域中对职业素质要求较高的岗位之一，其从业人员可以是保险专家、会计师、律师、保险监管者等。在保险市场较为成熟的发达国家，大多有保险理赔师协会，它们致力于保险理赔师职业道德的制定、保险理赔师的培训，以提高理赔师的专业水平，并通过组织考试，由国际理赔协会分别授予考生证书及印有 ICA 图标的金、银质奖章。

12.6 保险管理师

1. 保险管理者及其作用

1）保险管理者的定义和特征

保险管理者是指拥有保险公司正式授予的权力，可以指挥和管理他人活动的人员。保险公司的经营活动可以分为管理活动和业务活动两大类，保险管理者是从事管理活动的人员。保险管理者具有以下方面的特征。

（1）保险管理者拥有制度化的权力，特别是奖惩他人的权力。保险公司内可能存在一

些可以影响和指挥他人但不拥有制度化权力的成员，这些成员并不是保险管理者，因为他们没有得到正式的授权。保险管理者权力的大小和性质因管理层次和职能部门的不同而有差异。

（2）保险管理者必须执行一定的管理职能。保险管理者只有通过执行相应的职能才能有效地实现保险公司的目标。因此，保险管理者和管理职能都是保险公司不可缺少的要素。

（3）保险管理者一般都具有双重人格。每个保险管理者都生活在社会环境中，是自身利益的代表；但是每个保险管理者又都是保险公司一定职位的代表，必须保证保险公司的利益。这两种利益有时是一致的，但是在很多情况下可能又存在矛盾，保险管理者必须处理好这种矛盾。

2）保险管理者的分类

在保险公司这样规模较大的组织中，管理者之间必须进行明确而细致的分工，因此形成了各种不同的保险管理者。对保险管理者进行合理的分类，有助于确定不同管理者的任务、要求和对其进行培训等。常见的分类有以下两种。

（1）按照管理者在保险公司中所处的层次分类，可分为基层管理者、中层管理者和高层管理者。

① 基层管理者。基层管理者又称为第一线管理者，即处于保险公司最低层次的管理者。基层管理者所管辖的仅仅是具体的业务人员，而不涉及其他的管理者。基层管理者的主要责任是给业务人员分派具体的工作，直接指挥、监督现场的业务活动，保证各项业务活动及时有效地完成。

② 中层管理者。中层管理者是指处于高层与基层管理者之间的管理人员。保险公司的中层管理人员并不是一个层次，而是由多个层次组成。中层管理者的主要职责是贯彻执行高层管理人员制定的重大决策，给其所管辖的基层管理人员分派任务，并监督和协调基层管理人员完成他们的工作。中层管理者在保险公司的活动中通常起着承上启下的作用。

随着社会进入知识经济时代和大量高科技手段在保险公司管理中的运用，保险公司的组织结构正在由多层次的等级科层制向扁平化方向发展，管理层次的减少使中层管理者的需求量也有逐渐减少的趋势。

③ 高层管理者。高层管理者是指对保险公司整体或经营活动的某个方面负有全面管理责任的管理人员。高层管理者的主要职责是制定保险公司的总目标、总战略，掌握保险公司的大政方针，评价保险公司的经营绩效。在保险管理活动中，高层管理者掌握最高的制度权。在保险公司与外界交往的过程中，高层管理者一般是保险公司的代表。

（2）按照保险管理者管理工作的性质分类，可分为综合管理者和专业管理者。

① 综合管理者。综合管理者是指对保险公司或其分支机构负有全面责任的管理者。对保险公司这种大型组织而言，综合管理者也需要分层次，即高层、中层和基层综合管理者。

② 专业管理者。专业管理者是指仅仅负责保险企业某方面活动的管理者，也可以将其称为职能管理者。专业管理者往往只负责保险企业某一方面的经营管理，因此对其在该领域的专业技能要求较高。在保险企业中，专业管理者根据各自所负责的管理任务不同可以分为精算部门、财务部门、营销部门、人事部门、风险管理部门和再保险部门等。在现代社会中，随着保险企业规模的日渐扩大，对管理职能有着越来越专业化的要求，因此管理人员中专业管理者所占的比重会越来越大。

3）保险管理者的作用

保险管理者在保险企业管理过程中发挥的作用可以归结为以下 3 个方面。

（1）人际关系方面。

① 代表性。任何层次的保险管理者都有自己的代表性，高层管理者代表整个公司，中层管理者代表一个部门或分支机构，基层管理者代表一个基层单位。代表性体现为管理者可以在正式场合与对等的公司或部门等进行沟通，在相应的文件上签字等。

② 沟通。保险管理者在管理过程中主要是和人打交道，要向上级汇报任务的执行情况，与同级交换信息，向下级布置工作。通过双向沟通，使保险管理者与上下左右都能保持良好的人际关系和信息传递。

③ 指挥和激励下级有效地完成任务。沟通并不是目的，保险管理者要通过沟通更好地完成上级布置的任务。在此过程中，保险管理者要指挥和激励下级，安排好每个人的工作，协调相互关系，考核工作成效并进行奖惩。

（2）信息方面。保险管理者在信息方面除了进行沟通以外，还应该起到以下作用。

① 搜集信息。保险管理者除了接受他人传递的信息外，还要搜集有关自己工作范围和本单位的各种信息。信息来源可能是调查研究报告、社会公众的反映、新出台的政策法规、竞争对手的动向等，这些信息可以帮助确定本公司的发展目标和策略。

② 加工信息。有些信息可能有水分或是竞争对手放的烟幕弹，或者由于传递环节过多引起信息失真，因此保险管理者要对所搜集的信息进行适当的加工和分析。

③ 保持沟通渠道的畅通。渠道畅通既要求信息及时传递到需要方，又能迅速收到信息反馈。随着保险公司办公自动化和信息管理的普及，保持渠道畅通已经越来越容易。但同时要筛选保险需要的信息，避免陷入信息的汪洋大海之中。

（3）决策方案。

① 提出决策方案。保险管理者在遇到问题时，要在几个可选择的方案中反复权衡，选出最合理的方案。在需要上级决策时，也要提出多个方案供上级考虑。

② 调配资源，实施计划。保险管理者要根据计划的实施情况，及时调配资源，合理使用资源，追求以最小的成本获得最大的收益。

③ 协调各方面的关系，解决内部矛盾和分歧。保险管理者要协调好与上级、同级和下级之间的关系，在产生矛盾和分歧时，注意相互理解和支持，化解矛盾，解决分歧。

2. 保险管理者的技能和职业素质

1）保险管理者的技能结构

保险管理者的类别虽然很多，但是无论什么样的管理者，都需要掌握一些基本的管理技能。管理技能一般可以分为以下 4 类。

（1）技术技能。技术技能是指使用某一专业领域有关的工作程序、技术和知识完成保险管理任务的技能。例如，销售产品的营销技能、财务管理中的会计核算技能和推出新产品的研究开发技能等。对保险管理者来说，虽然没有必要成为精通某一领域专业技能的顶尖专家（因为可以依靠有关的专业技术人员来解决专门的技术问题），但还是需要了解和掌握与其管理的专业领域相关的基本技能，否则保险管理者就很难与自己所管理领域内的专业技术人员进行有效的沟通，从而也就难以对自己所管辖的业务范围内的各项工作进行具体、有效的指导。一个好的保险管理者可以不是专家，但绝对不能是外行，过去那种外行领导内行的做法是不科学、低效甚至无效的。可以说，技术技能是一个保险管理者应当具备的基本技能。

（2）人际技能。人际技能是指保险管理者处理人与人之间关系的技能，即与他人进行沟通、理解和激励他人的能力。人际技能是保险管理者应当掌握的最重要技能之一。

人际技能首先包括领导技能，因为保险管理者必须学会同下属沟通，影响下属，激励下属积极主动地完成任务。此外，保险管理者还必须学会说服上级，学会与其他部门的同事沟通、合作，学会与保险公司有关的外部人员打交道，明确有效地传播保险公司的相关信息，与外部环境相协调。

一般来说，保险管理者的人际技能水平主要取决于管理者的性格。虽然人的性格通过实践可以在一定程度上发生变化，但是很难发生根本性的改变。从这个意义上，一个人能否成为一个合格甚至优秀的管理者，先天的性格因素起到很大的作用。承认性格因素对保险管理者的影响并不是否认保险管理者后天的学习和实践，而是考虑不同管理工作对性格的特殊要求，使管理者的分工和管理集体的结构更加科学，以便提高保险管理工作的效率。

（3）思维技能。思维技能又可以称为概念技能，是指综观全局，对影响保险公司生存和发展的重大因素作出正确的判断，并在此基础上作出正确的决策，引导保险公司向正确的方向发展的能力。思维技能主要是指理解事物的相互关系，从而找出关键性的影响因素的能力，确定和协调各个方面关系的能力，以及权衡不同方案优劣和内在风险的能力等。思维技能就是人们常说的抽象思维能力，而这种抽象思维能力主要是对保险公司战略性问题的分析、判断和决策的能力。

思维技能水平的高低与一个人的知识、经验、胆识等因素有关。因为，思维技能不仅仅表现为一种认识、分析问题的能力，更为重要的是在此基础上作出决策的能力。在事关保险公司生存与发展的问题上作出决策是需要相当的胆略的。

与技术技能相同的是，思维技能的提高也需要通过一定的学习，掌握有关的科学知识。一般来说，一个人受教育的时间越长，掌握的知识越丰富、越广泛，其思维技能也越高。

但是，思维技能的提高过程与技术技能的提高过程有所不同。技术知识由不懂到懂，技能由不会到会，二者之间有明显的界线，而思维技能的提高则是一个渐进的、缓慢的、潜移默化的过程。所以，从一定意义上，提高思维技能比提高技术技能要难得多。另外，与技术技能不同的是，提高思维技能所需要的知识是相当广泛的，不仅仅局限于专业性的知识。就我国保险公司管理者的现状来说，大多数人的技术技能已经基本能够满足保险管理的需要，但思维技能还需要很大程度的提高。

（4）创新技能。保险管理者在管理过程中不可避免地会遇到许多新问题，创新技能指的就是他们解决新问题的能力。在面对新问题时，保险管理者要研究新问题产生的条件和背景，与以往相类似的问题有哪些不同之处，然后运用自己多方面的知识和经验，进行分析和判断，找出新问题的内在规律性，进行逻辑推理，再到实践中去验证解决问题的方案，总结提高，逐渐形成新概念和新思想。

创新能力的提高除了有赖于丰富的知识和实践经验，有赖于逻辑思维和推理的能力，有赖于综合判断能力以外，最重要的是保持对新生事物的敏感性。只有善于从周围人熟视无睹的事务中发现新意，才能找到创新的动力和方向。

必须说明的是，以上 4 种技能是每个保险管理者都应该具备的，但是对于保险公司不同层次的管理者而言，其技能的构成应当是有区别的。对于基层管理者而言，由于他们需要在现场直接指导业务人员，而很难有机会对保险公司的战略问题作出决策，因此对他们技术技能的要求就比思维技能的要求高一些。对于高层管理者而言，情况刚刚相反，他们更需要思维技能，对他们技术技能的要求就要低一些。中层管理者的技能构成则介于二者之间。此外，人际技能和创新技能对每个层次的管理者都相当重要。

2）保险管理者的素质要求

对保险管理者而言，能力比知识重要，素质又比能力重要。作为一名合格的保险管理者，仅有渊博的知识和高水平的能力是不够的，还必须有较高的素质。

（1）思想政治素质。任何社会、任何行业都强调管理者应该具有较高的思想政治素质，只是内容有所不同而已。例如，日本强调管理者对企业的忠诚，美国强调管理者献身事业的精神。作为社会主义国家的保险管理者，其合格的思想政治素质具体包括以下 3 个方面。

① 具有社会主义觉悟和共产主义理想，有较强的党性，能够自觉贯彻执行党的方针政策，有为人民服务的精神。

② 具有较强的事业心和责任心，对工作认真负责、精益求精。

③ 具有较高的品行修养，能以身作则。

（2）心理素质。保险管理是一项很艰苦的实践活动，要成为一个合格的保险管理者，必须具备以下方面的良好心理素质。

① 坚强的意志。保险管理者除了要有远大的抱负、强烈的事业心之外，在追求自己确立的目标时，应该有坚强的意志。在任何时候都不能盲从，不随波逐流，不受内外部各种因素的影响；遇到困难不气馁，取得成绩不骄傲；紧要关头沉着冷静，果敢坚决；名利面前，不受诱惑。

② 宽广的胸怀。在保险管理活动中，人们有不同的意见和看法是不可避免的。保险管理者应该宽容大度，求大同、存小异，在非原则性问题上能忍让，宽以待人；对反对过自己的人，甚至后来被证明反对错了的人，要不计前嫌，不耿耿于怀；要善于听取不同意见，特别是对立面的意见，不要认为自己一贯正确，听不进不同意见；要勇于承认自己的缺点、错误，不要文过饰非。

③ 自信心。自信心是积极工作和克服困难的前提，也是激励保险公司全体成员积极性的重要因素。保险管理者要相信自己的能力，努力调动全体成员的力量。

3）身体素质

保险管理既是一种脑力劳动，又是一种体力劳动。特别是当保险管理者处于纷繁复杂的环境之中时，管理劳动要消耗大量的脑力和体力。要成为一名优秀的保险管理者，特别是高层主管人员，健康的体魄和充沛的精力是必不可少的。保险管理者应该注重锻炼身体，做到工作好、休息好、生活好。

3. 成为保险管理师的路径

目前，世界上很多国家都已经建立了人寿保险管理协会或财产保险管理协会，并举办各种保险管理师资格考试。其中，最有影响力的是美国人寿保险管理协会（LOMA）和英国特许保险学会（CII）。

英国是保险教育的发详地，其标志就是英国特许保险学会（The Chartered Insurance Institute，CII）。CII 是目前世界上财产保险和金融服务业最大和最有影响力的职业教育培训组织。它在全球与超过60多个机构保持着长期联系。在100余年的历史中，CII一直致力于制定财产保险行业的专业标准。同时，CII为全球财产保险和金融服务企业各种层次的员工提供个人化和专业化的教育培训与资格考试。

CII资格考试具有以下特点。

（1）以严著称。考试从出题、封卷、监考、判卷、答辩到发证书，有一整套规范程序，整个过程公平、公正、严谨。

（2）学习方式灵活。考生既可以到英国或其他国家的CII资格考试中心参加课堂学习，也可以通过CII的网上远程教学学习。

（3）CII注意开发新技术和新技能，使考生在学习过程中获得对保险更高层次的理性认识。

（4）针对各国的经济发展情况和保险经营环境的不同，十分注重从不同国家招收学员。CII财产保险类的资格考试主要包括FIT保险基础考试、IFC保险基础证书资格考试、CITIP保险IT证书考试、CIP保险实务证书资格考试、ACII准会员资格考试、FCII会员资格证书考核等。

我国在香港、台湾建立CII考试中心后，又先后在内地的湖南长沙保险管理干部学院、北京中央财经大学和上海财经大学设立了CII考试中心。CII的考试一年举办两次，春季考试一般安排在4月份的第三个星期，秋季考试一般安排在10月份的第三个星期。

复习思考题

一、概念题

保险代理人　保险经纪人　保险公估人　保险核保　保险精算　保险理赔师　保险管理师

二、思考题

1. 要成为一名合格的保险代理人应该满足哪些条件？
2. 保险经纪人与保险代理人的区别体现在哪些方面？
3. 保险核保在保险公司中的地位与作用。
4. 简述精算对保险公司经营的重要意义。
5. 当前保险律师在保险业中的作用体现在哪些方面？
6. 保险理财师的主要工作有哪些？其具体工作步骤有哪些？
7. 保险管理者可以分为哪几类？其在保险企业管理过程中发挥哪些作用？

第 13 章 保险保障基金管理

13.1 保险保障基金概述

13.1.1 保险保障基金的概念

保险保障基金是按照《保险法》和有关《保险保障基金管理办法》的规定，由各类保险企业缴纳而形成的一种专门备用基金。在保险公司被依法撤销或宣告破产，其清查财产不足以偿付保单利益，或者保险公司存在重大风险，可能严重危及社会公共利益和金融稳定时，用以救助保单持有人、保单受让公司，或者处置保险业风险的非政府行业风险救助基金。

13.1.2 保险保障基金的管理机构

2007 年 10 月，国务院批准成立了中国保险保障基金有限责任公司，负责保险保障基金的筹集、管理和使用。为了适应保险保障基金管理体制改革的要求，根据保险业迅速发展的新形势，中国保险监督管理委员会（以下简称保监会）在总结近年来保险保障基金管理运行经验，并考虑保险市场需求的基础上，与财政部、中国人民银行等单位联合发布了《保险保障基金管理办法》，同时废止了 2004 年发布的原《保险保障基金管理办法》。

13.1.3 我国保险保障基金管理的新特点

（1）设立了保险保障基金公司，完善了基金管理体制。保险保障基金管理公司是由国务院批准成立的国有独资公司，属于非营利性企业法人，其注册资本为 1 亿元人民币。

（2）调整确定了基金缴纳基数，突出了保护保单持有人原则。参照国际惯例，确定以毛保费收入作为保险保障基金的缴纳基数，分入业务部分不再缴纳保险保障基金，专业再保险公司也不再缴纳保险保障基金。

（3）调整确定了基金缴纳范围和比例，体现了科学发展要求。① 将由国务院确定的国家财政承担最终风险的政策性业务排除在保险保障基金的救助范围之外。除此以外，各类政策性保险均应缴纳保险保障基金。② 企业年金业务的风险和收益完全由年金所有者承担，无须保险保障基金救助，将此排除在救助范围之外。③ 投资型财产保险、投资型意外伤害保险等投资型非寿险业务纳入了保险保障基金的救助范围，并明确规定了缴纳比例

(0.8%)。

(4) 拓宽了资金运用渠道，兼顾了安全与权益。保险保障基金的资金运用渠道增加了中央银行票据、中央企业债券、中央及金融机构发行的金融债券等。资金运用渠道的放宽，在保证资金安全的前提下，有助于提高资金运用权益，增强保险保障基金的保障能力。

13.2 保险资金的运用

13.2.1 保险资金运用的意义与必然性

1. 保险资金运用的意义

保险资金运用是指保险公司运用闲置的资金进行各种形式的投融资，以增加公司盈利的行为。保险资金是具有金融性质的资金，不同于财政性资金，保险资金运用的意义如下。

(1) 保险资金运用可增强保险企业的经营实力，扩大保险财务利益。保险资金运用为保险企业带来投资收益，有利于保险基金的积累，扩大保险公司的承保和偿付能力，提高保险公司的市场竞争力。保险资金运用为降低保险费率创造了条件，减少了广大投保人的负担，可以进一步创造保险需求，带动保险业的整体进步。

(2) 保险资金运用可增加社会资金供给总量，为微观企业提供大量的资金支持，扩大社会再生产能力。保险基金注入金融市场以后，流向生产领域和流通领域，扩大生产能力，加速商品流通，改善微观经济环境。保险资金运用解决了企业资金缺乏的困难，企业经济效率提高为国民经济的稳步增长打下了坚实的基础，同时也为保险市场创造出巨大需求。保险收益增加，保险基金规模扩大，保险投资能力加强，生产和流通领域的资金需求容易得到满足，生产能力逐步提高。总之，保险资金运用有利于国民经济的整体良性循环，促进企业进步和社会主义市场经济的发展。

(3) 保险资金运用可以促进金融市场的健全发展。保险资金运用要通过金融市场运作，特别是保险投资活动依赖于金融市场的效率，同时也促进金融市场的发展。例如，保险投资参与金融市场活动，丰富了投资主体，拓宽了融资的范围和渠道。从投资形式上，保险投资分为直接投资和间接投资两大类，由于国家法律、法规的限制，以及间接投资具有较好的流动性、收益性等特点，保险投资以间接投资为主。近年来，一种兼有直接投资与间接投资特点的投资方式——保险投资基金得到迅速发展，这种方式可以给投资者稳定的投资回报，同时可以有效地化解投资风险，非常适合保险投资要求。目前，在国际市场上保险投资基金的发展势头越来越强过其他投资方式。

在我国，保险资金运用增加了金融市场的资金供给，提高了金融市场的融资能力。随着人民生活水平的提高，居民储蓄存款规模不断扩大，保险资金运用提供了将储蓄转化为投资的机制，储蓄存款转化为保险费，保险费转化为投资资金。这一机制缓解了储蓄对有效供给的压力，分散了资金的流通渠道，对降低投资风险，提高社会资金的使用效率十分有利。目前，虽然我国对保险资金运用的管理较严，保险资金运用尚不是保险公司的主要业务，但随着社会主义市场经济的日趋完善，特别是保险经营水平与金融市场效率的不断提高，保险资金运用一定会成为保险经营的重要内容。

2. 保险资金运用的必然性

(1) 保险经营具有内在的金融性质。保险是一种分散风险的经济手段，包括把风险分散于一段较长的时期，也包括风险在许多人或团体之间的分担。人寿保险着重于风险在时间上的分散，同时也是多数人风险的分担；而财产保险、责任保险则着重于风险在个人或团体之间的分担，同时也是风险在时间上的分散。因此，无论人寿保险或财产保险都必须将大量投保人交纳的保费集中起来，以应付未来不确定的偿付，达到经济补偿的目的。保险的这一特性，使其成为资金集中、管理和分配的一种特殊方式。

(2) 保险经营过程中存在着资金闲置。首先，保险资金在筹集和使用的过程中存在时间差。保险是转嫁风险的事前行为，保险资金的建立在前，保险赔款或保险金给付在后，因此形成了保险资金的闲置。由于人寿保险合同是长期合同，保险资金闲置是长期的、稳定的。其次，保险资金在筹集与使用的过程中存在数量差。财产保险的保险费缴纳是一次性的，人寿保险的首期保费占总保费的绝大部分，保险资金在保险合同成立时就达到大数法则要求的规模，而保险事故的发生具有偶然性，保险公司承担的保险责任是在保险合同有效期内渐次履行的，因此保险资金存在闲置。保险资金是用于保障被保险人利益的，保险公司必须要保证其安全性、流动性和增值性。因此，必须将保险资金进行最有效的运用，保险资金投资是利用闲置资金的必然途径。

(3) 保险业间的竞争使保险公司必须依靠投资收益来维持生存。保险竞争导致保险费率下降和赔付费率上升并存。费率是保险商品的价格，价格竞争是市场竞争的常用武器，保险企业为了在竞争中获得更大的市场份额，纷纷降低费率，导致社会平均费率下降，保险资金的规模缩小。

在降低费率和赔付率上升的双重夹击下，赔付率可能超过100%。如果保险公司不采取有效措施增加保险资金规模，必然会因为收入不抵支出而陷入亏损。事实上，国际保险业承保业务亏损已经是不可争辩的事实，而之所以保险业仍然高速发展，保险资金运用功不可没。事实证明，保险资金运用已经成为保险业经营的主力军和庇护伞。

13.2.2 保险资金运用的形式与结构

1. 保险资金运用的形式

1) 购买债券

保险资金一般有一定比例用于购买国家债券、地方政府债券、金融债券和公司债券等可在二级市场流通的债券。这类债券具有安全性好、变现能力强、收益相对稳定的特点。尤其是国家债券和地方政府债券，基本上不存在不确定性风险，但其收益不如金融债券和公司债券。由于债券一般采取息票的形式发行，因此尽管债券对通货膨胀和市场利率变动很敏感，但是对通货膨胀和利率变动损失的避险能力较差。

2) 投资股票

股票投资的特点是收益高、流动性好、风险大。股票收益来自股息收入和资本利得，股息收入的多少完全取决于公司的盈亏状况，资本利得取决于未来股票的价格走向，因此股票投资风险比较大。

股票可分为优先股和普通股，优先股的股息固定，派息后于公司债务还本付息，并且先于普通股；当公司破产清盘时，优先股对公司剩余财产的要求权后于公司债务而先于普通股。一般优先股投资风险较债券大、较普通股小，相应地，优先股预期收益也就较债券高、较普通股小。因此，优先股投资是保险资金运用的较佳选择。我国目前还不存在优先股。

3）投资不动产

保险资金进行不动产投资一般是用于直接建造、购买并自行经营的房地产。房地产投资的特点是安全性好、收益高，但项目投资额较大、期限长、流动性差。因此，房地产投资比较适合长期性保险资金的运用。

4）用于贷款

保险资金用于贷款是指向需要资金的单位或个人提供融资。贷款的收益率取决于市场利率。由于我国不存在信贷资产的二级市场，故信贷资产的变现能力不如有价证券，流动性较差。

贷款可分为信用贷款和抵押贷款两种形式。信用贷款（包括担保贷款）的风险主要是信用风险和道德风险，抵押贷款的主要风险是抵押物贬值和货不宜变现的风险。

5）进行存款

存款是指保险公司将闲置资金存放于银行等金融机构。存款具有良好的安全性和流动性，但对比其他投资，其收益率则最低。正因为如此，存款主要用于作为保险公司正常的赔付或寿险保单满期给付的支付准备，一般不作为追求收益的投资对象。

保险资金除了上述运用形式外，还可以用于投资各类基金，同业拆借，黄金外汇等。

2. 保险资金运用的结构

由于各国保险当局对保险企业资产管理办法不同，因此各国保险企业的资产结构也就有所差异，很难判断何者更合理，而只能根据各国的情况进行说明。例如，我国《保险法》第一百零四条规定："保险公司资金运用，限于在银行存款、买卖政府债券、金融债券和国务院规定的其他资金运用形式。保险公司和资金不得用于设立证券经营机构和企业投资。保险公司运用的投资和具体项目的资金占其资金总额的具体比例，由金融监督机构管理部门规定。"又如，日本保险公司购买股票资金不能超过总资产的30%，购买不动产资金不能超过总资产的10%。上述立法取向都侧重于保险资金运用的安全性和流动性，以保证被保险人的合法权益，在此基础上追求资金运用的效率。

13.2.3 保险投资

1. 保险资金运用与保险投资的界定

目前，在国内的一些教材中有的将保险资金运用视同于保险投资。其实，保险资金运用与保险投资是两个不同的经济概念，两者在外延和内涵上是不尽相同的。因此，有必要规范与界定这两个概念。

（1）从经济学的角度分析，投资一般是指固定资产或流动资产等投资，它着眼于现实资本存量的增加并与扩大再生产相联系。保险投资的着眼点并不是直接增加资本存量形成生产性资本而是增加公司的债权和金融资产，从中盈利以增强公司的经济补偿能力与市场竞争能力。但是，保险投资也会间接地增加公司的资本存量，形成一定的固定资产和流动资产。

（2）从会计学的角度分析，资金运用是对公司资金占用和使用情况的统称。既包括公司所拥有的各种财产，也包括公司的各种债券。而保险投资主要是为了增加公司债权或金融资产。由此可见，投资是资金运用，但资金运用不完全是为了投资。因此，保险投资和保险资金运用并不是完全相同的概念。保险投资是保险资金运用的一种形式。保险资金运用是保险公司对自有资金和外来资金（主要为责任准备金）的闲置部分，进行认许资产的重组以谋取盈利或从事某项事业的一种融资行为①。保险投资是保险公司为了增加公司债券或金融资产的一种资金运用。

（3）从投资形式上分析，投资分为直接投资和间接投资两大类。直接投资是将资金直接投入项目的建设或购置，已形成固定资产和流动资产的投资，其主要形式有合资入股、经商办厂、购置不动产。间接投资是指投资者购买有价证券，如政府债券、金融债券、公司债券和股票，以及向公司、个人发放贷款，以获取预期收益的投资。直接投资由于投资风险较大、投资期限长、投资流动性差，因此在保险投资总额中所占的比重不大。间接投资具有流动性强、收益性较高等优点，成为保险公司主要的投资形式。随着证券市场的发展和完善，证券投资可以实现保险投资安全性、收益性、流动性的较佳组合，证券市场成为保险投资的主要场所，因此现代保险业的投资主要是指证券投资。

（4）从保险公司的经营特点分析，财产保险公司由于保险期较短，承担风险发生的随机性大，保险资金只能进行投资，而人寿保险公司由于保险期限长，闲置资金数量大，再加上承担风险小，而且比较分散，人寿保险公司成为资本市场的主要资金供应者，因此保险投资主要是指寿险投资。

2. 保险投资的动因与可能性

保险投资的发展既有内在动因，又有外在动因。

1）保险投资发展的内在动因

（1）保险市场竞争的日益加剧，导致保险公司主营业务利润下降甚至亏损，这是保险投资发展的直接动因。

进入 20 世纪 80 年代，世界保险业面临着严峻的竞争挑战，这种挑战表现在以下 3 个方面。

① 保险公司内部竞争加剧。虽然国际保险市场倡导以保险质量、保险服务为手段，而非价格竞争，但是在市场经济下，价格竞争是保险公司扩大市场份额最直接、最有效的手段。随着各国对保险费率管制逐步放松，保险公司可以根据市场形式的变化，自由决定保险产品价格及公司发展策略。在各国保险市场承保力量日趋过剩的情况下，一方面，保险公司大力开发保险新产品和新技术，提高保险产品技术含量来刺激投保人的保险需要；另一方面，保险公司采用降低保险产品价格的策略来增强其市场竞争能力，扩大保险市场的占有份额，这使保险行业内部竞争日益激烈。

② 银行保险业务的发展提升了保险业的竞争程度。银行与保险在“互惠互利”的基础上相互合作，从简单的保险产品销售代理到建立保险子公司，以及银行和保险公司，相互参股、控股等，最大限度地实现了双方的优势互补。这既符合消费者对商家减少利润和低成本运营的需要，又拓宽了金融产品的销售渠道。银行经营保险业务具有客户资源、销售渠道、产品创新等方面的优势，在很大程度上加剧了保险业的竞争，银行保险成为发达国家金融保险业发展的趋势。

③ 保险业竞争的国际化。随着世界经济一体化和金融全球化的发展，保险业竞争国际

---

① 卓志．保险经营风险防范机制研究．成都：西南财经大学出版社，1998.

化已成为一种趋势。各国在保险市场开放过程中，虽然都非常注意保护民族保险业，但仍不可避免地受到外国保险公司竞争的威胁。从20世纪90年代开始，大型的跨国保险公司在新型经济国家积极拓展保险业务。在拉丁美洲和中欧、东欧保险市场，外国保险公司的市场份额达到了12%；世界人寿保险市场几乎完全被发达国家的保险公司垄断。世界保险业竞争的加剧、使保险公司的承保利润一直呈下降的趋势，甚至出现负数。为了弥补主营业务的亏损，维持保险业的生存和发展，各国都非常重视保险投资，投资收益在保险利润中占有越来越大的比重。保险投资已成为保险业的一大支柱。

（2）保险产品结构的创新是保险投资发展的根本原因。随着人寿保险公司风险意识的增强，消费者教育水平和保险需求的提高，尤其是证券市场的迅速发展，为寿险业险种的创新和投资运作创造了极大的空间，变额寿险、分红保险、万能寿险等投资型险种就是保险与证券投资基金相结合的产物。投资型人寿保险既有保险保障功能，又能实现投保人的投资意愿，同时还可以规避利差风险。与传统的人寿保险相比，投资型人寿保险具有以下方面的特点。

① 投资决策的主体不同。在传统寿险业务中，保险资金投资决策权属于人寿保险公司，由公司按照安全性、流动性和收益性原则，在保险法规定的范围内进行投资。安全性原则是投资的核心原则，而投资型人寿保险赋予保单持有人投资的决策权，寿险公司只是按照保户指定的投资方式或根据保户的委托，代理保户高效运用资金。投资时更注重资金的收益性，投资方式通常是债券和股票。

② 给付的保险金不同。传统寿险业务采用定额给付方式，在整个保险有效期内，保额是固定不变的。因此，被保险人的保障水平极易受通货膨胀的影响。而投资型保险在整个保险期内保额是随资产运用的实际成绩的变动而上下波动的，如果投资收益高，保户将来获得的保险金就多；反之，获得的保险金就少，但是人寿保险公司有一个保证的最低保额给付。

③ 保险双方承担的风险不同。在传统寿险业务中，保险人承担死亡、费用、投资等所有风险，投保人只有缴纳保费的义务和到期领取保险金的权利，无须承担任何经营风险。而投资型寿险业务，保险人一般不能直接运用保险资金，保险人只承担死亡与费用的风险，而将投资风险全部转嫁给了投保人。

④ 保险资金管理方式不同。在传统寿险业务中，保险资金由人寿保险公司负责管理和营运，并承担一切风险。而在投资型人寿保险中，保险资金通常委托给专业的基金管理公司负责运行，人寿保险公司可以一心一意地从事业务经营。

⑤ 保险产品的透明度不同。传统寿险产品在费用分配、保单结构方面不够透明。而投资型人寿保险在费用分配和保单结构方面非常透明，客户可以随时了解各项费用分配及账户的价值。人寿保险公司每年年终会向投保人发送一份报告书，向投保人显示所缴保费如何在提供死亡给付保障、费用和现金价值中间分配。

⑥ 设置的账户不同。在传统寿险产品中，投保人所缴的保费计入人寿保险公司的普通账户，这些账户代表了公司的普通资产，尽管这是保单责任准备金的基础，但也会受到债权人的清偿。而投资型人寿保险采用分离账户，被保险人的保单现金价值计入分离账户中，分离账户中的资产与公司普通账户中的资产相分离，其目的是允许保单持有人直接参与账户的投资决策，将投资风险转移给保单持有人；保护保单持有人的财产，在人寿保险公司破产时，由于分离账户内的财产不属于人寿保险公司，可以不受公司其他债权人的追索。

很显然，投资型寿险比传统寿险更注重投资收益，投保人在享受超额投资收益的同时，必须承担相应的投资风险。这些险种的实施运作需要有比较多样化的投资渠道，尤其是健全完善的资本市场作为保证。无论在发达国家，还是发展中国家，投资型产品自开发以来，受到了消费者的青睐，市场份额不断上升，显示出强大的生命力和广阔的市场前景。

2）保险投资发展的外部动因

（1）资本市场的发展与完善。资本市场的迅速发展，一方面使各种金融工具不断创新，政府债券、金融债券、公司债券，以及股票发行的品种和数量不断增加，使保险投资有了更多可选择的客体；另一方面各种类型的机构投资者在资本市场的占有率稳步上升，保险公司、养老基金、共同基金成为资本市场主要的机构投资者，不仅扩大了资本市场的投资规模，也降低了资本市场的非系统性风险。此外，资本市场的结构也从不同程度上影响了保险投资的结构。以美国为例，政府债券在资本市场发行中占绝对的地位，公司债券是公司融资的主要方式，在资本市场中占有主要的地位，这种以债权为主的资本市场结构在很大程度上决定了保险投资的客体结构以政府债券和公司债券为主。例如，在 1996 年美国寿险业资产结构中，政府债券占 17%，公司债券占了 41%。

（2）市场和保险投资管制的放松。随着全球金融一体化和自由化的发展，发达国家逐步放松了对资本市场的管制，为保险业投资发展创造了有利条件。由于各国保险业竞争的加剧，投资型产品的开发和运作使保险投资成为维持保险业务发展的手段。以美国纽约州为例，1983 年《保险法》的修改，大幅度提高了各项投资比例的限制额度；放宽了对保险投资子公司的投资限制，允许其进入投资银行业务、信用卡业务和有关的信托业务；放宽了对保险产品分离账户的投资限制，除变额寿险要接受证券交易委员会的监管外，可以依据客户的约定，进行所有的投资。一些大型的人寿保险公司还广泛参与投资管理、不动产、租赁、证券经纪等多种业务，试图将公司发展成为所谓的“金融超市”。日本自 20 世纪 90 年代以来，资本市场利率持续下降，人寿保险公司的利差风险不断积累，再加上日本泡沫经济的破灭，保险机构不良资产增加，大量保险公司陷入经营困境的情况下，于 1996 年 4 月修改日本保险业法，放宽了对保险公司的管制，简化了保险投资监管项目并放宽了投资的上限。保险投资管制的放松对促进保险业投资的发展无疑是十分重要的。

3. 保险公司投资资金的来源

保险公司投资资金基本上由资本金、责任准备金和承保盈余 3 个部分组成。

1）资本金

资本金是保险公司的开业资本。为了保证保险经营的稳定，保障被保险人的利益，各国《保险法》都对资本金作了法律规定。资本金是保险公司开业初期赔付保险金的资金来源，是保险公司日后积累资本的基础，也是偿付能力的重要组成部分。最低资本金的数额，各个国家的规定不同。例如，美国纽约州对不同形式的保险人有不同的资本金要求，人寿保险股份有限公司的最低资本金为 450 万美元；相互人寿保险公司的最低资本金为 15 万美元；财产与责任保险股份有限公司的资本金不得低于 405 万美元；财产与责任互相保险公司必须拥有 50 万美元以上的资本金。除了最低注册资本金的规定外，美国还规定了人寿保险股份有限公司在经营中必须维持的最低资本金数额。例如，美国纽约州规定，人寿保险股份有限公司必须经常持有的最低资本金为 200 万美元，相互人寿保险公司必须经常持有的最低资本金为 10 万美元。如果已经开业的寿险公司资金不足，不能满足最低资本金要求，监管机构可责令其增资以达到法律要求。我国《保险法》明确规定，设立保险公司，其注册资本的最低限额为 2 亿元人民币。对资本金构成保险投资的基金来源，在各个国家的保险市场已达成共识。

各国保险法还要求保险公司以一定比例的资本金缴存保证金，存入管理当局指定的银行。未经管理机关批准，保险公司不得动用，在保险公司清算时用于清偿债务，我国《保险法》规定，保险公司应以注册资本额的 20% 缴存保证金。

保险公司的资本金作为公司的所有者权益部分，是保险公司的自由资金，不存在偿付责任，只有在发生特大自然灾害事故或经营不善以致偿付能力不足时才动用。因此，在正常情况下，保险公司的资本金除了上缴部分保证金外，基本上处于闲置状态。这部分资金具有较强的稳定性和长期性，一般可作为长期投资。

2）责任准备金

为了保证保险公司履行经济补偿或给付的义务，确保保险公司的偿付能力，保险公司应按规定从保费收入中提存各种责任准备金。与资本金的性质不同，责任准备金是保险公司的负债，是以将来保险事故的发生为契机，用于偿付给被保险人的资金。由于保险经营的时间差和数量差，使这部分资金掌握在保险人的手里，成为保险投资的主要资金来源。这些责任准备金包括以下内容。

（1）未到期责任准备金。由于保费的收取总是早于未来义务的履行，加之保险年度与会计审核年度不相吻合，对会计核算年度内收取的保费不能全部作为当年收入处理，而应按权责发生制原则，将部分保费以责任准备金的方式提存起来，作为未来履行赔偿或给负责任的资金准备，这种资金准备称为未到期责任准备金。我国《保险法》规定，经营寿险业务以外的其他保险业务，应以当年自留保费收入的 50% 提取未到期责任准备金。

（2）赔偿准备金，赔偿准备金是用于赔偿所有已发生但尚未赔付的损失金额，其包括两种情况：已经报告但尚未支付的索赔和已经发生但尚未报告的索赔。为准备核算保险公司当年损益，应根据已报告未决赔款和已发生但尚未报告未决赔款的预计数来提存赔款准备金方式，从当年保费收入中扣除，保证以后年度这部分赔款的资金需要。因此，赔款准备金包括已报告未决赔款准备金和已发生未报告未决赔款准备金，即 INBR 准备金两种。

由于财产保险的承担风险发生的随机性很大，赔款准备金成为财产保险资产负债表中的最大责任，而非财产保险的未到期责任准备金。

（3）人寿保险准备金。人寿保险准备金是经营人寿保险业务的保险人为了履行未来的给付责任而提存的准备金。国外人寿保险公司一般按全部保单的净值提存责任准备金，我国是将本业务年度的寿险收入总额抵补本业务年度的寿险全部支出后的差额全部转入寿险责任准备金。由于人寿保险期限一般较长，在短时期内不会有大量的保险金给付，即使有时需要给付较大数量的保证金和退保金，当年的保费收入往往就足以承担支出，因此平常很少动用责任准备金。随着寿险业务的不断扩大，责任准备金的规模也不断增大。据估计，人寿保险责任金的 90% 可用作长期投资。

（4）总准备金。总准备金是从保险公司的税后利润中计提的，用于应付特大风险损失的一项专用准备金。总准备金只有在当年的保险业务经营发生亏损，并且当年的投资利润不足以弥补时才动用。因此，在正常情况下总准备金是长期沉淀的，是保险公司长期投资的一项主要经济来源。总准备金归属为所有者权益。我国保险会计科目中长期使用总准备金的概念，后来由于财政部制定的国家财务制度中无总准备金科目，为了与财政部规定的财务会计制度相统一，从 1994 年开始，各保险公司的会计报表也作了相应调整，列出了盈余公积项，内含保险总准备金。

（5）存出（或存入）分保准备金。除了上述的几种准备金外，存出（或存入）分保准备金也是保险公司投资的资金来源。存出（或存入）分保准备金是指保险公司的再保险业务按合同约定，由分保分出人扣存分保接受人部分分保费以应付未了责任的准备金。存出（或存入）分保准备金通常根据分保业务账单按期扣存和返还，扣存期限一般为 12 个月，至下年同期返还。

（6）储金。储金是一种返还式的保险形式，以保户存入资金的利息充当保险费，在保险期限内发生保险事故，保险公司给予赔偿，如果保险期限内没有发生保险事故，则到期偿还本金。储金既是长期性人身保险业务的一项主要负债，又是财产保险公司的一项重要资金来源。养老保险、子女保险等储蓄性保险业务，保单上规定了利息率，到合同约定的给付时间归还本金和利息。财产保险公司为了拓展保险业务和扩大资金来源，也大力发展储金业务。

3）承保盈余

承保盈余是指保险公司平时的保险收支结余。财产保险和短期人身保险的承保盈余就是保费收入减去保险赔款支出，再扣除各种准备金后的差额。人寿保险的承保盈余包括死差益、利差益、费差益，以及解约失效收益等。这一部分资金，随着保险经营的科学化和合理化，在一般情况下是稳步增长的，除了抵补某些年份的保险费不敷赔付外，一般可以作长期运用。

4. 保险投资的原则

1）合法性原则

由于我国金融市场处于发展阶段，投资环境、法制建设和监管者保险市场的管理有待进一步加强。因此，我国对保险资金的运用持慎重的态度，严格限制保险资金运用的渠道。

2）安全性原则

对保险公司来说，保险基金实际上是对全体被保险人的负债，最终要通过赔偿或给付还给被保险人或受益人。如果投资不能安全返回，一旦发生大宗赔案人身险给付，一定会导致保险公司的偿付困难。届时不仅保险经营面临困难，广大被保险人和受益人的利益也将得不到保障，从而引起更大范围的社会动荡。因此，保险投资的安全性原则是主导原则。注重投资的安全性要在投资方向的选择和资金结构上加强控制。以证券投资为例，一般债券投资比股票投资更安全。债券是债务的凭证，是保证还本付息的，而股票是无期限的所有权凭证，预期收益大，风险也大。尽管主要资本主义国家的股份经济很发达，但保险投资均以债券投资为主，而且法律对保险公司的股票投资也有所限制。

3）流动性原则

流动性是指在不损失价值的前提下将资产立即转换为现金的能力，又称变现性。保险事故的发生具有随机性，保险基金必须拥有充分的流动性，才能随时满足保险赔款或给付保险金的需要。财产和责任保险合同一般是短期合同，而且理赔较为迅速，赔付率变动也较大，应特别强调流动性原则。因此，国外财产和责任保险投资的相当一部分是商业票据、短期库券和其他货币市场短期票据。人寿保险一般是长期合同，而且保险金给付金额比较固定，投资在时间间隔上和源源不断的保险费与投资收入能提供一定的流动性，因此国外人寿保险投资的相当一部分是长期的不动产抵押贷款。

4）收益性原则

所有投资都要考虑收益性。保险投资的目的之一是提高自身的经济效益，使投资收入成为保险公司收入的一个重要来源，以增强赔付能力、降低费率和扩大业务规模。人寿保险的投资收益率高于预定利息率部分还可以用于红利分配。显然，投资在改善保险经营和加强在同业中的竞争地位方面具有重要意义。但是，收益同风险往往是成正比的，收益率高，风险也大，这要求保险投资要在将风险限制在一定程度内的基础上来实现收益最大化。投资是要计算成本的，投资收益不仅要高于银行存款的利息收入，而且还要能弥补投资管理费用，对所承担的投资风险也要有一定的报酬，否则，没有必要去承担风险。

5）分散性原则

投资总是要承担一定风险。根据投资原理，要达到安全的目的，必须分散投资，即“不要把所有鸡蛋放在一个篮子里”。这是减少投资风险的有效方法之一。例如，可以在证券的种类、到期日、地区和产业方面实行投资分散。

13.3 保险经营的效率、效益及评价

在市场经济条件下，保险经济保障属于商品经济范畴。因此，保险经营的效率与效益，既是保险经济保障活动的出发点，也是保险经济保障活动的归宿。

在经济学领域中，效率和效益是经济理论和事件活动中常用的概念，也是比较容易混淆的两个概念。因此，有必要明确这两个概念的含义。

13.3.1 保险经营效率

1. 保险经营效率的概念

保险经营效率是指商业性保险公司在保证偿付能力和实现盈利的基础上，有效配置保险资源并最大限度地推动社会资源的流动，是保险业投入产出能力、市场竞争能力和可持续发展能力的总称。由于保险业是经营风险的特殊行业，对保险经营效率很难在一个统一的层面上进行分析，而应分层次考察。因此，可以将保险经营效率分为3个层次：微观保险经营效率（保险企业效率）、中观保险经营效率（保险市场结构和市场绩效）、宏观保险经营效率（保险业对经济发展的贡献度）。通常所说的保险经营效率，大多是指保险企业经营的效率，即微观保险经营效率。

保险经营效率的不断提高和改善是保险业不断发展与优化的一项基本途径，也是构建和谐社会和实现国民经济良性运行与可持续发展的重要前提之一。

2. 保险经营效率的分类

（1）按照决定效率的手段进行分类，可以分为管理效率和技术效率。由于管理导致的效率提高称为管理效率；由于技术改进所产生的效率称为技术效率。

（2）根据影响效率因素的来源，可以将保险效率分为保险外部效率和保险内部效率。保险外部效率包括市场效率、保险理赔效率、监管效率等；保险内部效率包括保险承保效

率、保险资金运用效率、保险产品创新效率、保险人力资源管理效率、协调效率等。

(3) 按照生产要素进行分类，保险效率可以分为劳动力效率、资源效率、资本使用效率等。由于生产经营的组织都是以生产要素为依据，按照生产要素划分的效率表现形式与按照职能划分的效率表现形式，虽然形式不同，但是两者实质上没有区别。

13.3.2 保险经营效益

1. 保险经营效益的概念

保险经营效益是指以尽可能少的保险经营成本，为社会提供尽可能多的符合社会需要的保险保障服务，取得最大的有效成果。从微观的角度，保险经营效益的实质，就是保险企业可耗费的物化劳动和活劳动的总量与被社会所承认的必要劳动量之间的比例关系。具体而言，保险经营效益就是经营成本与收益之间的比例关系。如果保险收益大于保险经营成本，就是保险经营效益；否则，就是无经营效益。

2. 保险经营效益的内容

衡量保险经营效益涉及许多方面的内容和方法。但保险效益的核心内容和本质要求，同样表现为以最小的成本，取得最大的经济利益，或者实现利润最大化。因此，反映保险企业经营效益的综合性指标就是利润。具体而言，保险经营效益的最主要内容如下。

(1) 以尽可能少的承保成本，获得尽可能多的承保利润。这是保险经营效益的最主要内容。

(2) 以尽可能少的投资成本，获得尽可能大的投资收益。这是保险经营效益的重要补充，有利于发挥保险的职能和作用。

13.3.3 保险经营效率与保险经营效益的关系

保险经营效率和保险经营效益是既有联系又有区别的两个概念。保险经营效率和保险经营效益两者涵盖了一个共同的意义，即保险经营效率和保险经营效益都是研究保险关系与相关资源的使用问题，研究如何才能通过保险资源的分配与使用获得最大经济利益。但两者又有着本质上的区别。

(1) 保险经营效益是反映经营活动的结果，强调的是静态形式下的数量指标；而保险经营效率则更多反映经营活动的能力和质量，强调的是长期、动态作用的程度。

(2) 在从经济角度比较投入和产出的关系上，保险经营效益主要是对经营活动结果的总结和描述，即货币投入和货币价值产出之间的关系，当货币收益大于货币投入时称为有效益。经营效益所致的产出是可以量化的劳动成果，包括生产成果、销售成果和财务成果等；保险经营效率所指的投入不仅包含货币投入，还包含劳动、时间和金融资源的投入，产出既包括生产领域可以量化的产出量、货币形式的产出，同时还包括非货币形式的所得，如消费领域使消费者获得的效用满足、福利的增进、功能的发挥、影响的增加等。

(3) 保险经营效率和保险经营效益虽然都涉及资源的分配与使用问题，但是两者的出发点不同，保险经营效益主要是指资源的投入和产出之间的比较关系，研究如何使既定资源投入的产出最大，或者使既定产出的资源耗费最小。而保险经营效率是通过资源的配置关系来研究资源的使用问题，即在现有技术条件下，如何才能使资源的配置效果最佳，也就是如何才能达到帕累托最优秀状态。

意大利经济学家和社会学家帕累托（Pareto）在《政治学经济教程》中提出："对于某种资源的配置……至少有一个人的情况比初始时严格的更好，那么资源的配置就是最优的。"

（4）保险经营效率和保险经营效益常常以相反的方向运动，有效益的经营活动并不一定有效率。例如，从竞争转为垄断将导致产出减少而利润上升，配置效率下降，但经营效益提高；企业中非常笨拙的劳动往往也会带来一定的效益，但通常是没有效率的。托马斯·G·罗斯基（T. G. Rawski）曾指出：经济效益并不一定只是经济效益的改善，垄断、竞争、普及新产品和专业化的例子都表明经济效率和经济效益常常以相反的方向运动①。但是，有效率的经济活动必定会带来较高的经济效益，尽管这个效益不一定能够明显地显现出来，或者在当前显现出来。在一种真正"节约"的经济中，经济效益必须建立在经营效率的基础上。

根据以上分析，可以得出这样一个结论，保险经营效率的内涵大于保险经营效益，这是对经营活动运行状况更全面、更高级的评述。在一个健全的保险经济中，保险经营效益应该建立在保险经营效率的基础上，效率是基础，效益是目标。效率如果不以效益为目标就失去了方向，效益如果不以效率为动力，效益就不可能得到持续健康地发展。

13.3.4 保险企业经营效果的评价

保险企业的经济效益既包括公司的经济效益，也包括社会效益。为了衡量保险公司的经营业绩，反映保险公司在运营过程中存在的问题，以及将来的发展趋势，有必要对保险公司的经济效益进行评价和分析。保险公司的经济效益评价通常是运用一整套指标体系，对保险公司的经营状况和经营成果进行评价，反映保险公司经营的全貌。

1. 对寿险公司的利源分析

保险公司的利润是指保险公司在一定时期（通常为一年）的经营活动过程中，以各项收入抵补各项支出后取得的最终成果。利润总额由营业利润及营业外收入减营业外支出的差额两部分构成，利润总额的计算公式为：

$$利润总额=营业利润+(营业外收入-营业外支出)$$

营业利润是保险公司整个经营过程中获得的利润，主要由承保利润、投资利润、汇兑收益和其他业务利润构成，其中承保利润和投资利润是营业利润的主要来源，也是保险公司利润的主要来源。

寿险公司的利润来源于死差益、费差益、利差益、退保益等。

死差益是由于实际死亡率低于预定死亡率，按预定死亡率收取的纯保费支付实际死亡成本后有盈余而产生的利益。

$$死差益=(预定费用率-实际费用率)\times危险保额$$

危险保额是保险金额扣除责任准备金的余额。在储蓄性寿险保单中，如终身寿险、两全保险等，保单的责任准备金随保险事故的增加而递增。因此，危险保额随保险年期的增加而减少，期满时为零。由于人的生、老、病、死是一条自然规律，风险小而且分散，人寿保险公司在寿险定价时又使用"经验生命表"，无论是由国家颁布的经验生命表，还是人寿保险

① 罗斯基．经济效益与经济效率．经济研究，1993（6）．

公司编制的生命表都采取保守原则，使实际发生的赔付金额比假定时少，从而产生死差益。

费差益是实际的营业费用率低于预定的营业费用率而产生的利益。

费差益=(预定费用率-实际费用率)×保险金额

在保单承保初期，保险公司要垫付大量费用，如代理人佣金，体检费用、宣传费用、印制保单的费用等，会产生费差损，但是一般人寿保险公司会通过优化管理扩大业务量、精简流程、提高经济效益等方式控制费用，使实际费用支出比预计要少，从而产生费差益。

利差益是实际的投资收益率高于所预定的利率时产生的利益。

利差益=(实际收益率-预定利率)×责任准备金总额

为了保证寿险保单的长期有效，在寿险费率厘定时由精算师根据法规、公司政策和经验等设定一个预定利率，这个预定利率往往采用保守的假设，如果人寿保险公司的实际投资收益率大于保单预定利率，就产生了利差益。

退保益是指退保或失效保单的责任准备金与退保金之间的差额而产生的利益。在寿险业务中，退保益的产生是必然的。其主要原因如下。

(1) 在经济情况恶化时，许多被保险人退保，影响保险公司的资金运用，并且损害其他被保险人的利益，对退保者应收取投资收益损失费。

(2) 健康的被保险人感到缴费有困难时，往往毫不犹豫地退保，而健康状况差的被保险人会充分认识保险的价值，不肯轻易退保。因此，失效的保险单大多是死亡率低的被保险人，为对付这种逆选择，退保金应小于保单的现金价值。

(3) 保险公司在处理退保时会发生一些费用，这也需要减少退保金。

在人寿保险公司的利润来源中，死差益是比较稳定的，费差益是保险公司可以控制的，退保益是必然产生的。唯有利差益受外部因素的影响较大，尤其是随着寿险市场竞争的不断加剧，死差益、费差益基本上趋于零，而保险公司的利润来源主要就是利差益。利差益极易受到银行利率波动的影响，在银行利率相对稳定的条件下，人寿保险公司可以获得较为稳定的利差益，而且利率越稳定，人寿保险公司获得的利差益就越大；相反，无论利率上调还是下调，均会减少人寿保险公司的利差益。市场利率波动超过一定范围，不仅会给保险公司带来利差损，而且将严重地影响寿险经营的稳健。至于市场利率波动的幅度达到多少时会影响寿险公司的利差益，要取决于不同的宏观经济形势、寿险业的发达程度、保户的保险保障和投资意识、金融市场的发展程度等因素。

2. 保险公司经营状况评价

我国《保险公司财务制度》第七十九条规定，保险公司应对经营状况和经营成果进行总结、评价和考核。经营状况的评价指标有流动比率、负债经营率、固定资产比率。当然，保险公司也可以根据实际情况，采用这些指标以外的指标进行评价和分析。

1) 偿付能力评价指标

偿付能力是指保险公司对其所承担的风险，在发生超出正常年景的赔偿数额时，应当具有的经济补偿能力。由于保险公司经营风险的不确定性，保险公司的偿付能力与一般公司的偿付能力不同。我国《保险法》规定，保险公司应当具有与其业务规模相适应的最低偿付能力，保险公司实际资产减去实际负债的差额不得低于监管机构的数额；低于规定数额，应当增加资本金，补足差额。保险公司偿付能力的大小取决于保险公司偿付准备金（包括资本金和总准备金）的多少、保险公司对承保能力的控制，以及据此建立保险赔偿基金的损失概率计算的准确性和可靠程度，这3个因素都反映了保险公司的业务经营状况。在偿付能力指标评价中，以偿付能力系数作为核心指标，以盈余补足率为辅助指标。

（1）偿付能力系数。偿付能力系数是指保险公司的自留保费与资本金和公积金之间的比例。偿付能力系数的计算公式为：

$$偿付能力系数=\frac{自留保费}{资本金+公积金}\times 100\%$$

偿付能力系数指标用于衡量保险公司偿付能力的大小，指标值越低，说明保险公司的偿付能力风险越小。全美保险监督官协会（简称NAIC）规定，该指标的正常值为小于300%。我国《保险法》规定，经营财产保险业务的公司，其自留保费不得超过资本金加上公积金之和的4倍。即财产保险公司的偿付能力系数必须小于400%。

（2）盈余补足率。盈余补足率是指保险公司的分出业务的佣金收入减去分入业务的佣金支出的差额与资本和盈余的比例。盈余补足率的计算公式为：

$$盈余补足率=\frac{分出业务的佣金收入-分入业务的佣金支出}{资本+盈余}\times 100\%$$

盈余补足率指标反映了保险公司总盈余依赖保险公司的支付程度。若比例为正，再保险佣金收入大于支出，超出收入部分作为纯收入直接补充盈余，提高承保能力。当保单持有者盈余小于500万美元时，NAIC推荐的正常值范围为：-10%～10%，当保单持有者盈余大于500万美元时，正常值范围为-99%～30%。

2）安全性评价指标

保险经营是负债经营，保证保险投资资金的保值增值和安全返还是保险投资的首要问题，否则必将增加保险经营风险，危及保险公司经营的稳健和偿付能力。安全性指标包括资产负债率指标、固定资产比率指标和资产质量比率指标。

（1）资产负债率。资产负债率是指保险公司负债总额与资产总额之间的比例，反映了保险公司在一定时期内总的偿付能力和长期偿债能力。资产负债率的计算公式为：

$$资产负债率=\frac{负债总额}{资产总额}\times 100\%$$

为了保证保险公司有足够的偿债能力，保险公司的资产负债率应保持在一个与风险和收益相称的合理水平上。资产负债率过低，说明保险公司的资产没有得到充分利用；资产负债率过高，将导致偿付风险。因此，NAIC规定，财产保险合同的资产负债率应小于1%～25%的保费与资产之比。但是，从保险市场发展的角度出发，在避免保险公司发生偿付能力风险的情况下，应尽可能选择较高的资产负债率。

（2）固定资产比率。固定资产比率是保险公司固定资产净值和保险公司的所有者权益之间的比例。固定资产比率的计算公式为：

$$固定资产比率=\frac{固定资产净值}{所有者权益}\times 100\%$$

由于固定资产的流动性差，风险较大，其快速发展不利于保险资产结构的合理调整。因此，NAIC规定，固定资产比率不得超过30%。按照我国《保险公司财务制度》的规定，固定资产的比重最高不得超过50%，各保险公司应严格按照这一界限操作，以控制固定资产的过度扩展。

（3）资产质量比率。在资产质量比率指标中，通常由认许资产与总资产的比率、不认许资产与认许资产的比率，以及不良资产比率 3 个指标来综合反映保险公司司的资产质量。

① 认许资产与总资产的比率。认许资产与总资产的比率是保险公司认许资产与总资产的比例。认许资产与总资产的比率的计算公式为：

$$认许资产与总资产的比率=\frac{认许资产}{总资产}\times 100\%$$

由于认许资产与不认许资产的流动性不同，保险公司的资产通常按流动性分为认许资产和不认许资产两部分，不认许资产在偿付能力计算时予以剔除。认许资产与总资产的比率反映了保险公司经营性投资占总投资的比重，NAIC 规定，其比率不得低于 90%。我国《保险公司财务制度》将资产分为实际资产和非实际资产，其外延与美国的认许资产与不认许资产一样。

② 不认许资产与认许资产的比率。不认许资产与认许资产的比率是指保险公司的不认许资产与认许资产的比例。不认许资产与认许资产的比率的计算公式为：

$$不认许资产与认许资产的比率=\frac{不认许资产}{认许资产}\times 100\%$$

不认许资产与认许资产的比率指标用于衡量保险资产的质量。NAIC 规定，不认许资产是不可计入法定报表中的无清算价值、不能用于偿付保单持有人负责的资产或价值无法确定的高风险资产。该比例的正常范围为 0 ～ 10%，由于总资产由认许资产和不认许资产组成，所以不认许资产一般应小于总资产的 9%。

③ 不良资产比率。不良资产比率是指保险公司的不良资产与当年平均投资资产价值的比例。不良资产比率的计算公式为：

$$不良资产比率=\frac{不良资产}{当年平均投资资产价值}\times 100\%$$

NAIC 规定，不良资产比率一般应低于 14%。

3）*流动性评价指标*

保险公司的基本职能是经济补偿，也即在保险事故发生时能够及时、准确、迅速、合理地进行赔付。保险承保风险的不确定性决定了保险公司的资产必须具有较好的流动性，能随时应付赔偿的需要。财产保险公司承保的是各种自然灾害和意外事故，虽然其发生有一定的规律，但是随机性还是很大。人寿保险公司由于承保的风险小而且分散，再加上寿险建立在科学精算的基础上，每年的危险保费基本上保证当年的赔付，很少去动用储蓄保险积存的责任准备金。因此，人寿保险公司对资产的流动性要求不像财产保险公司那么迫切。

衡量保险公司资产流动性的指标通常有流动比率和速动比率。

（1）流动比率。流动比率即短期偿债能力的比率，反映了保险公司在某一时点偿付即将到期债务的能力。流动比率的计算公式为：

$$流动比率=\frac{流动资产}{流动负债}\times 100\%$$

保险公司流动比率越高，表明保险公司支付赔款、给付和退保的短期偿债能力越强，但是过高的流动比率会影响保险公司的投资收益率。因此，在评价流动比率时，既要关注某一时点的流动比率数值，还要关注较长时段的流动比率数值，同时还要结合流动资产的质量进行分析。

（2）速动比率。速动比率作为流动比率的辅助指标，是保险公司的速动资产与流动负债的比率。速动资产是将保险公司流动资产扣除流动性较差的或不能直接用于偿还流动负债的部分资产，如存出保证金、存出分保准备金、待摊费用、待处理的流动资产净损失，以及难以回收的应收保费等的差额。速动比率的计算公式为：

$$速动比率=\frac{速动资产}{流动负债}\times100\%$$

保险公司的速动比率反映了保险公司的短期清偿能力，但其比流动比率更准确地反映了保险公司的流动性和即时的偿付能力。因此，财产保险公司比人寿保险公司更需要运用速动比率来分析其资产的流动性。

4）财务稳定性评价指标

保险公司的财务稳定性是指保险公司所积累的保险基金是否能够足以履行可能发生的赔偿责任。通常用财务稳定性系数 K 来衡量保险公司的财务稳定性。财务稳定性系数 K 的计算公式为：

$$财务稳定性系数\ K=\frac{赔付金额的均方差}{赔付基金}$$

假定某保险公司承保 n 个保险标的且相互独立，每个标的保险金额均为 α 元，损失概率为 p，纯费率为 q，则标的随时服从二项分布，损失期望值 $\mu=n\times p$，均方差为 $\delta=\alpha\sqrt{np\ (1-p)}$，用 K 表示财务稳定性指标，则其数学公式为：

$$K=\frac{\alpha\sqrt{np(1-p)}}{\alpha\times n\times q}=\frac{\sqrt{np(1-p)}}{nq}$$

K 的取值范围在 0～+∞，K 值越小，说明保险经营的财务稳定性越好；K 值越大，说明保险经营的财务稳定性越差。K 指标达到什么程度才能保证保险公司的财务稳定性，目前尚无确切标准。但一般认为，小于 0.1 的 K 值所表示的财务稳定性是令人满意的。财务稳定性系数 K 一般受 3 个因素影响：承保风险单位的独立性、承保风险的同质性和承保风险的大量性。

3. 保险公司经营成果评价

保险公司的经营成果是保险公司的经营稳健性和盈利能力。我国《保险公司财务制度》第七十九条规定，保险公司应对经营状况和经营成果进行总结、评价和考核。经营成果的评价和考核指标有利润、资本金利润率、成本率、费用率、赔付率、社会贡献率和上缴积累率。当然，保险公司也可以根据实际情况，采用这些指标以外的指标进行评价和分析。

1）经营稳健性评价指标

经营稳健性评价指标是以保费收入变化率为核心指标，以续保率、资本和盈余总变化率、两年保费收益率等为辅助指标。

（1）保费收入变化率。保费收入变化率是指保险公司本年度保费收入总额与上年度保费收入总额的比率，是衡量保险公司保费收入变动情况的相对量指数，反映了保险公司的业务发展水平和深度，可以弥补保费收入这一绝对量指标的不足。

保费收入变化率的计算公式为：

$$保费收入变化率=\frac{当年总保费收入-上年总保费收入}{上年总保费收入}\times100\%$$

保费收入变化率指标反映了在年度间的变化趋势。保费收入变化率应该适度，这是促进保险公司稳健发展的基础。美国 NAIC 规定，保费收入变化率的正常范围：人寿保险公司为-10%～10%，财产责任保险公司为-33%～33%。

（2）续保率。续保率是长期个人寿保险单在交费期内经过一段时间后仍然继续有效的保单占最初承保保单的比率。保单续保率是保户对保险代理人或公司满意程度的晴雨表，是衡量人寿保险公司经营效益和获得投资报酬，以及确保清偿能力的重要指标。在国际保险市场上，通常用续保率来衡量一家人寿保险公司的经济实力和市场占有率。

续保率指标包括保费续保和保单续保率两种。

续保率的计算公式为：

$$保单续保率=上年保单续保的保单数\div当年的总保单数$$

$$保费续保率=上年保单续保的保费\div当年的总保费$$

保险公司在评价其年度绩效时，应将保单续保率和保费续保率综合加以分析评价。如果只用保单续保率来考察保险公司的绩效，会使保险公司的核保人只注重保单续保，忽视潜在的保险客户挖掘，从而影响公司的业务扩展。如果用保费续保率作为考察保险公司绩效的指标，将会导致保险公司的核保人员只注重大客户的服务而忽略小客户的服务，同样会影响业务开展和市场占有率。国际上通常按缴费次数将续保率分为第 13 个月保费续保率和第 25 个月保费续保率。外国寿险统计资料表明，如果第 13 个月保费的续保率在 61.6%～74.8%，则能反映业务人员的承保质量，续保率过低，会影响人寿公司的稳定经营；第 25 个月保费续保率若在 89.4%～94.8%，则能反映人寿保险公司售后服务质量，以后续保率趋于稳定，将在 92%～98.5%。

（3）资本和盈余总变化率。资本和盈余总变化率是资本和盈余的总（净）变化与上一年度和盈余比率。

资本和盈余总变化率的计算公式为：

$$资本和盈余总(净)变化率=\frac{资本和盈余的总(净)变化}{上年资本和盈余}\times100\%$$

资本和盈余总变化率指标是衡量保险公司财务实力在过去一年中是否有所提高或削弱的重要工具，美国 NAIC 规定，资本和盈余总变化率的正常范围为-10%～5%。但是，由于向股东支付红利、资本投资损失、补提责任准备金、不认许资产变化、增资或撤资，以及经营绩效异常等原因，该指标会偏离正常范围。

（4）两年保费收益率。两年保费收益率是保险公司本年度和上一年度投资收益与本年度与上一年度实现保费收入的差额之比。

两年保费收益率的计算公式为：

$$两年保费收益率=\frac{本年净投资收益+上年净投资收益}{本年已实现保费收入-上年已实现保费收入}\times100\%$$

两年保费收益率指标是衡量保险公司两年的保费收入情况。为维护公司稳健经营，该指标应小于 100%。因此在资金不变的情况下，保费收入的快速增长，意味着公司将来承担债务的增加，潜在偿付风险增长。此外，对保险公司的管理和内部控制也产生巨大压力。

（5）全员人均保费收入。全员人均保费收入是将保险公司保费收入总额按公司职工年平均人数计算的保费收入。

全员人均保费收入的计算公式为：

$$全员人均保费收入=\frac{保费收入总额}{职工平均人数}\times 100\%$$

全员人均保费收入指标反映了保险公司的经营管理水平和劳动生产率水平。

（6）应收保费周转率。应收保费是保险公司在保险合同订立时，应该向投保人收取而事实上并没收取的保费，保险会计中专门设立了应收保费项目。应收保费风险危害性极大，从税收的角度，由于保险公司实行权责发生制的财务制度，保险合同一经签订，保险责任即刻生效，无论保险公司是否实际收到保费，都需纳入当年业务收入并照章纳税；从资金的角度，我国《保险法》第十三条明确规定，保险合同成立后，投保人按照约定支付保险费，保险人按照约定的时间开始承担保险责任。如果应收保费不能如期收回，不仅会使保险公司的保费收入泡沫增长，而且会直接影响保险公司的资金运用，使保险公司蒙受不应有的损失；从债务的角度，应收保费集中了大量的债务风险，其中包括一定比例的呆账、坏账。因此，常用应收保费周转率来评价保险公司的资产管理效率。

应收保费周转率的计算公式为：

$$应收保费周转率=保费收入\div 平均应收保费$$

每一家保险公司可以根据公司的实际情况，确定应收保费周转率的范围，在超出既定范围的上限时，应及时找出原因，加强法律和风险意识的教育，依法经营，严格执行会计记账"权责发生制"的财务规定，健全应收保费管理制度。同时，业务部门和财务部门要在各个环节中相互配合、相互监督，形成一套严密的科学管理方法，有效降低应收保费比例，实现保险公司的稳健经营。

2）盈利能力评价指标

保险公司经营的目的是盈利，虽然还有财务稳定性目标和持续发展目标，但是增加盈利是保险公司最具综合能力的目标。盈利能力指标不仅体现了保险公司的出发点和归宿，而且还可以概括其他目标的实现程度，并有助于其他目标的实现。盈利能力指标的评价包括成本指标评价、资金运用效率指标评价和利润指标评价。

（1）成本指标。保险公司的成本费用是在开展保险业务过程中所耗费的物化劳动和活劳动，以及不具备劳动耗费性质的，但与保险公司业务开展密切相关的必要开支，具体包括保险业务成本和营业费用两部分①。成本指标是保险公司制定保险费用的依据，也是衡量保险公司经济效益的指标。成本指标的评价包括成本率指标、赔付率指标和费用率指标。

① 成本率。保险成本是指保险公司在一定时期的保险赔款支出、利息支出和各种保险责任准备金及其他有关支出的总和。

成本率是保险公司的总成本和营业收入的比例。

成本率的计算公式为：

$$成本率=\frac{总成本}{营业收入}\times 100\%$$

① 张卓奇．保险公司会计．上海：上海财经大学出版社，2001.

② 赔付率和给付率。赔付率和给付率是指在某一业务年度或一定时期内保险公司的赔款支出和给付支出总额与保险收入总额的比例。

赔付率的计算公式为：

$$赔付率=\frac{赔款支出-摊回分保赔款}{保费收入-分保费收入}\times 100\%$$

给付率的计算公式为：

$$给付率=\frac{满期给付+死伤医疗给付+年金给付}{寿险、长期健康险的长期责任准备金}\times 100\%$$

赔付率和给付率既能反映保险公司的业务质量、经营管理水平，又能反映保险公司保险经营的社会水平。一般情况下，赔付率和给付率越低，保险公司的盈利就越高；反之，保险公司的盈利就越低。如果赔付率和给付率不断上升，保险公司要加强核保控制和管理，提高承保质量。

③ 费用率。费用率是指保险公司在一定时期内各项业务管理费用支出的总和与营业收入的比例。

费用率的计算公式为：

$$费用率=\frac{业务管理费}{营业收入-金融机构往来利息收入}\times 100\%$$

费用率指标是衡量保险公司经营管理水平和检验保险公司各项费用管理水平的重要经济指标。

（2）资金运用效率指标。现代保险业的重要特征是承保业务和投资业务并重。保险投资不仅可以弥补保险公司主营业务的亏损，而且还可以增加保险公司的利润、扩大保险积累、增强保险公司的偿付能力。保险公司的资金运用指标主要有保险资金利用率、投资收益率和投资收益充足率。

① 保险资金运用率。保险资金运用率是指保险公司在一定时期内投资资产占可运用资金的比例。

保险资金运用率的计算公式为：

$$保险资金运用率=\frac{投资资产}{可运用资金}\times 100\%$$

保险资金利用率反映了保险公司在金融市场上的融资能力，以及在国民经济中的地位和作用。

② 投资收益率。投资收益率是指保险公司在一定时期内投资所得的净收益占当年平均投资资产价值的比例。投资收益率是反映保险公司资金管理水平和资金运用效率的重要经济指标。

投资收益率的计算公式为：

$$投资收益率=\frac{年平均利润总额}{投资总额}\times 100\%$$

净投资收入包括利息、红利和不动产投资收入，但不包括资本投资收益率。年平均投资资产价值等于上年年末投资资产价值加上当年投资资产价值扣除当年投资收益后的差额除以2。该指标的正常值在 4. 5% ～ 10% ，美国 NAIC 定期按照市场利率对投资收益率的正常范围进行调整。

③ 投资收益充足率。投资收入充足率是保险公司投资收入的净值与预定利息收入的比例。

投资收入充足率的计算公式为：

$$投资收入充足率=\frac{净投资收入}{预定利息收入}\times 100\%$$

投资收入充足率指标是衡量保险公司投资收入是否满足责任准备金的法定利率要求，美国 NAIC 规定的正常值为 125%～900%。

（3）利润指标。在评价保险公司的利润指标时，通常以经营利润率为核心指标，以收入净利率、成本费用利润率、资产收益率、净资产收益率、资本金利润率和全员人均利润为辅助指标，以全面评价保险公司的盈利能力。

① 经营利润率。经营利润率是指保险公司的年利润总额占年营业收入总额的比例。经营利润率指标可以综合地反映保险公司的经营管理水平和盈利能力。

经营利润率的计算公式为：

$$经营利润率=\frac{承保利润+已实现的投资收入或损失}{保险业务总收入+已实现投资收入或损失}\times 100\%$$

若计算结果为负数，或者分子、分母同为负数时，说明保险公司无盈利能力。

② 收入净利率。收入净利率是保险公司的净利润与营业收入的比例。该指标反映了保险公司营业收入的收益水平。

收入净利率的计算公式为：

$$收入净利率=\frac{净利润}{营业收入}\times 100\%$$

从收入净利率指标可知，如果保险公司要提高收入净利率，必须在增加营业收入的同时，加强和改善经营管理，降低成本费用支出，增加净利润。

③ 成本费用利润率。成本费用利润率是指保险公司利润总额与成本费用总额的比例。该指标反映了保险公司每支出一元成本费用能带来的利润。

成本费用利润率的计算公式为：

$$成本费用利润率=\frac{利润总额}{平均费用总额}\times 100\%$$

④ 资产收益率。资产收益率是指保险公司的净利润与平均资产总额的比例。该指标是衡量保险公司运用全部资产盈利的能力。

资产收益率的计算公式为：

$$资产收益率=\frac{净利润}{平均资产总额}\times 100\%$$

⑤ 净资产收益率。净资产收益率是指保险公司净利润与平均净资产总额的比例。该指标既反映了保险公司的投资收益能力，又反映了保险公司负责资金成本的高低。

净资产收益率的计算公式为：

$$净资产收益率=\frac{净利润}{净资产}\times 100\%$$

⑥ 资本金利润率。资本金利润率是保险公司的利润总额与资本金的比例。

资本金利润率的计算公式为：

$$资本金利润率=\frac{利润总额}{资本金}\times 100\%$$

⑦ 全员人均利润。全员人均利润是指保险公司年利润总额按公司年平均人数计算的利润额。该指标反映了每个职工的劳动效率和对公司的贡献。

全员人均利润的计算公式为：

$$全员人均利润=\frac{利润总额}{职工年平均人数}\times 100\%$$

3）社会贡献能力评价指标

保险业具有极强的社会性和公共性，保险业的经济效益既包括保险公司的直接经济效益，又包括社会经济效益。其中，社会经济效益主要表现为保险经营为生产服务的经济效益；保险经营对国家的政治、文化、社会秩序稳定和发展方面的经济效益。因此，对保险社会效益的评价常用社会贡献率和上缴积累率两项指标。

（1）社会贡献率。社会贡献率是保险公司对社会贡献总额与平均资产总额的比例。该指标是衡量保险公司运用全部资产对国家和社会作出贡献的能力。

社会贡献总额是保险公司对社会及国家创造或支付的价值总额，包括工资、劳保退休统筹及其他社会福利支出，应缴所得税、营业税及其他税收，净利润，利息支出净额等。

社会贡献率的计算公式为：

$$社会贡献率=\frac{社会贡献总额}{平均资产总额}\times 100\%$$

（2）上缴积累率。上缴积累率是保险公司上缴国家财政总额与社会贡献总额的比例。上缴国家财政总额包括上缴营业税、所得税、其他税收及利润等。该指标反映了保险公司的社会贡献总额中有多少用于国家财政。

上缴积累率的计算公式为：

$$上缴积累率=\frac{上缴国家财政总额}{社会贡献总额}\times 100\%$$

复习思考题

一、概念题

责任准备金　　保险经营效益　　保险经营效率　　偿付能力系数

二、思考题

1. 试述保险资金运用与保险投资的关系。
2. 保险投资资金有哪些来源？
3. 保险投资应遵循哪些原则？
4. 试述保险经营效率与效益的区别与联系。
5. 一个保险公司的经营状况有哪些评价指标？

参考文献

［1］邓大松，向运华．保险经营管理学．2 版．北京：中国金融出版社，2011.
［2］魏巧琴．保险公司经营管理．4 版．上海：上海财经大学出版社，2012.
［3］刘金章．保险学导论．北京：北京交通大学出版社，2009.
［4］刘金章．保险学教程．修订本．北京：中国金融出版社，2003.
［5］刘金章．现代保险理论与实务．北京：北京交通大学出版社，2013.
［6］刘金章．现代人力资源管理．3 版．北京：高等教育出版社，2011.
［7］刘金章．保险学基础．2 版．北京：高等教育出版社，2007.
［8］刘金章．直销企业人力资源开发与管理．南京：东南大学出版社，2007.
［9］张洪涛．保险经济学．北京：中国人民大学出版社，2006.
［10］刘金章．再保险理论与实务．北京：北京交通大学出版社，2014.